Helmut Weihsmann
GEBAUTE ILLUSIONEN

D1694123

Gedruckt mit Unterstützung des Bundesministeriums für
Unterricht, Kunst und Sport

(c) 1988 by Promedia Druck- und Verlagsges. m. b. H.
1010 Wien, Landesgerichtsstraße 20
Umschlagentwurf: Gisela Scheubmayr
Druck: Fuldaer Verlagsanstalt, Fulda
Printed in W.-Germany
ISBN 3–900 478–21–X

Helmut Weihsmann

GEBAUTE ILLUSIONEN

Architektur im Film

INHALT

VORWORT 7

I. GEBAUTE ILLUSIONEN
Zur Ideengeschichte der Architektur im Film — Eine Einleitung 11

II. GEMALTE DEKORS
Die französischen Primitivisten 27

III. FILMDEKOR ALS ABSOLUTE KUNST
Filmdekorationen im sogenannten „absoluten" Film 44

IV. RAUMPLASTIKEN
Plastische Architektur im sogenannten „Ausstattungsfilm". 60

V. SEELENSCHAU DES DEUTSCHEN EXPRESSIONISMUS
Die bewegte Psyche — der bewegte Raum 100

VI. SCREEN DÉCO-DREAM DESIGN
Die amerikanischen Revue- und Musicalfilme 152

VII. METROPOLIS ALS KULISSE
Das Bild der Stadt im Film — Wolkenkratzerfaszination 164

VIII. MYSTISCHE UND
PHANTASTISCHE RAUMERFAHRUNGEN
Architektur im Science Fiction-Film 196

Anmerkungen 228

Ausgewählte Bibliographie 235

Biographien der zitierten Filmausstatter/Architekten 239

VORWORT

Zum ersten Mal in einem Buch sollen die Wechselbeziehungen von Film und Architektur in einem sozialen, ästhetischen und psychologischen Bezugsfeld dargestellt werden, das die illusionistische Raumerweiterung und Raumerfahrung des Kinos ebenso zum Inhalt hat wie die Suggestivkraft von Filmarchitekturen.

Architektur im Film — bisher blieb die Rezeption auf die Würdigung einzelner Leistungen in Ausstellungen und Publikationen beschränkt. Ich habe nun versucht, eine gesamtheitliche Darstellung und Analyse der Filmarchitektur und ihrer historischen Rolle als verbindendes Element für eine Vielzahl von modernen Architekturströmungen herzustellen.

Angesichts veränderter Positionen in der Architekturkritik der letzten Jahre, der Debatten über die sogenannte ,,Postmoderne'' und die ,,Kultur des Alltäglichen'' als gesellschaftliche architektonische Realität, ist es an der Zeit für eine intensive Auseinandersetzung mit Architektur im Film. Denn im Kino wird präfiguriert, propagandiert und usupiert, was die sogenannte ,,Moderne Architektur'' hervorgebracht hat bzw. werden auch alternative Positionen formuliert und auch realisiert. Und eines ist gewiß: selten wurde Architektur in ihrer Geschichte so leidenschaftlich, so suggestiv, so visionär-kühn und bildhaft aufgefaßt und dargestellt wie eben im Film. Der Film trieb das Phantastische in der Architektur zum äußersten und beflügelte die Phantasie der Architekten mehr als je eine gesellschaftlich-utopische Vision.

Kultische, apotheotische, imaginäre und stimmungsvolle Architekturen werden im Film inszeniert, die einzig und allein einen psychologischen oder den Zweck der schönen Nutzlosigkeit erfüllen. Wie der Film unsere Sehgewohnheiten schärfen oder brüskieren kann, so erzeugt die Filmarchitektur präfigurativ eine grundlegende Einstellung zum Sehen überhaupt. Abgesehen von der Stilisierung eines Films laufen bestimmte Raumempfindungen und Informationen durch Architektur auf sinnliche Erfahrung hinaus.

Film ist halluzinatorisch, kein anderes Kunstmittel vermag vergleichbar starke Wirkungen auf seine Rezipienten auszuüben. Dieser Rausch aber geht von einem nur *imaginierten* Raum aus, der auf der Leinwand vorgetäuscht ist; der Raum im Film schrumpft zur Fläche.

Kino ist aber zugleich ein *Spiegel*. Logisch folgernd kann Filmarchitektur nicht nur individuelle Visionen und Empfindungen konkretisieren, sondern darüberhinaus auch ein wahres Spiegelbild des kollektiven Seelenzustandes eines Volkes, einer Gesellschaft oder der urbanen Zivilisation sein.

,,Moderne Architektur'' und Film sind beide Kinder unseres Jahrhunderts; sie sollen in einigen Kapiteln dargestellt und miteinander verglichen werden, um die zum Teil verblüffend ähnlichen Tendenzen und Entwicklungslinien ihrer fast hundertjährigen Geschichte aufzuzeigen. Das vorliegende Buch hat ausdrücklich Filmarchitektur, also die Gestaltung von Kulissen, Requisiten

und Bauten im Film zum Inhalt. Es lag weder in meiner Absicht eine filmhistorische Untersuchung noch eine stilkritische Analyse zum Medium selbst
zu liefern. Wo Hin- und Querverweise angebracht schienen, wurden sie gemacht.

Filmspezifische Arbeiten und Analysen zu den jeweilig im Buch angerisse-
nen Themen gibt es (ansatzweise) in mehreren Standardwerken, doch eine me-
thodische oder exklusive Arbeit über die Bedeutung von Architektur im Film
fehlte bis jetzt. Man erwarte aber keineswegs in dieser ersten, skizzenhaften
Darstellung bereits eine vollständige, umfassende und irrtumsfreie Analyse des
Themas. Die hier vorliegende Untersuchung stellt vorerst einen ersten Inter-
pretationsversuch dar, bestimmten kulturellen, sozialen, künstlerischen und
intellektuellen Tendenzen nachzuspüren, denen Architektur-im-Film in ihren
Entwicklungsphasen und Berührungspunkten unterworfen war und ist.

Wie im Film ist auch diese langjährige Recherche das Ergebnis kollektiven Gei-
stes und Gemeinschaftsarbeit. Hilfreich bei der Suche nach geeigneten Bildvor-
lagen waren: Frau Ingrid Tabrizian und Herr Gerold Hens, beide vom Deut-
chen Filmmuseum (Frankfurt); Herr Wolfgang Theis (Stiftung Deutsche Kine-
mathek, Berlin); Herr Janus Barfoed (Det Danske Filmmuseum, Kopenhagen);
Ms. Katherine Loughney (Library of Congress, Film Still Library, Washington
D.C.); Herr Prentiss Moore (HRC-Humanities Research Center, University of
Texas, Austin); Herr Ennio d'Altri (Cineteca del Comune, Bologna); Frau
Edith Schlemmer (Österreichisches Filmmuseum, Wien); Frau Elli Engel
(Filmmuseum, Amsterdam); Ms. Jenny Sussex (National Film Archive, British
Film Institute, London); Frau Gaby Mühlberger (Wiener Stadtkino). Für die
Bereitstellung der Filmphotos danke ich ferner allen Verleihfirmen.

Wer filmhistorische Studien in Kinematheken oder Sammlungen des In- und
Auslandes kennt, weiß wie schwierig diese Aufgabe zeitlich, technisch und me-
thodisch zu bewältigen ist. Bei der Archivrecherche haben mir freundlicher-
weise folgende Personen und Institutionen geholfen: Herr Walter Schobert
(Deutsches Filmmuseum, Frankfurt); Herr Enno Patalas (Filmmuseum München); Herr Vittorio Boarini (Cineteca del Comune, Bologna); Herr Peter Kon-
lechner (Österreichisches Filmmuseum, Wien); Dr. Charles Bell (University of
Texas, Austin); Mrs. Mary Isom (Library of Congress, Washington D.C.); Mr.
Larry Kardish (Museum of Modern Art, New York); der inzwischen verstorbene Dr. Robert Rosen (University of California, Los Angeles); Frantz und Nicola Schmitt (Centré National de la Cinématographie, Bois d'Arcy); Mme. Mireil-
le Laplace (Cinédoc, Paris); Mme. Juliet Man Ray (Paris); Frau Marian Hut-
brinte (Filmmuseum, Amsterdam); Frau Lilian Lenyi (Statens Filmcentral,
Kopenhagen); Prof. arch. Carlo Montanaro (Venedig); Dr. Josef Schuchnig
(Österreichisches Filmarchiv, Laxenburg); Herr Franz Schwartz (Stadtkino,
Wien); Herr Daniele Capelli (Cineteca del Comune, Bologna); Herr Mario Verdone (Cineteca Nazionale, Rom).

Ferner haben alle Mitarbeiter des Österreichischen Filmmuseums (Wien)
und des Archivo Storico delle Arti Contemporaneo, Biennale (Venedig) mir
die Arbeit des Quellenstudiums erleichtert und unterstützt. Meine Recherchen

profitierten auch von den hilfreichen Vorschlägen zahlloser Mitarbeiter der oben genannten Insitutionen. An dieser Stelle möchte ich mich bei den Film-kennern Prof. Dr. Leonardo Quaresima (D.A.M.S., Bologna) und Prof. Vitto-rio Capecchi (Universität Bologna) für die erteilten Ratschläge und Anregun-gen bedanken. Auch Dr. Marion Weiss (University of Maryland, College Park) hat mir sehr geholfen mit ihren exzellenten Kenntnissen auf dem Gebiet der Filmsemiotik und ihrer persönlichen Großzügigkeit und Ermutigung. Der un-längst verstorbene Ernst Schmidt Jr. hat mir beim Studium der Filme gehol-fen, und seine Anregungen und Ermutigungen waren sehr wertvoll für mich.

Die Schwierigkeiten bei der Erfassung des an vielen Orten verstreuten Mate-rials waren immens. Von den zahlreichen Freunden, die ich bei diesem Projekt gewonnen habe, geht mein besonderer Dank an Herrn Eberhard Spiess und Frau Renate Lommel (Deutsches Filmmuseum, Frankreich), die beide Kraft ihres Wissens und herausragenden Fähigkeiten mich mit Material versorgt ha-ben, das in der Biographie und Bibliographie in diesem Buch seinen unmittel-baren Niederschlag fand. In diesem Zusammenhang richtet sich mein Dank auch an die vielen noch aktiven Filmausstatter, die bereitwillig mir Lebenslauf und Werkverzeichnis schickten; für die Unterstützung und Ermutigung danke ich ferner Dr. Silvia Lena, Simonetta Capecchi, Aloisia Botlik und Eugenie Russo, die mir bei der Übersetzung aus dem Italienischen, Französischen und gelegentlich Englischen behilflich waren. Ich bin ihnen allen, speziell aber Frau Ulrike Risak zu großem Dank verplichtet, deren wache lektorische Auf-merksamkeit meinem Manuskript zahllose Fehler erspart und ebenso viele Verbesserungen beschert hat.

Helmut Weihsmann

Marcel L'Herbier: L'INHUMAINE (1923); Filmbauten von Rob Mallet-Stevens

I. GEBAUTE ILLUSIONEN
Zur Ideengeschichte der Architektur im Film — Eine Einleitung

Architektur ist im Film immer vorhanden, auch dann, wenn man sie als solche nicht wahrnimmt: von außen, von innen oder von oben; intensiv oder entrückt wirksam. Immerhin wäre ein Film ohne Dekor „nackt". Eine stimmungsvolle, ausdrucksvolle und genaue Filmdekoration erscheint selbstverständlich.

Unbewußt registrieren wir mit dem Filmdekor die soziale Stellung oder Persönliches über die Darsteller. Architektur kann im Film — entsprechend den stilistischen Ausdrucksmitteln — einmal als intimes Privatrefugium, quasi als Gefängnis oder Etui des Individuums, ein anderes Mal als bedrohliche Macht- und Präsentationsarchitektur eines Diktators dargestellt werden.

In den sogenannten „Monumental- oder Historienfilmen" entwickeln sich die kolossalen Filmbauten rasch von naiven Kopien zu stilisiert-zeitlosen architektonischen Metaphern der Macht. Sie repräsentieren nicht nur Herrschaft, sie bestimmen auch das Verhältnis der Proportionen zwischen Menschen(massen) im Film und ihrer Architektur, wie sie auch den Zuschauern Größe und Bedeutung des vorgeführten historischen Geschehens verdeutlichen. Die orientalischen Kulissen in Giovanni Pastrones CABIRIA (1913/14) und in David Wark Griffiths INTOLERANCE (1916) oder die archetypischen, uralt- und zugleich neu erscheinenden Filmbauten in Fritz Langs DIE NIBELUNGEN (1922/24) sind mehr als dekorativ oder hübsch, sie regeln das Verhältnis von Individuum und Masse, von Mensch und Staat. „Der Wahn von märchenhaft reichen und gewaltsüchtigen Herrschern überragt in Form von zyklopischen Mauern und Denkmälern die Massen: die beschworenen, die der Statisten und die in den Kinos" (1), schrieb der Filmkenner Werner Jehle. Auch auf diese „belehrende" Weise spielt Architektur im Film ihre hervorragende Rolle.

Auf eine ganz andere Art vermag die Architektur im Film die geistigen und psychologischen Voraussetzungen für die dramaturgischen Vorgänge herzustellen. Eine wichtige Rolle spielt die gemalte und/oder gebaute Filmarchitektur im deutschen (Stumm-)Film-Expressionismus, in dem die Kulisse sich der Psyche derer anpaßt, die sie beleben. Architektur ist beispielsweise in den Filmen DAS KABINETT DES DR. CALIGARI (1919), GOLEM (1920) oder FAUST (1926) so drastisch und übertrieben eingesetzt, daß sie die geistigen und seelischen Vorgänge in der Folge leicht darzustellen vermag. Am deutschen Stummfilm der Inflationszeit und nach-revolutionärer Gärung läßt sich an der instabilen Filmarchitektur, die ja die Welt der Vorspiegelungen, Täuschungen und Tücken der Zeit mitreflektiert, das gesellschaftliche und individuelle Chaos Nachkriegs-Deutschlands ablesen. Der tiefenpsychologische Einsatz von verzerrten und ver-rückten Requisiten und Bauten entspricht der Situation einer gefährlich unübersichtlichen Welt. Die chaotisch gebrochenen Formen des sogenannten „Caligarismus" sind in Szene gesetzte Widerspiegelungen: die subjektiven wie objektiven Ängste einer aus den „Angeln gehobenen" bürgerlichen Gesellschaft erhalten in den vielzitierten Beispielen der expressionistischen Filmarchitektur ihre konkreten Bilder. Aber das brüchige Selbstbewußtsein einer Gesellschaft läßt sich auch mit einer Kulisse kitten, die den zeitlos drohenden Gestus von Gewalt und ewiger Macht ausstrahlt, wie beispielsweise jene bedeutungsschweren Filmbauten in Fritz Langs Epen DER MÜDE TOD (1921) und DIE NIBELUNGEN (1924). Hier durchdringt die Symbolkraft der Ausstattung die Struktur der filmischen Handlung. Hier bekommt Filmarchitektur die Funktion der kraftvollen Darstellung von einstiger geschichtlicher Größe und Würde – durchaus in politisch aktivem Sinn.

Fast gleichzeitig mit Fritz Langs Monumentalfilmen erhält auch die Architektur sowjetischer Filme eine tragende (kritisch-dialektische) Rolle. Die Fassaden und Denkmäler der Zarenstadt Petersburg werden einmal im Schlaglicht feudalen und kapitalistischen Glanzes, ein anderes Mal als Repressionsapparat gezeigt. Diese Metaphern sollen besagen, daß selbst Steine, Dinge ohne Eigenleben, die alte Ordnung repräsentieren.

Es gibt eben viele Möglichkeiten, Architektur in die Handlung eines Films einzubeziehen. So kann Filmarchitektur als rein dekoratives Element, also lediglich als Staffage oder Fassade dienen, wie dies zum Beispiel im Revuefilm der Fall ist; oder sie kann – wie in den besseren Thrillerfilmen – als „Signal" wirken, welches strukturell am Plot beteiligt ist. Als Beispiel für letzteres möge Alfred Hitchcocks NORTH BY NORTHWEST (1958) dienen, in dem Kultur- und Baudenkmäler der Vereinigten Staaten – *Capitol, Pentagon, UN-Palast,* der stolze Schnellzug *Twentieth Century* – als bedeutungsschwere Rollenträger in die Handlung miteinbezogen sind. Die Monumente amerikanischen Nationalstolzes verwandelt der Regisseur zur Bühne des Schreckens: der Mord geschieht im New Yorker *UN-Gebäude,* das Crescendo der finalen Verfolgung spielt sich über den megalomanen Steinköpfen der Präsidenten am *Mount Rushmore* hinweg ab, das Washingtoner *Capitol* spiegelt sich dialektisch im Chromschild des Geheimdienstes CIA. Macht bekommt in diesen Bildern somit eine faßbare und zugleich erschreckende bauliche Gestalt.

Demgegenüber kann Architektur im Film allerdings auch ein Element sein, das der Handlung hinterlegt ist, das eher zufällig wirkt, ein Element von sekundärer Bedeutung, dessen Funktion nur dem besonders aufmerksamen Zuschauer auffällt. Die höchst artifiziellen und sublimen Filmbilder von Michelangelo Antonionis L'AVVENTURA (1960) oder IL DESERTO ROSSO (1964), in denen eine hohe Sensibilität für architektonische Metaphern steckt, sind dafür ein gutes Beispiel. Filmbauten können dem schlummernden Unterbewußtsein Stimmungen und Gefühle vermitteln, die alptraumhafte Formen annehmen können. Dieser Einsatz von Filmarchitektur wird des öfteren bei psychoanalytischen Filmen, zum Beispiel bei den klassischen Psycho-Horrorfilmen REPULSION/EKEL (1964) und LE LOCATAIRE/DER MIETER (1976), beide von Roman Polanski, praktiziert. Filmarchitektur kann auch den Terror erfahrbar machen, den die modernen Metropolen des 20. Jahrhunderts auf den Menschen auszuüben vermögen – und dies nicht erst seit den naiven Katastrophenfilmen der Gegenwart. Filme wie METROPOLIS (1925

/26), „M" (1931) und THE BIG HEAT (1953) verleihen dem Großstadt-dschungel architektonische Hierarchie, die scheinbar unverrückbar ist. Die „Unwirtlichkeit der (Nachkriegs-)Städte" hat die prophetische Stadtvision Fritz Langs bewahrheitet.

Wahre Alpträume von Metropolen sind hingegen ALPHAVILLE (1965), CLOCKWERK ORANGE (1971) und BLADE RUNNER (1982). Sie präsen-tieren sich als verkommene Sammelstätten alltäglichen Konsummülls: un-menschliche Orte, misanthropische Architekturen. Die absichtlich unterbe-lichteten Aufnahmen vom nächtlichen Paris mit der nur mäßig modernen Architektur in Jean-Luc Godards ALPHAVILLE zeigen eine unbekannte, ja mysteriöse Stadt als stahl- und glasgewordenes Grauen. Vom Prinzip her sind die Aufnahmen des romantisch-pittoresken Kornspeichers von Lübeck in NOSFERATU (1922) ähnlich. Die Außenaufnahmen in Stanley Kubricks CLOCKWORK ORANGE wurden in einem der modernsten und fortschritt-lichsten Wohnblocks von London *(Thamesmead)* gedreht; Terry Gillum wähl-te für seinen SF-Film BRAZIL (1984) das Prestigeobjekt *Palazzo d'Abraxas* im Pariser Vorort Marne-la-Vallée. Durch ihre Megastruktur wirken sie wie die Inkarnation des Großstadtdschungels. Dies mag der Grund dafür sein, warum selbst der futuristische Film keineswegs immer utopisch-prophetische Züge, sondern durchaus reale Einsichten hat, weil er sich immer auf eine gegenwärti-ge Situation bezieht. Der Ausgangspunkt vieler imaginärer Stadtperspektiven im Film muß nicht immer so negativ gesehene Architektur sein: Alfred Hitch-cocks Penthaus in ROPE/COCKTAIL FÜR EINE LEICHE (1948) oder die romantisch-malerische Hinterhofatmosphäre in REAR WINDOW/DAS FEN-STER ZUM HOF (1954) sind durchaus Panoramabilder städtischer Idyllen.

Selbstverständlich können auch städtische und touristische Wahrzeichen einer Stadt im Film plötzlich ins Dämonische umschlagen. Beispiele hierfür sind das *Empire State-Building* in KING KONG (1933); der in vielen Filmen verwendete Luna-Park als Ort des Verbrechens; das faschistische Denkmal *E.U.R. '41* als irrealer Ort obsessiver Leidenschaften und Torheiten in Fede-rico Fellinis Traumfrau-Episode in BOCCACCIO '70 (1962); und schließlich der sichtbare Eisenskelettkäfig des *Bradbury Buildings* in Los Angeles als wirksame Kulisse für eine futuristische Hexenküche in BLADE RUNNER (1982).

Nicht nur an Stadtbildern lassen sich psychologische Wirkungen von Form und Raum festmachen, ebenso an einzelnen Kleinformen. In zahlreichen Fil-men sind beispielsweise Stiegen und Treppen sehr sorgfältig in die Handlung einbezogen. Stiegen, insbesondere Wendeltreppen oder verwinkelte Treppen-läufe, sind seit dem Expressionismus ein wichtiges Requisit in der Filmarchi-tektur. In PANZERKREUZER POTEMKIN (1925) wird die monumentale Freitreppe von Odessa vom Regisseur Sergej Eisenstein sowohl als ästhetisches als auch dramaturgisches Element eingesetzt, das dem Film seine bedrückende Monumentalität verleiht und die Bildkomposition architektonisch gliedern hilft. Die Alltäglichkeit und Vertrautheit eines so bekannten architektoni-schen Verbindungselements kann auch durch den Wahn eines Irren (RASKOL-NIKOW) travestiert, durch ein anderes Licht verfremdet werden wie in IDEN-

TIFICATIONE DI UNA DONNA, wobei lange Schatten entstehen, die wie die Teile einer spiralförmigen sich drehenden Maschine wirken, die die Darstellerin Monica Vitti zu verschlingen drohen. Neben ihrer halluzinatorischen Wirkung können Stiegen auch Größenverhältnisse symbolisch ausdrücken. Auf Treppen scheinen sich Menschen leichter zu exponieren und in Gefahr zu begeben, ein Umstand, den üblicherweise das Thriller- oder Horror-Genre ausgiebig nutzt. Zu den gelungenen Beispielen von Atmosphäre ausstrahlenden Treppenarchitekturen gehört Robert Siodmaks DIE VORUNTERSUCHUNG (1931), wo die groteske Übermöblierung und Detaillierung den eigentlichen Herd des Schreckens bilden. Walter Benjamin wies schlüssig auf jenes *Pandämonium* der bürgerlichen Interieurs des 19. Jahrhunderts, wenn er über den Kriminalroman schreibt: „Vom Möbelstil der zweiten Häfte des 19. Jahrhunderts gibt die einzige zugängliche Darstellung und Analysis zugleich eine gewisse Art von Kriminalromanen, in derem dynamischen Zentrum der Schrecken der Wohnung steht. Die Anordnung der Möbel ist zugleich der Lageplan der tödlichen Fallen, und die Zimmerflucht schreibt dem Opfer die Fluchtbahn vor (. . .)" (2)

Durch die Etuis, die Überzüge und Futterale, mit denen der bürgerliche Hausrat überzogen ist, entstand erst jenes Universum des Horrordekors in Filmen nach berühmten Detektivromanen: FANTÔMAS (1913/14) oder Hitchcocks frühe viktorianische Thriller. Wie in den psychologischen Thriller- und Horrorfilmen spielen auch in den Filmen der amerikanischen „Schwarzen Serie" Details und tückische Objekte eine wesentliche Rolle. Durch den exzessiven Gebrauch von „belebten" Objekten wird eine klaustrophobische Atmosphäre erzeugt; zu diesem „Aufstand der Dinge" im amerikanischen *Film noir* meinen Ulrich Gregor und Enno Patalas: „In all diesen Filmen regiert der Schrecken. Er bricht auf hinter der vertrauten Fassade des Alltags. Das Grauen hat keine definierbare Ursache: es gehört zur Natur der Helden, es umgibt sie allenthalben. Seine Darstellung ist Selbstzweck; die Handlung tritt zurück, nicht selten zerfällt sie auch vollständig, es bleibt ein Agglomerat von Szenen, in denen das Grauen stets aufs neue sich manifestiert. In den besten Filmen der Schwarzen Serie kristallisiert sich der Schrecken zu Einstellungen und Sequenzen von makabrem Reiz. Die Visionen des von Drogen betäubten Detektivs in MURDER MY SWEET (1944), die Ermordung eines hinkenden Mädchens während der Vorführung eines Stummfilmmelodrams in THE SPIRAL STAIRCASE (1946), die Schießerei im Spiegelkabinett von THE LADY FROM SHANGHAI (1948), das Delirium tremens des Säufers in THE LOST WEEKEND (1945) – in Passagen wie diesen zerfällt die Wirklichkeit in Trümmer, die sich zu Traumbildern ordnen: Realismus schlägt in Surrealismus um." (3) Die Entstellung der Wirklichkeit wird hauptsächlich durch einen manieristischen Gebrauch von Architekturelementen bewerkstelligt.

Ein solches Element der Manipulation, das vor allem für die „expressionistische" Filmgestaltung charakteristisch ist, ist die Vergrößerung bzw. Verkleinerung von Türen – meist von bizarrer Form und Größe. Egal ob durch gewaltig groteske Übersteigerung wie in CITIZEN KANE (1941), oder durch winzige Wandlöcher wie in Sergej M. Eisensteins IWAN DER SCHRECKLICHE

(1944/48), in denen sich die halbgebückten Untertanen des Zaren verkriechen, symbolisieren sie die Allgegenwart der Macht des Herrschers. Die gotischen Spitzbogentüren in NOSFERATU (1922) kündigen bereits Schrecken an, noch bevor er sich in Gestalt des blutsaugenden Vampirs offenbart. Da werden Architekturelemente wie Türen, Fenster, Arkaden, Stiegen, Wendeltreppen, Aufzugskäfige, Geländer usw. weit über das Dekorative hinaus insgeheim zu Mitspielern.

Interessant ist nicht nur, wie Architektur eine Handlung unterstützen oder eine Stimmung durch eindringliche Bilder kreieren kann, sondern welche Blickpunkte/Blickwinkel die Filmemacher selbst interessieren, d.h. mit welcher Optik sie herangehen, eine Geschichte in Bildern zu erzählen. In diesem Zusammenhang ist es interessant zu erfahren, wie Regisseure Architektur sehen und einsetzen. In einigen Meisterwerken der Filmkunst bestimmt die Architektur den Erzählraum, ordnet und gliedert die Zeit, strukturiert den Erzählrhythmus, diktiert sogar den Erzählduktus und hat Einfluß auf die Montage und Dramaturgie. Hier wird Architektur zum strukturellen Element der Handlung, das den Film sogar formal und inhaltlich zusammenhält. Ich denke hierbei vor allem an die Handlung von METROPOLIS (1926) oder auch an „M" (1931) oder an A MATTER OF LIFE AND DEATH (1945). Auch die als imposante „Architekturbilder" konzipierten Spielfilme von Fritz Lang, Michael Powell, Michelangelo Antonioni und selbst Stanley Kubricks kanonische Filme bestehen in erster Linie aus Zeichen und Symbolen, die eine architektonische Sprache und räumliche Struktur besitzen.

Andere Regisseure wiederum bedienten sich „vorgefundener" architektonischer Objekte in ausgefeilter Art und Weise. Vom französischen und italienischen „Jungen Film" Anfang der 60er Jahre *(La nouvelle vague, Neo-realismo)* stammen vielfach faszinierende Außenaufnahmen an Originalschauplätzen. Bei zahlreichen Filmen von François Truffaut, Alain Resnais, Agnes Varda, Jean-Luc Godard, Pier Paolo Pasolini, Alberto Lattuada, Bernardo Bertolucci et. al. finden wir sehr sorgfältig ausgesuchte Realschauplätze mit viel Realarchitektur. Alain Resnais beispielsweise symbolisierte recht geschickt die Traumatmosphäre des Kurorts *Marienbad* in L 'ANNÉE DERNIÈRE À MARIENBAD (1961) mit Architekturimpressionen von unglaublich bizarrer und unwirklicher Schönheit und Fremdheit. Die Ausstattungen von Jacques Saulnier verbinden phantastisch-opulente Rokokosäle mit realen Außenaufnahmen barocker Schlösser *(Nymphenburg, Schleißheim)* auf morbide Weise. Hier wird die Architektur des Salons und des Spiegelkabinetts sowohl eine Falle für den Verstand des Protagonisten als auch ein waches Traumerlebnis für den Zuschauer. Oder: Wie ein Aquarium wirkt das große Fenster in der *Villa Malaparte* auf Capri (ein Paradebeispiel des Rationalismus in der Architektur von Adalberto Libera) im Film LE MÈPRIS / DIE VERACHTUNG (1963) von Jean-Luc Godard, vor dem die Hauptdarsteller — stumm wie Fische — auf- und abgehen. Übrigens spielt Fritz Lang darin einen sich selbst bemitleidenden Regisseur! Die kühn über eine Felswand auskragende „modernistische" Villa (unverkennbar als Frank Lloyd Wrights *Haus am Wasserfall* identifizierbar) in Alfred Hitchcocks Agenten-Thriller NORTH BY NORTHWEST

(1958) erzeugt eine Vorahnung von der dramatischen Zuspitzung des Plot in der Verfolgungsszene am *Mount Rushmore*. Die Dynamisierung der Handlung wird durch dynamisierte Formen (polygonale Wandflächen, schräge Stützpfeiler, Überschneidungen und Zusammenballungen von Einzelformen) angekündigt. Noch ein Beispiel: In Michelangelo Antonionis IL DESERTO ROSSO (1964) erwächst die Neurose der Hauptdarstellerin aus dem latenten Terror ihrer Umwelt, einem häßlichen Industrieagglomerat aus rauchenden Schornsteinen, Zementbauten, Silos und Raffinerien. Diese realistischen Bauten, Gegenstände und Landschaften drücken – z.T. mit subjektiver farblicher Differenzierung – die Bewußtseinslage und den kritischen Gemütszustand der Protagonistin aus. Ein anderer Film, in dem Architektur emotionale Bedeutung hat, ist MARATHON MAN (1977): der gekrümmte Verbindungsgang der *TWA-Ankunftshalle* (von Eero Saarinen) am New Yorker Flughafen bewirkt z.B. einen Moment der Ungewißheit zwischen Start und Ziel.

Eigentlich ist Film ohne Architektur nicht vorstellbar, wenn auch – zumindest theoretisch – denkbar. Die Versuche im sogenannten „absoluten” Film mit ihrer Tendenz zur „bewegten Malerei” verzichten zwar weitgehend auf Dekor, doch gehen auch ihre abstrakt-geometrischen Figurationen und Kompositionen weitgehend auf architektonisches Raumgestalten hinaus. Auf diese Filme wird in dieser Darstellung zwar in einem eigenen Kapitel eingegangen, doch werden sie nur marginal gestreift, weil sie zumeist artifiziell/ abstrakt, oft ohne filmische Realaufnahmen und mit einem Minimum an Dekorationen hergestellt wurden. Aber selbst bei noch so kargen und minimalistischen Ausstattungen sind dennoch so notwendige Raumelemente wie Wände, Decken, Verbindungsstücke zwischen Ebenen und Räumen vorhanden. Auch an authentischen Drehorten – also fern der Künstlichkeit der Studios – war es nötig, „die Realität durch zusätzliche Ausstattung zu einem gewünschten ‚Realismus’ umzuarbeiten, und vielfach bedurfte es aufwendiger Veränderungen, um reale Schauplätze auf den studioüblichen Standard zu bringen." (4) Selbst im bezüglich auf Dekorationen scheinbar so anspruchslosen und unproblematischen neo-realistischen Film war man genötigt, die Realität mit Accessoires zu schminken.

Auch wenn in Filmen lediglich Landschaftssequenzen (Western- oder Abenteuerfilm) oder „nur” Raum (Weltraum-Fantasy- oder Science Fiction-Film) vorkommen, ist der Filmraum architektonisch komponiert und in einem räumlichen Koordinatensystem definiert, sodaß die bekannten Elemente wie Himmel/Erde, Licht/Dunkelheit, Landschaft/Weltall bzw. Raumschiff, Erdtrabanten, Finsternis in der Wahl der Einstellung und in ihrem Ausschnitt wieder wie „gebaute Bildelemente” wirken. Und weil Prärie bzw. Weltraum im wesentlichen „leere” Räume sind, kommt dem Raum wesentlich mehr Bedeutung zu als der Handlung (5). Deshalb ist der SF-Film, selbst ohne futuristische Architekturmodelle, ein durchaus „architektonischer” Film, weil die Objekte von ihrem „Umraum” bestimmt werden. Ferner erwecken im Western pittoreske Berge, dramatische Schluchten, Wälder, Furchen, Licht, Witterung und Klima Erinnerungen an Architekturerlebnisse. Es treten Merkmale der Natur zu einem „Bild” zusammen, das assoziativ doch schon zur Architektur oder Umraumgestaltung gehört.

Begriffsdefinitionen

Die folgende Erörterung soll die Vielfalt der Begriffe übersichtlich ordnen und sie im wesentlichen erklären. In der Terminologie befindet sich eine Reihe von Bezeichnungen und Namen für an sich gleiche Begriffe. Dies scheint mit der Tatsache zusammenzuhängen, daß man sich in der Literatur bislang wenig bzw. nur oberflächlich für den Begriff „Filmarchitektur" interessiert zeigte und auch keine klare Vorstellung von den Aufgaben und Kompetenzen der Filmarchitekten und Filmausstatter hatte. Es soll verständlich werden, warum in diesem Buch hauptsächlich vom Filmarchitekten die Rede ist und nicht vom Dekorateur (eig. Handwerker zur Ausschmückung von Interieurs und Auslagen – Schaufensterdekoration).

a) Filmarchitekt
Im Bereich der *Ausgestaltung* eines Films (d.i. der Sammelbegriff für Bauten, Kostüme und Requisiten) wird hier nur auf die Ausstattung (Dekoration) eingegangen. Verantwortlich für die Ausstattung sind der „Art Director" bzw. der „Production Designer", die nach Aufgaben- und Kompetenzbereich entweder für das Künstlerische oder für das Organisatorische verantwortlich sind. Die Begriffe und Bezeichnungen für diese Berufsgruppe sind außerordentlich vielgestaltig. In jeder Sprache gibt es eigene Fachausdrücke: der Franzose sagt *décorateur*, der Engländer *film designer,* der Amerikaner *art director* oder *set designer.* Die Deutschen haben keine eindeutige Bezeichnung; am Anfang sprach man vom *Bühnenbildner* oder *Bühnenmaler,* später vom *Filmbildner* und *Filmmaler* oder *Filmarchitekten.* Sie übernahmen mit der Zeit die Ausdrücke der Franzosen und heute sehr stark die der Amerikaner.

b) Ausstattung/mise en scène
Eine Kulisse stellt etwas dar, was eigentlich gar nicht in einem realen Nutzungszusammenhang existiert, sondern sich erst in der Scheinrealität des Kinos entfaltet und dort zum Leben erweckt wird. Schon die deutsche Wortbildung „Filmattrappe" (oder „Kulisse") impliziert etwas Temporäres, Ephemeres und Scheinbares. Für die Filmdekorationen gibt es eine Vielzahl von Beschreibungen: zunächst einmal bedeutet *Dekoration* die künstlerische Ausschmückung und Verzierung von Gegenständen, Räumen, Bauwerken bzw. die Ausstattung von Bühnenwerken und Filmen. Doch der Bezeichnung „Ausschmückung" haftet etwas Negatives und Sinnentleertes an, denn selbst der wirkungsvollste Schmuckcharakter einer Ausstattung kann im Grunde nur wesenlose Zier sein. Mit Dekoration assoziiert man zugleich Schaufensterdekoration. Bucher's Film-Enzyklopädie definiert *Ausstattung* recht ungenau als bühnentechnisches Fachwort für filmische Dekoration, Bauten, Möbel, Kostüme und Requisiten. Demnach unterliegt der *Ausstattung* die Anordnung und Aufstellung sämtlicher Gegenstände im Film. Vielfach wird von Filmkritikern und Autoren der Begriff *mise en scène* als Ersatz für Ausstattung verwendet. Im Glossar des Buches „Film verstehen" (1980) von James Monaco ist unter *mise en scène* folgendes zu lesen: „Filmkritischer Ausdruck für die Inszenierung eines Films, als Gegensatz zur Montage." Doch *mise en scène* wörtlich mit

„Inszenierung" zu übersetzen, deckt nur einen Bruchteil der Bedeutung, die der Begriff für einen französisch geschulten Cinéphilen hat. Für Andre Bazin beispielsweise ist der Begriff komplexer und bedeutet auch „Raumgestaltung", und er meint damit sowohl alle „inszenatorischen" als auch „räumlichen" Maßnahmen zur Übertragung einer Szene vom Skript auf die Bühne, inklusive Dekor (6). Beim Spielfilm werden die Inhalte des Filmbildes im Hinblick auf ihre ikonographischen und dramatischen Bedeutungen wesentlich durch eine ausgeklügelte *mise en scène* vervollständigt und künstlerisch bereichert. Dekor — ob Architektur oder Bühnenmalerei — bestimmt die Bildkomposition in der szenischen, räumlichen, nicht jedoch in der zeitlichen Dimension. *Mise en scène* ist die sogenannte „vierte Dimension" des Filmbildes. Ohne sie kommt kein Spielfilm aus.

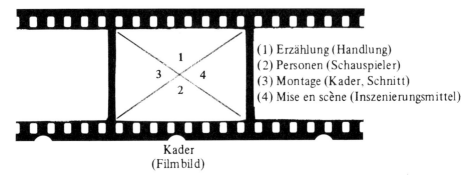

(1) Erzählung (Handlung)
(2) Personen (Schauspieler)
(3) Montage (Kader, Schnitt)
(4) Mise en scène (Inszenierungsmittel)

Kader
(Filmbild)

Elemente der Kompositionssyntax im Spielfilm

c) *Requisiten*
Requisiten hingegen sind prinzipiell alles — außer Personen —, was im Bild sichtbar wird. Die im Atelier aufgebauten oder realen Requisiten können Möbel, Kostüme, Attrappen, Rückwandprojektionen etc., aber auch Landschaften (Bäume, Felsen, Wolken, Regen etc.) sein. In diesem Buch werden Kostüme und Requisiten nur in Ausnahmefällen miteinbezogen. Es geht vor allem um die räumliche und architektonische Ausgestaltung des Films, wobei Dekorationen und Bauten in manchen Fällen ident sind und deshalb gleichgesetzt werden können.

d) *Funktion der Filmarchitektur*
Gute Filmkulissen sind Fassadenarchitekturen. Sie sollen bzw. müssen zutiefst von einer filmischen Sichtweise durchdrungen sein. Ihre Zweckgebundenheit ist nach Fertigstellung eines Films dahin. Diese eigentlich wertlos gewordenen Zeugnisse einer Filmproduktion mystifizieren auf Zelluloid etwas, was außerhalb ihres kurzlebigen Gebrauchs der Filmsequenz nicht mehr lebendige Realität ist. Mit einigen Wermutstropfen registrierte der ehemalige Filmarchitekt Franz Schroedter: „Filmbauten sind kurzlebiger als alles andere auf dieser Welt. Wenige Szenen lang sind sie Mittelpunkt jedes Interesses; man behandelt

sie sorgfältiger als Menschen von Fleisch und Blut. Doch dann sind sie über-flüssig, in Schutt und Asche werden sie gelegt und von der nervenaufreibenden Arbeit unzähliger Tage, die geleistet wurde, um das Publikum zwei Stunden zu unterhalten, bleibt nichts übrig als ein armseliger Haufen Gerümpel, der auf den ersten besten Schuttplatz gebracht wird." (7)

Die Welt herstellen, um sie zu vernichten: Der Filmarchitekt Erich Kettel-hut berichtete, daß die Vorbereitung und Herstellung des Modellbaus für die Maschinenhalle in METROPOLIS vier Wochen in Anspruch genommen habe; die Aufnahme der vernichtenden Explosion habe jedoch nur wenige Minuten gedauert. Ebenso langwierig war die Errichtung des großen Wasserbassins für die Überschwemmungsszene der METROPOLIS-Produktion: „Besonders viel Zeit beanspruchten die Besprechungen der zahlreichen Szenen, die nur mit Hilfe eines Trickverfahrens gelöst werden konnten. So vergingen (. . .) viele unsagbar ermüdende Monate, wie wir sie bei den NIBELUNGEN schon erlebt hatten. Die Sitzungen (liefen) bis tief in die Nächte hinein, an den Tagen da-nach die Verarbeitung des Besprochenen in Entwürfen und Grundrissen, an folgenden Tagen wieder Regiesitzungen zur festgesetzten Nachmittagsstunde (. . .) Ein unerbittlicher Turnus, ohne Berücksichtigung der Sonntage." (8) Von Kettelhuts Klagen über den Verzicht der sonntäglichen Ruhe und den plastischen Schilderungen vom Stress eines Filmarchitekten einmal abgesehen, scheint die enorme Mühe zur Herstellung und Errichtung der Filmkulissen kaum im Verhältnis zur praktischen bzw. ökonomischen Nachnutzung zu ste-hen. Filmbauten sind Augenblicksarchitekturen: nicht einmal theoretisch sind sie als materialgerechte Repliken *in situ* oder als Rekonstruktion verwendbar: Wegwerf-Architekturen.

Aber auf der Leinwand leben jene wunderbaren, unvergeßlichen und beun-ruhigenden Filmarchitekturen aus METROPOLIS, GOLEM, DR. CALIGARI, INTOLERANCE und IWAN DER SCHRECKLICHE wieder auf. Sie sind le-bendige Projektionen — entweder als tiefenpsychologische Reflexionen des eigenen Ichs oder des gesellschaftlichen Über-Ichs. Filmbilder prägen ganz ent-scheidend unsere Vorstellungen und Wahrnehmungen. Nicht umsonst spricht man vom Rausch des Kinos. Nicht selten ist man von einer bestimmten Stim-mung, von „Gefühlszuständen", die von Filmbildern ausgehen, beeindruckt und betroffen. Dazu schreiben Hans Scheugl und Ernst Schmidt Jr.: „(. . .) wichtigste Stilmittel des Films sind das Dekor, die Beleuchtung und eine ex-pressive Darstellungsweise. Sie werden zum Ausdruck seelischer Zustän-de." (9) Eine Gemütslage wird maßgeblich von der Dekoration beeinflußt. Filmarchitekturen können in uns Euphorie, Angst oder Depression her-vorrufen. Im Film gelingt, was — vorläufig noch — in den realen Bauten hinter Sachzwängen oder Alltagsfunktionen verschwindet: eine *sprechende Architek-tur*. Eine Spezialität der deutschen Stummfilmzeit bestand darin, psychologi-sche, halluzinatorische oder traumatische Wirkungen zu erzielen, indem man Gebäude, Gegenstände und sogar Bäume und Landschaften ihrer seelischen Bedeutung im Film entsprechend in charakteristischer Verzerrung und ent-stellter Perspektive im Studio nachgebaut hat. Neben dem expressiven „Caliga-rismus" erkannte Fritz Lang die immense Qualität der „sinnlichen" Macht-architektur für den Film. Auch die Franzosen griffen expressionistische

Splitter in ihrem Werk auf, um in subtiler Weiterentwicklung ihrer ohnehin impressionistisch-artifiziellen Formensprache eine neue Welt mondänen Luxus und Glamours entstehen zu lassen, was weitgehend dem Wunschdenken der bürgerlichen Avantgarde entsprach: eine schöne neue Welt. Marcel L'Herbier verwendete edle Art Deco-Kulissen in L'INHUMAINE (1923), die von erlesener Schönheit, Schlichtheit und Eleganz waren. Kino als Traumfabrik!

Bildstarke wie auch sublime Filmarchitektur erinnern uns an verschüttete, längst gemachte Erfahrungen von Raum, die wir an realer, urzeitlicher oder geträumter Architektur erlebt haben und die sich in bestimmten Traumsequenzen oder „Bildmontagen" wieder neu zusammenfassen lassen. In der Jung'schen Psychologie spricht man vom „Archetyp der Formen" und es läßt sich beobachten, daß bestimmte Formen und Motive bei den verschiedensten Kulturen immer wieder auftauchen und in einer adäquaten Baugestalt ihren Niederschlag finden. C. G. Jung kommt zu dem Ergebnis, daß es gewisse kollektive, archetypische Vorstellungen gibt, die als Urbilder in Mythen, Träumen, Kulturen, Symbolen manifestiert werden. Aus der Fortführung der Jung'schen Thesen können bestimmte Archetypen der Architektur postuliert werden. Solche grundlegenden Formvorstellungen sind in jeder Architektur gegenwärtig, bewußt oder unbewußt. Doch sind in der Architekturpraxis wesentliche Faktoren verloren gegangen: der Bezug zum Kultischen, zum Spirituellen, Sexuellen, zum Mystischen. In der Filmarchitektur hingegen sind Raumvorstellungen, plastische Konzeption, Symbolfähigkeit, Phantasie, Erfindungsgabe und emotionelle Aussagekraft wichtiger als Funktion und Konstruktion. Sie bedient sich mehr der kommunikativen und präfigurativen Zeichen und kann entsprechend mehr stimmungsorientiert und psychologisch sein. D.h., Filmarchitektur dient nicht allein der Funktionserfüllung im realen Gebrauch, sondern „bezeichnet" etwas, sie besitzt „Bedeutung" und kann zu einem Zeichen oder Symbol werden. Ihre Objekte „funktionieren" nicht nur, sondern „teilen mit".

Wie aber erkennt man Symbole und inwieweit können sie als Zeichen gelesen werden? Zum einen hängt es von den kulturellen und sprachlichen Indikationen ab, ob der Rezipient eines bestimmten Kulturkreises die Zeichenbotschaft überhaupt verstehen kann; zum anderen, wann im Kommunikationsprozeß die Funktion der Zeichen als Vermittler zur Geltung kommt. In der Architektur geschieht dies durch „Bedeutungsträger", letztlich durch grundlegende Formen und Elemente der Architektur (z.B. Kreuz, Quadrat, Kreis, Turm etc.). Die Frage, ob Bauwerke „kommunizieren" können, ist gar nicht so neu. Der Begriff der *architecture parlante*, die durch bestimmte, unmißverständliche Formen „sprechende Architektur" ist, stammt aus dem 18. Jahrhundert. Unter dem ideologischen Einfluß der Aufklärung und des naturwissenschaftlichen Positivismus war mit der Kategorie der „sprechenden Architektur" in der Regel eine durch kognitive Bilder und Details realisierte Beziehung zur Funktion eines Gebäudes gemeint. Als Beispiel seien hier nur die zylinderförmigen Häuser für die Stromaufseher des Flusses Loue in Form eines Rohres, oder der überdimensionale zoomorphe Kuhstall erwähnt. Auch die weniger leicht und eindeutig darzustellende Idee der Arbeit kam beim Tor der Saline von Chaux zum Ausdruck, das Jean-Nicolas Ledoux als Stollen eines Salzbergwerks mit umgekippten Salzgefäßen gestaltete. François Barbiers Haus in Form einer abgebrochen antiken Säule kann als sinnliche Provokation des Phallus aufgefaßt werden, doch ist es eine historische Allegorie, der sinnfällige Hinweis auf Vergangenes, Erlebtes, Hinfälliges; Melancholie eben.

Die riesige Steinkuh als Kuhstall ist Allegorie der Viehzucht und das Lustschloß in Form einer kaputten dorischen Säule als *memento mori* der glorreichen Vergangenheit evozieren beide ikonographische Zeichen, die für etwas anderes stehen als für das, was sie von ihrer Funktion her sind. Im Falle des Säulenhauses ist es eine sentimentale Rekonstruktion der Geschichte, im Falle des Kuhstalls die Zivilisationskritik im Sinne von Jean-Jacques Rousseau und dessen Glauben an die Erziehung des Menschen durch seine natürliche Umwelt. Solche Formen liebäugeln aber auch — neben ihrer ideologischen Bedeutung — mit Ironie und Humor. Solche „Sprachwitze" kommen in jeder „sprechenden Architektur" vor, selbstverständlich auch in der Filmarchitektur, zum Beispiel in Jacques Tatis doppeldeutigen architektonischen Metaphern in MON ONCLE (1958) und PLAYTIME (1965), oder in Stanley Kubricks geistreicher Parodie auf Science Fiction-Dekorationen in der anti-utopischen Punk-Satire CLOCKWORK ORANGE (1971), mit deren destruktiver Vision gleichzeitig eine „Funktionalismuskritik" zum Vorschein kommt. Unverkennbar inspiriert durch üppiges Design, ist Kubricks Ausstattungsstil durch ironische, parodistische Zitate aus der Pop-Welt eine einzige Mimesis der verdächtigen Heilsversprechungen einer „High"-Technologie. Kubricks Ästhetik erinnert durch ihre Doppelsinnigkeit und Paradoxien häufig an die surreal anmutende Präzision der Photorealisten.

e) Aufgabe des Filmarchitekten
Übereinstimmend wird behauptet, die Funktion des Ausstatters oder Filmarchitekten entspräche im wesentlichen der des Bühnenbildners beim Theater; allerdings sind durch die technische Weiterentwicklung von Photographie, Beleuchtung und Sondereffekten seine Aufgaben wesentlich komplexer und vielfältiger geworden. Im Vorwort eines englischen Handbuchs für Filmdesigner ist zu lesen: „Der *art director* (sprich: Filmausstatter) ist für die gesamte Ausstattung zuständig. Dabei muß seine Arbeit nicht nur den eigenen Maßstäben standhalten, sondern auch dem kritischen Blick des Regisseurs. Nur wenn er mit allen Beteiligten konstruktiv zusammenarbeitet, kann er sicher sein, erfolgreich zum Ganzen beizutragen." (10) Wie jeder weiß, ist der Spielfilm ein kollektives Produkt und erfordert die Fähigkeiten einer Vielzahl von Menschen. Schauspieler, Regisseure, Kameraleute sind bestens bekannt, nur dem Filmarchitekten schenkt man wenig Beachtung, ja oftmals wissen selbst Fachleute und Kritiker nicht, wer einen berühmten Film ausgestattet hat.

Es sind aber schließlich die Filmarchitekten, die erst die Voraussetzungen schaffen, daß ein Regisseur seine Gedanken und Visionen realisieren, der Kameramann filmen und der Schauspieler agieren kann. Der Filmarchitekt ist eine der wichtigsten Personen innerhalb eines Filmteams, weil er die Schalt- und Koordinierungsstelle der verschiedenen Metiers ist. Er prägt bei der Herstellung eines Films wesentlich den visuellen Stil. Im alten Studiosystem beispielsweise rangierte das Prestige der Ausstattung zeitweilig so hoch, daß Kamerawinkel, Position der Schauspieler und schließlich sogar der Schnitt den Vorstellungen des Filmarchitekten unterworfen wurden. In der Blütezeit des deutschen Stummfilms wurde den Filmarchitekten ebenso viel Spielraum gelassen und Beachtung geschenkt wie den berühmten Regisseuren.

Dies änderte sich erst mit Einführung der Arbeitsteilung und dem Spezialistentum in den größeren Studios, wo in verschiedenen Sparten mehr oder weniger voneinander unabhängig, jedoch unter einem übergeordneten Plan des Produktionsleiters, operiert wurde. Mit der Produktion von Kolossalfilmen à la Hollywood kamen industrielle Methoden und kaufmännische Organisation in den Studios auf. Im nachhinein sollte sich der Bürgerkriegsschinken GONE WITH THE WIND (1939) bedeutsam für den gesamten Ausstattungsstab auswirken. Gerade mit diesem Film setzte ein entscheidender Wandel ein, als im Vorspann William Cameron Menzies als *production designer* angeführt wurde. Diese Bezeichnung war vollkommen neuartig und sollte besagen, daß Bauten, Licht, Kamera und alle anderen Elemente der Ausstattung einem übergeordneten Plan folgten, der der Verantwortung des *production designers* unterlag. Er rangierte denn auch in den Subtiteln nicht mehr als schlichter Ausstatter, sondern als Produktionschef einer riesigen Ausstattungsorganisation. Während seiner Glanzzeit konnte William Cameron Menzies als neugekrönter *production designer* die Herstellung eines Films formal so wesentlich beeinflussen, daß er zwischendurch auch mit Regieaufgaben betraut wurde. Spätestens seitdem spielt der Filmarchitekt gegenüber dem *production designer* eine untergeordnete Rolle im Studiosystem. Noch größeres Ansehen als Menzies genoß Altmeister Cedric Gibbons, der während seiner langen Karriere bei *Metro-Goldwyn-Mayer* den Filmen dieses Unternehmens ihren charakteristischen Hochglanz verlieh. Van Nest Polglase, der vorwiegend für die *RKO-Studios* arbeitete, gehörte wie Anton Grot *(Warner Brothers)* und Hans Dreier *(Paramount)* sowie die Europäer Vincent Korda *(Denham Studios),* Lazare Meerson *(Pathé)* und Alexandre Trauner *(Gaumont)* zu den Doyens der Filmarchitekten.

Das Studiosystem brachte aber auch Stagnation mit sich: es hatte sich rasch ein technisches Spezialistentum entwickelt, das zwar mit großer (materieller) Leistungsfähigkeit, Schnelligkeit und handwerklicher Perfektion arbeitete, jedoch wenig an Kreativität und künstlerischer Freiheit besaß. Durch die Vielfalt und Buntheit der Genreproduktionen erreichte die Ausstattung ein gewisses Gleichmaß an Routine, sodaß die Filmdekorationen relativ uniform und zutiefst unkünstlerisch ausfielen und der Name des Architekten seinem Berufsstand keine Ehre machte. Der nunmehrige *production designer* hatte lediglich die organisatorischen und budgetären Aufgaben zu bewältigen; die kreative Arbeit oblag dem *art director,* der für die Koordination aller Bereiche verantwortlich war. Die Entwurfsleistung teilten sich Studiozeichner und -maler, Tischler, Dekorateure, Gipsgießer, Stukkateure, Polsterer, Schreiner, Friseure, Schminker, Gaffer etc. gleichermaßen. Vielleicht hat deshalb die Dekoration im typisch märchenhaft-kitschigen Glamourstil Hollywoods lange Zeit nicht dieselbe künstlerische Qualität und Wertschätzung gefunden wie sie sie beispielsweise in der Blütezeit der *Ufa* oder in Frankreich während des „Poetischen Realismus" oder „Impressionismus" hatte.

22

Inzwischen sind die Funktionen der Studios noch industrialisierter und gewerblicher geworden. Durch die aufkommende Tricktechnik mit Computern und Speziallabors und die effektivere Umstellung auf Außenaufnahmen an Originalschauplätzen ist die Erfindungsgabe der Ausstatter bedauerlicherweise noch mehr eingeschränkt. Filme, die man noch vor wenigen Jahrzehnten gänzlich im Studio hergestellt hätte, werden heute dank modernster Filmtechnik selbstverständlich am Originalschauplatz mit beweglichen Requisiten gedreht. Doch in seinem Aufgabenbereich hat sich für den Filmarchitekten dadurch nichts Wesentliches geändert: Für die Erfolge von 2001 – A SPACE ODYSSEY (1968), EDIPO RE (1967), FELLINI'S SATYRICON (1969), APOCALYPSE NOW (1979) und BLADE RUNNER (1982) sind nicht nur ihre Regisseure verantwortlich, sondern in hohem Maße auch ihre *production designers*.

Bei Architekten jedoch, die eher die praktische Seite ihres Berufes betonen und die Architektur als etwas Funktionelles und Konstruktives betrachten, provoziert der Gedanke von befristeter „Kulissenarchitektur" eine geradezu moralische Entrüstung. Es liegt auf der Hand, daß das Selbstverständnis des bauenden Architekten kaum eine andere Meinung zuläßt, als daß Architektur das ist, was realisiert bzw. bereits benutzt wird und daß jede andere Art der Reflexion oder Beschäftigung mit Architektur, die nicht unmittelbar zielorientiert einem konkreten Entwurf oder einer Verbesserung dient, wenig Relevanz für die Wirklichkeit besitzt. Insofern gehört Filmarchitektur zur Gattung der „utopischen Architekturentwürfe", aber eben nicht aus Verweigerung des Seienden, sondern aus Ermangelung einer sinnvollen (dauerhaften) Durchführung. Filmarchitektur ist die Vision einer noch werdenden Architektur.

f) Filme von außergewöhnlicher Ausstattung
Im Rahmen des Buches scheint es mir angebracht, an dieser Stelle eine Liste von jenen Filmen anzuführen, deren Ausstattung bemerkenswert ist. Auf sie alle einzeln einzugehen, würde den Rahmen dieses Buches sprengen. Zum Unterschied vom Haupttext werden hier alle ausländischen Filme mit schwer auszusprechenden Originaltiteln der besseren Lesbarkeit wegen mit ihrem landläufigen Verleihtitel angegeben. In Anbetracht der stilistischen und thematischen Verschiedenheit aller angeführten Filmwerke wurde auf eine systematische Gliederung verzichtet. Stattdessen soll mit einer chronologischen Auflistung das Ungleichzeitige im Gleichzeitigen aufgezeigt werden.

Ausstatter	Filmtitel	Jahr	Regisseur
Georges Méliès	LE VOYAGE DANS LA LUNE	1902	Georges Méliès
Georges Méliès	LE VOAYAGE À TRAVERS L'IMPOSSIBLE	1904	Georges Méliès
Georges Méliès	A LA CONQUETE DU POLE	1912	Georges Méliès
Robert-Jules Garnier	FANTÔMAS	1913	Louis Feuillade
Camillo Innocenti	CABIRIA	1913	Giovanni Pastrone
Frank Wortman/Walter D. Hall	INTOLERANCE	1915	D. W. Griffith
Enrico Prampolini	THAIS	1916	A. G. Bragaglia
Warm/Reimann/Röhrig	DAS KABINETT DES DR. CALIGARI	1919	Robert Wiene
Robert Neppach	VON MORGENS BIS MITTERNACHT	1919	Karl-Heinz Martin

Ausstatter	Filmtitel	Jahr	Regisseur
Hans Poelzig	GOLEM – WIE ER IN DIE WELT KAM	1920	Paul Wegener
Warm/Herlth/Röhrig	DER MÜDE TOD	1921	Fritz Lang
Paul Leni	DIE HINTERTREPPE	1921	Leopold Jessner
Hunte/Kettelhut/Vollbrecht	DIE NIBELUNGEN	1922	Fritz Lang
Albin Grau	NOSFERATU	1922	F. W. Murnau
Natacha Rambova	SALOME	1922	Charles Bryant
Buster Keaton/Fred Gabourie	ONE WEEK	1922	Buster Keaton
Julius v. Borsody/Artur Berger	SODOM UND GOMORRHA	1922	Mihály Kertész
Ernst Stern/Kurt Richter	DAS WEIB DES PHARAO	1922	Ernst Lubitsch
Rob Mallet-Stevens	L'INHUMAINE	1923	Marcel L'Herbier
Andrej Andrejew	RASKOLNIKOW	1923	Robert Wiene
Sergej Kozlovsky	AELITA	1924	Jakob Protasanow
Paul Leni	WACHSFIGURENKABINETT	1924	Paul Leni
William Cameron Menzies	THE THIEF OF BAGDAD	1924	Raoul Walsh
Ben Carré (Katakombenszenen)	THE PHANTOM OF THE OPERA	1925	Fred Niblo
Hans Poelzig/Herlth/Röhrig	DIE CHRONIK VON GRIESHUUS	1925	Arthur von Gerlach
Robert Herlth/Walter Röhrig	FAUST	1925	F. W. Murnau
Hunte/Kettelhut/Vollbrecht	METROPOLIS	1926	Fritz Lang
Robert und Sonia Delaunay	LE P'TIT PARIGOT	1926	René le Somptier
Erich Kettelhut	BERLIN – SYMPHONIE	1927	Walter Ruttmann
Emil Hasler/Otto Hunte	FRAU IM MOND	1928	Fritz Lang
Vasili Kovrigin	OKTOBER	1928	Sergej Eisenstein
Iwan Lochakow/Boris Bilinsky	GEHEIMNISSE DES ORIENTS	1928	Alexander Wolkow
Paul Nelson	WHAT A WIDOW	1930	Allan Dwan
Stephen Goosson	JUST IMAGINE	1930	David Butler
Emil Hasler/Karl Vollbrecht	M – MÖRDER UNTER UNS	1931	Fritz Lang
Lazare Meerson	À NOUS LA LIBERTÉ	1931	René Clair
Erich Kettelhut	F.P.1. ANTWORTET NICHT	1932	Karl Hartl
Lucien Aguettand	POIL DE CARROTTE	1932	Julien Duvivier
Jean d'Eaubonne/Jean Cocteau	LE SANG D'UN POETE	1932	Jean Cocteau
Hermann Warm	LE VAMPYR	1932	Hans Theodor Dreyer
Karl Vollbrecht/Emil Hasler	DAS TESTAMENT DES DR. MARBUSE	1933	Fritz Lang
Carrol Clark/Alfred Hermann	KING KONG	1933	Cooper/Shoedsack
Anton Grot	GOLD DIGGERS OF '33	1933	Mervyn LeRoy
Jack Okey	FORTY SECOND STREET	1933	Lloyd Bacon
Hans Dreier/Roland Anderson	CLEOPATRA	1934	Cecil DeMille
Charles D. Hall	THE BLACK CAT	1934	Edgar G. Ullmer
Anton Grot	A MIDSUMMER NIGHT'S DREAM	1935	Dieterle/Reinhardt
Charles D. Hall	THE BRIDE OF FRANKENSTEIN	1935	James Whale
Jack Okey/William Pogany	DAMES	1935	Ray Enright
Vincent Korda	THINGS TO COME	1936	William C. Menzies
Lazare Meerson	LA KERMESSE HÉROIQUE	1936	Jacques Feyder
Stephen Goosson	LOST HORIZON	1937	Frank Capra
Jacques Krauss	PÉPÉ LE MOKO	1937	Julien Duvivier
Alexandre Trauner	QUAI DES BRUMES	1938	Marcel Carné
Lazare Meerson/Alfred Junge	THE CITADEL	1938	King Vidor
Korda/Menzies et.al.	THIEF OF BAGDAD	1940	Michael Powell
Van Nest Polglase	CITIZEN CANE	1941	Orson Welles
Carmen Dillon/Paul Sheriff	HENRY V.	1944	Laurence Olivier
Isaac Shpinel/S. Eisenstein	IWAN DER SCHRECKLICHE	1944	Sergej Eisenstein
Alfred Junge/Arthur Lawson	A MATTER OF LIFE AND DEATH	1946	Powell/Pressburger
Alfred Junge	BLACK NARCISSUS	1947	Powell/Pressburger
Edward Carrere	THE FOUNTAINHEAD	1948	King Vidor
Robert Furse/Carmen Dillon	HAMLET	1948	Laurence Olivier
Hein Heckroth	THE RED SHOES	1948	Powell/Pressburger
Vincent Korda	THE THIRD MAN	1949	Carol Reed
Hans Dreier	SAMSON AND DELILAH	1949	Cecil DeMille
Alexandre Trauner	OTHELLO	1952	Orson Welles
Paul Sheriff/Marcel Vertès	MOULIN ROUGE	1952	John Huston
Cedric Gibbons	JULIUS CAESAR	1953	Joseph Mankiewicz

24

Ausstatter	Filmtitel	Jahr	Regisseur
Hal Pereira	REAR WINDOW	1954	Alfred Hitchcock
Richard Day	ON THE WATERFRONT	1954	Elia Kazan
Hilyard Brown	THE NIGHT OF THE HUNTER	1955	Charles Laughton
Yoshiro Muraki/Kohei Ezaki	KUMONOSU–JO	1957	Akira Kurosawa
Robert Boyle	NORTH BY NORTHWEST	1958	Alfred Hitchcock
Henri Schmitt	MON ONCLE	1958	Jacques Tati
William A. Horning	BEN HUR	1959	William Wyler
Alexander Goltizen	SPARTACUS	1960	Stanley Kubrick
Pierre Guffroy	LE TESTAMENT DU ORPHEE	1960	Jean Cocteau
Jacques Saulnier	L'ANNEE DERNIERE A MARIENBAD	1961	Alain Resnais
Boris Leven	WEST SIDE STORY	1961	Robert Wise
John DeCuir	CLEOPATRA	1963	Joseph Mankiewicz
Ken Adam	DR. STRANGELOVE	1963	Stanley Kubrick
Piero Poletto	IL DESERTO ROSSO	1964	M. Antonioni
Eugène Roman	PLAYTIME	1965	Jacques Tati
Raoul Coutard (Kamera)	ALPHAVILLE	1965	Jean-Luc Godard
Syd Cain	FAHRENHEIT 451	1966	François Truffaut
Jack Shampan	MODESTY BLAISE	1966	Joseph Losey
Mario Garbuglia	BARBARELLA	1967	Roger Vadim
Tony Masters	2001 – A SPACE ODYSSEY	1968	Stanley Kubrick
Luigi Scaccianoce	EDIPO RE	1968	Pier Paolo Pasolini
John Box/Terence Marsh	OLIVER!	1968	Carol Reed
Donati/Scaccianoce	FELLINI'S SATYRICON	1969	Federico Fellini
Hans Gailling	JONATHAN	1969	Hans Geißendörfer
Scott MacGregor	MOON ZERO TWO	1969	Roy Ward Baker
Dean Tavoularis	ZABRISKI POINT	1970	M. Antonioni
Tony Walton	THE BOY FRIEND	1971	Ken Russell
Mikhail N. Romadin	SOLARIS	1972	Andrej Tarkowskij
Rolf Zehetbauer	CABARET	1972	Bob Fosse
Mario Chiari	LUDWIG	1973	Luchino Visconti
Richard Helmer/John Dykstra	SILENT RUNNING	1973	Douglas Trumbull
Alan Whity	O LUCKY MAN	1973	Linsay Anderson
Pierre Charbonnier	LANCELOT DU LAC	1974	Robert Bresson
Alexander Golitzen	TOWERING INFERNO	1974	John Guillermin
Preston Ames	EARTHQUAKE	1974	Mark Robson
Ken Adam/Roy Walker	BARRY LYNDON	1975	Stanley Kubrick
Dean Tavoularis	FAREWELL MY LOVELY	1975	Dick Richards
Jacques Saulnier	FRENCH CONNECTION	1975	William Friedkin
Danilo Donati	FELLINI'S CASANOVA	1976	Federico Fellini
Rolf Zehetbauer	DAS SCHLANGENEI	1977	Ingmar Bergman
Boris Leven	NEW YORK, NEW YORK	1977	Martin Scorsese
Ted Marshall	DON GIOVANNI	1979	Joseph Losey
R. Safiullin/W. Fabrikow	DER STALKER	1979	Andrej Tarkowskij
H. R. Giger/Brian Jones	ALIEN	1979	Ridley Scott
Heidi Lüdi/Toni Lüdi	DER ZAUBERBERG	1980	Hans Geißendörfer
Hilton McConnico	DIVA	1981	Jean-Jacques Beineix
Douglas Trumbull	BLADE RUNNER	1982	Ridley Scott
Tony Masters	DUNE/DER WÜSTENPLANET	1983	David Lynch
?	BRAZIL	1984	Terry Gillum

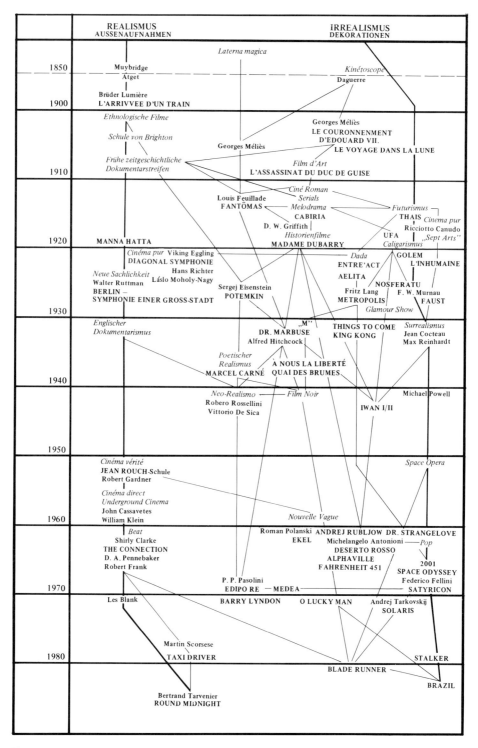

Entwicklungsströmungen in der Ausstattung

26

II. GEMALTE DEKORS
Die französischen Primitivisten

Die Geburtsstunde der Kinematographie läßt sich sogar auf den Tag genau datieren: Am 28. Dezember 1895 präsentierten die Brüder Louis Jean Lumière (1864–1948) und Auguste Marie Lumiere (1862–1954) im sog. „Indischen Salon" des Grand Café am Boulevard des Capucines in Paris ihre Erfindung, den Kinematographen. Diese erste öffentliche Vorführung der „lebenden Bilder" – die sog. *Sèance historique'*– war eine technisch-wissenschaftliche, keine künstlerische Sensation. Die Brüder Lumière – übrigens wie alle ihre Kollegen – betrachteten diese bewegten Bilder als eine wirklichkeitsgetreue Wiedergabe der Natur, die sie als technische Innovation, als optisches Kuriosum, einem völlig überraschten und ahnungslosen Publikum vorführten. Daß der Film als eigenständige Kunstgattung eine Zukunft haben könnte, kam ihnen gar nicht in den Sinn. Ja nicht einmal sie selbst waren von der Auswertung ihrer eigenen Erfindung überzeugt. Vor der versammelten Mannschaft seines Filmteams pflegte Louis Lumière zu sagen: „Die Beliebtheit unserer Filme wird ein Jahr anhalten, vielleicht auch achtzehn Monate. Danach werden Sie sich einen neuen Beruf suchen müssen." (1) Und tatsächlich waren ihre Filme ohne Anspruch auf Dauer oder Kunst – die Brüder gingen mit ihren Teams auf die Straßen, filmten in natürlichen Umgebungen, beschrieben Alltagssituationen ohne künstlerischen Ehrgeiz. Auf Ausstattung, Licht etc. legten sie keinen besonderen Wert.

Unter den ersten Filmen der Brüder Lumière befinden sich sowohl dokumentarische als auch quasi-inszenierte Szenen mit einer rudimentären Handlung. Ihr allererster Film LA SORTIE DES OUVIERS DE L'USINE LUMIÈRE (1895) zeigt die Arbeiter ihrer eigenen Werke beim Verlassen der Fabrik – die Premiere einer Architekturdarstellung im Film, obwohl die Bauten mehr oder minder nur zufällig ins Bild kamen. L'ARROSEUR ARROSE (1895) zeigt einen Gärtner, der beim Sprengen seines Gartens von einem Lausbuben gestört und naßgespritzt wird, weil dieser seinen Fuß auf den Schlauch stellt. Im Hintergrund dieses Vorläufers des Slap-Sticks ist eine langgestreckte Gartenmauer zu sehen, die den Raum nach hinten begrenzt. Auch in den anderen Filmen kommt Architektur nur peripher und nebensächlich vor. In einer einzigen langen Einstellung wird in ARRIVÉE D'UN TRAIN EN GARE À DU CIOTAT (1895), wie der Titel schon andeutet, die Ankunft einer dampfenden Lokomotive in einem Bahnhof gezeigt. Als im Film der Zug entlang des Bahnsteigs einfuhr, zogen die Leute im Publikum instinktiv den Kopf ein oder verließen panikartig die ersten Reihen des Theaters, weil sie die Bilder für echt hielten.

In ihrem vielleicht experimentellsten Film, CHARCUTERIE MÈCANIQUE (1895), wird zum ersten Mal die Anwendung eines Tricks vorgeführt: Im

Lumière-Frères: PLACE DE LA CONCORDE (1895) – Debüt von Architektur-im-Film

Rücklaufverfahren kommt ein lebendes Schwein aus dem Fleischwolf! Wiederum gibt es keine Architektur in dieser Szenenfolge.

Waren diese Filme der Brüder Lumière primär eine Zeit-, aber keine Ortsbestimmung, so änderte sich dies mit den ersten Stadtdarstellungen LA PLACE DES CORDELIERS À LYON, PLACE DE LA CONCORDE und mit der „Destruktion von Architektur" beim Abriß einer Lyoner Hausmauer in DEMOLITION D 'UN MUR (alle 1895). Aus einer einzigen oder aus wenigen, sehr langen Einstellungen wurden neben dem Zeitraum der Handlung auch ein Realitätsraum – in diesem Fall eine konkrete Stadtlandschaft – abgelichtet, in dem sich das dargestellte Geschehen in einem räumlich begrenzten, definierbaren und unmißverständlich erkennbaren Stadtraum abspielte. Hier wurde sachliche Dokumentation betrieben, ohne Umschweife, ohne Subjektivismus: die Stadt als gegebene (zweite) Natur.

Georges Méliès – Filmzauberer

Waren die Brüder Lumière die technischen Wegbereiter des neuen Mediums, so war es Georges Méliès (1861–1938), der den Film zur Kunstform entwickelte. Filmhistoriker beginnen ihre Darstellung zumeist mit Méliès, weil er als erster die Illusion in den Film eingeführt hat und diesen solchermaßen von einer aufsehenerregenden Erfindung in ein ästhetisches Medium verwandelt hat. Als künstlerischer Pionier war er derjenige, der den Film zur „Lichtspielkunst" machte, indem er unter Einbeziehung aller anderen Künste (Malerei, Plastik, Architektur, Musik, Literatur) ins Reich der Phantasie und der Illusion vorstieß. Deshalb kann man mit Recht Méliès als den eigentlichen Schöpfer der Filmkunst ansehen.

Als Méliès auf Einladung der Brüder Lumière die Bilder 1895 zum ersten Mal zu sehen bekam, erkannte er an der kuriosen Erfindung sofort — im Gegensatz zu manchen seiner bornierten Zeitgenossen — nicht nur deren Bedeutung für Wissenschaft und Technik als Dokumentationsmittel, sondern vor allem für die Kunst als Darstellungsmittel. Er war überzeugt, daß im neuen Medium Film eine neue Kunstform entstanden war. Was, dem Positivismus des 19. Jahrhunderts verpflichtet, 1895 mit „lebenden Bildern" begann, führte dank der ingeniösen Impulse und Begabung Méliès' zu bisher ungeahnten, zukunftsweisenden Möglichkeiten filmischer Artikulation. Hierin liegt Méliès' Bedeutung für den Film. Die Autoren Hans Schleugl und Ernst Schmidt Jr. faßten in ihrer Darstellung die Unterschiede von Lumière und Méliès kurz zusammen: „Die Filme der Brüder Lumière sind auf photographischen Prinzipien aufgebaut. Sie sind realistisch, sachlich, dokumentarisch. Die Werke Méliès' wurzeln dagegen im Theater. Sie sind trickreich, phantastisch, surreal". (2) Von ihrer Unterstellung, Méliès habe das Theater kopieren wollen, einmal abgesehen, scheinen ihre Ausführungen zutreffend (3).

Doch Méliès' Nähe zum Theater ist nur scheinbar. Eine Menge seiner Tricks gehen grundsätzlich auf den Illusionismus des Jahrmarkt-Schaustellers oder des Zaubertheaters zurück (weil sie dort natürlich zuerst vorkamen, ausprobiert und entwickelt wurden). Méliès' Illusionskunst bestand in der neuartigen Anwendung von Rückprojektionen, doppelter Exposition, Über- und Abblendungen, Kolorierungen, Animationssequenzen, Kamerastopps, Zeitlupe und Zeitraffer. Diese Zauberkünste waren Tricks, die sich ausschließlich im neuen Medium Film verwirklichen ließen. Sie entsprachen alle durchwegs der Logik des Films und nicht des Theaters. Denn weder waren die Gags der Metamorphosen und Permutationen ein spezifisches Element der Bühnenvorstellung, noch die nur schwer erkennbare Handlung abphotographiertes Theater. Durch Anwendung von Zeittricks, Manipulationen und Verfremdungen wurde die zeitliche und räumliche Totalität des Theaters aufgehoben bzw. ins Surreale (Überwirkliche) oder ins Irreale (Unwirkliche) transportiert.

Melies wollte keinesfalls ein „naturalistisches" oder ein „formalistisches" Theater machen, wie es ihm des öfteren in die Schuhe geschoben wird, sondern seine Bildwelt war der einer *Laterna magica* verwandt, und die Tricks, die er anwandte, dienten ihm allein zur optisch-kinetischen Sensation, der grotesken Übertreibung, Bewunderung oder Illusion. Georges Sadoul, der große französische Filmhistoriker, unterstrich in seiner Monographie über den Künstler, daß Méliès „jede Möglichkeit der Theatermechanik (erforschte), um sie für das Kino nutzbar zu machen, und er entdeckte zahlreiche filmische Techniken, um aus ihnen die *größeren* Theater-Effekte für das Kino zu erzielen." (4)

Auch in technischer Hinsicht entsprachen die Werke von Méliès den Forderungen der Filmavantgardisten so sehr, daß sie zum Teil eine exakte Vorwegnahme späterer Avantgardewerke waren (5). Méliès fand eine schelmische Freude daran, Dinge und Menschen durch filmische Mittel zu verwandeln, Gegenstände „lebendig" erscheinen oder verschwinden zu lassen und Bewegungen zu verfremden. Nirgendwo sonst hätte er dies so überzeugend technisch lösen und realisieren bzw. künstlerisch auszudrücken vermögen wie im Film. „Die Filmkunst", schrieb er in seinen Erinnerungen, „forderte alle

Georges Méliès: VOYAGE À TRAVERS L'IMPOSSIBLE (1905)

meine Begabungen gleichzeitig heraus." (6) Im Jahre 1907 — also kurz vor seinem geschäftlichen Ruin — bekannte er: „Leidenschaftlich liebe ich diese höchst interessante Aufgabe, der ich mich ganz verschrieben habe. Sie bietet eine solche Fülle von Erkenntnissen, erfordert eine so große Anzahl verschiedenster Arbeitsvorgänge und erheischt einen solchen Grad von Konzentration, daß ich ohne zu zögern sagen möchte, ich halte sie wirklich für die anziehendste und interessanteste unter den Künsten, weil sie sich nahezu aller übrigen bedient. Die Kunst des Dramas, die Graphik, die Malerei, die Plastik, die Architektur, die Mechanik sowie manuelle Verrichtungen aller Art — sie finden alle zu gleichen Teilen Verwendung in diesem außergewöhnlichen Beruf." (7)

Méliès führte nicht nur die Phantasie in den Film ein, sondern auch die Koordinierung aller Künste. Er war der Schöpfer des Spiel- und Autorenfilms, weil er als eigener Produzent Drehbuch, Kostüme, Kulissen, Dekor, Schauspieler, Szenentableaus, Regie, kurz: eine „Inszenierung" erstmals anwandte und entwickelte. In der Person von Méliès ging der Film gänzlich neue Wege, nicht nur entschieden weg vom traditionellen Theater-Szenario, sondern auch in bestechend originelle Phantasiebilder. Er erkannte den Film als „autonome" Kunstform, von Theater und Bühne unabhängig. Seine Inszenierungen waren durch und durch filmische.

Die Geburt neuer technischer wie ästhetischer Ausdrucksmittel des Films ist nicht nur mit dem Beginn einer neuen Filmsprache, sondern auch mit der Entwicklung völlig neuer Genres verbunden. Méliès bereicherte mit beispielhaftem technischen Übermut und Erfindergeist das neue Medium um Darstellungsmittel und -formen und erfand sukzessive für deren Gattungen neue

Georges Méliès: VOYAGE À TRAVERS L'IMPOSSIBLE (1905)

Spiel- und Aufführungstechniken, die dem Medium unbegrenzte Möglichkeiten und Freiheiten boten. In einem Artikel über das Szenario – erschienen kurz nach seiner Wiederentdeckung 1928 – schrieb er: „Die Vielfalt in diesem Genre (komponierte Sujets, Anmk.) ist unendlich. Da gibt es die komischen, grotesken und burlesken Szenen und die finstern Dramen, die Komödien, die Bauernstücke (Pastorale), die sogenannten ‚Verfolgungsszenen', die Clownerien und die akrobatischen Stücke; die Opern, die Theaterstücke, die religiösen Bilder, die makabren Sujets, die plastischen Posen, die Kriegsszenen und die Aktualitäten; die Reproduktionen verschiedener geschichtlicher Ereignisse, Unfälle und Katastrophen; die Verbrechen, die Attentate und was weiß ich noch alles. Hier kennt die Kinematographie keine Grenzen mehr." (8)

Was in dieser informellen Aufzählung wie ein Lexikon sämtlicher jemals in der Filmgeschichte vorkommenden Stoffthemen anmutet, ist in Wirklichkeit das phänomenale und vielseitige Werkregister von Georges Méliès. Sein Werk enthält sämtliche denkbaren Filmgattungen, von denen er viele erst erfinden mußte und von denen einige bereits wieder ausgestorben sind. Die für ihn wichtigste Gattung, zu denen auch seine schönsten Filme gehören, sind die phantastischen Filme (Märchen, Féerien, Phantasmagorien, „Science Fiction", Zauberpermutationen etc.). Unermüdlich kreierte er Gattungen und experimentierte mit Formen der Inszenierung und Ausstattung im dafür eigens erbauten Glasatelier in Montreuil-sous-Bois. Er verfilmte eine Unzahl klassischer Bühnenstücke ebenso wie Opern-, Dramen-, Kriminalstücke, Komödien, Melodramen usw. und drehte historische und realistische Szenen. Außer den komponierten Sujets produzierte er auch Kultur-, Reise- und Dokumentarfilme und „rekonstruierte Aktualitäten", indem er historische oder auch noch le-

Georges Méliès: Zeichnung zu DAMNATION DU DOCTEUR FAUST (1904)

bende Personen der Weltgeschichte (z.B. Edward VII., Dreyfus etc.) durch Schauspieler (zumeist sich selbst) oder regelrechte Doubles darstellen ließ und dazu die Weltschauplätze in seinem Filmstudio originalgetreu nachbaute.

Er war so pedantisch, daß er zum Zwecke der Verfilmung von LA SACRE D'EDOUARD VII (1902) eine Studienreise nach London machte, um Skizzen von Westminster Abbey anzufertigen. Er bereitete sich wochenlang für die Herstellung von Marquetten zu DAMNATION DU DOCTEUR FAUST (1904) vor, wozu er die romantischen Bühnendekorationen von Tieck und Wagner studierte. Mit Richard Wagners Reformplänen stimmen die Dekorationen von Melies nur insofern überein, als sie im bewußten Gegensatz zum bürgerlichen Illusionstheater standen. Sie entsprachen aber eher einem trivialen Fundus. Melies usurpierte gleichsam die populären Kitschpostkarten der Jahrhundertwende, die mit ihren exotischen, phantastischen und erotischen Anspielungen ein bevorzugtes Ausdrucksmittel der damaligen bürgerlichen Subkultur waren (9). Es waren rein technische Gründe, warum er auch diese „Photodekorationen" *(Daguerreotypien)* verwenden mußte: weil er nie Kunstlicht gebrachte, mußten sich seine Darsteller von dem Hintergrund plastisch abheben. Requisiten und/oder Mobiliar wurden als Silhouetten aus einem Brett geschnitten oder auf die Leinwand des Hintergrunds gemalt. Damit nicht auffiel, was echt und was gemalt war, arbeitete Méliès mit schweren Schatten und mit viel Licht. Die Dekorationen wurden zumeist von Theaterdekorateuren ausgeführt, wobei Méliès die Entwürfe anfertigte. (Wir werden uns später noch eingehend mit Méliès' unorthodoxer Arbeitsweise beschäftigen.) Zeitweilige Mitarbeiter von Méliès waren H. Claudel (Pseudonym?), Jacques Colas und Pierre Lecointe.

Mag Méliès' Regiestil und Kameraführung noch vom Theater bzw. von der Guckkastenbühne abstammen, seine Dekorationen waren etwas Neues. Er entwickelte gleichsam ein neues Vokabular für die Filmkulisse. Durch die totale Abkehr vom platten Naturalismus der Bühne des ausgehenden 19. Jahrhundets und die Hinwendung zu einem höchst stilisierten Szenarium leitete Melies die Entwicklung zum „abstrakten" Film ein. Hierin liegt auch seine außerordentliche Begabung als Szeniker. Grundsätzlich waren Méliès' Typendekorationen nur eine kontinuierliche Weiterführung von traditionsreichen Grundmotiven der Zaubertheaterdekorationen (tragische, komische, schaurige, dramatische, exotische, naturwissenschaftliche bzw. alchimistische, satyrische, infernale Szenen etc.), doch verfügten sie über wesentlich eigentümlichere Funduselemente und verfremdeten die Effekte ins Surreale. Zudem ging er unkonventionelle Wege, um die Féerienspiele mit Hilfe frischer Motive der Szenerie zu beleben. Neben: Platz, Straße, Hof, Saal, Garten etc. kamen in seinen Filmen noch folgende hinzu: Kerker, Hölle (Feuer), Himmel (Wolken), Meer/ Fluß (Wasser), Grotten (Erde), Aquarium, Eisberge, Mondlandschaft, Treppen, Dachkammer, Turm, Wendeltreppe, Thron, Zirkus, Revue, Theater-im-Theater, Autorennen, Laboratorien etc. Er gebrauchte teils abstrakte, teils surreale Formen, die sich nicht auf der Linie des vorherrschenden Naturalismus befanden. Méliès erkannte die illusionäre Monumentalität des Kinos und er konnte Einblicke in Welten geben, die die Menschen höchstens vom Panoptikum kannten: Aufgang von Sonne und Mond, Vulkanausbrüche, tropische Wälder, Märchenlandschaften, Mondoberflächen, Zauberwelten usw.

Die zum Teil pittoresk und surreal-metaphysisch gemalten Kulissendekorationen und das unirdische Licht verstärkten noch den Eindruck des Anti-Naturalistischen. Landschaften und Architekturen vermögen ein geheimnisvolles Eigenleben zu entwickeln und gegen ihre zweckhafte oder natürliche Bestimmung zu leben. Manche Bilder zeigen insgesamt eine grotesk-düstere Vision: eine nahezu ausgestorbene Welt, die von Gegenständen bevölkert und beherrscht wird (Pandämonium), die ihren Sinn verloren haben und ohne jede Beziehung zur Umgebung stehen (wirkliche *objects trouvés* im surrealistischen Sprachgebrauch). Méliès kolorierte die Kopien — je nach Bestellung und Nachfrage — mit üppigen Farben nach. Auch hier folgte er nicht so sehr der Natur, sondern gebrauchte die Farblasuren als künstlerisch-dramatisches Ausdrucksmittel. Er übertrug den Farben dramaturgische und psycholgische Funktionen — vor Sigmund Freuds „Die Traumdeutung" (1900) und vor den ersten Versuchen des „absoluten" reinen Films. Die Avantgardisten der 20er Jahre schätzten die alogische Bildalchemie und die ursprüngliche Imaginationskraft des naiven Filmemachers nach seiner Wiederentdeckung 1928 nicht allein wegen des primitiv Anti-Akademischen in seinem Filmwerk, sondern sie begriffen diese Metaphern der Ironie und Verfremdung im Bildlichen passend für ihre eigenen rebellischen und grotesken Ausfälle gegen das Establishment.

Obzwar Méliès viel Raffinesse bei der Planung und Durchführung seiner Filme aufbrachte, war seine Einstellung zum Medium dennoch kindlich-naiv und unbeschwert, wie dies in seinem Statement in einer Festschrift zum Ausdruck kommt: „Es ging mir vor allem darum, für jeden Film neue unbekannte Tricks, einen großen Haupteffekt für eine Schlußapotheose zu finden. Hernach erwog ich, welche Stilepoche sich für die Kostüme am besten eignete (oft sind die Kostüme sehr wichtig für die Ausführung der Tricks). Wenn diese Dinge festgelegt waren, beschäftigte ich mich mit der Herstellung der Dekorationen. Ich kann versichern, daß das auf diese Weise entstandene Drehbuch keinerlei Bedeutung hatte, da ich es ja nur als ‚Vorwand' für die Inszenierung, für die Tricks oder für ein hübsches Bild benutzte." (10) Seine Arbeitsmethode war immer die des naiven Zauberkünstlers. Es wäre jedoch falsch, Méliès' „Naivität" als eine „natürliche und anmutige Einfachheit" des Gemüts zu definieren, denn mehrere Werke des beinah 80jährigen Mannes sind von beträchtlicher Lebensklugheit geprägt. Auch zwischen der Kunst von Kindern und Méliès' gibt es große Unterschiede und eigentlich keine Parallelen, denn die „Kunstäußerungen" von Kindern erlöschen mit dem Älterwerden, während sich Méliès' künstlerisches Schaffen bis ins hohe Alter erstreckte.

Über Méliès' Charakter schrieb Georges Sadoul: „Er ist ein Magier, der sich selbst dabei amüsiert und uns amüsiert, indem er uns alles Mögliche glaubhaft macht durch das ironische Wunder seiner Tricks. Sein Gebiet ist das harmloseste der Weißen Magie." (11) Er wollte im Grunde genommen unmittelbar gefallen und verblüffen: „Das Staunen derer, die zufällig Gelegenheit hatten, uns bei der Arbeit zuzusehen, bereitete mir das allergrößte Vergnügen." Und dann noch weiter: „Ich wandte mich an das Auge des Zuschauers, ich wollte seinen *Gesichtssinn* bezaubern." (12)

Im magischen Panoptikum seiner Phantasie verwandeln sich Schlangen in Menschen (LE BRAHMANE ET LE PAPILLON D'OR), werden Menschen von Eisriesen entweder verschluckt (À LA CONQUÊTE DU PÔL) oder in Stücke gerissen (DISLOCATION MYSTERIÉUSE); Tische decken sich selbst (LE DINER IMPOSSIBLE); Meerjungfrauen und körperlose Damen (L'ECLIPSE DE SOLEIL EN PLEINE) und der Mann-im-Mond (LE VOYAGE DANS LA LUNE) bevölkern die Szenerie; Dünne drücken Dicke flach wie einen Pfannkuchen und rollen sich wie Teppiche zusammen (NOUVELLES LUTTES EXTRAVAGANTES); phantastische Fabelwesen schleichen unhörbar gespenstisch durch tabuisierte Urwaldlandschaften (LA FÉE LIBELLULE FÉERIE DU PRINTEMPS etc.); Dinge rebellieren oder werden lebendig (LES 400 FARCES DU DIABLE); aus seinem mitgebrachten Köfferchen zieht der neue Mieter eine Zimmer-Küche-Kabinett-Einrichtung heraus und läßt sie wieder verschwinden (UN L CATAIRE DIABOLIQUE). In L'HOMME ORCHESTER (1900) realisierte Méliès durch mehrfache Belichtung vor schwarzem Hintergrund („black box") eine filmische Illusion, indem er sich als Musiker gleichzeitig in sieben Posen (!) darstellte; in LE BRAHMANE ET LA PAPILLON D'OR (1900) verwandelt sich durch Anwendung desselben Tricks (Kamerastopp) eine Schlange in eine Tänzerin; und in LE DINER IMPOSSIBLE und LE COFFRE ENCHANTÉ (beide 1904) verwandeln sich Gegenstände mittels Stop-Motion-Tricks in Lebewesen oder es passieren andere unheimliche Dinge.

Méliès' Ausstattung bediente sich der Permutation; sie erlaubte es ihm, Phantastisches – für ihn genauso „Wirklichkeit" wie Märchen und Sagen für Kinder – zu realisieren. Die Brüche und das Fehlen jeglicher Vernunft und Logik in der Handlungsstruktur seiner Film-Phantasmagorien mögen Méliès zusätzlich angespornt haben, die Abfolge seiner Dekors und Tableaus so rasch wie möglich auf die genau kalkulierte Schlußapotheose hin zu entwickeln und kongenial dem Gag zuzuführen. Die kurzaktigen Phantasmagorien oder Feerienfilme, bei denen das Thema der konstanten Permutation vorherrschend war, verlangten strenggenommen nach verschiedenen Dekorationen; in den Méliès-Filmen fanden die Dekorationen wiederholt mehrmalige Verwendung (aus Kostengründen?), aber sie wurden auch immer erfinderisch und individuell abgewandelt.

Mehr in seine Dekorationen und Trick-Mätzchen als in die Handlung verliebt, kostete Méliès jede Minute im Atelier aus. Er sagte einmal: „Was das Drehbuch betrifft, die ‚Fabel' oder Erzählung, so empfinde ich es als nebensächlich, ja überflüssig, vordergründiger waren für mich die technischen Einfälle und die Kulissen, die sehr wichtig für die Ausführung von Tricks sind." (13) Diese Arbeitsweise scheint seltsam, war ihm neben dem Vorzeigen der filmischen Tricks tatsächlich alles andere so nebensächlich und unwichtig? Richtig ist, daß die phantastische Thematik für Méliès eine primäre gestalterische Herausforderung war, weniger eine narrative oder literarische Aufgabe — vielleicht ironisierte er deshalb seine literarischen und kunsthistorischen Quellen so gern (14). Für die Komposition des Bildes wurde alles genauestens überlegt. Nichts überließ er dem Zufall: das Erscheinungsbild und die Beweglichkeit der Kulisse, das Szenario mit Möbeln und Requisiten, die Kostüme und Bewegungen der Schauspieler, das Licht und die Kameraeinstellung wurden minuziös vorbereitet und (mehrmals) abgefilmt, bis das Resultat stimmte. Nur die „Story" war uninteressant und beiläufig, anachronistisch und oftmals nur das zufällige Nebenprodukt der Trickkiste. Die Erzählstruktur des Phantastischen lag eigentlich in der zauberhaften Verwandlung der Dingwelt oder in der Verfremdung der Wirklichkeit.

Freilich: Méliès' Filme sind in der Rückschau antiquierte und anachronistische Produkte und ziehen geradezu Brecht'sche Verfremdungseffekte magisch an. Ähnlich der Historienmalerei ihrer Zeit — vermengt mit „modischen" Attributen von plein air-Malerei, Belle Epoque-Postkartenkitsch, Doré-Monumentalismus und symbolischen Formen — sind Méliès' Filmdekorationen eklektisch und versatzstückhaft. Studiert man die einzelnen Szenenphotos seiner Filmwerke intensiver, so scheinen die Gesetze einer genrehaften Inszenierung durch: Kulisse, Kostüm, Situation und Personen sind nur oberflächlich durch Handlung und Erzählstruktur verbunden. Die Kulisse paßt nicht zum Kostüm, die Kostüme nicht zu den Personen und zum Hintergrund, die Personen nicht zur inszenierten Situation und so weiter. Auffallend eigenwillig bis grotesk ist die collageartige Zusammenstellung der Kostüme, die bereits dadaistische oder surrealistische Techniken vorweg nimmt. Die zeitgenössische „modische" Kleidung der vermeintlich emanzipierten Revuemädchen kontrastiert bewußt mit den bis zum Hals eingekleideten Bürgerdamen und den mythologischen Gestalten (Zeus, Neptus, Feen, Elfen), die wiederum durch spärliche pseudo-antike bzw. „barbarische" Kostüme (Fellschürzen) auffallen. Ferner erzielte Méliès knisternde erotische Spannung durch die freizügige Kleidung der „Jungfrauen" und durch die genrehaft-„pornographische" Inszenierung der weiblichen Körper im Bild: entweder als aparte Meerjungfrau

(LE MELOMANE), als Frauentorso (E'CLIPSE DE SOLEIL EN PLEINE LUNE) oder als bisexuelles Ungeheuer (NOUVELLES LUTTES EXTRAVAGANTES). Méliès ist ein „postmoderner" Verpackungskünstler – die Form ist ihm dabei scheinbar wichtiger als der Inhalt, der Spaß die Apotheose seiner Gedanken. Voilà!

Konsolidierung durch das frühe Studio-System

In den nun folgenden Jahren entwickelte sich der Film, entgegen der Meinung der Brüder Lumière, zum Spielfilm. Das Publikum war an den „lebenden Bildern" der Pioniere nicht mehr interessiert und wollte Filme mit Handlungen. Sobald die Kinematographie als technisch-wissenschaftliches (dokumentarisches) Medium seinen Reiz der Neuheit verloren hatte, geriet sie in die Krise, aber anders als sich das ihre Gegner erhofft hatten. Nicht nur das Publikum war der reinen „Bewegungsabläufe" der ersten Kinematographien überdrüssig, auch der Film wollte ins Reich der akademisch anerkannten Künste eintreten. In der zweiten Phase der Kinematographie verfilmte man Stoffe der Weltliteratur und Weltgeschichte: die „Filmindustrie" begann sich sehr schnell für das Theater zu interessieren. Die Konzerne – allen voran die kapitalstarken Firmen wie *Pathé* oder *Gaumont* – begannen ihr Programm der Grotesk-, Trick- und Trivialfilme total umzukrempeln und wechselten ins seriösere Dramen- bzw. Opernfach (15). Bezeichnend war auch, daß *Pathé-Frères* am 11. November 1903 mit der größten Schriftstellerorganisation in Paris, der „Société des auteurs dramatiques", zur Verfilmung dramatischer Werke einen Generalvertrag abschloß. In der Folge gab der Verband seine bis dahin ablehnende Haltung dem Film gegenüber auf und empfahl seinen Mitgliedern, der Filmindustrie Stoffe anzubieten, die helfen sollten, das bisherige Niveau des Films zu heben.

Der Versuch, Dramatiker, Regisseure, Bühnendekorateure usw. und in ihrem Gefolge ein bürgerlich-konservatives Publikum ins Kino zu locken, scheiterte jedoch bald. In diesem Zusammenhang erwähnenswert – jedoch für die Weiterentwicklung einer „autonomen" Filmform völlig uninteressant – ist die von den Gebrüder Laffite propagierte, *Film d'Art* (Kunstfilm) genannte, Filmrichtung des „theatralischen Films". Das am 17. November 1908 erstmals aufgeführte Spektakel L'ASSASSINAT DU DUC DE GUISE (DIE ERMORDUNG DES HERZOGS VON GUISE) der neugegründeten Filmgesellschaft gab „damit den Anstoß für jene Richtung abgefilmter Dramen mit meist ‚klassischen Themen', die wie auf dem Theater arrangiert wurden und bekannte Theaterschauspieler einsetzte." (16) Paradoxerweise war es Emile Bertin, der spätere Erneuerer der Filmbühne und Wegbereiter eines kargen Bühnenrealismus, der die wunderbaren Tableaus für diesen Kunstfilm entwarf. Er zeichnete die Kartons für die historisierenden Bühnenbilder und beschaffte die Kostümvorlagen nach Radierungen. Dieser Film war der erste einer Reihe sogenannter „Kunstfilme", die fälschlicherweise als Kunstwerke galten, da sie unter Verzicht filmischer Mittel die Bühne imitierten, bekannte Arien/Musikeinlagen aus Opern hatten und gefeierte Literaturwerke adaptierten. Die zumeist von Akademiemalern und anerkannten Theaterausstattern der *Théâ-*

tre Française, Comédie Française und Théâtre de l'Odéon geschaffenen Gesamtentwürfe für Dekoration und Kostüme waren zumeist „wissenschaftlich" geprüft, doch sie blieben innerhalb der üblichen (zwei-dimensionalen) Tradition der Theaterkulissen.

Hatte der naive Film mit Georges Méliès gewiß seine erste und wichtigste Blüte, so muß man auch die Bemühungen von Charles Pathé, Léon Gaumont und René Éclair schätzen, die in der Folge einaktige Filme hervorbrachten, die überaus reich an Spezialeffekten, formalen Kulissenideen und technischer Perfektion waren. Weil sie jedoch in Handlung und Sujet dem Zeitgeist völlig entsprachen, sind sie dementsprechend schnell gealtert und vergessen worden. *Pathe-Freres'* erster Regisseur und künstlerischer Leiter Fernand Zecca (1864 –1947) pflegte die Méliès-Filme zu kopieren und verwendete unverzüglich jeden formalen Einfall, jede technische Erfindung, jeden Gag von Méliès in seinen eigenen – schwerfälligeren – Groteskfilmen (17). Organisatorisch jedoch war durch die Entstehung der leistungsfähigen (aber künstlerisch nicht so ambitionierten) Konzerne eine Basis für professionelle Studioarbeit und ordentliche Tischler-, Bühnen- und Elektrikerwerkstätten geschaffen worden, besonders was die Zusammenarbeit verschiedener Metiers betraf.

Noch wichtiger scheint die Tatsache, daß der professionelle Filmbetrieb, das „Studiosystem", zumindest in seinen Anfängen ganz gewaltige schöpferische Energien an sich zog. In den Studios gab es schon spezialisierte „Filmausstatter", die zumeist Freunde und Malerkollegen von Studiobesitzern und Photographen waren. Sie fungierten als Trick- oder Kameraspezialisten und waren für Dekor, Produktion, Licht etc. zuständig. Sie spielten die üblichen *décor uniques* immer wieder durch, ohne jedoch innovativ zu wirken: Einheitskulissen für tragische, komische, melodramatische, profane oder religiöse Szenen nach Art der *Opera buffo.* In den französischen Studios gab es damals einen schier unerschöpflichen Fundus an aufgemalten Dekorationen – Leinwandrollos oder Ausstellungswände, die schnell wegzustellen oder zusammenklappbar waren. Der Hintergrund bestand in der Regel noch aus gemalten *trompe-l'oeil,* sogenannten „Augenfallen", die ein Gefühl von plastischer Tiefe vermittelten. Auf einer Bühne (Podest) wurde mitgefilmt. Stets bewahrte die Kamera den Blick vom Parkett auf die Bühne (Zentralperspektive). Diese illusionistische „Raumbühne" – wie sie von den Bühnenbildnern und Szenikern der *Pariser Opéra,* der *Opéra Comique* und der *Comédie Française* in der Tradition ihres immer noch beherrschenden Meisters Giovanni (Jean-Nicolas) Servandoni (1695–1766) einmal zum Modell erhoben worden war – hatte seit fast zwei Jahrhunderten die Ausstattung der französischen Bühnenwerke geprägt und nun auch den frühen Film. Im Schatten der erz-konservativen *Académie Française,* der alten *École des Beaux-Arts* und der historischen Galerien des *Louvre* war das Paradigma der Filmausstattung jener Ära eine historisierende Kulisse mit malerischer Wirkung. Kontraste wurden vermieden und das apodiktische *trompe-l'oeil*-Verfahren blieb auch für weitere Generationen der *Pathé-Studios* das Amen im Gebet (18).

Dekorateure waren höchst anerkannte Personen im Filmgeschäft. Oft sprangen sie als Filmregisseure ein oder sie wurden später selbst zu Filmregisseuren und Produktionsleitern. Sehr interessant ist in diesem Zusammenhang die

Bezahlung der Filmausstatter: sie verdienten genauso viel wie die Direktoren, d.h. 90 Francs, während die Kameramänner und Regisseure nur 55 Francs erhielten (19). Turnusarbeit auf verschiedenen Fachgebieten war an der Tagesordnung. Fernand Zecca beispielsweise bildete bei *Pathé* Bühnenbildner wie Regisseure gleichermaßen aus: Lucien Nonguet, Louis Gasnier, Lorant Heilbronn, André Legrand waren seine Schüler. Es schien ein ungeschriebenes Gesetz in den *Pathé-Studios,* daß zukünftige Filmemacher sämtliche Metiers ihres Berufs kennenlernen und beherrschen mußten. So kam es durch die Gleichstellung von Dekor und Regie, daß viele spätere (berühmte) Regisseure als Dekorateure angefangen haben. Eine solche Doppelbegabung war der Schüler Zeccas und des Bildhauers Jules Dalou, Victorin Jasset, der Zeccas Nachfolger bei *Pathé* werden sollte.

Zu den surreal-grotesken Trivialfilmen, die Jasset bei *Pathé* realisierte, gehörten vor allem die Fortsetzungsserien NICK CARTER (1908/12) und ZIGOMAR (1910ff). Danach wechselte er zu *Éclair,* um dort realistische Dramen in peinlich genauem Dokumentarstil (LE TERRE) zu drehen, bis er schließlich zu *Gaumont* abwanderte. Für das Studio *Pathé* arbeiteten ferner Maurice Faberge, der aus dem Maleratelier Butel & Valton kam, sowie seine Assistenten Vasseur, Gaston Dumesil und Jacques Colas (der Méliès nach dessen Bankrott verließ) sowie viele andere Doyen der französischen „impressionistischen" Filmschule. Für *Gaumont* statteten Hugues Laurent, Robert-Jules Garnier, Henri Ménessier und der nachmalige Regisseur Victorin Jasset aus. Für *Éclair* arbeiteten hauptsächlich die Dokumentaristen, aber auch Guy Personne, Jacques Feyder und Gaston Dumesil, der vormalige Chefausstatter von *Pathé.* Durch diese interdisziplinäre Tätigkeit einerseits und die häufige Rotation der Bühnenbildner durch alle Studios andererseits, eroberte der französische Film wirtschaftlich und künstlerisch eine Vormachtstellung in Europa. Der Ruf der französischen Dekorateure war international und beeinflußte auch den amerikanischen, dänischen und italienischen Film. Ben Carré arbeitete für Maurice Tourneur in den amerikanischen *Éclair-Studios* in Fort Lee; Paul Iribe stattete zunächst für *Lasky-Famous Players,* später in den *DeMille*-Studios aus; Henri Ménessier ging 1910 zu Lewis Selznick und Pearl White nach Amerika.

Waren die Themen des frühen Stummfilms à la Méliès noch breit gestreut und auf möglichst viele Genres und Milieus abgestimmt, so verlangten nun die Konzerne von ihren Filmschöpfern standardisierte Filminhalte und strenge Genreproduktionen, um möglichst viele Bevölkerungsschichten zu erreichen. Eine Folge davon war, daß man auf die Herstellung sozial relevanter und formal schwieriger Filme gänzlich verzichtete. Dies wirkte sich stilistisch so aus: „Theatralische Konventionen walteten in Regie und Dekor; die Darsteller ‚deklamierten' vor der Kamera." (20) Besonders *Pathé* entwickelte ein eingeschränktes Genreangebot, welches aber nur scheinbar auf die Bedürfnisse des Publikums einging. Der Verzicht auf nationale Besonderheiten und außergewöhnliche Inhalte führte zu schematisierten Filmthemen und Dekorationen für ein vermeintliches „Weltpublikum".

Dem Diktat des Bankenkapitals zur Herstellung international absetzbarer Prestige- und Glamourproduktionen folgend, bemächtigte sich *Pathe-Freres*

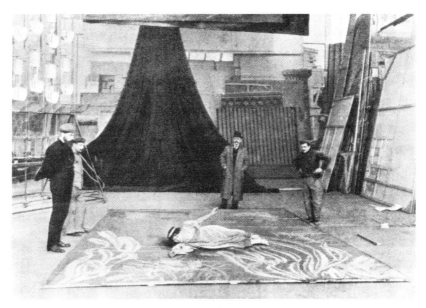

Filmaufnahmen in den Pathé-Studios: LE RÊVE DE LA FILEUSE (1906)

fast des gesamten europäischen und amerikanischen Marktes vor dem I. Weltkrieg. Vincennes wurde kurzfristig zur Filmmetropole der Welt.

Jedoch bald schon kontrollierte ein anderes (französisches) kapitalkräftiges Unternehmen den Markt und zog eine Filmproduktion nach modernen industriellen Methoden auf: *Gaumont.* Der plötzliche Rivale von *Pathé* schwächte mit der Einführung eines Systems des Blockbuchens und dem Ausbau eigener Kinos — nach Ausschaltung von Méliès' *Géo-Star Film,* von *Edison* und *Lumière-Frères* — die vormalige Vormachtstellung des *Pathé*-Konzerns entscheidend. Als 1909 auf dem Kongreß der Internationalen Assoziation der Filmhersteller das Verleihsystem für verbindlich erklärt wurde, befand sich der Markt nun fest in den Händen der zwei größten Gesellschaften *Pathé-Nathan* (später *Pathé-Marconi*) und *Gaumont.* Die industriell geführten Unternehmen verdrängten schließlich die „handwerklich" orientierten Filmhersteller.

Bis 1905, also noch in den allerersten Kindertagen der Kinematographie, hatte Léon Gaumont (1863–1946) alle seine Filme unter primitivsten Bedingungen in seinem Gartenstudio auf einer Freiluftterrasse in der Ruelle des Sonneries im Pariser Belleville hergestellt. Wie die anderen Filmhersteller seiner Zeit begann er mit einaktigen Grotesk- und Trivialfilmen. Er produzierte auch kleinere Dokumentationen und erfand eine Art von „Tonfilm" auf der Basis von *Talkies* (Chronophone mit einer phonographischen Rolle, zumeist ein Vitaphone). Seine ersten Bühnendekorationen bestanden aus Rolloleinwänden und kleinformatigen Attrappen, die er gegen die Rückwand seines Studios stellte. Später ging er zu den penibel nachgebildeten und im Atelier aufgebauten Außenraumdekorationen über, die zumeist einen Markt-

oder Kirchplatz darstellten, um geschichtlich und geographisch getreue Schauplätze zu illustrieren. Im gotisierenden Stil der viktorianischen Schauerromane bekundeten sie die romantischen Tendenzen der Periode, deren übertriebener Historismus zunächst geschichtliche Richtigkeit und damit „Realismus" förderte. Bühnenbilder wurden in *Sepia*-Technik vom Chefdekorateur Charmois (Moisson-Atelier) gemalt und jede Szene wurde originalgerecht nachgebildet und akademisch souverän komponiert. Bis 1908 war die Produktion Gaumonts auf einen Komödientypus zugeschnitten, der filmischen Ursprungs war: Slap-Stick. Jedoch durch den ernomen Erfolg der „Ton- und Stilbilder" und prätentiöse Schaustücke, in denen bekannte Schauspieler der *Comédie Française* (in der man noch Corneille und Racine wie zu deren Lebzeiten spielte) auftraten, wechselte der Konzern zum sog. „Kunstfilm". Das Modell dieser Gattung — die romantisch-historischen Kulissen — lieferte das von den Brüdern Laffite gegründete Unternehmen *Film d'Art*.

Seinem großen Konkurrenten *Pathé* immer etwas nachhinkend, entschloß sich Gaumont zum Ausbau seines Unternehmens. Er errichtete ein modern eingerichtetes Glashaus-Studio in Paris und verpflichtete dafür den besten Dekorateur, der gerade frei war: Henri Ménessier. Ménessier war Produktionschef, Stableiter und Chefdesigner in einem. Damit leitete er eine Entwicklung ein, die jahrelang die Herrschaft *Gaumonts* sichern sollte (obwohl ein Fortschritt im technischen Bereich noch lange nicht den künstlerischen Erfolg garantiert und filmische Fortschrittlichkeit miteinschließt). Das rein geschäftlich geführte Unternehmen handelte pragmatisch und ließ sich auf keine Risiken ein. Mit unheimlichem Geschick engagierte Ménessier sehr viele kommende Talente der Bühnendekoration: Robert-Jules Garnier warb er von *Pathe* erfolgreich ab, Jean Pérrier kam vom berühmten Malstudio Boilly und der Bühnenbildner Émile Bertin vom *Théâtre Française*. Sie alle sollten später auf sich aufmerksam machen.

In dieser noch jungen Mannschaft vollzog sich der Wandel vom einfachen illustrativen Wandbild, von der illusionistischen Architektur aus der Vorzeit des Films zu einer plastischen und räumlichen Bühne. Sobald sich die Kamera vom Stativ löste und Raumschwenks erforderlich wurden, waren die gemalten Leinwanddekors unbrauchbar. Wenn aus der Mittelschicht gefilmt wurde, genügte die Kunst der optischen Täuschung — für die nun kommenden hochentwickelten Kameratechniken brauchte man jedoch eine räumliche Kulisse.

Der entscheidende Beitrag dazu kam zwar aus Italien, doch Frankreich war Vorreiter. *Gaumonts* Beitrag bestand in der Ausbildung einer ganzen Generation von Bühnenbildern, die ein Höchstmaß an Entwicklungsarbeit leisteten. Neben den Szenikern Lazare Meerson, Christian Berard, Alberto Cavalcanti, Jean d'Eaubonne, Robert Gys, Jacques Krauss und Alexandre Trauner ist noch eine ganze Generation von Regisseuren zu nennen, die für die zukünftigen Entwicklungen und Aufgaben des Films wichtig werden sollten: Louis Feuillade, Jean Durand, Abel Gance, Marcel L'Herbier, Jacques Feyder, Émile Cohl, Louis Delluc, Henri Fescourt, Léon Poirer, Julien Duvivier, André Deed, René Clair und Claude Autant-Lara. Einige dieser *Cinéasten* setzten ihre Arbeit auch im Tonfilm fort. Bühnenbildner wie Alexandre Trauner

(AUTOUR DE MINUIT/ROUND MIDNIGHT) oder Jacques Saulnier (DIE LIEBE VON SWANN) prägen heute noch den atmosphärischen Ausstattungsfilm.

Wie die meisten dieser Regisseure und Filmarchitekten erwarben sie sich ihre Kenntnisse und praktische Erfahrung bei der Herstellung „primitiver" Stumm- und Groteskfilme. Doch so sehr die Studios von damals mit ihren naiven Serials von Kolportage, Melodram, Schauerroman, Detektiv- und Gangstermilieu auch dem Zeitgeist entsprachen, so rasch fielen sie der Vergessenheit anheim, weil sie den launisch wechselnden Geschmacksveränderungen des Publikums zum Opfer fielen. Zu den noch am wenigsten vergessenen Trivialfilmen dieser Zeit gehören neben den grotesken Komödien von Lucien Nonguet und Abel Gance (LA FOLIE DU DOCTEUR TUBE) auch die Animationsfilme von Émile Cohl, André Deed und Max Linder bzw. die Serials von Victorin Jasset.

Verrottete Romantik am Originalschauplatz

Um 1913 kam ein Genre auf, das offensichtlich vom französischen Fortsetzungsroman des 19. Jahrhunderts inspiriert war: der sogenannte Cinéroman. In der Vorkriegszeit bedeutete diese neue Form der Unterhaltung eine Verbindung von Thriller-Suspence und Action Film. Diese wöchentlich erscheinenden Episoden einer Filmserie wurden zwar von konservativen Kulturbanausen und Spießern verachtet, aber vom proletarischen Massenpublikum rauschhaft verschlungen. „Diese Erzählform", schrieb der Regisseur Georges Franju, „drang in das Leben der Zuschauer ein und eröffnete ein zweites, paralleles Leben." (21) Intensiver als die bemühten „Kunstfilme" und getreuer als der angestrebte Realismus der Pathé-Wochenschauen und Kulturfilme vermittelten die mit phantastischen Elementen angereicherten Serien-Filme von Louis Feuillade (1874–1925) das Porträt einer ganzen Epoche, gefiltert durch den hellsichtigen Spiegel der Träume. Unberührt von der allgemeinen Richtung der „Pearl-White-Serials" und besser als seine Zeitgenossen des Kunstfilms, die ihn heimlich bewunderten und zugleich als naiven Handwerker belächelten, überlebte Feuillade dennoch alle Erosionen des Geschmacks. In seinem reichhaltigen Werk, bestehend aus einaktigen Grotesken, Komödien, Burlesken, Sozialanklagen, Melodramen, Thrillern und Serien-Filmen, in dem sich das Triviale genial mit dem Grandiosen vermischt, überrascht die sprudelnde Vielfalt der Ideen, die unmittelbare Inspiration des Absurden.

Feuillade hatte bereits 1911 mit LES VIPÈRES Aufsehen als grotesk-begabter Filmemacher erregt. Der wohl berühmteste Film von ihm jedoch ist FANTÔMAS (1913/14), der in fünf aufeinanderfolgenden Serien erschien und erstmals in der Geschichte des Films eine moderne populäre Kinomythologie kreierte. „Inmitten von theatralischer Ästhetik und angepaßter Moral, die das französische Kino jener Tage beherrschte, entfaltete sich der anscheinend ungreifbare Phantom- und Superverbrecher wie eine schweigsame Blume des Bösen: ein Film, die Unsicherheit der Epoche (am Vorabend des I. Weltkrieges) widerspiegelnd, voll von solch provokativer Wirkung, daß er Paris in zwei

Lager zu spalten vermochte. (. . .) Während Innenminister Malvy gegen die demoralisierende Wirkung des Films protestierte, schwärmte Jean Cocteau von ihrem ‚absurden und großartigen Lyrismus' (sic)." (22)

Dieser als *Ciné-roman* konzipierte Thriller vermag mit scheinbar vertrauten Details und poetischen Bildern die Topographie von Paris in eine Phantasmagorie von Unheil und Schrecken zu verwandeln. Feuillades cineastische Fähigkeit, die fast surrealistischen Abenteuer seines Helden in ein sorgfältig und realistisch geschildertes Alltagsmilieu zu stellen, sollte für die Entwicklung des Genres erst später in Filmen wie NOSFERATU (1922), VAMPYR (1932) und ALPHAVILLE: UNE ÉTRANGE AVENTURE DE LEMMY CAUTION (1965) relevant werden. In seinem Film äußerte sich Feuillades Talent für die Poesie im Trivialen, und damit ebnete er den Weg für den *poetischen Realismus* eines Carné oder eines Duvivier in den 30er Jahren.

Die Innenraumdekorationen von Robert-Jules Garnier drücken in ihrer Rokokohaftigkeit und durch die Schwere des Dekors (Draperien, Antikmöbel, Täfelungen) gar nicht so sehr eine geheimnisvolle Atmosphäre, eher eine klaustrophobische dämmerige Grundstimmung aus. Was aber für heutige Augen viel faszinierender wirkt, sind die Außenaufnahmen von realen Bauten. Denn Feuillade war nicht nur einer der ersten Regisseure, die sich vom Theater lösten, er suchte sogar den Originalschauplatz und entdeckte als erster die photogene Qualität der etwas verkommenen Außenbezirke der Metropole. Mittels einer sensiblen und poetischen Kameraführung lenkte er den Blick auf die Melancholie der industriellen Vorstadt.

Die Reise vom Filmstudio hinaus in die Peripherie von Paris ist eine Filmfahrt mit vielen ungewöhnlichen Aussichtspunkten: Pariser Quais, Metrobögen, Wasser- und Gasbehälter, Zinshäuser, Eisenbahnbrücken, schmutzige Kanäle, unverbaute Parzellen, Fabrikschornsteine etc. Angesichts dieser trostlosen, verwahrlosten Industrielandschaft brauchte der Regisseur seinen Helden nur in ein Trikot aus schwarzer Seide mit Kapuze schlüpfen zu lassen, um bereits ein Gefühl von Thriller-Suspense im Zuschauer zu erwecken.

Phantasie und Wirklichkeit sind auch in Feuillades anderen Filmen überzeugend vereint. Seine fixen Einstellungen, bei denen Licht und Schatten sehr exakt verteilt sind, die Transparenz seiner Inszenierungen und seine (visuelle) Begabung, alles auf die einfachste und überzeugendste Form zu bringen, erweisen ihn als wahren Avantgardisten seiner Epoche. Auf FANTÔMAS folgten weitere populärmythologische Heldengeschichten der Kolportage: Detektive, Verbrechergenies, Racheengel, Vampire, Femmes fatales, schwarze Ritter, fernöstliche Prinzessinnen, Maharadschas, turbangekrönte Bösewichte, Super-Männer und Spione agieren in seinen Filmen. Das Publikum verschlang die Episoden von JUDEX (1916 ff), wie es sich zuvor an LES HEURES (1910 ff), LE COEUR ET L'ARGENT (1912 ff) und LES VAMPIRES (1915 –16) berauscht hatte. Die Pächter von Moral und gutem Geschmack reagierten empört, und offizielle Stellen sahen die allgemeine Ordnung gefährdet.

Auf die Proteste der Presse antwortete Feuillade mit JUDEX, dem „Abenteuer eines maskierten Kämpfers für die Gerechtigkeit, der zugleich auch ein vollendeter Spion und Dieb ist" (23). Äußerlich scheint es, daß Feuillade mit seiner Hauptfigur die Fronten gewechselt hat, die Amoral von FANTÔMAS mit der Gestalt eines Beschützers von Recht und Ordnung beantwortete. Doch dieser Eindruck täuscht: Was zählt, ist die Zeichnung eines sinistren und fallenreichen Traumuniversums, in dem sich das Melodram mit dem Abenteuer paart. Im Mittelpunkt steht wieder eine Welt, in der sich die große Auseinandersetzung zwischen Gut und Böse abspielt, die finstere Metropole, mysteriöse Landschaften, ein Labyrinth aus Grotten und Burgruinen, leere Überlandstraßen und Grüften. Feuillades höchst phantastisch erscheinender Realismus oder Lyrismus entstand aus einer vertieften optischen Plastik der Dekorationen und aus der Poesie der Photographie. So erscheinen „Judex" und die böse Heroine *Musidora,* der erste Vamp des Stummfilms, in nachtschwarzen Kapuzenmänteln, die ihre Gesichter noch blasser erscheinen lassen, windzerzaust auf der Höhe eines Ruinenberges vor dem fahlen Prospekt einer ruinösen Erosionslandschaft vom befremdlicher Schärfe und Ausdruckskraft. Die Form und die Struktur der Filme Feuillades markieren bereits den Übergang vom Detektiv-Kriminal-Film zum Horrorfilm, in dem die Lebewesen und Dekorationen ein eigenständiges, von der Realität abgesetztes Leben bekommen und, wie im Alptraum, bedrohlich wirken können *(machine de rêve).*

Auf die Proteste der verängstigten Bürger und Politiker antwortete Feuillade mit der Abenteuer-Serie TIN MINH (1918), in der er das Genie des Verbrechers FANTÔMAS und das des sinistren JUDEX durch die phantastische Kindgestalt der Unschuldigkeit von TIN MINH ersetzte. Die düstere Galerie seiner Verbrecher- und Intrigantenbande verlegte Feuillade von den grauen, zerborstenen Straßenzügen der Pariser Banlieue in die weiß-besonnten Corniches der Côte d'Azur. Die touristisch vermarktete Geographie ist aber nicht minder phantastisch, und das Vergnügen an der Finsternis wird vom Licht des Midi nicht absorbiert. Feuillade konnte es sich dabei leisten, ein schwarzes altmodisches Automobil inmitten der weißen Öde der Massives des Maures herumfahren zu lassen, schwarze Telephone und Regenschirme als Todesboten einzusetzen. Alltagsgegenstände wurden durch High-Key-Kamerablenden und Kameraeinstellungen zum absolut Geheimnisvollen.

Feuillades Instinkt für eine poetische Bildersprache, gepaart mit Robert-Jules Garniers unterkühlten Filmbauten, schaffte es, die Dinge des Alltags in ein Dekor der Angst zu verwandeln. Die Wahrnehmung der unvermutet tragischen Schönheit einer Villa mit verriegelten Fensterläden, eines Geländerornaments, sich im Wind wiegender Palmen und eines steinigen Strandes vermag bei JUDEX bzw. in der Fortsetzung LA NOUVELLE MISSION DE JUDEX (1917, mit geänderter Besetzung) einen Zündfunken der Spannung zu entfachen. Das Wunderbare im Alltag, wie es Feuillade zeigte, ist für unsere Augen genauso ungewohnt wie das total inszenierte Wunder in den surrealen Sets von Méliès. „Für mich", sagte Alain Resnais, Schöpfer des surrealistisch beeinflußten Films L'ANNÉE DERNIÈRE À MARIENBAD/LETZTES JAHR IM MARIENBAD (1961), „ist Feuillade einer meiner Götter, der das vollbracht hat, von dem ich lange Jahre nur träumte." (24) Auch die Zeitgenossen hatten der Meisterschaft des populären Kinomachers Feuillade Tribut gezollt. Nicht ohne Neid bekannte Louis Delluc: „JUDEX ist, zumindest was die Technik betrifft, der ganzen französischen Produktion seiner Zeit überlegen." (25)

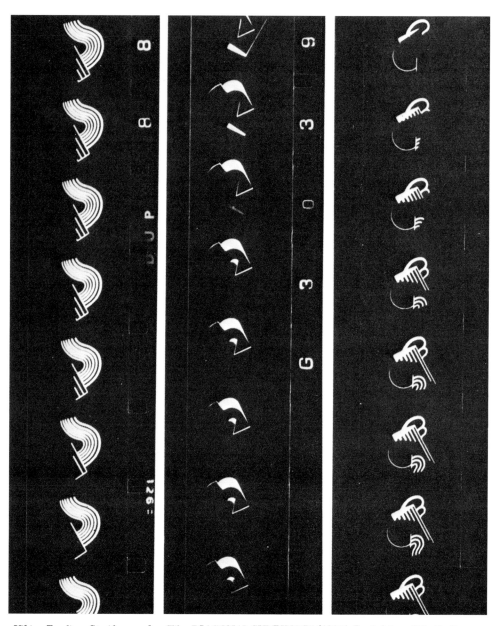

Viking Eggeling: Streifen aus dem Film DIAGONAL SYMPHONIE (1924); Produktion: Ufa, Berlin

III. FILMDEKOR ALS ABSOLUTE KUNST
Filmdekorationen im sogenannten „absoluten" Film

Im folgenden Kapitel wird untersucht, inwieweit avantgardistische Plastik, Malerei und Architektur am Beginn dieses Jahrhunderts eine Verbindung mit dem Film eingegangen sind. Die Zusammenhänge zwischen bildender und Licht-Kunst sind komplex und führen zur Entwicklung kinetischer Schaukunst, die die verschiedensten Bezeichnungen verdient: *absolut* bezieht sich auf die Grundelemente des Films (Licht, Montage, Bildfolge, Rhythmus, Projektion), *abstrakt* auf deren gegenstands- und handlungslosen Elemente und *strukturell* auf die intendierte Logik des „Film-als-Film" (materialbewußte Verwendung von Kameraeinstellung, Schnitt, filmische *mise en scene* und filmspezifische Codes). Der nicht-narrative, von allen dramaturgischen, darstellerischen und inszenatorischen Elementen des Literaturfilms befreite „reine Film" *(Cinéma pur)* hat bereits eine mehr als siebzigjährige Geschichte, in der mehrmals der Versuch unternommen wurde, den Film als autonome Kunstform zu legitimieren. Für die ersten Versuche, den Film ausschließlich künstlerischen Interessen gefügig zu machen, die schon wenige Jahre nach Erfindung des Mediums im Schatten einer profitorientierten Filmindustrie unternommen wurden, übernahm man den Begriff „Avantgarde" aus der bildenden Kunst. Einer ihrer Vordenker war der in Paris lebende italienische Filmtheoretiker Ricciotto Canudo.

Film vereinigt nach der Theorie des Futuristen Ricciotto Canudo als „siebente Kunst" alle anderen Künste (Literatur, Bildhauerei, Malerei, Architektur, Tanz und Musik) in sich. Bereits 1911 verfaßte Canudo das „Manifest der siebenten Kunst", in dem er den Film als eine neue, autonome Kunstrichtung hinstellte. Hierin stellte er fest, daß das Andeuten des Unsagbaren, die Evokation von Stimmungen, Gedanken und Gefühlen jenseits des Erzählbaren und das Visuelle (Architektur, Malerei, Plastik), die Bewegung (Tanz) und der Rhythmus (Musik) die entscheidenden Faktoren des Films sind. Nach Canudo ist die siebente Kunst „geboren, um eine totale Darstellung von Seele und Körper zu geben, um eine visuelle Erzählung *(film poém)* zu sein, aus Bildern

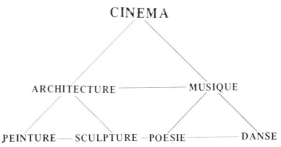

Kino als „siebente" Muse: Canudos Pyramidenmodell von „Sept Arts"
(erschienen in „Gazette des sept arts", Paris 1923)

45

bestehend, mit Pinseln aus Licht gemalt." (1) Durch Gründung des Filmklubs und der Zeitschrift *La Gazette des sept arts* propagierte Canudo den Begriff „cineatisch" als Gegensatz zum „literarischen Kino". Der Kreis um Canudo (Marcel L'Herbier, Louis Delluc und Jean Epstein) entdeckte „filmische" Ausdrucksmittel wie Photographie, Dekor und Schnitt und verglich den Rhythmus der Filmbilder mit jenem der Musik. Architektur, Licht, Rhythmus und der mimische Ausdruck der Schauspieler sind nach Delluc die Hauptfaktoren filmischer Gestaltung.

Il cine futurismo – Der futuristische Film in Italien

Der Futurismus war die erste Kunstrichtung der modernen Kunst, die die neuen Medien Photographie und Film in ihre Auseinandersetzung einbezog. Die futuristischen Maler knüpften an die neuesten Tendenzen der Malerei und Kinetik an, um deren analytische Darstellungsweise noch um das Element der Zeit zu erweitern. Der nächstlogische Schritt von der Fläche in den Raum war die Plastik, vom räumlichen Standpunkt zum Zeitablauf war es der Film. Unter den ersten Filmemachern des Futurismus waren überraschend wenig Maler, eher Literaten, Schaubudenaussteller, Komiker und verkannte Photographen. Sie entdeckten vor allem die propagandistischen Möglichkeiten des Films. Auch die Architekten, die erst verspätet zur futuristischen Bewegung um F. T. Marinetti stießen, forderten – mehr mit Worten als Taten – eine radikale Erneuerung der italienischen Architektur durch neue Sichtweisen und bildliche Darstellungen. Der Film kam zwar dieser Intention entgegen, doch es entstand weder ein bedeutendes futuristisches Bauwerk noch ein Ansatz dazu und auch kein interessanter, stilreiner „futuristischer Film". Was außer Manifesten von dieser polemischen Situation tatsächlich geblieben ist, sind vor allem die großartigen Bilder und Zeichnungen der Maler und malenden Architekten, die – wenn auch nur in Teilaspekten – den Futurismus veranschaulichen.

Vor allem die Maler bekundeten frühzeitig ihr Interesse am Film, das der Weiterentwicklung der Malerei ins Plastische und Bewegliche galt. Die Photographie, später die Kinematographie, berührte ganz sicherlich ihre Entwicklung zum bewegten Bild. Die futuristischen Photostudien, die Anton(io) Giulio Bragaglia (1890–1960) seit 1911 in seinem römischen Atelier herstellte, standen in enger thematischer und ästhetischer Beziehung zur zeitgenössischen Malerei und Architektur der Futuristen-Gruppe. Eine ähnliche ästhetische und thematische Übereinstimmung, wie sie zwischen Photographie und Malerei bestand, existierte zwischen Film und der übrigen künstlerischen Praxis der Futuristen nicht. Die ersten Filme von Arnaldo Ginna (*1890) und seinem Halbbruder Bruno Corra, bereits vor dem I. Weltkrieg entstanden, waren erste Versuche mit reinem Licht (Farbabstraktionen). Andere Versuche „futuristischer" Filmemacher wie Aldo Modinari's BALDORIA (1914) und Marcel Fabres AMOR PEDESTRE (1914) waren weniger künstlerisch ambitionierte als weitgehend unterhaltende Trick- und Groteskfilme, die sie ohne besondere experimentelle Verwendung von plastischer Dynamik und avantgardistischem Dekor, wie es immer wieder von den Futuristen theoretisch verlangt wurde, hergestellt hatten. Die neuen Möglichkeiten architektonischer oder kinetischer Szenarios im Film wurden von den Futuristen nicht gleich erkannt. Erst 1916 kam es zu dem berühmt gewordenen Manifest *La cinematographia futurista* (2), das F. T. Marinetti als Wortführer mit Arnaldo Ginna, Bruno Corra, Emilio Settimelli und Remo Chiti unterzeichnete; zu ihnen gesellten sich auch der Dekorateur Enrico Pramolini und später der Filmarchitekt Virgilio Marchi.

In diesem Manifest kommen die futuristischen Vorstellungen und geistige Haltung gut zum Ausdruck: „Schon auf den ersten Blick erscheint der Film, der erst vor wenigen Jahren geboren wurde, futuristisch zu sein, da er keine Vergangenheit und keine Tradition hat.

Als Theater ohne Worte hat er in Wirklichkeit jedoch allen traditionellen Kehricht des traditionellen Theaters übernommen. Deshalb gilt alles, was wir über die Bühne gesagt haben, auch für den Film (. . .) Film ist eine autonome Kunst, deshalb darf er niemals das Theater kopieren. Der Film, der im wesentlichen visuell ist, muß vor allem die Entwicklung der bildenden Kunst und der Architektur fortführen, sich von der Realität der Fotografie (d.h. Dokumentarismus) lösen. Er muß würdelos, deformierend, impressionistisch, synthetisch, dynamisch und freiformulierend werden. (. . .) Man muß den Film zu einem Ausdrucksmittel befreien, um ihn zu einem idealen Instrument einer neuen Kunst zu machen, die ungeheuer viel weiter und heller ist als alle existierenden Künste. Wir sind überzeugt, daß nur auf diesem Weg die Polyexpressivität erreicht werden kann, auf die sich die modernen künstlerischen Arbeiten hinbewegen." (2)

In den vierzehn Punkten des Programms wurden Themen und Maßregeln des „futuristischen Films" angegeben, wie zum Beispiel:
— 7. Gefilmtes Drama der Objekte (Integration von Dekor, Architektur, Licht und Musik), Kontrast der Gegenstände und Animation.
— 11. MALEREI + PLASTIK + PLASTISCHER DYNAMISMUS + FREIGESETZTE WORTE + ZUSAMMENGESETZTE GERÄUSCHE + ARCHITEKTUR + SYNTHETISCHES THEATER = *FUTURISTISCHER FILM*.

In diesem Punkt forderten sie eine explizite Verbindung aller Kunstformen, besonders die Integration von Architektur, damit Film endlich als „siebente Kunst" im Sinne Canudos plastischer und dynamischer würde. Der in der futuristischen Malerei (Umberto Boccioni), Plastik (Giacomo Balla) und Architektur (Antonio Sant'Elia, Virgilio Marchi) angestrebte dynamische Plastizismus wurde jedoch im Film nie erreicht. Trotz der bedauerlichen Tatsache, daß keiner der frühen Filme von Ginna, Corra, Modinari etc. mehr erhalten ist und eine richtige Beurteilung heute schwer möglich ist, kann man anhand der überlieferten Informationen, Photos und Beschreibungen betreffend Thematik (Slap-Stick), Genre (Groteskfilm), Handlung (Melodram) und Sujet der Ausstattung (Revuetheater, Varieté, Zirkus) stark vermuten, daß sie weniger formal-futuristische Experimente als eher grotesk-phantastische und dadaistische Soirées waren (3). Mit Recht hat die Literatur sie als Ausläufer der Méliès'schen Komikfilme bezeichnet. Auch ihr Dekor war ihnen nicht unähnlich.

So sehr die Futuristen sich um eine eigene Filmsprache bemühten, es gelang ihnen nicht etwas hervorzubringen, was ihre theoretischen und ästhetischen Ansprüche erfüllte. Auch der wohl ambitionierteste futuristische Filmversuch, VITA FUTURISTA (1916) von Arnaldo Ginna, dürfte – zumindest nach den überlieferten Beschreibungen – zwiespältig und halbherzig in der Adaption von Dekorationen und futuristischen Gestaltungsprinzipien gewesen sein; er dürfte weitgehend ein pseudo-surrealistischer „psychographischer" Film mit einigen Realaufnahmen in Doppel- und Mehrfachbelichtung gewesen sein, jedoch ohne die Dynamik oder die Stimmung der gemalten Dekor-Entwürfe von Giacomo Balla (4). Statt stilisierter, gebauter oder gemalter Hintergrunddekors verwendete Ginna Kameramasken oder Zerrspiegel und -optiken, um „futuristische" Effekte zu kreieren. Der lange Zeit irrtümlich als futuristisch bezeichnete Film VITA FUTURISTA, bei dem die Verfasser des Futuristischen Manifests mitgewirkt haben, dürfte formal eher dem Dadaismus oder dem beginnenden Surrealismus entsprochen haben, was in Anbetracht der fehlenden Kopie heute schwer zu beweisen ist. Diese Hypothese wird jedoch durch eine verläßliche Beschreibung des Films bestätigt, die Arnaldo Ginna selbst 1965 in der Sondernummer *Futurismus* der Zeitschrift *Bianco e Nero* geliefert hat. Der Film bestand aus acht verschiedenen Szenen, die von den futuristischen Künstlern gespielt wurden. Eine Szene zeigte „einen Tanz der geometrischen Pracht: Mädchen, die nur mit Stanniol bekleidet sind, führen einen dynamisch-rhythmischen Tanz auf. Starke Lampen werfen helle Lichtbündel auf das sich bewegende Stanniol, erzeugen Lichtspritzer, die sich kreuzen und die Schwerkraft der Körper zerstören." (5) Eine andere Szene zeigte Remo Chiti mit stark gestikulierenden Handbewegungen. Eine Szene wurde als Liebesgeschichte zwischen dem Maler Balla und einigen Gegenständen, welche die plastischen und dynamischen Qualitäten unterstreichen, beschrieben. Die letzte Szene zeigte eine „Diskussion mit Boxhandschuhen" zwischen Marinetti und Ungari. Aus der Rekonstruktion, die Mario Verdone unternahm, geht hervor, daß der Film wesentlich mehr Teile besaß und Michael Kirby wies nach, daß der Film verschiedene neue filmische Gestaltungsmittel anwandte, wie zum Beispiel Mehrfachbelichtung, die Arbeit mit Zerrspiegeln und Handkolorierung, um den Film expressiv-dramatisch zu gestalten; dennoch lag das wesentliche Anliegen des Films in seiner provokativen, absurden Handlung.

Zwar hatte der Hauptprotagonist der Futuristen, F. T. Marinetti, an mehreren Drehbüchern mitgearbeitet, jedoch wurde kaum eine filmische Entsprechung analog den Prinzipien des Futurismus erreicht. Mehrere Filme hatten in kurzen Szenen immer wieder ein Grundelement des Futurismus, die beschleunigte oder die verlangsamte Zeit, vorgehabt, sie wurden jedoch leider nicht verwirklicht. So soll sich in VITA FUTURISTA die erste Szene angeblich als Manifestation gegen den „Passatismo" (wörtlich: rückläufige Vergangenheit) verstanden haben. Auch der ebenfalls verschollene AMOR PEDESTRE, an dem F. T. Marinetti mitgearbeitet hat, soll nach Quellen stark surreale Elemente der Zeit beinhaltet haben, so unter anderem die Wiederkehr des Vergangenen, den Vorgriff auf Künftiges, die Gegenwart des Ungleichzeitigen und die Umkehrung chronologischer Ereignisse. Der Hintergrund soll teilweise abstrakt gewesen sein. Zwar entwarfen die Futuristen um Marinetti in zahlreichen geschriebenen wie gemalten Manifesten ihre Credos und Visionen von einer wahrhaft neuen futuristischen Kinematographie und Architektur, doch verwirklichen konnten sie diese nicht.

Das Milieu des Jahrmarktes, der *Opera buffo,* des Spektakels und der Trivialmedien (Varieté, Trickfilm, Zirkus), alles das, wofür sich die futuristischen Medienkünstler und Filmemacher begeisterten, wurde immer wieder als Thema ihrer eher konventionellen Spielfilme (Komödien, Märchen, Melodramen, Zauberkünste) in der futuristen Filmkunst aufgenommen. Ebenso ist die starke Verwandtschaft zum Vor- oder Früh-Surrealismus bzw. der Pittura metafisica offenkundig, indem der futuristische Film traumatische und absurde Situationen des Grotesken oder Phantastischen Films aufgriff und die Verfahren der *Verwandlung,* der *Collage,* des *Object trouvé* und der *Juxaposition* als künstlerische Gestaltungsmittel einführte. Der Film als ganzes blieb aber davon ebenso unberührt wie der zumeist naturalistische Darstellungsstil der Schauspieler; nur das Dekor wies gelegentlich dadaistische, metaphysische und futuristische Gestaltungssplitter auf.

Zu den Filmen, in denen avantgardistisches Dekor, Kostüm und Architektur verwendet wurden und die den futuristischen Prinzipien und Tendenzen noch am getreuesten folgten, gehören die drei Spielfilme von Antonio Giulio Bragaglia, von denen keiner mehr vollständig erhalten sein dürfte: IL MIO CADAVERE, PERFIDO INCANTO und THAIS (alle 1916). Die Dekorationen der beiden ersten Filme, beide wahrscheinlich für immer verschollen, waren allerdings weniger futuristisch beeinflußt als vielmehr jugendstilhaft und expressionistisch. Michael Kirby wies sogar nach, daß die unter IL PERFIDO INCANTO / TRÜGERISCHER ZAUBER veröffentlichten Photos in Wirklichkeit aus dem Film THAIS stammen, der möglicherweise in der Cinémathèque Française noch erhalten ist. Selbst der lange Zeit als der futuristischeste aller Futuristenfilme geltende Spielfilm THAIS war nur in einigen Sequenzen mit lichtkinetischen Aufnahmen versehen. Futuristisch beeinflußt waren nur die zum Teil halb-abstrakt-illusionistisch gemalten Dekors, die der futuristische Maler und Bühnenbildner Enrico Prampolini entwarf und ausführte. Hauptdarstellerin von THAIS war der Prototyp der Femme fatale: Thais Galitzky (die bereits in PERFIDO INCANTO spielte – und nicht, wie oft irrtümlich angenommen, die ätherische Filmdiva Lyda Borelli, die eine gewisse Ähnlichkeit mit der Russo-Amerikanerin Miss Thais Galitzky aufwies). Obwohl die Dekors eher dem Kubismus oder dem Expressionismus, aber auch dem sowjetischen Konstruktivismus (Malewitsch) entsprachen, war die graphisch-bewegte und raumsprengende Wirkung der bewegungsvortäuschenden Dreiecks-Kulissen dennoch eine erste halbwegs befriedigende Erfüllung futuristischer Prinzipien und Forderungen.

Nach den überlieferten Fotodokumenten des ,,konstruktivistisch-geometrischen" Szenarios bot sich das Bild eines raffiniert ausgeklügelten Formenspiels mit optischen Effekten (Tiefenillusion, flirrende Bewegung, perspektivische Größentäuschung), manieristischen Einfällen und optischen Inversionen. Ohne Zweifel läßt sich auch eine gewisse Fortsetzung des geometrischen Jugendstils, besonders des abstrakt-geometrischen Zweigs des Wiener Secessionismus (Wie-

Anton Giulio Bragaglia: THAIS (1916) mit Thais Galitzky. Dekor von Enrico Prampolini

ner Werkstätte) oder des anti-naturalistischen Liberty-Stils feststellen. Elemente des von Prampolini entwickelten Vokabulars fanden ein wenig später auch Eingang in die elegante Mode und Architektur des Art Déco. Die Handlung war wahrscheinlich ähnlich melodramatisch und altmodisch wie in IL PERFIDO INCANTO, nur waren Ausdruck und Mimik der Darstellerin beeinflußt von dem nervös-bewegten und geometrisch-bizarren Dekorhintergrund. Das Spiel der Darsteller und insbesondere das der Hauptdarstellerin wiesen eine gewisse Stilisierung des Gestus und der Körpersprache auf, ohne daß jedoch das zentrale Handlungsgerüst davon betroffen gewesen wäre.

Betrachtet man die wenigen übriggebliebenen Standphotos genauer, so kann man tatsächlich eine geschickte Anpassung des Darstellungsstils an die unruhige Bühnenarchitektur feststellen. Thais Galitzky konnte — wie zuvor im Zauberstück IL PERFIDO INCANTO — ihr ekstatisches Spiel zu höchst erregender und hektischer Gestikulation steigern, weshalb man den Film sehr oberflächlich als Vorläufer des wenig später aufkommenden „Caligarismus" hochstilisierte. Zwar ist der einsetzende Expressionismus in Details schon erkennbar, doch von DR. CALIGARI unterschied sich Bragaglias Film insofern, als sich bei THAIS Raum und Figur optisch und ornamental, aber nicht psychologisch oder symbolisch bedingten. Der von bemalten und graphisch -ornamental behandelten Leinwänden synthetisch gebildete Atelierraum war von irisierender, eigenartiger Flächigkeit, sodaß ein drei-dimensionaler Bühnenraum nur sehr schwer erkennbar ist. Das Dekor war spiegelglatt, von regelmäßigen Zick-Zack-Linien in geometrische *hard-edge*-Flächen unterteilt, in deren schwarzen Feldern der Film-Vamp durchaus elegant posierte. Die Architektur wurde im Gegensatz zum fiebrigen CALIGARI-Stil weder von einer „verrückten" Perspektive aus komponiert, noch wies sie deren Gegenstandsmimik auf. Die Dekoration war weitaus gefälliger und ohne die leiseste Spur von Grauen oder Angst. Nur in einem der überlieferten Standphotos ist die gemalte Dekoration metaphysisch: vor dem konzentrischen Bilderrahmen einer mysteriösen Eule sitzt eine melancholische Frauenfigur in einem getupften Clownkostüm. Das wesentlichste Gestaltungsmerkmal bei diesem Bild ist der extreme Einsatz der Perspektive, wobei die Verwendung verschiedener Horizonte in ein- und demselben Bild den Verfremdungseffekt noch steigert.

Cinéma pur – Der französische Filmfuturismus

Auch in Frankreich gewann der Einfluß der Futuristen an Bedeutung. Selbst der Dichter Guillaume Apollinaire schloß sich 1913 der Bewegung an, und Valentine de Saint-Point veröffentlichte ein *Manifest der futuristischen Frau* (1912) und ein *Manifesto futurista della Lussuria* (1913). Aber auch hier sind keine Werke der frühen Zeit bekannt, an denen die Ergebnisse dieses Interesses der neuen Kunstbewegung am Film überprüft werden können. Der Exil-Russe Léopold Survage (eig. Leopoldij Sturzwasgh) (1879–1965 ?), der als erster nachweislich an einem „absoluten Film" arbeitete, konnte sein futuristisch beeinflußtes Projekt RYTHMES COLORÉS POUR LE CINÉMA (1912/14) nur ansatzweise realisieren. Der Ausbruch des I. Weltkrieges verhinderte den wahrscheinlich stilreinsten „konstruktivistischen" Film. Lediglich eine Folge von über 100 Marquetten und ein geschriebenes Manifest, welches er zurückließ, sind erhalten geblieben. Die Folge von Blättern unterschiedlicher Formats (zwischen 20 und 47 cm hoch, 25 bis 45 cm breit), die als Bewegungsabläufe *(mechanische Darstellungsformen)* im Sinne eines ungegenständlichen und handlungslosen Films gedacht waren, stellte den ersten dekorlosen (!) und puren „abstrakten" Film dar, der zu Musik strukturiert wurde (sog. *handmade films*). Eine Rekonstruktion läßt sich nur unvollständig aus literarischen Quellen und wenigen überlieferten Standphotos herstellen, so daß eine richtige stilistische Bewertung heute unmöglich ist.

Erst bei den französischen „Impressionisten" um Canudo erhielt Architektur eine wirklich dominante Rolle im Avantgarde-Film. Durch ihre Bemühung um Stilisierung der Objekte und Stimmungsarchitekturen sollte die Suggestivkraft des Filmbildes erwachsen. Die sinnlichen Dekorationen mit impressionistischen Lichteffekten paßten zwar nicht zum Darstellungsstil und zu den teilweise realistischen Handlungen, doch der Sinngehalt und die extreme Modernität der Architektur überragten diese Mängel.

Marcel L'Herbier beschrieb in seinen Filmen L'INHUMAINE (1923–24), LE VERTIGE (1926) und L'ARGENT (1928) Menschen mit mondänem Geschmack „mittels" modernistischer Architektur. Obzwar die Inszenierung und Handlung noch konventionell wirkten, wurde versucht, den Darstellungsstil der Schauspieler weitgehend der Architektur anzupassen. Manchmal geriet die Sprache der Architektur so gewaltig und stark, daß sie den zentralen Ton der Handlung angab: Besonders Man Rays Kurzfilm LES MYSTÈRES DU CHATEÂU DU DÉ (1927), das „Porträt des Hauses *Vicomte de Noailles*" in Hyres (Côte d'Azur), nach einem Gedicht von Mallarmé ist eine solche Meditation zur Architektur von Robert Mallet-Stevens. Neben Piérre Chenals 1929 entstandenem Film über LeCorbusiers gefeierte funktionalistische *Villa Savoye* (Passy) in L'ARCHITECTURE D'AUJOURD'HUI (1929/30) ist Man Rays Dokument das früheste Beispiel eines *film poém* über Architektur.

Futuristisches Intermezzo im russischen Film

Wie der italienische Futurismus setzte sich auch der russische mit Form und Funktion des Films auseinander. Ausgehend von ganz ähnlichen, jedoch unabhängigen Überlegungen wie im Futurismus italienischer Leseart, strebten die russischen Futuristen, auch Kubo-Futuristen genannt, eine direkte Konfrontation sozialistischer Ziele mit der Realität an, anstatt ihr mit Poesie oder einer romantisch-geblendeten Utopie auszuweichen. Wenn auch die Ideologien und Instrumente (Techniken) jeweils anders ausgesehen haben, ihre Ziele, Methoden und Resultate deckten sich mit den italienischen Futuristen.

Den Auftakt zum futuristischen Spektakel machten die Künstler Alexej Krutschonych (Kruschenik) und Michail Matjuschin (Musik in Vierteltönen) mit ihrer 1913 in Petersburg aufgeführten Multi-Media-Oper *Pobeda nad solncem (Sieg über die Sonne),* für die der Dichter Wladimir Majakowski das Drehbuch verfaßte und der Maler Kasimir Malewitsch ein futuristisches Bühnenbild entwarf. Entgegen der allgemeinen Einleitung im „Manifest der Kubofuturisten und Rayonisten" der Dichter und Maler, die sich eine stärkere Integration der Kunst mit Agit-Prop, Film, Radio und anderen neuen Kommunikationsmedien wünschten, wurde in den Filmprojekten der frühen Kubofuturisten, z.B. in MIRSKONCA / VERKEHRTE WELT (1913), und in den kleinen futuristischen Bewegungsdarstellungen auf Zelluloid *(Cinématismen)* deutlich, daß es sich hier eher um eine avantgardistische Form des Theaters mit neuen „bio-mechanischen" Darstellungstechniken und kubo-futuristischem Schnick-Schnack handelte, als tatsächlich um eine Synthese aller Bewegungskünste. Erst in der Weiterentwicklung, dem „Rayonismus", vom Maler Michael Larionow begründet, sollte analog zum synthetischen Kubismus das rayonistische Bild (zumindest in der Malerei) die vierte Dimension darstellen. Hiervon war der Film jedoch ausgeschlossen.

Larionow und eine Reihe anderer Kubo-Futuristen wirkten im ersten russischen futuristischen Film DRAMA V KABARE FUTURISTOV NO. 13 / DRAMA IM FUTURISTISCHEN KABINETT NR. 13 (1913) mit, von dem nur der erste Satz von Jay Leyda existiert, der den Film als „Parodie auf das vorherrschende Genre des Films-Guignol" (6) beschrieb. Vermutlich ebenso eine Parodie war der vom berühmten russischen Clown Witalij Lasarenko gedrehte Film JA CHOCU BYT' FUTURISTOM / ICH WILL EIN FUTURIST SEIN (1914). Beide Filme sind heute nicht mehr erhalten und wahrscheinlich für immer verloren. Aus den Ausführungen von Larionow wird deutlich, daß es sich um seinen Film weder um stilisierte Versuche des Rayonismus bzw. Kubo-Futorismus, noch um rein abstrakte (gegenstandslose) Filme handelte. Abgesehen davon, daß sie recht anspruchslosen Bedürfnissen der grotesken Unterhaltung dienten, wurden auch hier — wie bei den italienischen Fil-

Man Ray: Standphotos aus dem Film LES MYSTÈRES DU CHATEÂU DU DÉ (1927) mit dem Haus „Vicomte de Noailles" von Rob Mallet-Stevens

men — eher dadaistische und surrealistische Elemente vorweggenommen. „Die Gesichter der Mitwirkenden waren mit Ornamenten und kabbalistischen Zeichen bemalt, eine ‚Ermordete' zeigte eine auf die Brust gemalte Wunde. Vermutungen, daß hier die Forderungen des Rayonismus — *die Darstellung der Energieereignisse in Lichtstrahlen und Kraftlinien zunächst noch vieldimensionaler Ereignisse'* — in die Sprache des Films übersetzt und die Montage erstmals *als Mittel der Zeit-Konstruktion und als Möglichkeit, eine verkettete Vorstellung von Analogien und psychologischen Assoziationen zu verwirklichen''* (7) eingesetzt worden sind, dürften übertrieben sein.

Trotzdem sind diese beiden Filme auch für den architektonischen Film von Bedeutung, weil sie als Prototyp der futuristischen Bühnenbilder von Meyerhold, Krutschonych, Granowski, Tairow, Kosintzew/Trauberg und Protasanow gelten. Es scheint aus der heutigen Sicht verwunderlich, daß das Manifest zum kubofuturistischen Film (1912) der Dichter Wladimir Kassianow, Velemir Chlebniskow, David Burljuk, Alexej Krutschonych den abstrakten, den architektonisch-stilisierten und den graphischen Film nicht berücksichtigte. Und das, obwohl einer der Mitbegründer, Wladimir Majakowski, bereits zuvor mehrere Artikel im *Kine-zurnal* veröffentlicht hatte, in denen er detailliert die Verbindung von Film-Architektur-Kino-Futurismus beschrieb. Überdies waren der Maler Michael Larionow und seine Mitarbeiterin Natalia Gontscharowa als Mitautoren beteiligt, von denen allerdings keine Werke der frühen Zeit erhalten sind, an denen die Ergebnisse ihrer Experimente und Auseinandersetzung mit dem Raum überprüft und gemessen werden könnten.

Der Einfluß des Kubo-Futurismus machte sich auch im kommerziellen Film geltend: Überraschenderweise wurden nicht im avantgardistischen, sondern im narrativen Film modernistische, z.T. stilisiert-dekorative Bauten mehrmals in Szene gesetzt. Der für seine phantastischen Dekorationen berühmte Jewgeni (Eugen) Bauer (1865–1917) verfilmte literarische Stoffe und mondäne Dramen in einem bereits expressiven Symbolismus. Der später bedeutende konstruktivistische Montage-Theoretiker Lew Kuleschow arbeitete als Dekorateur bei den letzten Filmen von Bauer. Im selben dekadent-ästhetischen Dekorationsstil drehte Anatole Ouralsky einen überaus populären Film nach dem Roman „Venus im Pelz" von Sacher-Masoch. Zumindest teilweise futuristisch in den Filmen des zaristischen Kinos — zumeist Kolportagedramen — war lediglich die gemalte Dekoration; die Handlung, die ausschließlich auf literarischen Quellen basierte, war romantisch, melodramatisch und altmodisch.

Maschinenrhetorik und Kino-Wahrheit im russischen Konstruktivismus

Aus dem Futurismus ging nach der erfolgreichen Oktoberrevolution der sowjetische Konstruktivismus hervor, der die Gedanken und Überlegungen der kubo-futuristischen und neoplastischen Bewegung nahezu übergangslos realisierte. Obwohl in der politisch wie wirtschaftlich zerrütteten UdSSR schlechte Produktionsbedingungen herrschten, entstanden einige kanonische Werke des

Realismus. Verhältnismäßig wenig „konstruktivistische" Filmversuche wurden realisiert, was vielleicht eher an der Tatsache lag, daß der rein „konstruktivistische" Film nie besonders „produktionsorientiert" wie eben Architektur, bildende Kunst und Musik war. Der Konstruktivismus war zudem eher ein Begriff oder eine Umschreibung für eine Methode, weniger einer einheitlichen Kunstrichtung — zu verschieden waren seine Konnotationen und Tendenzen in den verschiedenen Medien. Im Gegensatz zu Architektur, Plastik und Malerei gab es im Film verhältnismäßig mehr unrealisierte Projekte. Die Autoren Hans Scheugl/Ernst Schmidt Jr. meinten hierzu: „Es gibt keinen ‚konstruktivistischen Film', aber auf den Konstruktivismus sind zwei formale Entwicklungen im Film zurückzuführen, die zu den bedeutendsten der Filmgeschichte zählen: die *konstruktive Anwendung der Montage* und der *abstrakte* (absolute) Film." (8)

Neben den hinlänglich bekannten Arbeiten von Dsiga Wertow und den Cuttern von *Kino-Prawda* (wörtlich: *Filmwahrheit*) ragen die Leistungen von Lew Kuleschow besonders hervor. Vom Konstruktivismus beeinflußt waren die Montagetechniken von Sergej M. Eisenstein (1898–1948) und Wsewolod Pudowkin (die z.T. auch vom Proletkult-Theater mit bio-mechanischer Bewegungskunst, kinetischer Lichtführung und proto-expressionistischen Dekorationen und Darstellungsstil beeinflußt waren) genauso wie die kanonischen Werke der internationalen Filmavantgarde Westeuropas, beginnend mit Fernand Legérs BALLET MÉCANIQUE (1924) bis zu Walter Ruttmanns BERLIN — SYMPHONIE EINER GROSS-STADT (1927). In den späten 20er Jahren reichte sein Einfluß über die Sowjetunion hinaus in so unterschiedliche Länder wie Frankreich (Henri Chomette, Man Ray, Fernand Léger, Marcel Duchamp, Léopold Survage), die Schweiz (El Lissitzky, Piérre Chenal, Alberto Cavalcanti), Deutschland (Hans Richter, Werner Graeff, László Maholy-Nagy, Walter Ruttmann, Oskar Fischinger, Andreas Weininger, Ludwig Hirschfeld-Mark) und vor allem — filmisch gesehen — Holland (Joris Ivens, Andreas von Barsy, Vilmos Huszar und die De Stijl-Gruppe um Theo van Doesburg und Piet Mondrian).

Die zweite Generation der Konstruktivisten sollte bald vom Metier des absoluten, abstrakten Films zum inszeniert-dokumentarischen — „semi-realistischen" — Film übergehen. Die filmische Entsprechung zum *Realistischen Manifest* (1920) der Brüder Antoine Pevsner und Naum Gabo fand Dsiga Wertow (eig. Denis Kaufman) (1896–1954) im ganz neuen Typus der Wochenschauberichte und Dokumentaranthologien. Diese beschränkten sich nicht mehr auf die bloße Figuration, sondern verarbeiteten Informationen und Aufnahmen der Realität in der damaligen Sowjetunion zu einem agitatorisch-propagandistisch-erzieherischen Ganzen. Die wöchentlichen Vorschauen des *Kino-Auges* berichteten von dem enthusiastischen Aufbau und der Durchführung der gigantischen Fünfjahrespläne der (architektonischen wie gesellschaftlichen) Aufbauphase. In den Filmen sieht man Industrieanlagen, Wasserkraftwerke, den Bau von Wasserkanälen, Eisenbahnen, Schiffen, Fabriken; rauchende Schornsteine, Telegraphenleitungen, kurz: Urbanismus in Reinkultur.

Die Industrialisierung wurde mehr medial als real betrieben. Das Imago der Industrialisierung galt als quantitativer Fortschritt und mußte bildliche Ausdrucksformen im Kino finden. Wertow war ihr Prophet. Grandiose Geschwindigkeitsbilder, Lokomotiven mit Volldampf, Fabriksbauten mit nach oben hin freigelegtem Innengerüst, schlanke Brücken aus Stahl oder Beton (durch Überblendungen bzw. Montagetricks scheinen sie sich auf verschiedenen Ebenen zu kreuzen), kühne glasüberdeckte Baukörper, schräg abstürzende Wasserdämme mit blitzenden Metallröhren, Förderbänder, Traktorenparaden, Flugzeughangars, schlanke Kräne und Fördertürme beherrschten die Bilder dieser Wochenschauen. In einem bisher kaum gekannten „poetisch-kraftvollen" Kameraformalismus mit Großaufnahme, rhythmischer Gliederung einzelner Sequenzen, Zwischentexten, kontrapunktiver Bild-Text-Beziehung, strukturierter Montage und *mise en scène* in einer Einstellung und mit filmischen Metaphern arbeitend, entstand die eindrucksvolle Vision sowohl einer neuen Gesellschaft als auch einer Zukunftsmetropole.

Die „Neue Sachlichkeit"

Parallel zu Futurismus, Kubismus, Konstruktivismus, Expressionismus etc. bzw. als Reaktion auf all die Stil-Ismen, entstand der aus der Malerei bzw. Photographie übernommene und vom Realismus abgeleitete Begriff „Neue Sachlichkeit". Ihr pragmatischer — lediglich im Weimarer Deutschland gelinder sozialkritischer — Ansatz stand im extremen Gegensatz zur exzentrisch-subjektiven, bisweilen auch sozialistisch-romantisch titulierten Strömung des Expressionismus und beruhte auf scharfer „objektiv-wissenschaftlicher" Beobachtung, überdeutlicher Zeichnung und fester Typisierung alles Gegenständlichen in einer klaren, rational-logischen Bildkomposition. Aufgrund der formalen und ideologischen Verwandtschaft mit dem Kommunismus bzw. der Sozialdemokratie wurde der Terminus „Neue Sachlichkeit" alsbald von den konservativen Gegnern mit den „marxistischen" und avantgardistischen Ideen und dem vornehmlich rationalen Weltbild der Funktionalisten identifiziert und kritisiert. Aber auch von linker Seite wurde ihr distanzierter Tatsachen-Fanatismus bemängelt und als nihilistisch bezeichnet. Ihr schärfster Gegner war sicher Béla Balász, der 1928 schrieb: „Die ‚Neue Sachlichkeit' möge sich nicht auf den sozialistischen Wirklichkeitssinn ausreden. (. . .) Die Tatsachen an sich ergeben nämlich keine Wirklichkeit." (9)

Unter diesem Zwiespalt entdeckten die immer mit der Zeit gehenden Bauhäusler die visuellen und zugleich lyrischen Möglichkeiten des dokumentierenden und halb-abstrakten Films für die Architektur-Design-Stadtdarstellung und Propagierung urbaner, moderner Ideen. Abgesehen von einer Reihe von Lehrfilmen, die in den Klassen von Oskar Schlemmer mit den stilisierten Dekors von Kurt Schwerdtfeger und Xanti Schawinsky zu Schlemmers „Triadischem Ballett" gemacht wurden, entwarf László Moholy-Nagy (1895—1946) eine graphische Partiturskizze für seinen nicht realisierten Film DYNAMIK DER GROSS-STADT (1921). Hierin untersuchte er mit neuen Materialien und Techniken die Möglichkeiten der reinen Lichtgestaltung und die räumlich modulierende Kraft des Lichts. Seine hiefür komponierten Skulpturen aus Holz, Blech, Glas, glänzenden und reflektierenden Stoffen, die im Raum ein

Fotomontage aus den Aufnahmen von Walter Ruttmanns Film BERLIN (1927)

Lichtspiel und verdichtete Raumillusion entstehen ließen, lagen im wahrneh-
mungspsychologischen Grenzbereich von Architektur, Skulptur und Licht-
kinetik. Zu seinem Projekt schrieb er: „Der Film (...) möchte visuell, nur
visuell sein. Die Elemente des Visuellen stehen hier nicht unbedingt in logischer Bindung miteinander; trotzdem schließen sie sich durch ihre photogra-
phisch-visuellen Relationen zu einem lebendigen Zusammenhang raumzeit-
licher Ereignisse zusammen und schalten den Zuschauer aktiv in die Stadt-
dynamik ein." (10)

Im Drehbuch, in dem er nicht das Großstadt-Leben und die Bilder, die diesem Thema entsprechen, sondern den Film/die Filmsprache selbst zu dynami-
sieren versuchte, ging er über die Deskription und Metaphorik der späteren
Großstadtfilme von Wilfried Basse, Dsiga Wertow und Joris Ivens hinaus. Die
Bildfolgen standen nicht vom Bildzusammenhang, sondern nur vom filmsyn-
taktischen Zusammenhang her in einer logischen Verbindung. „Häuserreihe
auf der einen Seite der Straße, durchscheinend, rast rechts durch das erste
Haus. Häuserreihe läuft rechts weg und kommt von rechts nach links wieder.
Einander gegenüberliegende Häuserreihen, durchscheinend, in entgegengesetz-
ter Richtung rasend, und die Autos immer rascher, so daß ein Flimmern entsteht" (11) lautete das Protokoll des Films.

Im Fahrwasser der „dokumentarischen" Montage- und Collageanthologie
der Kino-Avantgarde entstanden die sogenannten „Querschnittsfilme", die all-

57

mählich mehr die Stadt oder die Straße zum Inhalt hatten. Der erste Film dieses Genres, der einen Querschnitt eines beliebigen Bereichs der Realität (in diesem Fall die Architektur der Stadt Paris) zum Inhalt hatte, war Alberto Cavalcantis RIEN QUE LES HEURES / NICHTS ALS STUNDEN (1926). In einem noch ziemlich kolportagehaften Stil wechseln Straßenszenen mit impressionistischen Aufnahmen von der Betriebsamkeit der Stadt. Stilistisch weitaus geglückter ist der wohl berühmteste Querschnittsfilm: BERLIN – SYMPHONIE EINER GROSS-STADT (1927) von Walter Ruttmann nach einer Idee von Carl Mayer und dem Kameramann Karl Freund. Unter der Leitung von Ruttmann entstand ein formal strukturierter, sehr konstruktivistisch wirkender Film ohne Tendenz und handelnde Personen, der ohne eigentlichen Plot den Tagesablauf im hektischen Berlin der 20er Jahre rein visuell darstellte. Die dramaturgische Einheit wurde allein durch das Thema, die Stadt, zusammengehalten. Die sorgfältige Kameraarbeit mit ihren graphisch kalkulierten Einstellungen von Fabriken, Straßenbahnen, Schaufensterdekorationen, Cafés, Achterbahn, Maschinenrädern und Menschenmassen und die „musikalische" Struktur dieser Stadtsymphonie machten den Film zu einem der wichtigsten „dekorlosen", jedoch nicht abstrakten Filme. Im Berlin-Film zeigt sich auch derselbe nüchterne Dokumentarismus *(straight photography)*, der schon zuvor den Film MANNAHATTA (1921) von Charles Sheeler/Paul Strand auszeichnete: die Szenerie der Großstadt ist minuziös in kleine, oft ganz nebensächliche Details aufgefächert. Sie scheinen objektiv völlig allein auf ihre physische Erscheinung bezogen zu sein, erwecken im Betrachter jedoch reiche Assoziationen.

Film bedeutete für die avantgardistischen Photographen, Kinetiker und „Multi-Media"-Künstler jener Jahre gleichzeitig die Einbeziehung von Architektur, Mechanik, Bewegung und Licht. Die finanziellen, technischen und künstlerischen Probleme der Filmaufnahme führten zu anderen, einfacheren Experimenten. So griffen mehrere Künstler auf Formen zurück, die seit dem Barock vergessen waren: Lichtspiele *(Laterna magica)*, mechanische Bühnenelemente, Kinetik-Projektionen etc. Als erste entwickelten 1923 die Bauhaus-Künstler Kurt Schwerdtfeger, Ludwig Hirschfeld-Mack, Werner Graeff, Willi Baumeister und László Moholy-Nagy ihre „reflektorischen Lichtspiele". In seiner lebenslangen Beschäftigung mit diesen „reflektorischen Lichtspielen" nahm Moholy-Nagy tatsächlich einiges der späteren Licht-Shows der Rock & Roll-Bühnen vorweg.

Seine Untersuchungen der Raum-Licht-Kinetik führten Moholy-Nagy zu einer völligen Abstrahierung der Plastik und Architektur. Auf der Basis der theoretischen Konzeptionen seiner kinetischen Skulptur LICHTREQUISIT (1922/30) begann er mit seiner Frau Lucio mit kameralosen Bildern (Photogramme) zu arbeiten. Sein späteres LICHTSPIEL SCHWARZ-WEISS-GRAU (1930) mit einem hierfür entwickelten Licht-Raum-Modulator blieb aber weit hinter seinen theoretischen Überlegungen zurück. Die Konstruktion von kinetischen Maschinen und Apparaturen, die synthetisch Volumen zu Raum, zu Bewegung, zu Licht machten, spiegeln seine Obsession der Licht- und Raumsuche wider. Das beherrschende frühere Thema, die Großstadt, als grandioser, temporeicher Bilderreigen inszeniert, wurde somit nebensächlich. Vordergrün-

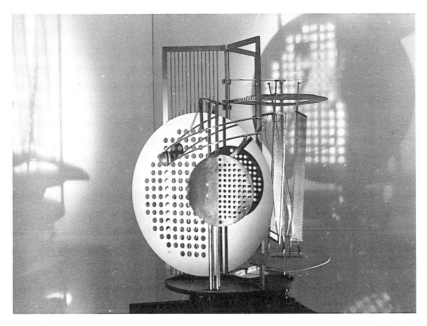

László Moholy-Nagy: Licht-Raum-Modulator (1922/30); Replica 1970 aus Glas, Metall, Holz, Zellouid, Elektromotor und Leinwand

dig wurde die Herstellung von artifiziellen und kinetischen Lichtphänomenen, die vielleicht auch eine versteckte Anspielung auf die nächtliche Großstadt im Glanz des harten Kunstlichts gewesen sein mögen.

Ähnlich romantische Impressionen, oder besser: Expressionen der Großstadt bewegten die Zeitgenossen der Bauhaus-Künstler, vor allem die Expressionisten der Gruppe *Sturm,* Bruno Tauts *Novembergruppe* und die Paul Scheerbart-Adepten. Sie träumten von einer kosmologischen Sternenarchitektur, Umformungen der Alpen, Glasarchitektur und von einem sozial verschwommenen Stadtorganismus mit magischen Stadtkronen und Volkskathedralen. Die berühmten Entwürfe und Manifeste der Gruppe um Taut zeugen von jener Euphorie an imaginärer Architektur, die sie im Flimmerspiel von Licht und Schatten des Kinos realisiert sehen wollten. Aber auch ihre Bemühungen um ein phantastisches Kino schlugen fehl, und keines ihrer Filmprojekte konnte realisiert werden.

Cecil DeMille: SAMSON UND DELILAH (1949); Pappendeckeltempel von Hans Dreier (mit Walter Tyler, Ray Moyer, Sam Comer) und Trickspezialisten

IV. RAUMPLASTIKEN
Plastische Architektur im sogenannten „Ausstattungsfilm"

Entsprechend den Vorstellungen der Gründerzeit des vorigen Jahrhunderts, entstand in Italien Anfang des 20. Jahrhunderts ein filmisches Äquivalent zum Historismus: der historische oder neo-klassische Antikfilm. Die ersten Monumentalfilme im historischen Sujet entstanden um 1904/05. Von den meisten Filmen jener Zeit sind uns nur die Titel und einige Standphotos erhalten geblieben; vermutlich sind die Kopien in vielen Fällen vernichtet worden und für uns daher nicht einsehbar. Obwohl ihnen allgemein weder eine filmhistorische, noch sonst irgendeine Bedeutung beigemessen wird, darf man sie doch nicht unerwähnt lassen oder einfach übersehen. Betrachtet man die Statistiken der in jenen Jahren in Italien gedrehten Filme, so fällt nicht nur die Vielzahl der sogenannten „Historienfilme" insgesamt auf, sondern auch der sprunghafte Aufstieg dieses Genres: wurden 1905 lediglich 8 Filme dieser Art hergestellt, so steigerte sich die Produktion 1906 auf 64, 1908 gar auf 242 und schließlich 1910 auf unglaubliche 561 Titel! (1)

Während die Grotesk- und Klamaukfilme eindeutig den Instinkt ansprachen, ließen sich die mythologischen Historienfilme selbstbewußt in den höheren, allein der Kunst vorbehaltenen Sphären nieder. Trotz ihres Anspruchs auf Ernsthaftigkeit waren die Antikfilme genauso naiv und unglaubwürdig wie die grotesken Travestien von Georges Melies. Um aber seinen monumentalen Wirklichkeitsanspruch einer geschichtlichen Rekonstruktion perfekter erscheinen zu lassen, brachte der italienische Antikfilm neue Ansätze für die Ausstattung. So großartig — vom Dekorationsstandpunkt aus betrachtet — die historischen Bühnenbilder von *Film d'Art* auch waren, sie wirkten eigenartigerweise flach: sie blieben innerhalb der üblichen *trompe l'oeil*-Bühnentradition. Schon bald merkte man, daß die zwei-dimensionalen Leinwandkulissen den besonderen Anforderungen des neuen Mediums Film und seiner rasanten technologischen Entwicklung nicht mehr gerecht wurden. Die nahezu statische Kamera des frühen Films bedurfte keiner räumlichen Kulisse. Erst das allmähliche Aufkommen von Kameraschwenks brachte neue Tendenzen. Unter dem Einfluß der von Antonio Chichi hochentwickelten szenographischen Kunst in Oper und Theater (Stilbühne mit festem architektonischen Aufbau und maßstabsgetreuen Korkmodellen) veränderte sich ab 1910 auch das Filmdekor in Italien. Anfangs trachteten die italienischen Filmregisseure danach, den Eindruck der Tiefe von der Theaterbühne auf die Filmleinwand zu übertragen. Der nächste Schritt war der Aufbau von kolossalen Kulissen in natürlicher Größe. Ausschlaggebend für die weitere Entwicklung waren die drei-dimensionalen Freiluftkulissen von Enrico Guazzoni.

Der Maler und Bühnenbildner Guazzoni — ein Hobby-Archäologe — drehte gigantische Ausstattungsfilme nach antiken und mythologischen Themen: BRUTUS (1910), AGRIPPINA (1911), QUO VADIS? (1912) und ANTONIO

Giovanni Pastrone: Szenenphotos aus CABIRIA (1913/14)

E CLEOPATRA (1913). Dementsprechend mußten die Filme „grandios und edel" und die Dekorationen „verschwenderisch und gigantisch" (2) sein. Begünstigt durch Klima und scharfes Freilicht konnten die italienischen Filmhersteller von Monumentalfilmen unter freiem Himmel arbeiten, was in Anbetracht der riesigen Filmbauten und Heere von Komparsen im Studio unmöglich gewesen wäre. QUO VADIS? wurde vor allem wegen seines Glanzes und Pathos ein Welterfolg und wie ein Theaterereignis gefeiert. Doch seine Bauten waren noch karg und unauffällig gegenüber dem, was noch kommen sollte.

Giovanni Pastrones (anspruchsvollster) Film CABIRIA (1913/14) übertraf noch Guazzonis QUO VADIS?. Pastrone wandte alle bisherigen Erfahrungen des italienischen Ausstattungsfilms an und entwickelte sie zugleich weiter. Die gewaltigen drei-dimensionalen Kulissen verführten dazu, mit der Kamera jeweils die günstigste Perspektive zu suchen. Lange Raumschwenks der Kamera konnten an den Kulissen entlangfahren und gelegentlich auch Details des Architekturinventars (Säulen, Architrave, Balustraden, Nischen etc.) fixieren. Die bewegliche Kamera war eine der folgewirksamsten Entdeckungen für die Kinematographie. Eine neue Aufnahmetechnik beeinflußte selbstverständlich Ausmaß und Disposition der Filmbauten; Perspektivwechsel erforderten die Illusion von Tiefe. Die Filmarchitektur wuchs in ihre neue Rolle hinein. Und sobald die Kamerabewegung zum anerkannten filmischen Stilmittel avancierte, löste sich auch das Aufgabenfeld des Bühnenbildners von dem des Raumausstatters.

Weit mehr als das veraltet wirkende Pathos der Inszenierung, des Darstellungsstils bzw. die Sentimentalität der Handlung um fiktive Personen der römisch-kathargischen Geschichte, werden an CABIRIA heute die stilisiert-historisierenden Filmbauten geschätzt, die sich wesentlich vom kopierten neo-klassizistischen Modus des ausgehenden Historismus unterscheiden. Sie wirken orientalisch ornamentiert: der Innenraum des Palastes von *Maciste* wurde regelrecht als überladener Bazar aufgefaßt und demnach gestaltet. Der Prunk erinnert auch an phantastische Jugendstileinrichtungen. Die innere Struktur bestand aus überlebensgroßen (goldschimmernden) Elefanten, auf deren Rücken dicke Säulenschächte und barbarisch anmutende Kapitelle ruhten, die das schwere, reich ornamentierte Gebälk trugen. Die großen Massen der riesigen Halle wurden verschachtelt und in vortretende kleinere Einheiten gegliedert. Jeder Perspektivwechsel der Kamera bewirkte — so verlangte es auch das neue „Raum-Zeit-Gefühl" des Antikfilms — eine optische Verschiebung der Teile zueinander.

Die Dekorationen erzielten ihre monumentale Wirkung und Plastizität nicht allein durch die stereometrischen, kompakt-geschlossenen Grundbauelemente (Bossenmauerwerk, Brunnenornamente, Spielrampen etc.), sondern auch durch die Auflösung dieser schwerlastenden Körperlichkeit (imposante Säulenreihen, Galerien, Emporen, Balkone etc.); dieses Auflösen bzw. Öffnen der Hinterwand erlaubte Durchblicke, die den Raum wiederum vergrößerten.

Neben der plastischen Wirkung der Filmarchitektur entdeckte Giovanni Pastrone (der später das Pseudonym Piero Fosco wählte) auch die Vervielfachung der horizontalen Ebene nach hinten in den Tiefenraum. So waren die raumverschlingenden Spielrampen, monumentalen Treppentableaus und Podien, die scheinbar endlos in den Raum eindringen, etwas vollkommen Neuartiges. Mit Hilfe optischer Bühnentricks und einer stark verkürzten Perspektive wurde eine gelungene Raumillusion geschaffen. Um eine perspektivische Wirkung zu erzielen, verkleinerte man beispielsweise drei-dimensionale Modelle im Hintergrund; um die Tiefenwirkung zu verstärken, plazierte man in die „entfernteren" Winkel der Dekoration verkleinerte Requisitenstücke wie Möbel und Kleinarchitekturen. Daß die Filmbildfläche auch Tiefe suggerieren und „räumlich" wirken kann, entdeckte man bei diesem Film und setzte diese Entdeckung erstmals bewußt ein. Im Unterschied zum Guckkastenprinzip der früheren Filmbühnendekorationen wirkte der Raum beweglicher. Auch im Materiellen waren große Unterschiede feststellbar: statt des gemalten Hintergrundes aus Leinwand, Pappe und Rollos entstand ein aus Rabitz, Holz und Stuck modellierter stabiler Raum.

Nach CABIRIA verbreitete sich die Bedeutung der Filmarchitektur über die Grenzen Italiens hinaus. Nicht nur bedeuteten die Dekorationen einen Meilenstein in der Geschichte des Films, sondern auch die Herstellungskosten des Films überstiegen alle vorstellbaren Grenzen. Die Produktion von CABIRIA hatte zwei Jahre gedauert und mehrere Milliarden Lire gekostet (3). In keinem anderen Film davor wurde mit einem so großen Studiostab an Kamera-Technikern, Ingenieuren, Bühnentechnikern, Tischlern, Studiomalern, Dekorateuren und Komparsen gearbeitet. Allein für die gewaltigen Außenbauten wurden große Mengen Holz, Gips und Sackleinen herbeigeschafft. Extravagante Kostü-

Duce-Gruß im Antikfilm: *CABIRIA (1913/14)*

me und zig-tausend Statisten wurden aufgeboten. Dieses „Massenangebot an Ornamenten" sollte sich später folgenschwer auswirken, allerdings in der Umkehrung des Effekts als „Ornament der Masse" (Siegfried Kracauer).

Außer in der erstmaligen Anwendung drei-dimensionaler Filmarchitektur und der damit verbundenen Überwindung des Bühnenraums und der Frontalperspektive erwies sich der Film noch in manch anderer Hinsicht als Einschnitt in der Entwicklung der Filmgeschichte: erstens beeinflußte er maßgeblich viele Meisterwerke des Genres (INTOLERANCE, MESSALINA, MADAME DUBARRY, DAS WEIB DES PHARAO, SODOM UND GOMORRHA, OKTOBER etc.); zweitens ist er gewissermaßen eine Präfiguration des „Realismus", und drittens stellt er den – auch heute noch gültigen – Prototyp für das immer noch populäre Kitschspektakel dar (CLEOPATRA, BEN HUR, SPARTACUS, CALIGULA, FELLINI'S SATYRICON etc.)!

CABIRIA war der letzte große italienische Antikfilm, obwohl sich – sehr verspätet nach dem I. Weltkrieg – noch THEODORA (1919) von Leopoldo Carlucci und MESSALINA (1923) von Enrico Guazzoni anschlossen. Ein spätes Echo fand der Antikfilm in dem faschistischen Propaganda-Spielfilm SCIPIONE L'AFRICANO (1937) von Carmine Gallone, der eine gewaltsame Verschmelzung altrömischer mit faschistischer Afrika-Politik anstrebte. Aber solche ideologischen Muskelspiele befanden sich – angesichts des Erfolgs von CABIRIA – in einer künstlerischen Sackgasse. Auch das Publikum wandte sich weltweit vom Antikfilm ab, was natürlich wirtschaftliche Folgen für den italienischen Film nach sich zog. Die italienische Filmindustrie, die sich mit der Adaption genuin antiker Mythologien der klassischen und populären Literatur auf dem Gebiet des Superspektakelfilms erfolgreich spezialisiert hatte, gelangte bald gegenüber der starken ausländischen Konkurrenz, vor allem Hollywood, *Ufa* und *Nordisk,* ins Hintertreffen. Im wesentlichen wurde der Weltmarkt von drei italienischen *(Cines, Ambrosio, Itala),* einer dänischen *(Nordisk),* einer französischen *(Film d'Art)* und zwei amerikanischen *(Famous-Players-Lasky, Wark-Triangle)* Gesellschaften beherrscht.

Die Ursachen für den sowohl wirtschaftlichen als auch künstlerischen Niedergang des Antikfilms lagen vor allem am plötzlichen Ausbruch des I. Weltkrieges, der die Produktion im kriegführenden Italien drastisch beschränkte, und an der baldigen Übersättigung des Publikums an antiken Stoffen. Der

MESSALINA (1923)   *SCIPIONE D'AFRICANO (1937)*

kommerzielle Niedergang der italienischen Filmindustrie setzte ebenso überraschend schnell ein wie ihr phänomenaler Aufstieg gekommen war, aber er
bedeutete nicht endgültig das Ende dieses Genres.

Sogleich ahmte man in Amerika CABIRIA nach: die babylonische Episode
in David Wark Griffiths Film-Epos INTOLERANCE (1916) ist der wahre
Höhepunkt an gebauter Kulisse im Stummfilm. Griffiths Filmarchitekten
Frank Wortman und Walter L. Hall stellten alle bis dahin entwickelten Film-
stile nebeneinander: der Teil *The Fall of Babylon* schwelgt in dem zeitge-
nössischen Interesse für die Archäologie Mesopotamiens (vgl. Kapitel VII.)
Ebenso wird das Verlangen sowohl nach Prunk als auch nach Flucht erfüllt.
Die ca. 50 Meter hohen Türme des babylonischen Palastes übertrafen CABI-
RIAs ohnehin prunkvolle Architektur mit noch mehr Pomp. *The Massacre
of St. Bartholomew's Day* erscheint aus heutiger Sicht mit seinen gemalten
Interieurs der Neo-Renaissance wie eine unfreiwillige Parodie auf den *Film
d'Art* oder wie das letzte Echo der *Pathé*-Dekorationen zur Zeit der Jahrhundertwende. Der Hintergund von *The Judean Story* bildet sich aus Versatzstücken orientalischer Märchenarchitekturen mit hohen, mageren Palmen, wie
sie auch in den amerikanischen Orient-Cabarets und -Bars vorkamen. *The Mother and the Law* hingegen folgt im Stil dem Alltagsrealismus oder Verismus. Trotzdem kann diese Fusion aller Stile nicht als eklektisch oder schwerfällig bezeichnet werden.

Hatte D. W. Griffith in seinem früheren Film THE BIRTH OF A NATION
(1915) hauptsächlich mit Realaufnahmen eine Vision oder ein Epos der „Naturgeschichte" Amerikas geschaffen, so unternahm er im darauffolgenden
Film eine Art geschichtlich-monumentales „Fassadenkino". Alles, was die
Franzosen *mise en scène* nennen, d.h. eine organisierte und inszenierte Ein-
richtung des Raumes, fand seine Erfüllung in der ausufernden Grandiosität der
Ausstattung von INTOLERANCE. Besonders der babylonische Palast mit seinen über 165 Fuß hohen Pylonen, weitläufigen Rampen und Podesten, gewaltigen Torportalen und wuchtigen, bossierten Baumassen mit kühn geschwun-
genen Säulen und Elefanten-Kapitellen wurde zum sensationellen Blickpunkt
des gesamten Spektakels. Um den Palast in der Totale aufnehmen zu können,
wurde er von einem Ballon aus gefilmt. Der Film wurde jedoch ein so großer
Mißerfolg, daß die Riesenbauten aus Geldmangel lange Zeit nicht abgerissen

David W. Griffith: INTOLERANCE (1916) — Babylonischer Prunk

werden konnten. So stand der Palast von *Belshazzar* mehrere Jahre an der Straßenkreuzung Sunset und Hollywood Boulevard, inmitten der Stadt Los Angeles.

Gleich nach Griffith hatte Cecil DeMille umso mehr Erfolg: er spezialisierte sich solange auf ein Genre, bis ihm durch den Trend des Publikumsgeschmacks ein Wechsel angeraten schien. Seine gänzlich für den Markt produzierten Ausstattungsfilme waren durch die schwerfälligen Tableaus einer noch starren Bühnenausstattung architektonisch wenig interessant. Aus heutiger Sicht wirken sie eher wie eine unfreiwillige Karikatur auf das alte Rom. Nichts anderes waren die amerikanischen Historienfilme zur Zeit der Momumental-film-Trends in Hollywood: genreübliche Produktionen mit luxuriöser Ausstattung, jedoch ohne Innovation. Ihre visionäre Naivität, Momentbilder der Vergangenheit bar aller Widersprüche zu projizieren, scheiterte schlußendlich an der Wirklichkeit der Depressionsjahre. Charakteristisch für diese Periode, in der Hollywood auf recht primitive Weise mythologische Figuren und Themen präsentierte, ist der Film BEN HUR (1925) von Fred Niblo. Nach italienischem Muster wurden Heere von Komparsen und riesige Studiobauten errichtet, die aber an Phantasie und Verve an INTOLERANCE nicht herankamen.

Nach mehrmaligem Start entschlossen sich die Produzenten von BEN HUR, den Drehort nach Italien zu verlegen, wohl mit der Absicht, an „authentischen" Drehorten zu filmen. Obendrein besaßen die Italiener auf dem Gebiet des Monumentalfilms bereits große Erfahrung. Von den Schwierigkeiten beim Drehen dieses Films wurde in einer Dokumentation berichtet: „Die große Seeschlacht wurde bei Livorno gedreht. Dazu hatte man anderthalb Jahre lang eine römische Flotte und Golthars Piratengaleeren – 100 Triremen mit Segeln und dreifachen Ruderbänken – nachbauen lassen, um sie dann mit Hilfe von hochbezahlten Matrosenstatisten wirkungsvoll brennend zu vernichten. Die farbigen Massenszenen in Jerusalem, Antiochia und in der Wüste entstanden in der Nähe von Rom. Tragische Unglücksfälle und ein sich zu schnell erschöpfender Etat bewogen *MGM* zum Abbruch der Dreharbeiten in Italien. Man war überzeugt, in Los Angeles billiger arbeiten zu können, und ließ den gigantischen *Circus Maximus* von Antichoia noch einmal unter der Leitung des Architekten und Archäologen Horace Jackson nachbauen, und zwar so, daß die Arena durch eine exzellente Tricktechnik sogar noch größer wirken konnte. Ohne Tricks inszenierte dagegen B. Reeves Eason in prunkvoller Ausstattung (Cederic Gibbons) mit 12.000 Statisten und zwölf Quadrigen das im wahrsten Sinn des Wortes mörderische Wagenrennen über sieben Runden und ließ es von 42 Kameras (!) verfolgen, bis hin zum unvorhergesehenen Sturz des korinthischen Wagens, durch den vier Pferde starben und andere Quadrigen ebenfalls verunglückten. Ein Wettkampf von gigantischen Ausmaßen auf 16.000 Meter Film" (4)

BEN HUR ist nicht nur das Symptom für die Krise des *epic,* des spektakulären, verschwenderisch kostümierten Geschichtsfilms, sondern ein erstes Anzeichen vom vorläufigen Niedergang eines Genres, das zusehends „infantiler" wurde. Sowohl Joe Mays VERITAS VENCIT (1918), der erste deutsche Monumentalfilm, als auch TROJAS UNTERGANG (1923) von Manfred Noa kamen an die Operntheatralik und Prunk-Schaustellung ihrer Vorbilder CABIRIA und INTOLERANCE nicht heran.

Unter Hollywoods Kolossalfilm-Regisseuren jener Zeit bewies nur Erich von Stroheim Individualität und Courage. Stroheims Dekorationen für QUEEN KELLY (1928) – die Handlung spielt im deutschen Kaiserreich – suggerierten symbolische Obertöne in einer Welt nüchterner Sachlichkeit, die er absichtlich in keinem historischen Rahmen ansiedelte. In einem Nachruf auf Griffith versicherte Stroheim: „Es war Griffith, der zuerst die heilige Pflicht fühlte, alles so korrekt wie menschenmöglich wiederzugeben, ob Dekorationen, Kostüme, Uniformen, Sitten oder Rituale, selbst in jenem frühen Stadium (. . .), der sich persönlich für die Echtheit von allem verantwortlich fühlte. Es war Griffith, der zuerst und ganz den psychologischen Effekt eines genauen und korrekten Kostüms auf den Schauspieler erkannte." (5) Eine Aussage, mit der Stroheim viel mehr sich selbst als seinen Lehrer charakterisierte.

Stroheims Besessenheit von naturalistischen Details entsprach der Arbeitsmethode der *Ufa*-Ausstatter, die einen ähnlichen Perfektionismus betrieben. Die Ausstattungen von QUEEN KELLY durch den späteren Doyen der Hollywood-Ausstatter Richard Day sind „Szene für Szene von verschwenderischem Detail, jede Einstellung so sorgfältig komponiert, als gelte es, den großen Malern der Renaissance gleichzukommen." (6)

Tatsächlich bestechen die Filmdekorationen der *Ufa*-Studios durch ihre handwerkliche Präzision. In den Jahren unmittelbar nach dem I. Weltkrieg und der Konsolidierungszeit der Republik vollzogen sich die wichtigsten Neuerungen auf dem Gebiet des Filmdesigns in den Babelsberger Studios in Berlin. Zum

Teil standen sie unter dem Einfluß des Expressionismus, der hier besonders stark war, zum Teil verdankten sie sich den Regisseuren, Schauspielern und Bühnenbildnern des Max Reinhardt-Theaters, die die Ideen des Lehrmeisters — wenn auch recht oberflächlich — auf den Film übertrugen.

Geburt des deutschen Historienfilms —
Aufkommen der sentimentalen Stimmungsbauten

Schon sehr bald nach Gründung — bzw. Neugründung nach dem Kriegsende — der *Universum Film AG (Ufa)* kristallisierte sich jener Typus des zeitgemäßen Ausstattungsfilms heraus, der bald eine Spezialität des gesamten deutschen Films werden sollte: der phantastische Geschichts- bzw. Historienfilm. Das Entstehen dieses Genres hatte selbstverständlich neben den beredten politischen Motiven (Geschichtsflucht) auch wirtschaftliche Gründe: die Direktoren der *Ufa* beabsichtigten mit ihren Produkten, sich im Inland zumindest vorübergehend der internationalen Konkurrenz zu entledigen, und mit Kolossalfilmen nach italienischem und amerikanischem Vorbild auch einen Vorstoß auf den Weltmarkt zu wagen. Durch die Erfolge von CABIRIA und INTOLERANCE, aber auch vom nachwirkenden Theaterkonzept Reinhardt'scher „Festspiele" angeregt, entstanden Großfilme nach historischen oder literarischen Vorlagen. Neuartig an diesem Filmtypus war neben der Sicht von Weltgeschichte aus der „Schlüssellochperspektive" (Gregor/Patalas) auch die prächtige Ausstattung: die „Verpackung" von Geschichte in „bunte Bilder" mit einem zuvor selten gesehenen Massenaufwand an Komparsen und monumentalen Bauten. Der Inhalt dieser *Ufa*-Filme bestand primär in der dramatischen Verknüpfung von Dekor, Kostümen, Menschenmassen, Charakterdarstellern und / oder Filmdivas (Pola Negri, Fern Andra, Mia May) zu einem sich „geschichtlich" gebenden Stoff, der aber de facto reale Geschichte verhüllte, indem die auf objektiven Tatsachen beruhende Historie in privaten, aus der Kammerdienerposition gesehenen Konflikten ausgetragen wurde. Besonders der von der *Ufa* auserkorene Ernst Lubitsch schuf in der Folge seine eigene Tradition der Heidegger'schen „Geschichtlichkeit". In einer strammen „Siegesallee" (Hans Siemsen) paradierten Personen der Weltgeschichte durch das (noch) kaiserliche Berlin: *Madame Dubarry, Anna Boleyn, Danton, Othello, Lucrezia Borgia, Pharao Ramses, Romeo und Julia* usw. War dieser sehr besänftigende Umgang mit Historie — jene Manier, die die Amerikaner später den *Lubitsch touch* nennen sollten — inhaltlich zwar reaktionär, so brachte er doch einen gewissen „Naturalismus", ja „Superrealismus" bei Requisiten und Ausstattungen mit sich. Besonders die monumentalen Studiobauten zeichnen sich durch ihren Hang zu realistischen Details und getreuen Nachbildungen aus.

Regisseure wie Joe May, Fritz Lang und Ernst Lubitsch ahmten die historischen Monumentalfilme der Italiener und Amerikaner nach, ohne jedoch deren Pathos zu übernehmen. Man entschied sich für den kolportagehaften Stil der kleinen Geschichte, die sich hinter den Türen der Kammerzofe und abseits des großen historischen Geschehens abspielte. Besonders Lubitsch „sah in den Ausstattungsfilmen weniger eine Gelegenheit zu monumentaler Stilisierung als zur Demonstration menschlicher Schwächen — eine Tendenz, die er in allen seinen weiteren Filmen (zeigte). In MADAME DUBARRY (1919) deutete er die französische Revolution als Resultat privater Eifersüchteleien am Hof Ludwigs XV.; das Thema für ANNA BOLEYN (1920) war gleich so gewählt, daß Geschichte unter dem Aspekt erotischer Pikanterie erscheinen mußte. DAS WEIB DES PHARAO (1921) signalisierte bereits mit dem Titel Lubitschs Attitüde: die Tyrannenherrschaft im alten Ägypten wird im Rahmen einer Liebestragödie abgehandelt. '' (7) In einer kalkulierten Mischung aus subjektiver Ohnmacht der Geschichte gegenüber und der Bereitschaft zur Hingabe an melodramatische Situationen fuhr Lubitsch mit seinen historischen Massenfilmen auf den Schienen des Erfolgs, was ihm sogar den Ruf als „Europas Griffith" (8) einbrachte.

Nach anfänglichen Versuchen im Komödienfach, welche sich alle durch seinen unverkennbaren *Lubitsch touch* auszeichneten, übernahm Ernst Lubitsch auf Drängen des Produzenten Davidson die Regie von verschwenderischen historischen Filmen. Mit seinem neuen Günstling, der Schauspielerin Pola Negri, drehte er den ersten Teil dieser berühmten Lubitsch-Trilogie, den Revolutionsschinken MADAME DUBARRY (1919). Den bei Max Reinhardt einmal erlernten Inszenierungsstil für Massenregie, Großraumspiele und pompös-monumentale Ausstattung übertrug Lubitsch erfolgreich auf die kleindimensionale Leinwand. Sein ganz auf das Visuelle konzentrierter Filmstil bestach vor allem durch seine Ausstattung. Lubitschs Bauten waren sehr stark von den italienischen Filmbauten beeinflußt. Aber auch die Griffith-Produktionen JUDITH und INTOLERANCE mögen dabei Pate gestanden haben. Was sie aber von der übertriebenen Üppigkeit ihrer Vorbilder unterschied, war der intime Charakter der Dekorationen von Karl Machus und Kurt Richter. Die Dekorationen stiegen zum Mitspieler im Film auf und verliehen der Filmhandlung die entsprechende „kammermusikalische" Atmosphäre. Der Kontrast von den aufgepeitschten Menschenmassen in den engen mittelalterlichen Straßen zur grenzenlosen Einsamkeit der Mätresse *Dubarry* in den dämmrigen Rokokointerieurs des Königs entsprach dem dialektischen Verhältnis von Außen und Innen, von Masse und Individuum. Die ständige Wechselwirkung von Zusammenballung der Menschenmassen und der Isolation einzelner Menschen wurde sowohl in der Massenregie Lubitschs als auch in den architektonischen Formen bildlich dargestellt.

Noch ästhetischer und inszenatorischer wirkte der Film DAS WEIB DES PHARAO (1922), in dem Ernst Stern luxuriöse Kostüme gegen strenge, wuchtige Baumassen absetzte. Besonders in diesem Film werden die jeweiligen Funktionen der Baumassen deutlich, da die „gefüllten" und „leeren" Plätze dem Bewegungsrhythmus des Films entsprechend eingesetzt wurden. Architektur bestimmt den Erzählraum und strukturiert den Erzählmodus. Die ostentative Flächigkeit und Schmucklosigkeit der kubischen Baumassen wurde durch die ornamentale Wirkung der Masse relativiert, denn die Menschenmengen mit ihren opulenten Kostümen überwucherten selbst die monumentalste architektonische Struktur. Geschickt in der Übernahme Reinhardt'scher

Ernst Lubitsch: DAS WEIB DES PHARAO (1922); kolossale Bauten von E. Stern/K. Richter

Ideen von Massenchoreographie, Lichttechnik und riesigen Bühnenbauten für den Kostüm- und Ausstattungsfilm, legte Lubitsch die Architektur auf Aktion hin an: monumentale Architekturen begrenzten oder umrahmten immer grandiose Massenszenen. Fast niemand im Kinosaal konnte sich seinerzeit der Faszination des Spektakels entziehen. Lubitschs Filme wurden in den zeitgenössischen Kritiken als „Wendepunkt in der Geschichte des Films" bezeichnet.

Der sogenannte „Berliner Ägyptismus" hatte wiederholt auch zu übertriebenen Deutungen Anlaß gegeben. Karl Pinthus beispielsweise entschlüsselte Lubitschs Ägypten als maskiertes Berlin, geprägt von den Sehnsüchten nach kaiserlichem Glanz. Zweifelsohne besteht eine Verwandtschaft der Filmarchitektur zu den wilhelminischen Prachtbauten mit ihrer rigorosen, ja brutalen Stereometrie und den geschlossenen Außenflächen im rauhen Bossenmauerwerk. Dennoch muß nachdrücklich einer Gleichsetzung mit imperialem Machtanspruch und nationalem Größenwahn widersprochen werden. Lubitschs Filmarchitekturen waren keine „realen", im Sinne von funktionstüchtigen Bauten, sondern eben nur Filmbauten: Augenfutter. Im Gegensatz zu den politisch realisierten, germanisch-nationalistisch gefärbten Machtbauten des Reiches erfüllten die Filmbauten nur „fiktiv" imperiale Machtansprüche. Trotz ihrer Bemühung um kunsthistorisch korrekte und archäologisch einwandfreie Kopien, wirken Ernst Sterns und Kurt Richters Filmbauten gegenüber der tatsächlichen Monumentalität altägyptischer Steinbauten und den megalomanen Visionen der wilhelminischen Staatsbaukunst fast lächerlich. Sie sind eher dekorativ-verspielte, bisweilen auch selbstironische Capriccios. Elementare Licht- und Schattenwirkungen interessierten die Filmarchitekten ohnedies mehr als politische Ideologien, weshalb sie auch auf detaillierte Ornamente und machtvolle Insignien gänzlich verzichteten.

Einer der häufigsten Vorwürfe gegen Lubitschs monumentale Filmarchitektur ist der, daß sie bei einiger Reduktion auch der NS-Architekturideologie dienstbar gemacht werden konnte. Die populärste Deutung ist immer noch die, wie sie jüngst wieder Dieter Bartetzko vertrat: Lubitschs Filmarchitektur verkörpere eine zu Stein gewordene Ideologie des Faschismus. „Zugleich kündigt sich in ihnen die Zukunft der faschistischen Baukunst an." (9) Daß aber die Filmbauten präfaschistisch sind, ist zu bezweifeln. Denn nicht der Film gab die Formen vor, sondern die NS-Baukünstler bedienten sich eines Vokabulars, das bereits durch die bürgerlich-wilhelminische Baukunst ausgebildet war und das eben auch im Film zur Anwendung kam. Selbst die Grundthese in Bartetzkos Buch „Illusionen in Stein", nämlich daß die Filmkulissen der Monumentalfilme der Stimmungsarchitektur im deutschen Faschismus Pate gestanden hätten, läßt sich relativieren. Im Grunde genommen ist es genau umgekehrt: der Film leistete in Wahrheit nicht eine *Vorschau*, sondern eine *Rückschau*. Genauso haben sich die NS-Bauschlächter von diesem wilhelminischen Fundus bereits entwickelter Formen bedient. Natürlich waren — um Bartetzko in seinem zentralen Punkt doch wieder recht zu geben — die überwältigend wirkenden Kuben in „ewigem Stein" und die blockhaften Baumassen der Pylonen, Obelisken und Peristylen der Tempel im Sinne der politischen Repräsentationsideologie des Dritten Reiches bruchlos anwendbar, aber sie repräsentierten nicht a priori politische Elemente der Architektur im Film.

Jedoch ein weniger gesehenes (positives) Merkmal dieser Pharaonen-Architektur ist die purifizierte und funktionale Gruppierung von Volumen und die Gliederung des Raumes, welche den Vergleich mit der modernen Architektur („Neue Sachlichkeit") durchaus nicht zu scheuen brauchen. Zum einen ließen sich die einzelnen Bauelemente variabel kombinieren, sodaß der Entwurf veränderten Kameraperspektiven leicht angepaßt werden konnte; zum anderen ermöglichte die asymmetrische Gruppierung der Baukörper bei jedem Perspektivwechsel eine dynamische Verschiebung der Teile zueinander. Dies wurde erstens durch die Wegführung in „Haupt- und Nebenstraßen" bewirkt; zweitens durch die Einbeziehung der Podeste, Loggien und begehbaren Flachdächer (!) als Plattformen in die streng choreographische Gesamtkonzeption; drittens durch die Zergliederung in „gefüllte" und „leere" Schauplätze je nach Effektwirkung der Regie, und viertens durch die Trennung von Volumen (Massigkeit) und Öffnung (luftige Loggien) als dialektisches Gestaltungselement in der Bildkomposition. Alle diese Kriterien ergaben eine durchaus sinnvolle funktionale Raumordnung. Auch der Gegensatz zwischen den waagrecht gelagerten Massen und den vertikalen Pylonen und Wehrtürmen mit ihren Treppenstrukturen hatte keineswegs nur ästhetische, sondern auch funktionale Gründe. Die Filmbauten antizipierten bereits jene Mehrzweckhaftigkeit, die die „Neue Sachlichkeit" forderte.

Der außergewöhnliche kommerzielle Erfolg von Lubitschs Monumentalfilmen löste erneut weltweit eine Woge historischer Ausstattungsfilme aus. Aus der Masse der damals gedrehten Historienfilme ragen eigentlich nur zwei Filme besonders heraus, die sowohl dem Reinhardt'schen Inszenierungsstil entsprechen als auch Lubitschs Monumentalarchitekturen enthalten. Der erste, mit dem das Konkurrenzunternehmen *Decla* den *Ufa*-Efolg MADAME DU-

Richard Oswald: LUCREZIA BORGIA (1922); Filmbauten von R. Neppach/R. Höfer

BARRY zu überbieten versuchte, war die Kinoillusion der Renaissance: DIE PEST IN FLORENZ (1919). Nach Fritz Langs Drehbuch inszenierte Otto Rippert einen ebenso wirkungsvollen wie tiefenlosen Geschichtsfilm über die morbid-intrigante Welt Savonarolas. Der Film schildert in lautstarken, melodramatischen Bildern die Umwelt des Bußpredigers als Schauermärchen. Die zeitgenössische Kritik lobte zwar die „prächtige Ausstattung, die buntbewegten Festszenen und prunkvollen Prozessionen, die visionären Bilder vom Wüten der Pest und die Massenszenen" (10), aber finanziell gesehen war der Film eine so große Pleite, daß Fritz Lang ernsthaft daran dachte, das Filmgeschäft für immer zu verlassen. Die Dekorationen von Hermann Warm, Walter Reimann und Walter Röhrig entsprachen dem Ornamentenwulst des Historismus und ihrem Blick auf die Renaissance. Die Interieurs nehmen sich wie die letzte Blüte jener denkwürden Neuauflage der Renaissance im ausgehenden 19. Jahrhundert aus. Heute wirkt die Dekoration wie die unfreiwillige Parodie auf die schwüle Salonmalerei der Belle Epoque. Bemerkenswert ist die Tatsache, daß so viele Kostümfilme dieser Zeit in der Renaissance-Epoche spielen. Neben dem bereits genannten Film spielen LUCREZIA BORGIA (1922), MONNA VANNA (1922), OTHELLO (1922), CARLOS UND ELISABETH (1924) und eine Episode in DER MÜDE TOD (1921) im *Cinquecento*. Dies hängt sicher mit dem Einfluß Reinhardts auf Sujet, Darstellungsstil und Inszenierung zusammen, der sich in seinen Bühnenbildern auch von der neo-historischen Malerei Karl Schwabs, Puvis de Chavannes', Gustave Moreaus oder Arnold Böcklins anregen ließ. Die bewußt an der Neo-Reanaissance der Jahrhundertwende orientierten Pappkulissen sind die letzten Echoempfänger eines langen *Rinascimento* in der europäischen Kunst.

Der andere Historienfilm, der besonderen Wert auf Thema und Atmosphäre der Ausstattung legte, ohne leeres Spektakel oder Gemeinplätze zu produzieren, ist Richard Oswalds kammerspielartige LUCREZIA BORGIA (1922). Die stilisierten Dekors von Robert Neppach und R. Höfer widerspiegeln den Stilgeschmack nach-klassizistischer Bühnenarchitektur, wie sie auch Max Reinhardt im Theater verwendete, doch mit einer romantischen Detailzeichnung und Intimität, die der Handlung entspricht. Die weiche Photographie und die symbolistischen Motive der dämmrigen Interieurs — marmorspiegelnde Gefängnisse und festungsartige Palazzi mit Geheimtüren, Verliesen und Folterkabinetten — unterstreichen diese Bemühungen.

Die Evolution des Ausstattungsfilms zum märchenhaften Expressionismus

Wie der sogenannte „Kammerspielfilm" — inhaltlich und gestalterisch als Antithese zum Monumentalfilm und zum „expressionistischen" Film zu verstehen — sich im deutschen Stummfilm der dekorativen Ausdruckswerte beider Stile bemächtigte, ist am Beispiel DIE BERGKATZE (1921) von Ernst Lubitsch abzulesen. Als der Historienfilm für Lubitsch 1921 erledigt war, widmete er sich fast ausschließlich schmackhafter Unterhaltungsware mit größtmöglichen Schaueffekten und ironischen Untertreibungen. In diesem grotesk verfremdeten Lustspiel setzte der Regisseur bewußt bizarre, jenseits der Wirklichkeit gelegene Ausdrucksmittel und stilisierte Dekors ein, um eine Parodie auf prahlerische Balkansitten, pomphaften Militarismus und östliche Folklore zu gestalten. Die bei Lubitsch übliche Perspektive der Geschichte aus der Sicht des Kammerdieners bekam somit selbstironische Attribute. Dabei nahm oft schon die Ausstattung des Malers Ernst Stern die Pointe vorweg: „Die Formen entnehmen ihren Lebensgehalt dem parodistisch-militanten Balkanmilieu, sie schwellen ins Bauchig-Montenegrinische, Gewehr-Elemente werden ins Gigantische verzerrt, alles ist auf fette Bäuche gestellt und ausladende Rundungen." (11) Der Maler Stern setzte bei dieser Fabel Lubitschs Absichten programmatisch-konsequent um — ausladende Bauten in Parade-Rundungen, die weit entfernt von jeglichen historischen Vorbildern waren. Hier war die Stilisierung gar nicht so weit entfernt vom Expressionismus — wenn auch eher unbeabsichtigt.

Ähnlich verhielt es sich bei den Verfilmungen klassischer Stoffe der Weltliteratur. Über die Illustration der Handlung hinaus setzte der Regisseur visionäres, märchenhaftes, super-surrealistisches Dekor und verfremdete Architekturen ein, um den Charakter einer Ballade aufkommen zu lassen. Legenden und Balladen waren beim deutschen Filmpublikum ebenso populär und zeitgemäß wie die phantastischen Themen. Zu dieser Kategorie gehört auch Arthur von Gerlachs Verfilmung der Stendhal-Novelle „Vannina Vannini".

In VANINA (1922) versuchte Gerlach das Phantastische der Erzählung mit expressionistischen Stilmitteln zu verbinden, obwohl die Antikenfiguren der Spielhandlung in ihrer Überzeichnung als macht- und neidsüchtige Herrscher wenig mit den expressionistisch angehauchten Dekorationen harmonieren. Die Extremform eines pointierten Expressionismus auf historischen Schauplätze zu plazieren, konnte sich auf Dauer nicht halten. Auch für Arthur von Gerlachs zweiten Film DIE CHRONIK VON GRIESHUUS (1925) bemühten sich die Ausstatter Robert Herlth und Walter Röhrig (unter der Leitung von Hans Poelzig) um eine Synthese von Geschichte und Phantasie. Ihr Versuch gipfelte in einer düster-expressionistischen Vision vom Mittelalter mit einer ebenso „verrotteten, von einem riesenhaften Dach überwucherten Ruine" (12), die nur sehr entfernt an stilechte gotische Bauformen erinnert. In dieser Verfilmung einer Novelle von Theodor Storm, deren Handlung im Mittelalter angesiedelt ist, wurden die historische Vorlage ebenso wie die architektonischen Formen travestiert, um zum Kern der schaurigen Geschichte um einen tragischen Bruderzwist vorzustoßen. Mit Hilfe einer psychologisierenden Architektur, die weder eindeutig (kunst-)historisch noch ganz irreal war, versuchte das potente Ausstatter-Team den unheimlichen Eindruck von Horror und Terror zu schaffen.

Mit den ähnlich düsteren Vorzeichen der Golem-Architektur belastet, erreichten die Filmbauten in diesem „spät-expressionistischen" Film bestürzende Aussagekraft. Das Dämonische dieses Schauermärchens drückt sich in der Verfilmung durch die gewaltsam verzogene Linienführung des steinernen Mauerrings der Stadt mit ihren vornübergeneigten Schilfdächern und dem windschiefen Turm aus. Die am Anfang gezeigte Ruine des Heideschlosses von Grießhuus läßt die Erinnerung an das blutige Familiendrama vergangener Zeiten wieder aufsteigen. Massiv und gedrungen demonstriert das Gebäude Macht. Die Menschen — ihrem Schicksal vor so mächtigen Trieben hilflos ausgeliefert — wirken winzig, bedeutungslos und nebensächlich vor der expressionistisch verrotteten Burgruine. „Die von den Stürmen der Zeiten angefressene Burg hatte Poelzig im Freigelände von Neubabelsberg errichtet, auf einem aufragenden Felsen über einer weiten Moorlandschaft. Gerlachs Einstellungen betonen noch die Wucht des Baus; die Bilder sind mehr akrophobisch als klaustrophobisch und setzen winzige Figuren auf dem Moor gegen die in dem kavernenreichen Burginnern um Feuerstellen gekauerten Menschengruppen." (13) In den kruden Innenräumen lastet die schwere Atmosphäre des Mittelalters: die gotische Stilisierung erfaßt Türen, spitzbogige Arkaden, Kamine, Möbel etc. Die Oberfläche der Innenmauern ist ebenfalls so rauh und archaisch wie die Außenmauern. Auch hier ist die Architektur „in jenes geheimnisvolle Licht eingehaucht, die die Seele zum Leben erweckt" (14), wie sich Kurtz einmal ausdrückte.

Die Szene des endgültigen Bruchs zwischen den verschiedenen Brüdern spielt sich im hohen Turm ab, wo ihre charakteristische Verschiedenheit in den beengten Räumlichkeiten noch verstärkt wird; so nimmt z.B. die Treppe die Hälfte des inneren Turmes in Anspruch. Ganz hinten im Raum stehen die verfeindeten Brüder. Sie werden förmlich vom Interieur verschluckt, das hier einerseits den Lebensraum des Älteren widerspiegelt, andererseits aber auch seine unbeugsame Haltung, die jede Möglichkeit der Versöhnung verhindert. Die Gefühle sind analog der Architektur „versteinert".

Viele der Filme, die nach Geschichtsnovellen, Volkssagen und Legenden verfaßt wurden, werden irrtümlich dem Expressionismus zugeordnet, obwohl sich nur noch Reste expressionistischer Ausdrucks- und Gestaltungsmittel darin befinden. Die anhaltende Wirkung des „Caligarismus" ist hier umso er-

Entwürfe von Robert Herlth zum Film CHRONIK VON GRIESHUUS (1925)

staunlicher, weil die Episoden inhaltlich und atmosphärisch dem romantischen oder literarischen Ausstattungsfilm à la Lubitsch oder Wegener eigentlich näher standen als den rein expressionistischen Halluzinationen. (Nur im deutschen Film wurde Geschichte als „Alptraum" hingestellt!) Trotzdem finden sich in vielen Filmen mit mythologischem oder geschichtlichem Hintergrund jede Menge Spuren des Expressionismus (15). Die Handlung spielt meist in einem naturalistischen Dekor; bekam die Ausstattung aber psychologische Mitspielfunktion, wurden des öfteren halbherzig expressionistische Elemente eingeschoben. Die Dekors wie auch die Beleuchtung unterscheiden sich erheblich von der Urform DR. CALIGARI, denn alles wurde in oberflächlichen Subjektivismus getaucht und wirkt heute künstlich aufgezwungen. Was in DER HENKER VON ST. MARIEN (1920), DER GRAF VON CHAROLAIS (1922), DER STEINERNE REITER (1923) und anderen balladesken Filmen — selbst in dem religiösen Schinken nach der Passion Christi I.N.R.I. (1923) — durch expressionistische Tönung der an sich historisierenden Filmstoffe jäh zu erzwingen versucht wurde, scheiterte am unadäquaten Dekor, das absolut nicht zur Vorlage paßte. Diese Seelenfärberei von geschichtlichen Personen oder Ereignissen ist auch bei den hochgelobten „realistischen" Filmen DANTON (1931) von Hans Behrendt, DER MÖRDER DIMITRI KARAMASOFF (1931) und den ziemlich reaktionären FRIDERICUS-Serien (1930 ff) bemerkbar.

Die uneinheitliche Stilisierung ist auch ein Merkmal des halb historischen, halb phantastischen Spielfilms DAS WACHSFIGURENKABINETT (1924). Regisseur Paul Leni, der auch als Filmarchitekt arbeitete, griff in diesem Film noch einmal auf „caligarische" Grundmotive und Stilmittel zurück, ohne jedoch eine Kopie davon zu liefern. Die anhaltende Wirkung des Expressionismus war hier umso erstaunlicher, weil die zum Teil geschichtlich belegbaren Figuren — *Iwan IV., Rinaldo Rinaldini* alias Angelo Duca, *Harun al Rashid* und *Jack the Ripper* — rein inhaltlich eher dem Genre Historien- bzw. Horrorfilm zuzuweisen wären und darum wenig mit den abstrahierten, von der Realität abweichenden Dekorationen gemein haben. Elemente expressionistischer Bildgestaltung finden sich in allen Episoden des an sich „realistischen" Geschichtsfilms und nicht nur in der Spukgeschichte des letzten Teils.

Entgegen der allgemeinen Meinung halte ich alle drei Episoden für „expressionistisch", nicht nur den letzten Teil mit *Jack the Ripper* (obwohl dieser stilistisch von den anderen Episoden völlig abweicht). Wenn *Iwan der Schreckliche* zwischen einer Schiebetür erscheint, auf deren Flügeln je ein Bildnis eines Heiligen in Lebensgröße gemalt ist, wirkt das Dekor der Szene wie ein Tafelbild. In diesem Bild erscheint Iwan als eine lebende Ikone; Leni muß (bewußt) mittelalterliche Vorbilder herangezogen haben. Der byzantinisch-feierliche Glanz verleiht Iwan nicht nur einen magisch-mystischen Nimbus, sondern auch ein mittelalterlich-eindrucksvolles Ambiente. Ebenso verschnörkelt, auf eine höchst putzige und amüsante Weise, ist der orientalische Teil der Geschichte um den *Kalifen von Bagdad*. Hier kommen einige expressionistisch-verspielte Dekorelemente vor, die das Kapriziöse der Erzählung ins Groteske steigern. Der allzu wörtlich zitierte Orientalismus, wie ihn Paul Leni parodistisch begriff, war weder als Expressionismus gemeint noch als Historismus beabsichtigt, sondern entsprach vergleichbaren „exotischen" Filmthemen (vgl. das Abenteuermelodram DAS INDISCHE GRABMAL oder DIE BERG-KATZE.)

Pathos am Laaerberg – Der österreichische Monumentalfilm

Die erst nach dem I. Weltkrieg entstandene österreichische Filmindustrie des Einzelgängers Graf Alexander Kolowrat war ebenso vom trivialen und exotischen Bazillus angesteckt. Als man in Österreich noch ziemlich dürftige Dandy-Lustspielfilme und Grotesk-Genreproduktionen zur Schaubudenunterhaltung herstellte, suchte Graf Kolowrat bereits einen Weltabsatzmarkt für seine geplanten Kolossalfilmproduktionen. Angeregt durch italienische und amerikanische Vorbilder, bereiste er Amerika, um die dort gemachten Erfahrungen mit Superspektakeln zu studieren. Gleich nach seiner Studienreise produzierte er unter der Regie der gebürtigen Ungarn Mihály Kertész (der sich wenig später in Amerika Michael Curtis nannte) und Alexander Korda Filme, die sich international zwar sehen lassen, aber nicht behaupten konnten. Just in dem Augenblick, als der Massenfilm sich in Österreich zu etablieren begann, stoppte die Inflation jede weitere Tätigkeit auf diesem Gebiet. In den wenigen erfolgreichen Jahren der österreichischen Filmindustrie konnte Kolowrat für seine *Sascha*-Filmgesellschaft eine Menge begabter einheimischer Talente um sich versammeln: neben Korda und Kertész waren die Kameramänner und nachmaligen Regisseure Eduard von Borsody, Gustav Ucicky, die Bühnenbildner Artur Berger, Julius von Borsody, Oskar Strnad, Ernö Metzner, Remigius Geyling, Kostümbildner Alfred Roller etc. bei *Sascha*-Film beschäftigt. Aus der Diskrepanz des kleines Filmlandes, zwar viele Begabungen hervorgebracht, doch keine gehalten zu haben, und den widrigen Produktionsbedingungen der Nachkriegszeit und eingeschränkten Absatzchancen auf dem Weltmarkt durch Valuta-Verlust, ist die Filmentwicklung in Österreich in mehrfacher Weise aufschlußreich und erstaunlich.

Es entstanden die Riesenfilme SODOM UND GOMORRHA (1922), SAMSON UND DELILAH (1922), DIE SKLAVENKÖNIGIN (1924) und SALAM-

Mihály Kertész: SODOM UND GOMORRHA (1922); für den Film erbaute Kulissen am Laaerberg, Wien

BO (1925), die an die Erfolge der italienischen Antikfilme und Lubitschs melodramatische Kostümfilme anknüpften. Riesige Kulissenbauten wurden zu diesem Zweck auf dem Gelände des brachliegenden Laaerberges in Wien aufgebaut. Die Studioaufnahmen entstanden in Sievering. Ein Heer von über 3000 Komparsen – zumeist arbeitslose Wiener Arbeiter – und phantastische Kostüme für die opulenten Massenszenen wurden aufgeboten, um vor stilisierten Antikbauten Szenen biblischer Geschichten und neo-mythologischer Themen zu spielen.

Der heute stark verstümmelte – und erst September 1987 z.T. rekonstruierte – Film SODOM UND GOMORRHA (1922) wurde ein von Mihály Kertész inszenierter Ausstattungsfilm mit riesigen babylonisch wirkenden Bauten in der Schottergrube von Laaerberg. Seiner hinlänglich bekannten Story zum Trotz wurde die Handlung durch eine Rahmengeschichte (wie in INTOLERANCE) und eine Vielzahl von Intrigen ergänzt. Im Endergebnis waren aber die Bauten wichtiger und filmischer als das Drehbuch, und die Architektur wurde zum eigentlichen Handlungsträger. Der in kolossalen Treppen, Rampen, Pfeilern und Baumassen schwelgende Film suchte das bauliche Ideal einer nach Ewigkeitswerten strebenden Gesellschaft. Vorherrschend bei dieser Filmkulisse war das Spiel der Rampen, Freitreppen und Schrägen; auch die vor- und rückspringenden Baumassen dynamisierten die Schauplätze. Die gewaltigen Substruktionen dienten als Sammelpunkt für Menschenaufmärsche und wurden dramaturgisch ausdrücklich für die räumlichen und zeitlichen Beziehungen dieser Massenszenen komponiert. Die Filmbauten, die die Massenszenen symmetrisch umrahmten, entwickelten sich je nach Kameraeinstellung (zwischen Totalen und Draufsichten) entlang den Schauseiten dieser Tempelarchitektur. Ecken und vielkantige seitliche Abschlüsse verdeutlichen den vertikal-prismatischen Charakter des Bauwerkes, obwohl die vielen schrägen Verbindungselemente den Eindruck einer Stufenpyramide wieder zerstörten und den Bau wie einen „Turm" erscheinen lassen.

Gewisse Ähnlichkeiten zum Jugendstil sind durch die Ornamentierung gegeben und bestimmt nicht zufällig, denn der Filmarchitekt Artur Berger war Josef Hoffmann-Schüler. Auch die geometrischen Grundformen erinnern an die klare Geometrie eines Hoffmann, ebenso die kannelierten Wandflächen und die fein proportionierte tektonische Gliederung des Baukörpers nach klassischen Prinzipien – obwohl alle Proportionen im Detail von akademischen Regeln abweichen. Auch in den scheinbar nebensächlichen Ornamenten – arabeske Mosaike und Wandreliefs – bricht die Formenwelt der Secession hervor; ebenso sind in der stilisierten Gartenarchitektur der Rahmenhandlung Anklänge zum Jugendstil spürbar (Brunnenkapitell, Säulenpodeste, Laube). Die „erfundenen" Formen der Filmarchitektur geben der Szenerie eine Künstlichkeit, wie sie vielleicht noch in der weniger strengen barocken Gartenarchitektur zu finden ist.

Die Filmbauten vom Laaerberg, so grotesk sie auch aussahen, waren doch Wahlverwandte der eklektischen Ringstraßenpalais des Geldadels. Sie scheinen Sinnbilder für die ökonomische Raffgier der Gründerzeit im wörtlichen „Aufeinandertürmen" der unterschiedlichsten Stilelemente zu sein. Nicht von ungefähr bezeichnete Adolf Loos die kaiserliche Ringstraße in Anspielung auf Historismus und Secessionismus als „Potemkinsches Dorf", würdig für Mährisch-Ostrau (sic), eben: Kulissenarchitektur.

In der SKLAVENKÖNIGIN (1924), ebenfalls unter der Regie von Mihály Kertész, erschien zur mageren Handlung – wiederum nach biblischen Motiven und mit antikem Pathos – eine dichtbevölkerte altägyptische Großstadt mit Idealrekonstruktionen auf der Leinwand. Im Großen und Ganzen herrschte grobschlächtige Monumentalität mit Türmen, Quadern und Bossen. Der Wille zum Imposanten äußerte sich in massigen Silhouetten, flankierenden Pylonen, Zentralbauten, horizontalen Fassadenabschlüssen, dicken Riesensäulen und Sphingen.

Aus gutem Grund wählte man den Hoffmann-Schüler Artur Berger als Film-architekten. Pathos und Monumentalität der Wagner-Schule fanden im Film ihren späten Niederschlag, denn die stereometrischen Baukörper einer neuen Stadtvision — wie sie Otto Wagner in Anspruch nahm — fanden in etwas modi-fizierter Fassung Eingang in die gigantischen Historienfilme. Kolowrats Groß-filme entwickelten sich im wahrsten Sinne des Wortes zu „Kunstfilmen", wenn man die prominente Liste der beteiligten Künstler ansieht. Nicht be-langlos ist auch die Tatsache, daß viele Künstler der hochangesehenen *Wiener Werkstätte* mehrfach im Film beschäftigt waren. Graf „Sascha" Kolowrat — technischer Leiter seiner Filme — war verantwortlich, wer für seine Filmge-sellschaft am Rosenhügel in Mauer engagiert wurde oder wer nicht. So kamen für die Ausstattung der SKLAVENKÖNIGIN nicht weniger als vier Künstler der *Wiener Werkstätte* zum Einsatz, darunter Remigius Geyling, der die Ko-stümentwürfe zeichnete; Artur Berger schuf die Bauten, Hans Rouc war der Szenarist und Emil Gerzabek entwarf die Interieurs. Unter den Schauspielern befanden sich außerdem viele Reinhardt-Darsteller vom Theater in der Josef-stadt.

Als letzter dieser Massenfilme beendete SALAMBO (1925), ein nach dem Roman von Gustav Flaubert inszenierter Film von Pièrre Maradon, den Rei-gen österreichischer Leinwandspektakel. Als gewaltige Leistung in die Ge-schichte der Kinematographie werden diese Produktionen wohl nicht ein-gehen; sie waren eher technische als filmische Wunder.

Ab 1924/25 änderte sich auch für den österreichischen Film vieles: Zum einen verebbte die gewaltige Spekulationswelle mit dem plötzlichen Tod von Graf Kolowrat am 3. Dezember 1927. Zum anderen wurde durch die Infla-tion in Deutschland, das der Hauptabnehmer für die österreichischen Filme war, plötzlich die Filmerzeugung in Österreich unmöglich gemacht, denn den Filmproduzenten wurde mit einem Mal der Boden entzogen. Bereits 1924 sank die Produktion auf den Stand von 1919 von ca. 33 Filmen, 1925 entstan-den gar nur mehr 5 Filme in Österreich (16). Dazu kam noch der Publikums-trend zur kammerspielartigen Kolportage und zum Lustspiel. Der deutsche (avantgardistische) Expressionismus fand in Österreich ohnehin nur schwa-chen Widerhall. Das Interesse der fortschrittlichen Filmschaffenden verlagerte sich zur „Neuen Sachlichkeit" mit gesellschaftlich kritischen Themen und zu „Aufklärungsfilmen", die das Großstadtleben realistisch darstellten und die Schattenseiten der Masse in den Mittelpunkt ihrer Handlungen stellten.

Aber auch die Erfindung und Einführung des Tonfilms ab 1927 brachte einen tiefgreifenden Einschnitt in die Entwicklung des bis dahin *stummen* Historienfilms. Sowohl die sozialen Ereignisse wie die veränderte Ästhetik des neuen Tonfilmmediums bewirkten eine gründliche Umwandlung des Genres.

Schaulust am Abenteuer im deutschen Stummfilm

Gegen Mitte der 20er Jahre machte sich eine Verschiebung des deutschen Pub-likumsgeschmacks bemerkbar, und man ließ nun den reinen Kostümfilm zu-gunsten des romantischen und exotischen Abenteuerfilms links liegen. Der Appetit auf ostentativ exotische und kitschige Bilder fremder Kulturen war

offensichtlich größer als auf pseudo-realistische oder europäische Geschichts-
retrospektive.

DIE SPINNEN (1919) von Fritz Lang war der erste deutsche Film dieses
Genres. Bald folgten einige langatmige Serienfilme, die auf exotischen Schauplätzen spielten und mit der Sehnsucht, die zivilisationsverbrauchte Umwelt
Mitteleuropas gegen ein fremdes, wildes Dickicht auszutauschen, spekulierten
– natürlich auch mit der Absicht, den Blick nach außen, in die Ferne, anstatt
nach innen, zu lenken. Siegfried Kracauer drückte ihre politische Intention so
aus: ,,Alle diese Filme (Exotenfilme, Anmk.) gleichen in ihrer Lust an exotischen Schauplätzen dem Tagtraum eines Gefangenen; Gefängnis war, in diesem Fall, das verstümmelte Vaterland – so jedenfalls empfanden es die meisten Deutschen. Was sie ihre ,Weltmission' (sic) zu nennen pflegten, war verteilt worden, und alle Fluchtwege schienen nun versperrt. Diese raumverschlingenden Filme lassen die Verbitterung erkennen, die der Duchschnitts-
deutsche gegen seine unfreiwillige Einsperrung empfand. Sie wirkten als Ersatz. Naiv befriedigten sie sein unterdrücktes Expansionsverlangen mit Hilfe
von Bildern, die es zu seiner Einbildung erlaubten, die ganze Welt (. . .) zu an-
nektieren." (17)

Wegen der Inflation und der anhaltenden Wirtschaftskrise konnte man nicht
an den Originalschauplätzen drehen (mit einer einzigen Ausnahme: DIE HER-
RIN DER WELT). So ließ man von Filmarchitekten auf dem Studiogelände
stilgerechte Kopien nachbauen. Auf dem Gelände der *Ufa*-Stadt Babelsberg
wuchsen derart viele exotische Prachtbauten, daß man im Volksmund bald
von einem ,,berlinerischen Altägypten" sprach: indische, chinesische, afrikani-
sche, altrömische, ägyptische und babylonische Bauten und Stadtteile entstanden nicht nur aus Sparsamkeitsgründen, vielmehr vermochte man mit der
damaligen unhandlichen technischen Ausrüstung echte Bauten und Straßen an
den Originalschauplätzen nur selten filmgerecht an- und auszuleuchten.
Außenaufnahmen wurden zu einer undankbaren und teuren Angelegenheit.

Nach dem gleichnamigen Erfolgsroman von Thea von Harbou entstand der
von Joe May realisierte Exotenfilm DAS INDISCHE GRABMAL (1921), zu
dem Fritz Lang das zweiteilige Szenario schreib. Wie immer bei Fritz Langs
Werken gab es im Filmbuch aufregende Episoden voll Abenteuer und Exotik,
nervenaufpeitschende Spannung, Sensationen, Erotik und verschwenderischen
Luxus. Geographisch auf Indien beschränkt, mit einem enormen Aufwand von
ungefähr 2000 Komparsen und dem gesamten Tierpark von Hagenbeck und
dem Zirkus Stosch-Sarrasini um 24 Millionen Mark gedreht, setzte Joe May
den Zweiteiler, den laut Programmankündigung ,,größten Film", in Szene.
Kritiker mokierten, der Film zeige ,,ein Indien, wie es sich der kleine Moritz
vorstellt" (18), und Kracauers sarkastische Reaktion war: ,,Die Zirkusse
machten damals mit dem Verleihen ihres Tierparkes ein schönes Geschäft."
Diese Bemerkung traf den Nagel auf den Kopf. Trotz der negativen Kritik im
Inland erfüllten sie die kommerziellen Erwartungen im In- und Ausland.

Gerechterweise muß man dieses Riesenwerk als gewaltige organisatorische
Leistung bewundern und Anbetracht des außerordentlichen Produktionsauf-
wandes als eine Art ,,technisches Wunder" betrachten – weswegen man dem
technischen Stab ruhig größere Bewunderung schenken kann als dem Regis-

seur. Kritiker lobten den wirkungsvollen Umgang mit Filmbauten und Dekorationen. Vielleicht war der Erfolg beim Publikum vor allem deswegen so groß, weil der Schauwert der Architektur so effektiv war. Schon frühzeitig erkannte man hier den außerordentlichen Stimmungsgehalt der monumentalen Architektur des Filmarchitekten Otto Hunte, von dessen Inszenierungskunst die Kritiker begeistert waren. Sie hoben vor allem die Schlußszene des Films hervor, in der die winzigen Menschlein die Stufen des Riesenmausoleums herabstiegen und zwischen den monumentalen Bauten wie Zwerge wirkten (19). Dieser Effekt wurde durch Einspiegelung winziger Modelle in Realszenen erreicht. Ebenso wirkungssicher ist die bunte Märchenwelt der orientalischen Baukunst, in der mit Mitteln der Dekoration und Ornamentik Geschichten erzählt werden. Es scheint, als ob der verhinderte Architekt Lang und der Maler Hunte dankbar diesen Stoff aufgriffen, an dem sie endlich ihr reiches Gefühl für dekorative Muster und asiatische Ornamentik ausleben konnten. Die Indiengeschichte, schrieb Frieda Grafe, gab den beiden Anlaß zu einer pompösen Ausstattungsorgie. Sie rekonstruierten rein phantastisch – ohne historisch konkrete Bezüge – ewige Grundformen, symbolistische Traumbauten. Daß ausgerechnet Indien auf die expressionistischen und symbolistischen Künstler eine so große Faszination ausübte und derart populär war, kam nicht von ungefähr, denn indische Kunst und Architektur bedeuteten für die zeitgenössischen Künstler eine Art „Lockerungsübung für die Phantasie" (20). Eine Filmhandlung mit dekorativen statt mit verbalen Mitteln zu erzählen, kam nicht nur der orientalischen Lebensphilosophie entgegen, sondern auch dem Film. Dieser strotzt nur so von Bildern: Bauchtänzerinnen, magische Schlangenbeschwörer, Raubkatzenkäfige, Elefantenparaden, prunkvolle Paläste, unterirdische Grabkammern, Mausoleumsarchitekturen etc.

„Ein Film wieder um Architektur und Tod", (21) meinte Enno Patalas lapidar als Charakterisierung des Inhalts. Das stimmt tatsächlich, denn das indische Grabmal des bösen Maharadschas führt uns unter die Erde, in die Katakomben. Klaustrophobische Enge: dieses Gefühl des Eingeschlossenseins drückt sich in der Architektur des zweistöckigen labyrinthartigen Grabkammerkomplexes aus und wird in der Romanvorlage gleich an mehreren Stellen des Dialogs ausgesprochen, als Irene Fürbringer, die Frau des Architekten Fürbringer, ihren Kummer nicht mehr unterdrücken kann: „Ich fürchte mich... Die grausige Fremdheit aller Dinge lastet auf mir wie der Deckel eines Sarges. Ich liege im Sarg, der Deckel ist daraufgelegt worden; nur lose.., ich kann noch hinaus, wenn ich will... ansonst ersticke ich." Oder: „Es liegt etwas in der Luft des Landes, das sie schwer zu atmen macht... (...) Totenstille herrschte. Die Einsamkeit der Verdammnis konnte nicht vollkommener sein." (22) Der geheimnisvolle Zauber Indiens und des Orients, umgesetzt in treffsichere Bilder der Phantasie und des Schauers, erweckte offensichtlich eine weit größere Lust am Kino als eine allein auf Naturalismus oder Realismus ausgerichtete und dokumentierende Filmtechnik. Träume und phantastische Begebenheiten in fremden, fernen Ländern waren die bevorzugteren Themen des deutschen Historienfilms. Das Kino schien der anfänglichen Jahrmarktsensation noch nicht entwachsen zu sein.

Der Orientalismus im (deutschen) Film hatte seit Lubitschs DIE AUGEN DER MUMIE MA (1918) große Faszination auf das deutsche Publikum ausgeübt. War Indien der Schauplatz für Fritz Langs exotischen Film, so mußte nun Bagdad für Lubitsch herhalten. Die Idee zu seiner orientalischen Massenpantomime SUMURUN (1920) hatte er, wie bei vielen seiner spektakulären Filmerfolge, einer Idee Max Reinhardts zu verdanken. Dieses verfilmte Melodram in orientalisierender Pracht mit einer gehörigen Portion Ironie und Zynismus, der die nihilistische Lebensauffassung aller grimmigen Lubitsch-Filme verrät, paßt genau in das gesellschaftliche Ambiente der Weimarer Republik. Unter der Tarnkappe des Märchens verspottete Lubitsch sein zweiseitiges Verhältnis zur Macht. Überdies widerspiegelt die Architektur unter der Tarnung einer exotischen Märchen-Revue-Architektur deutlich das nach Ewigkeitswerten strebende Ideal einer instabilen Gesellschaftsordnung. Ein Faktum, das Dieter Bartetzko in seiner Architekturanalyse entdeckt zu haben scheint: „Der Palast des Scheichs, als Hauptschauplatz eine Mischung aus Tadj-Mahal und Filmpalast, verbirgt unter seiner vorgründigen Kitschpostkarten-Exotik die Grundlagen der späteren Baukunst (des Dritten Reiches, Anmk.): die Basis aller pseudo-orientalischen Pracht stellt strengste Symmetrie. Ein mauerbewehrter Hof von den Ausmaßen eines Aufmarschplatzes öffnet durch einen breiten, auf Mitte gesetzten und von Löwenfiguren nach dem Vorbild altägyptischer Widderalleen flankierten Durchlaß den Blick auf die prachtvolle Residenz des Scheichs. Der Palast selbst erhebt sich auf einem hohen, kahlen Sockel; eine majestätisch ausladende Freitreppe leitet zum dröhnenden Mittelbau, dem ebenso wie zwei spiegelbildlich gleichen Seitentrakten eine umlaufende Estrade vorgelagert ist. Die untergeordneten Bauteile — für die historischen Vorbilder genauso undenkbar wie für die gründerzeitlichen Ausstellungshallen, denen Lubitschs Palast ebenfalls einen Teil seiner plakativen Würde verdankt (...) — nehmen zugleich als Bestandteile des Traumpalasts das stumpfe, fortifaktorische Residenzpathos der Ministeriums- und Parteibauten im Dritten Reich vorweg." (23)

Die historischen Filme öffneten zwar dem deutschen Film den ausländischen Markt, aber sie vermochten ihn nicht zur Filmkunst zu erheben. Diese Rolle übernahmen der „expressionistische" Film und der „Kammerspielfilm" (vgl. Kap. V).

Geschichtsstunde im europäischen Film – Ein internationaler Boom

Der skandinavische Film erlebte seine Blüte unmittelbar nach dem I. Weltkrieg, als er die historisierenden Sujets durch mondäne, moderne Melodramen und extravagante Dekorationen verdrängte. Regisseure wie Urban Gad, Carl Theodor Dreyer, Mauritz Stiller und Viktor Sjöström (in Hollywood nannte er sich Victor Seastrom) feierten ihre Stars Asta Nielsen, Greta Garbo etc. im Arrangement wirkungsvoller Effekte, die erheblich zur Entwicklung eines Star- und Divakults beitrugen. Die Produktionen der *Nordisk*-Gesellschaft zeichneten sich durch luxuriöse Eleganz der stilisierten Dekorationen und der Inszenierung der attraktiven Darsteller aus. Unabhängig von den im Luxus-

Charles Byrant: SALOME (1922) mit Alla Nazimova in der Titelrolle; Kostüme und Dekorationen stammen von Natacha Rambova

Laurence Oliviér: HAMLET (1948); Ausstattung von Robert Furse/Carmen Dillon

milieu spielenden Filmen WEISSE ROSEN (1913) und DAS HEISSE BLUT (1916), beide von Urban Gad, hatte sich bereits ein ähnlicher Ornamentalstil in HAMLET (1920) geltend gemacht. Der von der deutschen *Davidson*-Gesellschaft produzierte dänische Film von Sven Gade, mit Asta Nielsen in der Hauptrolle, überzeugte mit seinen kunsthistorisch exakten Interieurs. Die Innenräume, bemerkte Kracauer, ,,deuten schon auf die kommenden Bauten in Fritz Langs SIEGFRIEDS TOD der NIBELUNGEN-Saga hin'' (24).

Stagnierte der historische Ausstattungsfilm in den mitteleuropäischen Staaten etwas, so erlebte er im französischen Film eine Wiedergeburt. Dabei wurde besonderer Wert darauf gelegt, den Ausstattungsstil auf Thema und Atmosphäre der sehr individuellen Filme von Claude Autant-Lara, Marcel Carné*, Jacques Feyder** usw. abzustimmen. Eine unangefochtene Spitzenstellung nahm der Exil-Russe Lazare Meerson ein, der mit recht unterschiedlichem Geschmack, jedoch in seinen historischen Ausstattungen immer auf höchstem Niveau die Filme *SOUS LES TOITS DE PARIS / UNTER DEN DÄCHERN VON PARIS (1930) und **LA KERMESSE HÉROÏQUE / DIE KLUGEN FRAUEN (auch als KARNEVAL IN FLANDERN bekannt) (1936) ausstattete. Verlieh er dem ersten Film durch die authentische Nachbildung städtischer Plätze, Straßen und Hinterhofwinkel eine sozial-realistische Note, so ließ er im zweiten Film die flämische Genremalerei zum Leben erwachen. Doch hinter beiden eher märchenhaft-malerischen Bildkompositionen zeichneten sich seine Dekors durch eine geistreiche Parodie auf Historismus und Realismus aus. Auch Marcel Carné und sein Ausstatter Alexandre Trauner kreierten mit ihrem ,,poetischen Realismus'' einen Stil, der sich heute allerdings etwas antiquiert und stilisiert-künstlich ausnimmt.

Jean Renoir, dessen größten Filme Eugène Lourié ausstattete, tendierte mehr zu einem realistischen Stil, der sich heute zeitgebunden als impressionistische Romantik ausnimmt. Er stellte seine Charaktere in Umgebungen, die unmittelbar überzeugen, ohne ein aufdringliches Ausstattungskonzept zu verraten. Dramatischer hingegen nehmen sich die beiden Meisterwerke von Carl Theodor Dreyer LA PASSION DE JEANNE D'ARC (1928) und VAMPYR (1932) aus. Die Naheinstellung des eindringlichen Gesichts von Maria Falconetti (Johanna), die Ausarbeitung der Typen in VAMPYR und die realistische Situation in beiden Filmen setzte der Regisseur als wichtigste Gestaltungsmittel ein, die weitgehend die Notwendigkeit des Dekors ersetzten. Dreyer ist es gelungen, durch subtile Landschaftsaufnahmen in VAMPYR und allein durch den Ausdruck des menschlichen Gesichtes *(Spiegel der Seele)* (25) in DIE PASSION DER HEILIGEN JOHANNA die Filmgeschichte zu erzählen.

Sehr stark von den stilisierten Dekors des deutschen Expressionismus beeinflußt war im kommerziellen Spielfilm in Frankreich nur die Semi-Avantgarde. Gances NAPOLÉON (1927) bewies ausstatterische Experimentierfreude, wobei die Szenen als Triptychon zusammengesetzt sind. In dem hauptsächlich aus Außenaufnahmen bestehenden Film malte Gance Atmosphäre im Stil der Impressionisten. Marcel L'Herbier begann, wie Gance, Melodramen mit exzentrischen Ausstattungen zu bereichern. Die Flut russischer Emigranten, die bei Alexandre Kamenka für Aubert arbeiteten, sorgte darüberhinaus für Exotik im

Alexander Wolkow: GEHEIMNISSE DES ORIENTS (1928); Zuckerbäckerarchitektur der Werkstätte Albatros (Iwan Lochakow/Boris Bilinsky)

Stil der orientalisierenden „ballets russes" von Diaghilew und seinem Chefausstatter Alexandre Benois. Eine der ersten russischen Exilgruppen, die den extravagant-märchenhaften Trend des Ballet-Russique-Stils aufgriffen, war Josef Yermoliews, Alexander Wolkows und Viktor Tourjanskis Truppe *Albatros,* die zum Teil den kolportagehaften Stil des zaristischen Films mit seinen folkloristischen Dekorelementen fortführten: LE BRASIER ARDENT / BRENNENDE GLUT (1923). Sehr stark unter dem Einfluß des eben fertiggestellten *Neptun*-Films von Paul Leni DAS WACHSFIGURENKABINETT standen die nach Frankreich emigrierten Ausstatter Iwan Lochakow, Boris Bilinsky, Viktor Tourjanski und Walter Meinhardt (Modelle).

GEHEIMNISSE DES ORIENTS (1928), ein monströser *Ufa*-Film, fiel durch seine expressive Darstellung und Gestaltung auf, obwohl er zum Teil noch in der kolportagehaften Tradition des Trivialfilms stand. In seiner naiv-stilisierten orientalischen Farbigkeit nahm der Film mit Elementen expressionistischer Schlaglicht-Beleuchtung, dem expressiven Darstellungsstil und formalen Neuerungen der Semi-Avantgarde (Verwendung von Negativbildern für Traumszenen) gewisse Stilmittel der modischen Avantgarde eines Marcel L'Herbier vorweg. Um den Eindruck von Größe, Volumen und Licht der Zuckerbäckerarchitektur wiederzugeben, wurde in diesem Film ein Spiegelverfahren eingesetzt, das mit Hilfe verschiedener Projektionen, Kameramasken und bemalter Glasplatten winzige Studio-Modelle als riesige, kürbisartig aufgetürmte Bauten und hufeisenförmige Torbögen erscheinen ließ. Die mächtige, dennoch attrappenhafte Architektur erinnert an den plastischen Jugendstil. Es sind entweder ganze Formen oder nur Bauteile kraftvoll aufeinandergetürmt, die sich vom Zwang der Fassadenbildung mit mehr Gewalt, als es die Grundrisse erfordern, freimachen, oder märchenhafte Gebilde mit tief heruntergezogenen Zwiebeldächern, ausdrücklich anthropomorphen Fassaden und witzig anmutenden Schneckenformen. Die Filmgestalter beluden die ohnehin reichen Formen zusätzlich mit religiösen und mythischen Symbolen, wie sie nur in Kulturen möglich waren, die ein geheimnisvoller und aktiver Mystizismus wie der des Ostens beherrschte. Die besondere Mischung — Raffinement in der Erfindung von Formen und Naivität in deren Gebrauch — ist eigenwillig und charakteristisch für den Film.

Vor den biomorphen Formen mit grimassierenden Zügen fällt es nicht schwer, neben dem Jugendstil auch an Hermann Finsterlin zu denken: mit ihm teilte der Filmarchitekt Boris Bilinsky die Inspiration durch Naturvorbilder — Wohnhöhlen, kosmische Kuppeln, Schneckengehäuse, Gletscherspalten, etc. Die einzelnen Szenenbilder — Minarett, Alhambra, Moschee, Stadtmauer, Bazar etc. — wechseln für ein und dieselbe Formidee. Sie sind lediglich Ausschnitte einer einzigen bewegten und surrealen Formenlandschaft, in der Innen und Außen zu kontinuierlichen Flächen und Räumen zusammengefügt werden. Es wäre falsch, diese eklektische Phantasie der Russen, jene merkwürdige Mischung aus russisch-asiatischer Folklore und Walt Disney, als „Kitschvergnügen" abzutun. Zu penibel und mit einem enormen Arbeits- und Zeitaufwand errichtet, verraten sie wenig Ironie und Witz. Sie gingen dem Architekturmodell als künstlerisches Ausdrucksmittel in einer betont seriösen Mischung aus Mystifikation und scheinbar archäologischer Genauigkeit nach. Die phantastisch ausgehöhlte oder monumental geschichtete Architektur mit feierlichen Treppen oder waghalsigen Turmspiralen steht nicht im Widerspruch zu der europäischen spätromantischen Suche nach autochthonen Werten und Formen der eigenen Kultur im Orient, *ex oriente lux*. Die weltanschauliche Weihe, wie Nietzsche sie den Künstlern des Jugendstils und Expressionismus gab, bestärkte indirekt vielleicht auch hier die Neigungen der Filmarchitekten. Nietzsches langer Schatten lag gleichermaßen auf dem Geistesleben wie auch auf den Trivialmythen des Kinos.

Die Parallelen von Filmarchitektur zu den Visionen Friedrich Nietzsches sind auch in einem anderen Fall offenkundig: insbesondere Fritz Langs Ritterfabel DIE NIBELUNGEN (1922/24) bestach nicht nur durch ihre megalomanen Bildentwürfe, die dem Leitbild der vielen Architekturmetaphern in *Zarathustra* entgegenkamen, sondern auch durch das Ins-Bild-Setzen des deutschen Nationalepos in einer Zeit, da die Rezeption von Nietzsches „Elitemenschen" und das „Völkisch-Mystische" bei den apolitischen Intellektuellen hoch im Kurs stand; und schließlich auch, weil der Film auf dem souveränen Einsatz aller Mittel beruht, um eine perfekte Illusion zu bieten. Fritz Lang und Thea von Harbou, eine Nietzsche-Verehrerin, fanden in dem deutschen Dichter und Propheten ihr philosophisches Alibi und nahmen sich in ihrem monumentalen Bilderepos die Schelte der nationalen Schande nach der beschämenden Niederlage und dem Friedensvertrag von Versailles zu Herzen.

Fritz Lang: DIE NIBELUNGEN (1922/24); Siegfrieds Ritt durch den Studiowald

Der „zeitgeschichtliche" Ausstattungsfilm der Russen — Von St. Petersburg bis Potemkin

War das Hauptaugenmerk des deutschen Stummfilms auf Ausstattung und Dekoration gerichtet, so standen bei den Russen Montage und Realismus im Mittelpunkt. Auf Studioproduktionen wurde ausnahmslos verzichtet, gedreht wurde an spärlich ausgestatteten Originalschauplätzen. In der UdSSR zwangen didaktisch-ideologische Zielsetzungen und beschränkte Mittel den Stummfilm zu einem dokumentarischen Stil. Weltgeltung erreichte der sowjetische Film, dessen inhaltliche wie formal-stilistische Relevanz der geglückten Verbindung von sozialer und kultureller Revolution entwuchs, mit seiner Filmsprache der Parallelmontage oder interpretierenden Wirklichkeit mittels Assoziationsmontage und seinen Theorien eines vielstimmigen Zusammenfügens des Films. Unter dem Einfluß von Dsiga Wertows querschnittartiger Montagetechnik *(Kino-Prawda)* und der Diktatur des sozialistischen Realismus entwickelten unabhängig voneinander die großen Konkurrenten des sowjetischen Kinos, Sergej Michailowitsch Eisenstein und Wsewolod Pudowkin, ihren jeweils eigenen Stil. Durch das allgemeine Bekenntnis zum Realismus gewannen Außenaufnahmen an Originalschauplätzen nicht nur aus Kostengründen eine immer stärkere Bedeutung, sondern sie entsprachen ihrem Anliegen zur Erfassung der „objektiven" ungeschminkten Wirklichkeit. Ausgehend vom Realismus geschichtlicher Themen und dem unverbrauchten ästhetischen Reiz ihrer Bilder, gelangten die Filme Eisensteins und Pudowkins zu einer Reihe teils formalistischer, teils effektvoller, ausgeklügelter architektonischer Metaphern. Mit Vorliebe bekamen architektonische Elemente „sprechende" Rollen, so beispielsweise in beiden Jubiläumsfilmen anläßlich des zehnten Jahrestages der Oktoberrevolution, die der Residenzstadt St. Petersburg, dem späteren Leningrad, galten.

Pudowkins KONJEZ SANKT-PETERSBURGA / DAS ENDE VON ST. PETERSBURG (1927) schwelgt in den architektonischen Schönheiten des alten Petersburg. Doch wenn auch das Bemühen um lyrische Photographie ersichtlich wird, zeigt der Film die Stadt des Zaren als Herrschaftsinstrument gegenüber seinen Untertanen. Bedrohlich wirkt Petersburg mit seinen feudalen Baudenkmälern und Herrschaftsarchitekturen auf den Protagonisten des Films, den Bauernburschen Iwan, der in die Stadt kommt, um hier zu arbeiten und der während des Krieges zum Führer der Revolutionsgarden beim Sturm auf das Winterpalais wird. Die Fassaden und Baumassen der Stadt sind Folie und zugleich Plattform, von der aus der Regisseur auf Plätze und Boulevards blicken läßt. Die Kamera geht mit der Architektur, stellt sie nicht — wie bisher im Spielfilm üblich — zur Architektur. Die Architektur wird gegen Ende des Films zum direkten Mitspieler, als die Hauptprotagonistin der Revolution mit ihrem Kartoffeltopf die Prachttreppe des ehemaligen Zarenpalastes hinaufsteigt und staunend Umschau hält. Nicht anders verhält es sich in einer anderen Szene, als die Arbeiter — um ihr Recht betrogen — beim Beschwerdegang zum Justizministerium keinen Einlaß finden und, zwischen riesigen Steinsäulen stehend, wieder fortgeschickt werden. Silhouettenhaft in der Ferne liegende traditionelle Machtarchitekturen (Kirche und Börse) sollen am

Sturm auf das Winterpalais: OKTOBER (1927) von Sergej Eisenstein

Schluß besagen, daß die Revolution noch nicht endgültig gesiegt hat und im Gewand einer bürgerlichen Koalitionsregierung unter Kerensky jene Mächte wieder erstarken werden, gegen die die Revolutionäre gekämpft haben: Klerus und Kapital.

Der Film wurde ein Meisterwerk, das oft mit Eisensteins OKTJABR/OKTOBER (1927) verglichen wird. Zum einen gleichen sich die Themen fast wörtlich — eine Verbindung aus erdachter Fabel mit den Revolutionserreignissen des Juli 1917. Beide wurden sie als Auftragswerke zu Ehren des zehnten Jahrestages der Revolution hergestellt. Zum andern wird durch Architekturmetaphern eine klassenspezifische Rangordnung verdeutlicht. So wird in Pudowkins Film durch Überdimensionierung der Repoussoir-Gegenstände die Filmausstattung zum wichtigsten Rollenträger. Eisenstein wiederum hat in seinem Revolutions-Epos die Repräsentationsarchitektur der ehemaligen Residenzstadt mit ikonographisch ausgeklügelten architektonischen Metaphern herausgearbeitet. Es gelingt ihm, *stumme* Gegenstände mitspielen zu lassen.

OKTOBER schildert die restaurative Politik des Kerensky-Regimes im Kontrast zur Tätigkeit der Revolutionsgarden unter Lenin. In diesem „zeitgeschichtlichen" Ausstattungsfilm verband Eisenstein historische Tatsachen und Hintergründe mit bis dahin nie erreichten dramaturgischen Filmaufnahmen. Anders als bei Pudowkins verfeinerter innerer Montage arbeitete Eisenstein mit einer Kontrast- oder „Oppositionsmontage" mittels architektonischer und filmischer Zeichen. „Für Eisenstein hat die Montage das Ziel, Ideen eine neue Realität zu schaffen und nicht die Erzählung, die alte Wirklichkeit der Erfahrung zu unterstützen" (26), erläuterte James Monaco den prinzipiellen Unterschied zu Pudowkins narrativer formalistischer Gestaltung der *mise en scène*. Eisenstein hat sich systematisch mit Filmarchitektur als psychologisches, szenisches und dramaturgisches Mittel beschäftigt. Man erinnere sich nur an die berühmten Treppenszenen in BRONENOSEC POTEMKIN / PANZER-

Sergej Eisensteins OKTOBER (1927): Die repräsentative, aber auch repressive Architektur des Zarenpalastes wird zum „Sprechen" gebracht. Szenenphoto mit den Revolutionsgarden

KREUZER POTEMKIN (1925), wo in hinreißenden Sequenzen das Drama auf der Hafentreppe von Odessa geschildert wird. Das Drama der Revolution in ihrem Zusammenstoß mit der herrschenden Macht wird bildlich umgesetzt in einen „Zusammenprall" von Groß-, Nah- und Totalaufnahmen, wobei die Treppe den Erzählrhythmus strukturiert und das Bild gliedern hilft. Auch in OKTOBER verstand es Eisenstein, mit der lauten Sprache der barocken Winterpalais-Treppe und den zyklopischen Dimensionen einer Fassade etwas von der Anmaßung des alten Regimes wiederzugeben. Und mit dem Sturm auf diese prachtvolle Bastion, wenn die Soldaten der Roten Armee sich der Architektur bemächtigen, huldigte er die Durchschlagskraft der Revolution.

Einmal gelang es ihm, die Treppenanlage des Winterpalais bei der Demontage des Diktators Kerensky mitspielen zu lassen. Immer wieder ließ er Kerensky auf dem Weg zur Macht eine pompöse Stiege ersteigen, wobei sämtliche Amtstitel eingeblendet wurden, die seiner Eitelkeit angemessen sind. Eisenstein selbst berichtete über die Darstellung von „Kerenskys Aufstieg zur Vollmacht und Diktatur" nach den Julitagen 1917: „Ein komischer Effekt wird dadurch erzielt, daß dem Sinne nach immer höher steigende Titel („Diktator", „Ober-Generalissimus", „Marine-Militär-Minister" usw.) mit fünf bis sechs Stücken der Treppe des Winterpalais zusammengeschnitten sind, auf der Kerensky jedesmal denselben Weg geht. Hier erzeugt der Konflikt zwischen dem Kitsch der ansteigenden Titel und dem Auf-einer-Stelle-Traben ein intellektuelles Resultat: die satirische Herabsetzung dieser Titel in bezug auf Kerenskys Nichtigkeit." (27) Ein anderes architektonisches Symbol setzte Eisenstein ein, als riesige Atlanten-Füße die versammelten Soldaten unter sich zu begraben scheinen und er damit die stille Präzenz der Macht verdeutlichte. Oder es wird in subversiver Weise Alarmbereitschaft gegenüber einer Gegenrevolution signalisiert, wenn die Kamera imposante Architekturteile als Repoussoir ins Bild bringt.

Solche und ähnliche Anspielungen sind auch in Pudowkins früherem Meisterwerk MATJ/MUTTER (1926) zu finden, in dem imposante Architekturteile im Stil eines Repräsentations-Klassizismus (mächtige ionische Kapitelle, Architrave, Gesimsbänder, Sockelsubstruktionen, Treppen) das Bild unangenehm drohend füllen: „So etwa die Szene, in der die Mutter vor dem Gerichtsgebäude erscheint. Die Montage verschiedener Einstellungen — der Stiefel des Gendarmen, der Gendarm neben einer Säule, die pompöse Fassade des Gebäudes — ergibt nicht nur ein polemisches Abbild der staatlichen Macht, sondern spiegelt darüber hinaus das subjektive Erlebnis dieser Macht durch die Mutter." (28) Dekor und Kamerawinkel wurden neben einer rhythmisch-erzählerischen Montage eingesetzt, um die psychologische Situation der Heldin fühlbar zu machen. Als „Gegenarchitektur" zur Bourgoisie wurden Außenaufnahmen von rauchenden Fabriksschornsteinen in konstruktivistischer Auflösung gedreht, die Pudowkins Neigung zur lyrisch-formalistischen Photographie unterstreichen und die realistischen Tendenzen seines Historiendramas wiederum stilisieren.

Infolge der Stalinisierung und Hinwendung zum doktrinären „sozialistischen Realismus" wurden nahezu alle experimentierfreudigen und kompromißlos-künstlerischen Filmversuche unmöglich gemacht. Man warf intellektuel-

Sergej Eisenstein: IWAN DER SCHRECKLICHE (1944); polnischer Hof

len Künstlern wie Eisenstein „Formalismus" und stilisiertes Experimentieren auf Kosten klarer parteiischer Aussagen vor. In dieser Situation drehten die Avantgardisten – wenn überhaupt – Filme mit nationalen Themen in klassizistischer, opernhafter Manier. Patriotische Tendenzen unterstreichend entstanden so monumentale Ausstattungsfilme wie PJOTR PJERWYI / PETER DER GROSSE (1937/39), ein zweiteiliger Film von Wladimir Petrow, und MININ I POSHARSKIJ (1939) von Wsewolod Pudowkin. Nur Eisenstein überschritt mit ALEXANDER NEWSKI (1938) die Grenzen des historischen Genres, indem er den heldenmütigen Kampf des Großfürsten von Nowgorod gegen die Ordensritter auf dem Eis des Peipus mythologisierte. 1943 durfte Eisenstein – nachdem er Selbstkritik geübt hatte – wieder einen Großfilm, den Zweiteiler IVAN GROZNYI / IWAN DER SCHRECKLICHE (1944/48), drehen. Wegen des Krieges wurde der Film in den Studios von Alma-Ata in Kasachstan gedreht und der erste Teil kam bereits 1944 in die Kinos. Doch im Laufe der Produktion des zweiten Teiles wurden Zweifel an der Präsentation des Themas durch Eisenstein laut: *Iwan* entspräche dem herrschenden Personenkult um Stalin. Diese Kritik führte dazu, daß der Film nach seiner Montage ins Archiv und erst 1958 – fünf Jahre nach Stalins Tod – zur Vorführung kam.

Beherrschende Stilelemente sind in diesem Werk die expressionistische Schauspielkunst, wobei Eisenstein sich für die Maske und die äußere Erscheinung *Iwans* (Nikolaj Tscherkasow) von El Greco und Ribero anregen ließ, sowie prunkvolle „majestätische" Dekorationen und die verwinkelte, gedrungene mittelalterliche Kremlarchitektur. Die seltsame Kombination von Opulenz und Strenge in Eisensteins Konzeption brachte Bilder von ungeheurer Wirkung und bizarrer Schönheit hervor. Im ersten Teil dominieren die Außenaufnahmen; im zweiten Teil geht der spitzbärtige *Iwan* – gebückt, lange Schatten vorauswerfend – durch katakombenartige Gänge, düstere Zeremonienhallen und russisch-orthodoxe Kirchen. Die bizarren Helldunkelkontraste, die ernsten Gesichter und der malerische Hintergrund erinnern an mittelalterliche Ikonen-Bilder. „Die Spiegelung des Geschehens an Gemälden und Wandfresken verleiht dem Film eine mythische Dimension" (29), schrieben Ulrich Gregor und Enno Patalas und meinen damit jenes mysteriöse *Sfumato,* wie wir es aus den Bildern von El Greco kennen. Sie bezogen sich gewiß auf jene düsteren Gestalten, die sich an Wänden und Decken des unheimlichen Kreml-Labyrinths arabeskenhaft ausbreiten. Bereits die Anfangsszene, die Krönungsfeier im lichterstrahlten Dom, kündigt durch die bösen Blicke der Bojaren ein unheilvolles Geschehen an. Archaische Zeichen und Schatten an Wänden durchziehen fortan die Wahnwelt des Herrschers wie stumme Boten. Es war dieser Film, den später Filmsemiotiker als „Zeichenritual" postulierten (30).

Hollywoods Rausch am amerikanischen Traum – Schaulust am Exotischen

Die Entstehung des Genres Abenteuerfilm scheint untrennbar mit der Expansion des Handels und dem Kontakt mit fremden Kulturen verbunden zu sein. Einerseits wurde der Weltmarkt durch den rücksichtslosen Kolonialismus und Imperialismus der Industriestaaten beherrscht und andererseits bekamen Ausflugsdrang und Reiselust durch schnellere und bequemere Verkehrsmittel eine solide Grundlage. Neben Eisenbahn, Schiff und Auto veränderte noch ein weiteres Transportmittel die bisherigen Fahr- und Reisegewohnheiten: das Flugzeug. Kontinente und Kulturen rückten einander näher. Jetzt konnte man sich ein „umfassendes" Bild vom Erdball machen, es schien, als wären Amerika, Europa, Afrika und Asien nur wenige Kilometer voneinander entfernt.

Autos, Flugzeuge und die neuen Kommunikationsmedien Radio und Film bestimmten immer stärker das Leben des einzelnen. Das Reisen bedeutete eine Wiederbelebung des Entdeckerdranges und eine Wiederbegegnung mit der Natur und führte von daher zu einer lustvollen romantischen Folklore- und Abenteuerromantik, die sich auch in den Trivialmythen der Gesellschaft niederschlagen mußte. Weil es aber nicht für jedermann finanziell möglich war, teure „Traumreisen" zu unternehmen, mußten die billigen Massen- und Printmedien (Groschenromane, Comics etc.) eine Surrogatfunktion erfüllen. Die Entstehung des neuen Genres – besonders von der Filmmetropole Hollywood ausgehend – läßt sich kurz nach dem I. Weltkrieg datieren. Bereits der Pionier D. W. Griffith griff mit seinen großen Stummfilmepen, die auf einer vereinfachten Mythologie von Geschichte und Landschaft basierten, auch auf rückwärtsorientierte Utopien: Babylon, Jerusalem, die Renaissance etc.

Kennzeichnend für diese Periode, in der Hollywood auf recht naive, jedoch publikumswirksame Weise seine Funktion als Traumfabrik wahrnahm und ausbaute, sind auch die Mythen der unbesiegbaren Film-Männer (*Tarzan, Superman, Flash Gordon, Buck Rogers* etc.). Der durch Wirtschaftskrise und Inflation zerbrochene amerikanische Traum wurde mit Hilfe von Trivialmythen, in der zweiten Realität des Kinos, in einem Superlativ eines „Mannmythos" gekittet. Douglas Fairbanks, Held vieler Leinwand-Schlachten, ist vor allem durch akrobatische Kunststücke, Fechtszenen und seinen immer zur Schau getragenen Optimismus berühmt geworden. Bezugnehmend auf die enthusiastische Begeisterung des Publikums für Fairbanks romantische Abenteuerfilme, in denen er den Typ des erfolgreichen amerikanischen Sonny-Boys repräsentiert, der jede Schwierigkeit souverän meistert, meinte einmal Alistar Cooke: „Die zwanglose Übereinstimmung seiner subjektiven Haltung mit dem Glaubensbekenntnis der Nation bildete die Grundlage seines Erfolgs." (31)

Die offensichtliche Suche nach den Wurzeln dieser dynamisch-amerikanischen Tradition und die neu entflammte Identitätssuche fanden unmittelbar während des I. Weltkriegs, als Amerika am Zenith seiner Macht stand, statt. Die alten amerikanischen Werte, die noch in den Western-Serials von W. S. Hart zum Ausdruck kamen oder in einem Film wie BIRTH OF A NATION (1915) — mit seiner liebevollen Schilderung amerikanischen Landlebens im 19. Jahrhundert inmitten des Bürgerkriegs-Chaos —, wurden jedoch bald von anderen Gesellschaftsbildern und Verhaltensmustern abgelöst. Die Amerikaner flüchteten sich in Moden und Sensationen. Die Entstehung des festliegenden Genres des Abenteuerfilms symbolisiert den Tagtraum einer Gesellschaft, die mit billigen Groschenheften (z.B. *Amazing Stories*) und utopisch-phantastischen Film-Serials den Sinngehalt ihrer Existenz mit neuem, immer redunanten Bildern rauschhaft aufzufüllen versucht. Der strahlende Held verkörpert die Bannung gesellschaftlicher Angst vor dem Ruin oder Chaos in einem Idealtypus des mit übermenschlichen Kräften agierenden Superstars .

So verkörperte der Mann Douglas Fairbanks einen Halbgott, in welchem der Glaube an den Erfolg und die Lösbarkeit aller Probleme seinen adäquaten Ausdruck fand. So konnte er zum Massenidol wie auch zum Massenprodukt der Kulturindustrie werden — er war das Gegenbild einer schlechten Alltäglichkeit.

Douglas Fairbanks spielte zunehmend öfter in Filmen, die in der Sphäre der Ballade und des Märchens angesiedelt waren: MARK OF ZORRO (1920), ROBIN HOOD (1922) und THE THIEF OF BAGDAD (1924). Letzterer ist ein Filmmythos, der zwischen viel Architektur spielt. Es ist allgemein bekannt, daß sich Douglas Fairbanks die amerikanischen Verleihrechte von Fritz Langs DER MÜDE TOD (1921) besorgt hatte, um die darin vorkommenden Bauten und Tricks zu kopieren. Das Sagenspektakel THE THIEF OF BAGDAD kostete nach seiner Fertigstellung über zwei Millionen Dollar und Langs Hang zur *mise en scène* und zur Dekoration war überall noch sichtbar. Entsprechend der deutschen Tradition gerieten die ausschließlich im Studio errichteten Filmbauten von William Cameron Menzies (unterstützt von Anton Grot und Park French) zu einer märchenhaften Fiktion extremster Künstlichkeit. Nicht nur die Lichteffekte in Chiaroscuro, sondern auch die stilisierten

DOUGLAS FAIRBANKS
in
THE THIEF OF BAGDAD

*Raoul Walsh: THIEF OF BAGDAD (1924) mit Douglas Fairbanks; Märchenkulissen von
William Cameron Menzies*

Landschaften und die Formgebung der Architektur waren der Formenwelt des deutschen Expressionismus abgeschaut. War Fairbanks Film in mancherlei Hinsicht eine formale Fortführung des deutschen Expressionismus, so stellte er inhaltlich dessen Antithese dar. Im Gegensatz zum romantischen Bezugspunkt der Deutschen standen die meisten Szenen in einem exotisch-trivialen Kontext. Außerdem stellten beim deutschen „expressionistischen" Film die Bilder selbst eine latente Bedrohung dar, während das amerikanische Publikum nach einer aus der Realität ableitbaren Erklärung für das Unheimliche verlangte − und am Schluß mußte natürlich das Happy-End kommen.

Obwohl in Dekor und Ausstattung eine stilistische Verwandschaft mit Fritz Langs Episoden (Bagdad und Peking) besteht, gibt es doch einen gravierenden psychologischen Unterschied: die Dekorationen sind heimelig statt geheimnisvoll. Der Einfluß Langs beschränkte sich bloß auf die formale Übernahme der phantastischen Bauten ohne deren verstörende Wirkung. Die Architektur war pragmatischer, realistischer und logischer zur Handlung gehörend und weniger das abgrundtiefe Seelenbild einer traumatisierten Gesellschaft.

Mit dem Thema der märchenhaft-orientalisierten Architektur schlug Michael Powell mit seinem Remake von THIEF OF BAGDAD (1940) ein kommendes Leitmotiv des naiv-raffinierten Ausstattungskinos an. Es sollte sich zeigen, daß die Filmbauten und üppigen Märchenlandschaften von Alfred Junge, William Cameron Menzies und Co. (32) prägenden Einfluß auf die Labors von Walt Disney und Steven Spielberg haben sollten. So erscheinen märchenhafte Kulissen, schwebende Städte und unfaßbar schöne Sakralräume in hypnotischer Großaufnahme auf der Leinwand. Der Held der Geschichte, *Achmed*, kämpft sich durch bizarre Kulissen, erlebt *action*-betonte Abenteuer mit Flaschengeistern und Tempelzwergen, entflieht seinen Widersachern auf einem fliegenden Teppich und tritt in phantastischen Kostümen auf. Man kann hier sicher zu Recht von einem „Märchen für Erwachsene" sprechen.

Den vielleicht schönsten und verschwenderischsten Ausstattungsfilm der Archer-Produktionen von Michael Powell/Emeric Pressburger aus den Londoner *Pinewood-Studios* ist BLACK NARCISSUS (1947), ein fiebriger, exotischer Film zur üppigen Himalaya-Studiolandschaft. Ein in den Eisgipfeln des Himalaya angesiedeltes Melodram explodiert in Farben und Künstlichkeit des Technicolor. Die opulente − bigger than life − Ausstattung von Alfred Junge (Kostüme: Hein Heckroth) sind ein sinnliches Erlebnis, voll Wunder, Lebensfreude und erotischer Begierde. Im strengen Gegensatz zu dieser sensuellen Welt eines ehemaligen Harems stehen das Weiß der Nonnentracht und die Enthaltsamkeit der nur mühsam unterdrückten Leidenschaften der Ordensschwestern. Das Kloster über den Wolken mit kitschigen Sonnenaufgängen ist auf einer enorm hohen Felswand gebaut, von eisigen Winden durchflüstert, doch mit wunderbar sinnlich bemalten und reichgeschmückten Sälen ausgestattet. Der ehemalige Haremspalast mit seinen erotischen Fresken, voll zuckender Ekstase an Farben und Formen, ist wie ein entleertes Gefäß abgestorbener Sexualität und hedonistischer Götter.

Ebenso wie die USA profitierte auch die englische Filmindustrie vom Exodus der Künstler aus Hitler-Deutschland und vom Zustrom mitteleuropäischer Emigranten in den späten 30er Jahren. Alfred Junge lebte bereits seit 1932 in

96

Michael Powell/Emeric Pressburger: BLACK NARCISSUS (1949); „The Blue Room" von Alfred Junge.

England; Hein Heckroth kam erst über Umwege 1941 wieder nach England zurück; Alexej Andrejew und Alberto Cavalcanti emigrierten aus Frankreich nach Großbritannien. Auch der gebürtige Ungar Vincent Korda, der seine filmische Laufbahn 1931 mit dem französischen Film MARIUS begonnen hatte, spezialisierte sich auf historische Interieurs: THE PRIVATE LIFE OF HENRY VIII. (1933), REMBRANDT (1936). Junges Kreativität entsprangen so verschiedene Dekorationen wie die historischen Schauplätze in THE IRON DUKE (1935) und die kunstvolle Phantasiewelt in A MATTER OF LIFE AND DEATH (1946), an dem auch Hein Heckroth mitarbeitete. Heckroths alleinige Arbeiten für Powell/Pressburgers RED SHOES (1948) und THE TALES OF HOFFMANN (1950) verraten durch subjektive Stimmungen und anti-naturalistische Farb-Differenzierungen seine manieristischen Tendenzen.

Währenddessen verkümmerte das amerikanische Studiosystem zur Massenwerkstätte mittelmäßiger Produktionen. In den 50er und 60er Jahren war für das plötzlich wiedererwachte Genre der Antikfilme eine handwerklich perfekte, jedoch nur mäßig originelle und auffällige Ausstattung entstanden. So sind in den Spektakelfilmen CAESAR AND CLEOPATRA (1945) von Gabriel Pascal, QUO VADIS? (1945) von Mervyn LeRoy, JULIUS CAESAR (1953) von Joseph L. Mankiewicz, DEMETRIUS AND THE GLADIATORS (1954) von Delmar Davis, LAND OF THE PHARAOS (1955) von Howard Hawks (mit dem „Denver-Beast" Joan Collins), BEN HUR (1959) von William Wyler, und CLEOPATRA (1962) von Joseph L. Mankiewicz eine relativ uniforme und unauffällige Ausstattung gang und gäbe. Diese Aufzählung mag verdeutlichen, wie der Stil der sogenannten „großen" Hollywood-Regisseure durch die mitarbeitenden Filmarchitekten beeinflußt wurde. Trotz der illustren Liste der Regisseure wirken alle Filme aus Hollywood in ihren Ausstattungen gleich. Man benutzte Fundus-Kulissen, die als Bausteine immer wieder Verwendung

Cecil DeMille: SAMSON UND DELILAH (1949); ewige Filmbauten?

Pier Paolo Pasolini: EDIPO RE (1967); magische Architektur in den Berberstädten

Stanley Kubrick: Szenenphoto aus BARRY LYNDON – „bewegte Malerei"

fanden. Ausnahmen wie Cecil B. DeMilles Bibelschinken SAMSON AND DELILAH (1949) und Stanley Kubricks SPARTACUS (1960) bestätigen diese Regel.

Der zweite Versuch Stanley Kubricks im Genre des Historienfilms war weitaus erfolgreicher: unter Einsatz einst hiefür hergestellter Linsen und mit Kerzenlicht ausgeleuchtet, übersetzte Kubrick in BARRY LYNDON (1975) die Malerei des 18. Jahrhunderts in den Film. Bei aller Perfektion des Dekors von Ken Adam, die Personen leben nicht, sie werden – mittels Zoom – in das statuarische Bild eingesaugt, melancholisch im Dekor eingeschlossen. Über Kubricks Raummythos und seine Methode, die Malerei zu zitieren, bemerkte Hans-Theis Lehmann: „Das Zitat alter Meister hat mehr mit der ästhetischen Position des Films als mit der vielbeschworenen Perfektionssucht zu schaffen. Gerade wenn der Film die Malerei zitiert, macht er bewußt, daß die Kamera Möglichkeiten der Raumerfahrungen erschließt, die dem statischen Bild verschlossen waren. Der so mitgeteilte Raum wird zur optischen Allegorie auf die Zeit, die sich buchstäblich verräumlicht. Die menuettartige Formalisierung des Films erweist das Leben der Menschen als Folge von Ritualen. Aber die Schilderung dieser Rituale ist von solcher Schönheit, daß sie zugleich beständig Möglichkeiten ‚lying just out of reach' (Michael Dempsey) suggerieren. Wiederum erlaubt Kubrick keine Identifikation mit seinen Personen, sondern halt die Rezeption in der einer angespannten Schwebe zwischen Trauer und Schönheit." (33) Mit der Präzision der Photorealisten feierte Kubrick die Auferstehung des perfekten Historienfilms.

Die etwas bemitleidenswerte Geschichte um *Lord Barry* nimmt Gestalt in Sequenzen an, die, wie es scheint, nach Gemälden verflossener Zeit inszeniert sind. Es gibt ganze Passagen, die an „lebendige Malerei" erinnern; der Film entfaltet sich so schleppend, daß seine Szenen die Eigenart von Standphotos haben. Das Schicksal des Protagonisten bleibt statuarisch. Der Hintergrund der Filmbilder besteht aus sachgetreuen Wiedergaben von englischen Barockgärten, impressionistischen Landschaften und neopalladinischen Schlössern.

Robert Wiene: DAS KABINETT DES DR. CALIGARI (1919); die expressionistische Ausstattung von Hermann Warm kommt gerade in dieser Szene mit Rudolf Klein-Rogge als eingesperrten Irren am wirksamsten zur Geltung

V. SEELENSCHAU DES DEUTSCHEN EXPRESSIONISMUS
Die bewegte Psyche — der bewegte Raum

Eine klare und eindeutige Definition des „expressionistischen" Films zu geben, ist unmöglich. Adolf Behne, der rasche Registrator alles Neuen und ein früher Filmbeobachter in Sachen Expressionismus, notierte, daß der deutsche Stummfilm aus zwei Quellen der Inspiration stammt, nämlich aus *Stimmung* (künstlerischer Ausdruck) und *Haltung* (Weltanschauung) (1). Diese romantische und zugleich teutonische Geisteshaltung fällt in Zeiten, die von Inflation und politischen Umbruchphasen geprägt sind, natürlich auf günstigen Boden. Ein Umstand, den der Filmkritiker Rudolf Kurtz so beschrieb: „Es liegt in dem stark Willentlichen der expressionistischen Haltung, in ihrem konstruktiven Charakter, daß er für Gedankenkreise besonders ausdrucksfähig ist, die auf starkes Erfassen, Umbilden, Neuformen bedacht sind. Hierzu kommt seine dekorativ-revolutionäre Erscheinungsform, die sich allem Konventionellen entgegenstellt und damit zwanglos jeder revolutionären Absicht anpaßt. (...) Aber angesichts dieser, aus einer doppelten Quelle strömenden Eignung, mußte der Expressionismus Äußerungsformen für eine Zeitstimmung werden, die nach innen Neuaufbau von einer theoretischen Konzeption aus, nach Außen Abkehr von dem Überkommenen forderte." (2)

Schien der „expressionistische" Film auch als adäquates Spiegelbild geistig-kultureller Veränderungen der Weimarer Republik, war er im Grunde genommen doch anachronistisch: als er aktuell wurde, war der Höhepunkt des literarischen und malerischen Expressionismus bereits vorbei. Es ist auch übertrieben, von einer Periode des Expressionismus im deutschen Stummfilm zu reden — denn wenn nur wenige Filme ganzheitlich dem Ideal entsprechen und deshalb die Bezeichnung „expressionistisch" verdienen, kann man nicht gleich von einem einheitlichen Kunstwollen sprechen. Es gibt zwar in vielen Filmen einen exzessiven Gebrauch expressiver Mittel und Gestaltungsmerkmale (Beleuchtung, Kulissen, Darstellungsweisen), aber eine direkte Zuordnung zum Expressionismus in Handlung, Regie, Montage etc. ist meist problematisch.

Rudolf Kurtz, selbst Filmdramaturg und Chefredakteur der *Lichtbuhne*, war der erste, der den Begriff auf den Film übertrug. Allerdings mußte er in seinem 1926 erschienenen Buch „Expressionismus und Film" noch ausführliche Begründungen beibringen, warum eine durch reale Bedingungen so stark geprägte Gattung wie ein photographierendes Medium „expressionistisch" genannt werden dürfe: „Er (der deutsche Film, Anmk.) will gewöhnlich noch die Sphäre eines allgemeinen Weltgefühls verdeutlichen, will den ‚Geist' der Handlung mitphotographieren. Hier tritt der Expressionismus wirksam in die Reihe der Ausdrucksmittel ein. So sehr der Expressionismus als geschlossene Kunstform abgelehnt werden will, so willig wird man einzelne Ausdrucksformen verwenden. (...) Der Expressionismus wird überall verwendet werden, wo es sich um Wirkungen handelt, die im Naturobjekt nicht greifbar gegeben,

Robert Wiene: DR. CALIGARI (1919); Deformierung der Objekte

sondern nur geistig erlebbar sind." (3) Er schilderte am Fall CALIGARI: „Alle vertrauten Formen des Expressionismus treten auf. Die Senkrechten spannen sich diagonal, Häuser begrenzen sich schiefwinkelig, Flächen verschieben sich rhomboid, die einfachen Bewegungstendenzen der normalen Architektur, durch Senkrechte und Horizontale ausgedrückt, sind in ein Chaos gebrochener Formen verwandelt, die Bewegung hat sich selbständig gemacht: Entfesselung bedeuten diese schiefen Dächer, diese geneigten Flächen, diese schiefwinkelig in die Luft starrenden Mauern. Eine Bewegung läuft an, verläßt die natürliche Bahn, wird von einer anderen aufgefangen, weitergeleitet, wieder gekrümmt und zerbrochen. Dazwischen spielt, aufbauend, trennend, betonend, zerstörend der Zauber des Lichts, die Entfesselung von Helle und Schwärze." (4) Einschränkend räumte er ein, daß nur der Erstlingswurf CALIGARI diese Kriterien erfüllt und die Ausdruckskraft des Films gerade durch die expressionistischen Formen bereichert worden ist: „In CALIGARI ist ein Akkord angeschlagen, dessen Klangfülle durch seine Nachfolger nicht reicher, nicht kraftvoller geworden ist. (. . .) Die Geschichte des expressionistischen Films in Deutschland ist die Geschichte einer Reihe von Wiederholungen. Der Anfang ist nicht übertroffen worden. Mit der sich verfeinernden Technik ist manche Form reizvoller und wirksamer geworden: aber es ist immer nur eine Nuancierung der Front, während der Grundriß unverändert gelassen ist." (5)

Wenn Rudolf Kurtz meint, der Anfang (CALIGARI) sei nicht übertroffen worden, mag dies für die extreme Handlung und Darstellungsweise von Werner

Robert Wiene: DR. CALIGARI (1919); Werner Krauss als dämonischer Bourgeois

Krauss *(Dr. Caligari)* und Conrad Veidt *(Cesare)* gelten. Die Architekturgestaltung hingegen stand schuldbildend für eine jahrelang andauernde Entwicklung, die erst mit der Zuwendung zum sog. „Kammerspielfilm" mit seiner „intimeren" Ausstattung um 1925 ihren Abschluß fand. Selbst die realistischen (Straßen-)Filme, die das Leben des kleinen Mannes wiedergaben, weisen expressionistische Details und Ausdrucksmittel auf. Nicht etwa, weil sie noch unter dem Einfluß der Expressionisten standen, sondern weil viele gestalterische Elemente der Expressionisten allgemeine gestalterische Aussagekraft besitzen. Diese Entwicklung gilt selbst für so bekannte Beispiele der „Neuen Sachlichkeit" und des „Realismus" wie DER LETZTE MANN (1924), ORLAC'S HÄNDE (1924), METROPOLIS (1925), VARIETÉ (1925), GEHEIMNIS EINER SEELE (1926) und insbesondere für F. W. Murnaus sehr späten (übrigens *Ufas* letzten) Beitrag zum expressionistischen Film: FAUST (1925/26).

Die Architektur von CALIGARI beeinflußte nachhaltig nicht nur den Gestus der Schauspieler, sondern ermöglichte erst die Entfaltung des „expressionistischen" Kinos. Eine Architektur übrigens, „die sich der Psyche derer, die sie belebten, anpaßte, sich als Kunstmittel und nicht einfach als Zauberei verstand; sie beherrschte den deutschen Stummfilm während eines ganzen Jahrzehnts. Auch wo sie zum Teil realen Schauplätzen entstammte, wie in Murnaus NOSFERATU (1922), hatte sie mehr als bloße Kulisse zu sein." (6)

Dieser Abschnitt handelt nur bedingt von dem Gesamtphänomen „Filmexpressionismus", denn ich konzentriere mich nur auf jene Filme, die „expressionistische" Ausstattungen aufweisen und diese Einschränkung gilt selbstverständlich auch für so bekannte Historien- und Märchenfilme wie GOLEM (1920), NIBELUNGEN (1924) oder METROPOLIS (1925/26) und die vielen Kolportagedramen, die weitgehend mit naturalistischen und realistischen Dekors ausgestattet waren. Mein Anliegen ist hier, aufzuzeigen, wie der Expressionismus die plastische Konzeption im Film entdeckt und gefördert hat. Daß diese extreme Art der bildlichen Darstellung in der Filmarchitektur allein nicht genügte, ist einsichtig. Denn Filme wie TORGUS (1920) oder GENUINE (1920) sind im Prinzip zu sehr Dekoration und zu wenig Handlung, Regie, Montage, Kamera und Dramaturgie.

Der phantastische „expressionistische" Film

Der im Expressionismus praktizierte Versuch war, neben einer dramaturgischen Verzerrung der Handlung, durch Stilisierung des Dekors auch die entsprechende Stilisierung des Schauspielers durch Maske und Spiel, und eine Verzerrung materieller Dinge zu erreichen. Nicht nur war die Verfremdung durch Maske und Schauspielkunst als Ausdruck einer in Unordnung geratenen Welt zu sehen, sondern auch die Kulissen und die Requisiten offenbarten fiebrige Unruhe und Wahnsinn. Im deutschen Kino der frühen 20er Jahre bildeten sich Metaphern, deren manierierten, fiebrigen Ausdruckswert expressionistischer Geisteshaltung sich gerade die Filmarchitektur gern bemächtigte. In einer bis dahin nicht bekannten Fülle von sprechenden Details schärfte sich der Blick für die Suggestivkraft von Filmdekor und Ausstattung. Es schien, daß jedes noch so unbedeutende Requisit zum bedeutsamen Symbol wurde. Filmarchitektur wurde zum wichtigsten Kriterium der Inszenierung; die Staffage im „expressionistischen" Stummfilm errang die Aussagekraft von Halbwesen. Zum ersten Mal in der Filmgeschichte errang Filmarchitektur — weit übers Dekorative hinaus — sogar insgeheim den Status eines Mitspielers. Wie die Regisseure vorgeformte architektonische Versatzstücke durch Beleuchtung und Stilisierung ins Reich des Phantastischen oder Metaphysischen emporhoben, wie sie mit inszenatorischer Phantasie und sicherem Gefühl für Komposition überwirkliche Wirkungen erzielten, erklärt den durchschlagenden Erfolg dieser Filme und das hohe Ansehen, das die deutschen Filmarchitekten in der ganzen Welt genossen.

Sehr früh erkannte man die Bedeutung von ausdrucksstarker Architektur im Film als „Entfesselung seelischer Vorgänge". Ein glühender Bewunderer des deutschen Stummfilms, Henri Langlois, charakterisierte die deutsche Filmarchitektur folgendermaßen: „GRIESHUUS bedeutet einen Mauerring voll Steine, DER MÜDE TOD eine Mauer ohne Ende, TARTUFFE eine Treppe, die sich in zwei Voluten öffnet, und DER LETZTE MANN eine Drehtür mit Mauern und Fenstern. Die *Metaphysik des Dekors* ist ein Geheimnis des deutschen Films. Und in diesen Filmen, bei denen die Komposition alles bedeutet, ist der Filmarchitekt der Alchimist einer Welt, die er dank der Magie seines Wissens quellend erstehen läßt." (7) Auf die berühmte Frage nach dem künstlerischen Stand des deutschen Films antwortete Fritz Lang 1925 lakonisch, aber treffend: „Wir haben Architekten — der ganze Rest ist hoffnungslos schlecht." (8) Selbst Luis Buñuel, dem deutschen Film gegenüber sehr zurückhaltend, spendete den expressionistischen Filmarchitekten enthusiastisches Lob: „Das Kino wird der zuverlässige Interpret der kühnsten Träume der Architektur sein." (9) Gerade dieser „Metaphysik des Dekors" (Henri Langlois) — einerseits der Blick für die Suggestivkraft von Bauwerken und andererseits das ausgesprochene Gefühl für Komposition *(mise en scène)* und eindrucksvoll-dramatische Beleuchtung — verdankte der „expressionistische" Film in Deutschland seinen internationalen Ruf. Trotz unterschiedlichster Meinung des Auslands über Inhalt und Aussage der Filme an sich, herrschte ungeteilte Übereinstimmung über die Qualität und Originalität der Filmbauten.

„Die dekorativen Effekte des Expressionismus sind mit großer Sicherheit erfüllt. Die Architektur scheint sich aus einer schöpferischen Konzeption aufzubauen: Licht ist gemalt, geheimnisvolle Ornamente betonen den Charakter, wie Applikationen von Fremdkörpern auf Gemälden. Straßen krümmen sich, fallen scheinbar aufeinander, die Dumpfheit, Enge, das Verwittern der kleinen Stadt (gemeint ist das norddeutsche Städtchen Holstenwall aus dem Film DR. CALIGARI) ist auf dem Nerv getroffen. Bäume sind ein phantastisch strebendes Gestrüpp, gespenstisch, den Bildraum auf eine frierende Art in Stücke zerfetzend. Wie Fremdkörper erfüllen kleine Vorbauten den Raum, schiefwinkelige Treppen stöhnen unter der Benützung. Kräfte beleben die Türen, die eigentlich hohle, gierige Öffnungen sind. Der Urweltcharakter allen Geräts und aller Behelfe ist erwacht." (10) Dies schrieb Kurtz in seiner Betrachtung von DR. CALIGARI und bescheinigte die Leistung des deutschen Stummfilms, die Filmkunst um ein ausdrucksvolles Element bereichert zu haben. Entscheidend für den ersten Advokaten des Filmexpressionismus war, daß der „expressionistische" Film als höchst kunstvoller Organismus auftrat, der eine eigentümliche Formung der Wirklichkeit darstellte. Die Aussagekraft des expressionistischen Dekors lag naturgemäß in der Fähigkeit, die Gefühlswelt des Menschen im Film anschaulich zu machen bzw. sie durch expressive Stilmittel wie Beleuchtung und maskenhafte Gesten der Schauspieler so gewaltig zu übersteigern, daß am Ende Furcht und Irrsinn leitmotivisch zum Handlungselement gehörten. Der Schrecken des Krieges und die Ängste einer wirtschaftlich und politisch bedrohten Existenz im bürgerlichen Sinne erhielten im deutschen Stummfilm kurz nach 1919 konkrete Filmbilder und Funktionen. Kein Scheinwerferlicht konnte mehr die Furcht aus den guten Wohnstuben altdeutscher Biedermeierlichkeit bannen, denn die „verrückten" Perspektiven und dämonischen Schatten eines „Caligarismus" (11) waren bereits auf den Kulissen aufgemalt und unverrückbar ins Bewußtsein getreten.

Lichtmalung, der Verzicht auf vorgefaßte Raumvorstellungen und tradierte Ordnungsprinzipien der Statik, die „ganz beseelten, ganz organischen" (Jerzy Toeplitz) Formen galten den aufmerksamen Filmbeobachtern und damaligen Kritikern als Hin- oder Beweis einer neuen künstlerischen und geistigen Haltung, die sie vor allem an den bizarren und grotesken Filmarchitekturen und -dekorationen festzumachen glaubten. „Vom dekorativen Element her", stellte Kurtz lapidar fest, „ist die expressionistische Form in den Film eingedrungen. Die Architektur vermag die geistigen Voraussetzungen für die Vorgänge herstellen, die sich in ihr abspielen. Ihr Stil ist entscheidend für die geistige Haltung des Films." (12) Da Regie, Kamera und Schauspielkunst nicht immer unter einer einheitlichen (expressionistischen) Gestaltung standen, kam der entscheidende Anstoß zur klaren Beurteilung und Definition des „expressionistischen" Films hauptsächlich von der Architekturgestaltung. Im Dekor konzentrierte sich der Gesamtausdruck des neuen Stils — es konnte mehr als alle anderen Elemente auf den Zuschauer „wirken". Was man unter dieser „Wirkung" verstand, ist bei Hermann Warm, dem Maler der Caligari-Kulissen, nachzulesen: „Der Film muß Grafik werden." (13)

Während der expressionistische Formwille in der Malerei erst im Prozeß des Skizzierens „Gestalt" annimmt, haben Architekten beim Zeichnen offenbar eine fixere Vorstellung, mitunter die fertige Baugestaltung vor Augen. Solche Vorstellungsbilder von Filmarchitekten wurden mit unterschiedlicher Ausführlichkeit durchgearbeitet. Wo es darum ging, „Schaubilder" der Bühne, die Ermittlung von Größe und Maß zu zeigen, um Regisseur und Schauspielern anschauliche Vorstellungen vom künftigen Film zu vermitteln, wurde auf eine unwillkürliche Ausdrucksgebärde verzichtet. In prägnant-deskriptiven Arbeitsskizzen hält Hermann Warm Konturen für DR. CALIGARIs Stadtlandschaft bereits so exakt fest, daß wenig Abweichungen zwischen Skizze und Filmkader auftauchen. Eine andere Handschrift erfordert die Darstellung innerer Gemütszustände: Als kalligraphisch-vereinfachte und schnelle Skizzen treten dieselben Blätter für DR. CALIGARI von Walter Reimann auf, die vom psychogenen Furioso und geheimnisvollem *Sfumato* geprägt sind. Die unterschiedlichen Eigenschaften der expressionistischen Filmgraphik hängen nicht nur vom Naturell der Zeichner ab, sondern auch vom Zweck der Darstellung.

Am Beginn des „kalligraphischen" Filmbildes stehen die beiden Filme DAS KABINETT DES DR. CALIGARI (1919) und VON MORGENS BIS MITTERNACHT (1919); ersterer war der wichtigere für die darauffolgende Entwicklung, aber letzterer ist rückblickend wegen seiner Gleichzeitigkeit mit CALIGARI nicht uninteressant. In beiden Filmen manifestiert sich eine gemalte alptraumhafte Architektur, die sowohl von ihrer statischen als auch dekorativen Funktion befreit ist. Sie entspricht nicht mehr Tatsachen, sondern inneren psychischen Dispositionen, die Kurtz folgendermaßen präzisierte: „Es ist ein einfaches Gesetz der psychologischen Ästhetik, daß bei der Einführung in Formen genau entsprechende Strömungen in der Seele entstehen. Die gerade Linie führt das Gefühl anders als die schräge; verblüffende Kurven haben andere seelische Entsprechungen als harmonisch gleitende Linien; das Rapide, Abgehackte, jäh Auf- und Absteigende ruft andere seelische Antworten hervor als die harmonische Übergänge gewohnte Kunstarchitektur. (...) Deshalb kann Filmarchitektur als Stimmungsarchitektur überhaupt auf die menschliche Psyche wirken. Auf diese Möglichkeiten hin baut sich die expressionistische Filmarchitektur auf. Sie verzichtet auf das genaue Detail, um die aufbauenden Formen eines Naturgegenstandes wiederzugeben. Es darf ihr gleichgültig sein, ob ein Gefängnisraum dem normalen Sehbilde eines solchen entspricht. Sie darf mit Linien, Verkürzungen, Übersteigerungen arbeiten, um die-

Karl-Heinz Martin: VON MORGENS BIS MITTERNACHT (1919); flächiger Expressionismus vom Maler Robert Neppach

ses unheimliche, quälende Gefühl: Gefängnis kompositorisch herauszuarbeiten. Sie kann das menschliche Auge wildeste Formengruppen entlang führen und wird beabsichtigte Wirkungen erzielen, gleichviel, wie groß die natürliche Ähnlichkeit ist. Vor allem aber erzeugt sie die grundlegende ‚Einstellung' des Zuschauers." (14) In seiner etwas seltsam anmutenden blumigen Sprache unterstrich Kurtz das Wesentliche an jeder Filmarchitektur, nämlich daß einzig und allein der Effekt im Kino entscheidend ist und Filmarchitektur nur in der filmischen Rezeption ihre Berechtigung und Zweckerfüllung hat. Aber gerade diese genaue Beschreibung ästhetisch-psychologischer Bildwirkung wird in der Literatur nur in Ausnahmen bzw. nur in Randbemerkungen (z.B. zu Fritz Langs zeichenhaften Filmen) erwähnt. Selten wurden Analysen aus rein formalistischen und kompositionellen Sichtweisen der Architektur betrieben. (15)

Einem anonymen zeitgenössischen Kritiker fiel beim „expressionistischen" Film auf, „daß die Welt so durchlässig geworden ist, daß ihr jeden Augenblick Visionen und Phantome zu entströmen scheinen; unaufhörlich wandeln sich äußere Tatsachen in innere Erlebnisse um, unaufhörlich werden seelische Vorgänge exterritorisiert." (16)

Mehr als einem Kritiker fiel neben der (Schein-)Wirklichkeit des Traumes als expressionistisches Vorbild auch dessen „Ornamentik des Chaos" (Siegfried Kracauer) als geschmäcklerische Angelegenheit auf. Ja, selbst ein gewisser Unterhaltungssinn wurde dann und wann erkannt und auch bemängelt. Spiegeln einige Filmentwürfe die düstere Stimmung der politischen Ereignisse der Zeit wider (z.B. DIE HINTERTREPPE oder DIE STRASSE), so geschah dies eher zufällig, denn es lag in der Regel nicht in der Absicht der Autoren und Filmarchitekten, politische Projektionen oder gar Prophezeiungen zu machen, sondern mit rührseligen Stereotypen und melodramatischen Kolportage-Geschichten (17) bloß zu unterhalten. Wichtig bei der Einschätzung des Expressionismus als Gesamtphänomen ist, auf die Mechanismen und Funktionen des Kinos – selbst im „expressionistischen Kunstfilm" – als Ablenkung und Ersatzbefriedigung zu verweisen. Dem „expressionistischen" Kino war diese Tatsache nicht unbekannt – hier konnte der Zuschauer seine Visionen einfließen lassen „in eine Grundeinstellung, die alle Eindrücke des Abends der Vorführung begleitet und bedingt", wie es der frühe Kritiker Kurtz in seinem Buch treffend formulierte. Weiters: „Die expressionistische Architektur rückt den Zuschauer automatisch vom Leben des Tages weg, hebt ihn in die Sphäre, die Lebensbedingung des vorgeführten Films ist, und stellt die Voraussetzungen her, die die psychologische Verständlichkeit ermöglichen. Allerdings gilt immer die Voraussetzung, daß der Architekt sich der Wirkung seiner Formen bewußt bleibt, daß er Harmonie von Architektur und Stimmung richtig beurteilt, daß er Widersprüche zum Ausdruck zu bringen weiß." (18)

Auch der Autor Georg Seeßlen erlaubte sich eine Bemerkung in diese Richtung: „Doch sosehr der deutsche Stummfilm (. . .) Ausdruck von Verstörung und Unsicherheit war, wobei nicht selten das Phantastische als schizophrene Reaktion auf unlösbare Widersprüche fungieren mochte, so sehr war doch das Kino der Ort, wo sich das eine oder andere einrenken ließ, wo man das Böse und den Wahn am Ende aus der Welt getrieben sehen konnte. Denn auch der ‚expressionistische' Film, trotz aller formaler und thematischer Innovationen, war in erster Linie Unterhaltung, also ein System von Versuchen, sich mythologisch die Risse in der Welt zu kitten und klare Bilder für unklare Gefühle zu finden." (19) Einigermaßen entlarvend ist das Eingeständnis von Hermann Warm: „Die expressiven Axiome komprimieren die Wirklichkeit, die Realistik, so daß nur das Wesentliche konzentriert zur Erscheinung kommt. Der Expressionismus als Stil dient am besten der Welt und Figuren des Films, ihren Halluzinationen, sowie den absonderlichen Geschehnissen. So erhält alles eine gespenstisch-alptraumhafte Wirkung." (20)

Seeßlen behauptete zu Recht, daß „der Grund für die Herausbildung eines Kinogenres zum einen der ökonomisch-technologische Druck der Unterhaltungsindustrie ist, der Erfolgskonzepte erfordert; zum anderen entspricht jedes Genre einem ungelösten Problem seines Publikums. Im Zusammenhang der ungeschriebenen ‚Spielregeln' des Genres erhalten die individuellen Aussagen eine andere Bedeutung; eine Aussage, die ‚etwas getroffen' hat, wird zum Gestaltungsprinzip. Dadurch erhalten die erzählerischen und ‚mythologischen' Strukturen eine neue Qualität." (21) Nicht zufällig waren Motivik, Programmatik und Semantik dieser „expressionistischen" Filme lange in der Geschichte der populären Mythologie tradiert (22).

Neben den phantastisch-traumartigen Begebenheiten war ein bevorzugtes Thema der romantisch-mytische Sagen-, Balladen-und Legendenstoff. Sowohl aus der Hoch- als auch aus der sog. Trivialliteratur holte man sich Anregungen: FAUST, NIBELUNGEN, RÜBEZAHL, SCHLEMIHL, GOLEM, NOSFERA-

TU etc. Zu Beginn des deutschen – noch vor-„expressionistischen" – Stumm-films war eine weitverbreitete literarische und theatralische Erzählform entstanden, die ihren Stoff aus der Volkstums- und Geschichtsmythologie speiste: Schauermärchen, mythologische Ritterromane und Heldengeschichten fanden ihre Wahlverwandtschaft in mystischen Gestalten wie *Siegfried, Dr. Faustus, Golem, Rübezahl, Alraune* oder in Schreckfiguren wie *Dr. Caligari, Dracula, Homunculus* und dem Magier *Rotwang.* Sie sind alle im wörtlichen und bildlichen Sinne Abkömmlinge der spätromantischen Welt eines Caspar David Friedrich, E. T. A. Hoffmann oder einer gemanischen Walhalla. Entwe-der repräsentieren sie Symbolgestalten eines Nietzsche-Wagnerianischen Pantheons oder sie sind die Personifizierung des „dämonischen Bourgeois" (Lotte H. Eisner). Nicht zufällig sahen viele (ausländische) Beobachter und Kritiker somit den deutschen Expressionismus-im-Film entweder als einen neuen Ausbruch der deutschen Romantik oder als Vorboten des kommenden Nazi-Terrors mit all seiner Doppeldeutigkeit der mystischen Heldenverehrung und zynischen Menschenverachtung.

Dieser Rückzug in die dämonische oder melancholische Innerlichkeit, in eine Welt des Schreckens und der Trauer weist Ähnlichkeiten zu den Symbol-landschaften Caspar David Friedrichs, Arnold Böcklins, Ferdinand Khnopffs oder Max Klingers auf. Filmbilder aus DER STUDENT VON PRAG (1913), INSEL DER SELIGEN (1913), DER MÜDE TOD (1921) und SCHLOSS VOGELÖD (1921) beschwören den Geist der dunklen deutschen Romantik. In Filmen wie DER STUDENT VON PRAG, HOFFMANNS ERZÄHLUN-GEN (1914), RÜBEZAHLS HOCHZEIT (1916) und GOLEM (1916) kommen direkte oder indirekte Anspielungen und Bezüge zur Phantastik E. T. A. Hoffmanns und Gustav Meyrinks vor; in UNHEIMLICHE GESCHICHTEN (1919) sind ganze Episoden Edgar Allen Poe und Robert Stevenson entnom-men; okkulte Traumszenen in DAS WACHSFIGURENKABINETT beschwö-ren die Nachfolge von Bildern Alfred Kubins, und Poelzigs GOLEM-Stadt und der Burgbau in DIE CHRONIK VON GRIESHUUS (1925) sind eine filmische Hommage an die mittelalterliche Gotik und deren Baumeistergeist. Interessan-terweise vermag das deutsche Stummfilmkino sowohl Raum als auch Zeit zu verunklären, beide in mystische Stoffe zu kleiden und in ahistorische Um-gangsformen zu verpacken. Es überrascht daher nicht sonderlich, daß Motivik und Symbolik der Ausstattungen in Filmen von Paul Wegener, Max Reinhardt, Paul Leni & Co. den Kunstströmungen des 19. statt denen des 20 Jahrhun derts gleichen. Zweifelsohne besitzen manche Filme – beispielsweise DER MÜDE TOD, NIBELUNGEN, FAUST – eine sowohl filmisch „moderne" Kulisse als auch aktuelle und prophetische Zeitbezüge. Ihnen jedoch politische Absicht bzw. eine Vorwegnahme auf Kommendes zuzugestehen, hieße sie zu überschätzen und wäre auch irreführend. Immer wieder versucht man – heute wie damals – dem deutschen Stummfilm das Etikett der „Zeitkritik" aufzu-zwingen, zum einen, weil er Ähnlichkeiten und Parallelen zum Hitlerismus („Tyrannenfilm") aufwies; zum anderen, weil die Inhalte des Schreckens ins Dekorative verschoben und ästhetisiert wurden. Die extreme Stilisierung war jedoch eine Reaktion auf beunruhigende Risse in der Mythologie der bürger-lichen Gesellschaft, die mit Mitteln der „Unterhaltung" und des Ornaments

Friedrich Wilhelm Murnau: FAUST (1925/26); Höhepunkt des Helldunkel

gekittet werden sollten. Nicht zufällig beschwören Filme wie HOMUNCULUS, DR. CALIGARI, GOLEM, NOSFERATU und DIE CHRONIK VON GRIES-HUUS mit ihrer lieblichen, rückwärtsgewandten Utopie von gotisch-verwinkelten Idyllen altdeutscher Stadtbezirke und biedermeierlicher Wohnlichkeit (als Ausdruck einer nationalen kleinbürgerlichen Sehnsucht) eher ein verschwundenes Zeitalter als den realen Zustand der Weimarer Republik.

Allein schon wie Aussagen und Absichten relativiert und entpolitisiert wurden (am Beispiel CALIGARI), soll Indiz dafür sein, daß das Genre „Horrorfilm" von Anbeginn an nie ganz „ernst" genommen wurde und eindeutig im Bereich der Unterhaltung angesiedelt war. Trotz der — ungewollten und unbewußten — Ähnlichkeit der Figuren *Homunculus, Dr. Caligari* und *Dr. Marbuse* mit Hitler oder Goebbels — wie es beispielsweise Siegfried Kracauer ihnen unterstellte — stammen sie jedoch nicht von denselben Wurzeln ab. Weder Fritz Lang noch die Filmkritiker Kracauer und Eisner sind die Propheten, die sie später zu sein begehrten.

Trotz der offenen und versteckten Anspielungen und Metaphern von „Geschichtlichkeit" im historisierendem Sinn wie sie die Autoren Kracauer, Eisner, Sadoul, Toeplitz, Rotha zwar herausgearbeitet, doch unterbewertet haben, scheint eher die Feststellung von Marcel Lapierres, daß der deutsche Filmexpressionismus als neuer Ausbruch des „Sturm und Drangs" (23) zu werten sei, zuzutreffen.

Geist der Romantik — Sagen und Märchen aus dem Unterbewußten

Der „expressionistische" Film blieb seinem Hang zum Schauerhaft-Phantastischen selbst im sog. „Historienmilieu" den klassischen literarischen Stoffen treu. Im deutschen „Historienfilm" war ebenso Raum für das Unwirkliche wie für das Übernatürliche und Apokryphe der Geschichte. Der damalige deutsche Stummfilm war bevölkert von Fabelwesen, Märchengestalten und Androiden, stellte Siegfried Kracauer lapidar fest und wies sie als Projektionen der Epoche aus.

Der erste bedeutende Film, der verschiedene romantische Motive aufgriff und in eine spezifische Form der Hoffmann'schen Phantastik und Esoterik brachte, war DER STUDENT VON PRAG (1913) — entstanden nach einer Spukgeschichte des grotesk surrealistischen Dichters Hanns Heinz Ewers und mit Paul Wegener als eigentlichen Urheber des Films in der Hauptrolle. Die Motive, derer sich der dänische Regisseur Stellan Rye zur atmosphärischen Verdichtung des Films bediente, stammen alle von Wegener selbst und fügen sich zu einem stimmungsträchtigen biedermeierlichen Leben voll kunsthistorischer Anleihen. Da ist vor allem die an Rembrandt, Caravaggio, J. H. Füssli, Spitzweg etc. erinnernde Beleuchtung im Atelier oder die geschickte Wahl der mittelalterlichen Motive bei den Außenaufnahmen von der Prager Altstadt. Die „Echtheit" der Schauplätze und das Licht von Gemälden gaben dem Film viel Atmosphärisches, obwohl Wegeners ästhetische und romantische Vorstellungen mehr bei der Film- und Beleuchtungskunst lagen als bei der Raumkunst und dem Film eher schadeten als nützten.

Der Film wirkt heute altmodisch und „prähistorisch", was Dekoration und Stil betrifft. Trotzdem ist er in einer nachträglichen Betrachtung als Vorläufer des „expressionistischen" Kinos wichtig. Daß die meisten seiner beabsichtigten oder unbeabsichtigten kunsthistorischen Zitate (Kellerlicht, malerische Oberflächen, Bildkomposition) zugleich auf den Zeitgeist des nachfolgenden Expressionismus anspielten, war keineswegs Wegeners künstlerische Absicht. Von ihrer ästhetischen Konzeption her waren Wegeners Filme keine besonders revolutionäre Leistung, obzwar sie kleine, aber wesentliche Neuerungen in Kameratechnik und Beleuchtung mit sich brachten. Wegener experimentierte mit Doppelbelichtung oder veranlaßte, die Zimmerdekoration im Atelier oben abzudecken, um die Ausleuchtung natürlicher und malerischer erscheinen zu lassen. In Ermangelung verbaler Ausdrucksweisen mußte man sich auf die Ausdruckskraft des Lichts, der Gestik und der Raumstimmung konzentrieren. Beim Film DER STUDENT VON PRAG wurde zum ersten Mal zaghaft auf ein spezifisch filmisches Ausdrucksmittel gesetzt: Doppelbelichtungen und Mehrfachprojektionen von Personen und Gegenständen erschreckten die ersten Besucher des Films. In der Loslösung des Studenten *Balduin* von seinem Spiegelbild und der überraschenden Gegenüberstellung der beiden Wegeners lag eine ungeheure Sensation und neuartige Kuriosität. Menschen kreischten im verdunkelten Zuschauerraum auf und wagten nicht, auf die helle Leinwand zu blicken, da sie dort zweimal leibhaftig dieselbe Gestalt zu sehen glaubten. Unmögliches ist in diesem Filmbild photographische Wirklichkeit (Kinorealität) geworden, und das war das eigentlich Revolutionäre an diesem Film. Man hatte entdeckt, daß die Filmkamera mehr konnte, als Bühnenszenen abzufilmen, und man erahnte die Sprengung der Dimensionen des Bühnenraumes durch die Kamera. Zum ersten Mal auch wurde dem Publikum die Illusionskraft des Mediums als Spiegel unterdrückter Neurosen und Triebe vorgeführt, die zum Leitmotiv des „expressionistischen" Kinos wurden.

Wegener sah im Film völlig richtig neue künstlerische Gestaltungsmöglichkeiten und dem Theater bzw. der Bühne überlegene technische Möglichkeiten, die noch nicht ausgeschöpft zu sein schienen. Wie sein Vorbild Max Reinhardt im Theater arbeitete auch er an der Grenzüberschreitung von Traum und Wirklichkeit — allerdings mit Effekten, die nur im Film möglich waren. Unter Einbeziehung verschiedener Tricks und Illusionen perfektionierte er, was er von George Melies' grotesk-phantastischen Geschichten gelernt hatte: die Umkehrung der Wirklichkeit. Ansonsten waren Wegeners Ausstattungen kaum von herkömmlichen Theaterproduktionen seiner Zeit zu unterscheiden. Während Kamera und Lichtgestaltung „expressionistische" Gestaltungsmerkmale aufwiesen, war die Dekoration weitgehend naturalistisch und prospekthaft.

Wie Reinhardt holte sich auch Wegener ausgewiesene Könner der Branche, und gerade durch die interdisziplinäre Miteinbeziehung verschiedener „Medienkünstler" konnte er seine avantgardistischen ästhetischen Vorstellungen im Film realisieren. Zusammen mit teilweise denselben Mitarbeitern wie bei DER STUDENT VON PRAG entstand noch während der Dreharbeiten bereits der Entwurf zu seinem zweiten Film DER GOLEM (1914). Dieser Film, der übrigens verschollen ist, beruhte ebenfalls auf einer phantastischen Handlung um ein Halbwesen und stellte Wegeners Talent für Leinwandeffekte erneut unter Beweis. Wegener produzierte den Film mit Hilfe von Freunden und Kollegen und spielte auch die Hauptfigur des Golem; Henryk Galeen schrieb nach Wegeners Angaben das Drehbuch; Guido Seeber bediente wieder die Kamera und Rochus Gliese (Kostüme) unterstützte den Filmdekorateur Klaus Richter.

Die erste Version der jüdischen Sage von der Figur aus Lehm, die durch kabbalistische Techniken zum Leben erweckt wird, bot dem Regisseur neue Möglichkeiten, bisher noch Unverwirklichtes ins Filmbild zu bringen. Drehort war Hildesheim, wo manche Gassen und Winkel tatsächlich noch aus dem Mittelalter stammen und das diesem nostalgisch anmutenden Milieu genau entsprach. Die architektonische Staffage der gotischen Bauten projizierte die Magier- und Sterndeuteratmosphäre Rudolfs II., in die ein Untergrund von Historie und Mystik episch-sagenhaft verwoben war, weil Wegener geschickt einen utopischen Traum mit geheimnisversponnener Sinnlichkeit hereinbrachte. Dem entsprach die Dekoration mit ihren archaisch anmutenden, mitunter psychologischen Bezügen und Arabesken, die in ein mehr und mehr künstlerisch-stereoskopisches Universum ausartete, z.B. durch die übertriebene Beschäftigung mit Licht als Stimmungsfaktor seelischer Zustände und billiger Schauereffekte (Iris-Blende, Low-Key-Beleuchtung, bemalte Masken und Schattenwirkungen).

In diese Reihe von Märchen- und Sagenverfilmungen passen auch Wegeners Filme RÜBEZAHLS HOCHZEIT (1916), DAS HAUS DES YOGI (1916) und der RATTENFÄNGER VON HAMELN (1918). 1916/17 drehte Wegener einen weiteren Film nach Golem-Motiven: GOLEM UND DIE TÄNZERIN. Alle diese Filme sind aber eher ihrer phantastischen Themen als wegen ihres Dekors interessant. Wegeners letzte „Autorenfilme" gerieten besonders durch die Mitwirkung des bedeutenden expressionistischen Architekten Hans Poelzig zu wahren „Architekturfilmen": DER GOLEM — WIE ER IN DIE WELT KAM (1920) und LEBENDE BUDDHAS (1923/25). Letzterer wurde nie fertiggestellt, weil Wegener nach Verschwinden des Negativs kein Geld mehr besaß, um ihn zu vollenden. In diesem Film hatte Poelzig als Filmarchitekt in der Zeppelinhalle von Staaken eine reiche tibetanische Landschaft mit Tempeln und Häusern errichtet. Die exotische Architektur von LEBENDE BUDDHAS wich allerdings nur wenig von der romantisch-mittelalterlichen des GOLEM ab: die pittoresken Pagoden, die patronenförmigen Turmspitzen des Dalai Lama-Palastes und die Umfassungsmauern der Tempelstadt entsprachen haargenau dem „Formenrausch" bei der Golem-Stadt. „Nach Poelzigs Hommage an die Gotik, seine Verbeugung nun vor dem Fernen Osten", schrieb Wolfgang Pehnt (24).

In der Folge von GOLEM entstand eine Reihe von thematisch ähnlich gelagerten Filmen, die allen einen gemeinsamen Stil aufwiesen. Es ist ferner bezeichnend, daß in fast allen diesen Filmen dieselben Filmarchitekten mitwirkten. 1925 entstand unter der Regie von Arthur von Gerlach der Film DIE CHRONIK VON GRIESHUUS. Eindeutig hat GOLEM hier Pate gestanden. Der Bau der verquollenen Burg *Grieshuus* entstand nach Entwürfen von Hans

Poelzig; die Ausführung lag aber in den Händen von Robert Herlth und Walter Röhrig. Wie ihr Vorbild wirken die Bauten wuchtig, erdhaft und gedrungen. Sie deuten programmgemäß die Zeit der schweren, erdverbundenen Gebäude des Mittelalters und ihre „Schicksalshaftigkeit" an. Ähnlich ornamental stilisierte Bauten kommen in G. W. Pabsts Film DER SCHATZ (1923) vor, bei dem wieder Walter Röhrig und Robert Herlth als Ausstatter arbeiteten. In diesem einzigen stilreinen „expressionistischen" Film des realistischen Regisseurs G. W. Pabst wurden alle charakteristischen Formenelemente des Expressionismus aufbereitet: „Das Haus des Glockengießers ist niedrig, aufgedunsen, strukturlos, eine lehmartige Masse. Tief lastet die Decke, die Halle ist unheimlich dumpf wie ein Grabgewölbe; hier fühlt man das Vorbild des GOLEM am stärksten durch." (25)

1926 inszenierte Henryk Galeen einen zweiten STUDENT VON PRAG, der sich vom ersten nur darin unterschied, daß er die psychologische Wirkung mittelalterlicher Bausubstanz auf die Handlung noch stärker betonte. Anders als beim Vorgängerfilm von Paul Wegener/Kurt Richter bemühte sich der Ausstatter Hermann Warm bei diesem Remake weniger um realistisch-naturalistische Bauten als um phantastische Atelierbauten. Die labyrinthartigen und gedrungenen Studiobauten waren expressionistisch ausgeleuchtet und symbolisierten eine „Widerspiegelung seelischer Zustände". Auch die Ausstattung von DER STEINERNE REITER (1923) von Dr. Fritz Wendhausen, wiederum ein mittelalterlich-balladeskes Thema nach einer Idee von Thea von Harbou, ist lieblich-naiv wie in neoromantischen Bildern. Archetypisch-erdverbunden ist das aus „Schlumpfhäusern" bestehende Dorf um die Felsenburg des bösen Herrn. Wuchtig und drohgebährend hebt sich die morbid aussehende Burg vom Himmel ab.

Der Tod ist strukturell auch bei einer anderen Ausstattung gegenwärtig und überall präfiguriert: in DER MÜDE TOD (1921) von Fritz Lang. Mit seinem eher fragwürdigen Thema des unausweichlichen Schicksals der schwarzen Romantik entsprechend, evoziert der Film sehr suggestive Bilder eines Jenseits, die über das sonstige Blickfeld der Kamera hinausgehen und mit einer nihilistischen Unendlichkeit, die angesichts der Leere der Architektur nicht kitschig, sondern erschreckend wirken. Die Aura der Unendlichkeit und Endgültigkeit vom Ende des irdischen Lebens drückt sich hauptsächlich in der Großform und weniger im Detail aus: kahle Wände, riesige Zyklopenmauersteine, ins Nichts führende bildfüllende Treppenlandschaften, ein monumentales Leergebäude mit gruftähnlicher Aldo Rossi-Atmosphäre usw. Der Schritt vom überirdischen Lichtreich ins dunkle Nichts wird durch die ruhigen, fast statuarischen Gesten des Darstellers Bernhard Goetzke und die statischen Einstellungen noch zusätzlich unterstützt. Risse und symbolisch-überhöhte (spitzbögige) Öffnungen in massiven Mauern sind unheimliche Übergänge zwischen den Welten, den Reichen der Lebenden und der Toten. Ernst Bloch erkannte darin das „letale Ursymbol der Pforte", als er sich in den „Spuren" auf die Szene der großen Mauer im MÜDEN TOD bezog. Sonderbar, so Bloch, sei die Betroffenheit, „die das Tor überall hervorruft, wo es an Bildern und Geschichten erscheint; die Wand des Einschlafens und das Tor des Sterbens" (26).

Fritz Lang: DER MÜDE TOD (1921); Szenenphotos

„Wir wollten", sagte Fritz Lang über diesen Film, „Gespenstisches, Unwirkliches lebendig machen." (27) Hierbei stützte er sich auf die Aussage- und Suggestivkraft seiner Architektur-Bilder, wobei er viel „totes Gestein" und traditionell kunstgeschichtliche *memento-mori*-Anspielungen verwendete: erlöschende Kerzen, Ruinenarchitektur, Sanduhr, Friedhofsmauer etc. Durch symbolhafte Zeichen und „Stimmungen" der Architektur tritt das architektonische Wesen des Todes bereits in 7er Rahmenhandlung gleichzeitig mit dem personifizierten Tod als Sachwalter des Schicksals (Bernhard Goetzke) zutage. Dieter Bartetzko assoziierte mit dieser Architektur: „Eine zyklopische Mauer hält im buchstäblichen Sinn den Film und seine Botschaften zusammen. Sie umschließt nicht nur einen Friedhof und damit zugleich das imaginäre Reich des Todes, sondern hinter ihr sind auch die ewig gleichen Schicksale der Menschen gefangen, an ihr zerbricht jedes individuelle Aufbegehren. So wird im Lauf des Geschehens aus ihren scheinbar unendlich hohen und breiten Quaderschichten, ihrer jeden Widerstand abweisenden Undurchdringlichkeit ein Symbol ewigen Gleichmaßes, das Sinnbild eines Reiches von ewiger Dauer." (28)

DER MÜDE TOD — nur zwei Jahre nach dem Massengrab des I. Weltkrieges und während revolutionärer Gärung gedreht — ist zweifellos auch ein „deutscher Schicksalsfilm". Diese als endlos empfundene Mauer ist das bildliche Äquivalent zum Los der Deutschen vor dem Frieden von Versailles, durch den sie sich wie durch eine Gefängnismauer eingesperrt fühlten. Sie entspricht aber auch Fritz Langs obsessiven Vorstellungen von Macht — in diesem Fall der naturverbundenen Unausweichlichkeit des Sterbens. Ein immer wiederkehrendes Thema in vielen Lang-Filmen: das Schicksal des Menschen ist unabänderlich vorbestimmt und winzig gegenüber der Allmacht der Natur und — etwas versteckter — des Staates. Zurecht wird diese riesige, eiskalte Mauer, leinwandfüllend und erdrückend wie sie ist, als die *Schlüsselszene* des Films erkannt und bezeichnet: „Die Riesenmauer, die der Tod errichtete, verdeckt nicht nur den Horizont, sondern schließt parallel mit dem Bildfeld ab, so daß selbst durch Fluchtlinien die Ausdehnung der Mauer nicht abzuschätzen ist. Wenn das Mädchen davor steht, symbolisiert der Kontrast zwischen dem immensen Ausmaß und ihrer winzigen Figur, daß menschliches Flehen beim Schicksal kein Gehör findet. Diese Unzugänglichkeit wird zudem durch die unzähligen Stufen bezeichnet, die das Mädchen dem Tod entgegengehen muß." (29)

Vom „Caligarismus" unterscheidet sich DER MÜDE TOD im wesentlichen darin, daß Lang neue Raumwirkungen mittels Licht schaffen konnte, die weder graphisch noch räumlich, sondern ambivalent sind: sie sind in eigentümlichem Maße Raumauflösung oder metaphysische (surreale) Raumvorstellungen. Dazu bemerkte sehr richtig Klaus Kreimeier: „Das Mädchen, das durch diese Pforte schreitet, um den Geliebten aus dem Totenreich zurückzuholen, verschwindet in einer Tiefe von Licht. Dennoch ermöglicht dieses Bild kein Raumgefühl: die Kamera und unsere Augen können diesem Licht nicht folgen." (30) Dieser Nimbus aus Helligkeit ist ohne Tiefe; das Bild wirkt als Fläche. Im Gegensatz zu DR. CALIGARI dominiert beim MÜDEN TOD eine Archetypisierung der Formen und Gefühle aufs Wesentliche, d.h. die Verknappung ist nicht nur auf die Formen beschränkt, sondern auch auf die

Struktur, Ordnung und Funktionalität des Ganzen bezogen, inklusive der Filmerzählung.

In den Filmen von Fritz Lang bestimmt die Architektur als äußere Ordnung den Erzählraum, strukturiert den Erzählrhythmus und hat Einfluß auf die Montage und die Dramaturgie der Zeit. Grundformen (schwer – leicht), Rhythmus (langsam – schnell) und Verhältnisse (groß – klein) sind Lang wichtiger als Detaillierung und Dekorierung. So werden leinwandfüllende Mauern und endlos scheinende Treppentableaus zu bedeutungsschweren Allegorien: Hochstrebende Bündelpfeiler allein signalisieren das Heiligtum des Ortes, flackernde Riesenkerzen versinnbildlichen eindringlich das Schicksal, Winkel und Gewölbe verraten unterirdische Grabkammern. Aber Langs „Beseelung" der Architektur hat andere Funktionen als beim „Caligarismus": War die Ausstattung in Wienes Pionierfilm seelisches Spiegelbild eines machtbesessenen Irren, so setzte Lang diffiziler und kalkulierter expressionistische Stilelemente und Ornamente ein, um lediglich funktionale Bezüge zur Umwelt herzustellen und, wo es ihm vom Stoff und Gehalt der Erzählung her wichtig und legitim erschien, ein Weltbild zu konstruieren.

Seine Kritiker warfen ihm immer vor, er mache Formen zu Dekorationsmustern: Indem er sie isolierte und rein ästhetisch abheben ließ, „verfremdete" er sie von ihren realen Ursachen und Zwecken. Dieser Einwand mag generell stimmen, für diesen Film trifft er jedoch nicht zu, denn die Szenenfolgen der Bilder sind niemals aus dem erzählerischen und funktionalen Zusammenhang gerissen oder collageartig – wie bei den Surrealisten – losgelöst. Ihre vermeintliche Plakativität unterstreicht die bedeutungsschweren Metaphern der Episoden. Langs Formen sind ebenso visionär-kühn wie märchenhaft. Episoden und Architekturelemente kongruieren miteinander. Dies wird besonders deutlich bei der sorgfältig abgewogenen Gegensätzlichkeit von Intimität der kammerspielartigen Episodengeschichten von Bagdad und China und der Monumentalität der Rahmenhandlung. Reduziert auf wenige, aber immer wiederkehrende sofort erkennbare Chiffren und architektonische Zeichen (Pforte, Treppe etc.), unterliegen sowohl die Erzählstruktur im Narrativen („ein deutsches Volkslied in sechs Versen", so der Untertitel) als auch die Nuancierung des Dekors in den jeweiligen Versen dem melancholischen Dialog zwischen Mädchen und Tod (=der Fremde). Ein Beispiel: Der Tod, seines Amtes überdrüssig und bereits vom Schicksal gezeichnet, jammert: *„Ich bin es müde, die Leiden der Menschen mitanzusehen und hasse meinen Beruf!"*

Nicht unbedingt die Stilisierung und Reduktion der Architektur an sich war das Neue oder die besondere Leistung Langs in DER MÜDE TOD, sondern die psychologische Wirkung bzw. Phantastik des Raumes und der Reichtum der räumlichen Erfindung, eben Langs Gabe, diese Effekte für die Handlung wirkungsvoll umzusetzen. Von Max Reinhardts Theaterregie übernahm er einen bereits vorgeformten Fundus und ein Formenvokabular und entwickelte es dem Film entsprechend weiter. Besessen vom Schein und der Macht der Architektur, verstärkte er durch Reduzierung der Motive ihre ästhetische Aussagekraft und steigerte somit die Wirksamkeit von Architektur im Film. „Architektur für Lang", schrieb Frieda Grafe, „ist sichtbares Zeichen von Macht und

Zwang." (31) Lang griff diese Zeichen auf und übersetzte sie in Filmzeichen von unheimlicher Wirkung.

Die altdeutsche Eingangsszene entspricht dem stilisiert biedermeierlichen Dekor, während die sogenannte „venezianische" Szene das letzte Echo einer Renaissance-Malerei des vorherigen Jahrhunderts darstellt, genauer: „(Ein) von der Gründerzeit eingekleidetes, zurechtgestutztes und mit Belle Epoche-Schnörkeln verziertes *Imago* der Renaissance." (32) Tafelbildartig werden Szenen eines Karnevalszuges mit dämonisierten Schatten über eine Treppenflucht stürzend gezeichnet; ebenso wird der vergangene Glanz prächtiger Paläste und Feste im fluoreszierenden Licht der schwülen Salonmalerei des Historismus ausgestrahlt, alles Symptome der Rückschau auf den morbiden Geist der Neo-Romantik der Jahrhundertwende. Nur die arabischen und chinesischen Bildfolgen sind anders, märchenhafter: phantastische Exotik in Verbindung mit Langs Sammelleidenschaft für kuriose orientalische Kunst. Sie sind gespickt mit Zauberkunststücken und entsprechen in ihrer Plakativität einer vordergründigen Kitschpostkarten-Romantik. Oder, wie Dieter Bartetzko ironisch bemerkte: „Eingängig chinesisch wie billiges China-Porzellan." (33) Doch allein schon durch die offensichtliche Travestie der Architektur kann kein Zweifel bestehen, daß es sich um kein orientalisches bzw. fernöstliches Märchen handelt – die Architektur wurde entsprechend surreal-bizarr verfremdet.

Gerade diesen Illusionismus beurteilten die Kritiker negativ, denn wie ein damaliger Rezensent des Films 1921 bemerkte: „Ein deutsches Volkslied handelt nicht von Kalifen und Chinesen", und die Symbolik sei „unklar, befremdend und unverständlich." Nur die Nationalisten sahen das traditionelle Bild ihrer Sagenwelt durch diesen Humbug gefährdet. Der Film wirkte wohl auf den Amerikaner Douglas Fairbanks ganz anders, der die Rechte für den Verleih gekauft hatte, um ihn solang unter Verschluß zu halten, damit er ihn studieren konnte. Er kopierte einige Episoden und Zaubertricks der chinesischen Szene (Zauberpferd, fliegender Teppich, Dschinn-Geist und Tempel-Liliputanerarmee), um sie für seinen eigenen Film DER DIEB VON BAGDAD (1924) zu verwenden.

Orientalismus – Exotische Welten als expressionistische Phantasie

THE THIEF OF BAGDAD löste eine Welle des Orientalismus im deutschen Stummfilm aus. Den Beginn machte Paul Leni mit DAS WACHSFIGUREN-KABINETT (1924). Der Film war Ausläufer einer noch jungen Tradition üppiger historisierender und märchenhaft-pittoresker Filmarchitektur im sogenannten „Kolossalfilm" (z.B. SUMURUN von Ernst Lubitsch nach Motiven von Max Reinhardt) und der orientalischen Episoden in DER MÜDE TOD (1921), SALOME (1922), SODOM UND GOMORRHA (1922) bzw. noch früher, der italienischen Antikenfilme QUO VADIS? (1913), CABIRIA (1914) etc.

Regisseur Paul Leni, der zunächst als Filmarchitekt, Illustrator, Kostümzeichner und Dekormaler auch bei Max Reinhardt tätig war, kam vom Trivialfilm zum Expressionismus. Bereits in seinen früheren Arbeiten fürs Theater

118

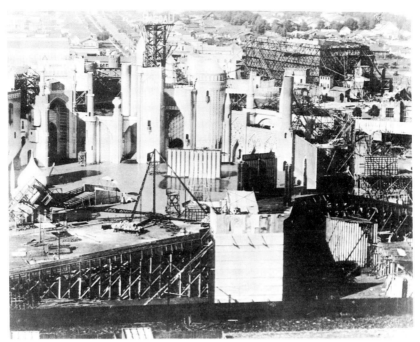

Raoul Walsh: THE THIEF OF BAGDAD (1924); in Hollywood erbaute Filmkulisse

(1001 Nacht, Sechs Nächte des Harun al Raschid) und Kabarett *(Die Gondel)*
häuften sich für Leni typische optische und thematische Orientmotive, die ihn
über einige Jahre begleiteten und die er erst in seinen Filmen wirklich realisieren konnte. Für seinen berühmtesten Film DAS WACHSFIGURENKABI-
NETT nahm zwar Fritz Maurischat die Ausführungen der Dekoration vor,
aber Leni war der eigentliche Schöpfer der Filmbauten.

Der Film enthält drei (ursprünglich vier) Episoden: eine „russisch-mittelal-
terliche" – *Iwan IV;* eine „arabische" – *Harun al Raschid;* eine „chinesische"
– *Kaiser von China;* und eine „zeitgemäße" Rahmenhandlung – *Jack the Ripper.* Mißverständlich mag für viele die Tatsache erscheinen, daß die bauliche
Stilisierung eines Märchen-Bagdads nicht mehr für „verrückte", ekstatische
Szenen und Handlungen angewandt wurde, sondern durchaus pittoreske,
frivole, humorvolle Elemente beinhaltete und auch für jovial-lüsterne Themen
geeignet war (34). Entgegen der allgemein vertretenen Meinung halte ich auch
diese exotisch-bizarre Ausstattung für expressionistisch. Im Stil einer bösen
Satire baut sich ein barockes Bagdad auf, über das der Darsteller Emil Jannings
als dickbäuchiger Kalif *Harun al Raschid* herrscht. Die Architektur im Film
entspricht mit ihrer kindlich-naiven Verspieltheit und durchaus heiteren
Stimmung dem selbstironischen Herrscher, der die Travestie eines Tyrannen
ist. Sein architektonisches Sinnbild sieht man zu Beginn als übereinanderge-
türmte Kuppeln, runde Formen und üppige Dekorationen. Bezaubernd naive
Kuppeln, hufeisenförmige Torbögen und verschlungene Treppen bilden den
„malerischen" Hintergrund, vor dem die Geschichte des Pastetenbäckers
Assad und seiner frivolen jungen Frau Maimume spielt. Stereotypisch ergänzen hohe, magere Palmen das Bild vom Film-Orient.

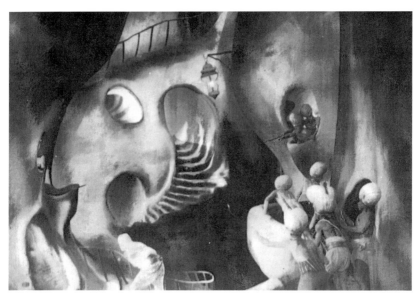

Paul Leni: DAS WACHSFIGURENKABINETT (1924); Harun al Raschid-Episode (Modell von Ernst Stern)

Man sieht hier deutlich, wie Reste der Ornamentik vom Schauer- und Groteskfilm selbst in diesem stilreinen „expressionistischen" Film noch vorkommen bzw. übriggeblieben sind. Trotz der Anspielungen auf den viel berühmteren CALIGARI im Titel, in der Besetzung oder der Wahl des Schauplatzes am Anfang des Filmes, die automatisch Vergleiche aufdrängen, ist DAS WACHSFIGURENKABINETT eher die Fortsetzung bzw. Erweiterung des CALIGARI-Experiments mit anderen Mitteln. Leni verfiel auch nicht in einen „Caligarismus", denn seine Botschaft ist realistisch: im Gegensatz zu CALIGARI, dessen Widerhall in der letzten Episode *Jack the Ripper* allerdings wieder sehr stark ist, dient hier der Jahrmarkt keineswegs mehr nur als abstrakter Hintergrund – er ist zum Vordergrund, ja zum Bestandteil des Bildes geworden, der zu spukhaften Visionen verleitet. Mit Conrad Veidt in der Maske von *Iwan IV.* (genannt der „Schreckliche") beginnt die zweite Episode. Wieder finsteres, aber reales Mittelalter: lastende Decken, geduckte Rundportale, düstere Wandmalereien, grausame Schatten unterstreichen die dämonische Atmosphäre des (historischen) Verlaufs (35). Der dekorativ wichtige Teil über den Räuberführer *Rinaldo Rinaldini* kam aus Geldmangel nicht zur Ausführung. Aus demselben Grund und um Kosten zu sparen, entstand die alptraumhafte Schlußsequenz mit *Jack the Ripper* nur durch Bemalung von Kulissenwänden und Fußböden. Diese wahre Geschichte, als Traumerlebnis mit Schatten/Licht, weichen Überblendungen bzw. Verschwommenheit und verzerrten Dekormalereien wie bei CALIGARI behandelt, weicht bildlich am extremsten von den beiden vorangegangenen Episoden ab, sie bleibt aber dennoch „sachlich". Erinnern im russischen Teil die grotesken Formen der Kirchenkuppeln noch an die Zwiebeltürme von Bagdad, so lassen die schiefwinkeligen Türen und Fenster, die bedrohlichen Zacken, schrägen Linien und Flächen der Dachkammer des Dichters mit den ornamental stilisierten Bauten vorangegangener

Szenen keine Ähnlichkeit mehr erkennen. Eine Glanzleistung der ausführenden Kulissenbildner Fritz Maurischat und seinem Assistenten Helmar Lerski ist die expressionistisch verzerrte Dachkammer, anfangs noch ein real wirkender Bau für den Auftritt des Massenmörders. Die Architektur entspricht aber hier nicht mehr allein den Vorstellungen oder ekstatischen Ausbrüchen eines vereinzelten, kranken Irren, sondern spiegelt auf das vollkommenste die Atmosphäre eines objektiv erlebten Alptraums wider, der unter der Herrschaft des Tyrannen auf jedem lastet. Hier wird die Architektur zu einem Sinnbild für willkürliche Terrorherrschaft und Unordnung moralischer Verhältnisse.

Was in der Wachsfigurenkammer üblicherweise amüsant und grotesk-putzig wirkt, wurde in der filmischen Bearbeitung der „Lebensbiographien" grausamer Herrscher und Psychopathen zu einem schaurigen Panoptikum mit realpolitischen Bezügen. Dennoch fällt es schwer, von einer Präfigurierung bzw. Prophezeiung kommender politischer Verhältnisse zu reden, weil es sowohl dem Regisseur als auch dem Drehbuchautor fern lag, politische Analogien zu ziehen. Trotzdem sind die Figuren – vielleicht gerade weil sie aus Wachs sind und nur Charaktermasken darstellen – gar nicht so der Wirklichkeit entrückt, wie dies die Architektur ist. Die Figuren wurden nach der Wirklichkeit geformt; die Architektur hingegen stammt aus der Phantasie, die jegliches Raum- und Zeitempfinden lahmlegt. Zeitenthoben sind Schauplätze und Epochen durcheinandergemischt, alle Spielarten der formalen Gestaltung und Stilisierung wurden durchexerziert. Aus dem zerstückelten kulturgeschichtlichen Bewußtsein des europäischen Zuschauers entstanden Bauten mit grotesken Proportionen und Formen, die aber erst im Exotizismus bzw. Historismus ihr Ventil fanden. Entsprechend dem Charakter der Epochen wurden verschiedenartige – aber doch verwandte – expressionistische Kniffe der Beleuchtung und Darstellungsstil sowie reduktive Raumelemente eingesetzt, die eine klare Analogie zum jeweiligen Tyrannentypus und seiner Zeit darstellen. Durch die Klarheit der dekorativen und darstellerischen Führung wurde eine gespenstische Phantasmagorie geschaffen, die – weil sie so „exotisch" anmutet – noch zwingender „realistisch" war als alles andere im „expressionistischen" Film.

Ein anderes Beispiel für den exotisch-visionären Expressionismus ist der deutsch-französische Film GEHEIMNISSE DES ORIENTS (1928) vom Exilrussen Alexander Wolkow. In seiner Version des Märchens von *1001 Nacht* spricht dieser Film gleichermaßen Liebhaber des amerikanischen Glamoursurrealismus der Welt der Disney-Studios wie Bomarzos an. Auffallend an dieser Produktion ist sowohl die kindliche Naivität als auch die künstlerische Raffinesse in der Erfindung von Formen. Die Filmarchitektur dieses orientalischen Märchens sollte als lebendiges Wesen betrachtet werden, das wie ein natürlicher Organismus wächst. Diese Architektur vollzog den Schritt weg von der kristallin-harten Welt der Kontraste und Kanten bei CALIGARI hin zu vegitableren Formen, also zum plastischen Kaleidoskop des Orientalen. Ihre physiognomischen und anthropomorphen Eigenschaften sollten ein neues Zeichen sein für den, der sie zu lesen verstand: den Naturmystiker. Filmarchitekt Iwan Lochakow und seine Mitarbeiter gestalteten eine teigig-weiche Architekturutopie voll organhafter Anspielungen mit embryonalen Wölbungen, Laibungen, Rundungen, Wohnhöhlen, Zwiebeltürmen, Blütenkelchen und Schnekkengebilden. Die Gegenüberstellung einer statuarischen Kinoarchitektur mit einer dynamisierten entsprach nicht nur dem am Versinken begriffenen Jugendstil, sondern auch dem damals aktuellen und populären Expressionismus. Aber anders als beim modischen „Caligarismus" war diese höchst modellierte Architektur eine unbeschwert-heitere, organische, ja „anthroposophische". Ihre Metaphorik war weit weniger negativ besetzt als beim klassischen deutschen Stummfilm. Ihr Schwerpunkt lag in der harmonischen Verbindung unregelmäßiger und eklektischer Teile, also in der Überführung willkürlich „wachsender" Elementteile ineinander unter Wahrung harmonischer Proportionen in den Teilen und im Gesamtkomplex. Die Filmarchitekturen und Modelle sind anthroposophischen Mustern nachempfunden. Überhaupt fällt hier der Bezug zu Rudolf Steiners *Goetheanum* in Dornach/Basel (1928 vollendet) auf. Ebenso ist ihre Realitätsferne in Konstruktion und Funktion dem malerischen Expressionismus (Hermann Finsterlin) verwandt. Dennoch gelingt es den Modellbauern Minine und Wilcke nicht, mit ihrer Werkstattarbeit *Albatros* ihre Vorbilder zu übertreffen. Sie schlagen wesentliche Motive an, ohne aber jemals die Ebene der Trivialität und des regressiven Kitsches zu verlassen.

Nibelungen-Kitsch

Die Nähe zum Kitsch ist auch bei Fritz Langs NIBELUNGEN-Epos bemerkbar. Pathos durchweht SIEGFRIEDS TOD (1922), den ersten Teil, und auf der Schönheit der Filmbilder lastet ein Hauch von Tod und Versteinerung. Klaus Kreimeier schrieb in seiner Studie über Fritz Lang: „In DIE NIBELUNGEN offenbaren der seit der Jahrhundertwende propagierte *Wille zum Stil'* und die so heiß ersehnte *grandiose Auffassung der Geschichte'* ihr intimes Verhältnis zum Tod. (. . .) DIE NIBELUNGEN (sind) eine Angelegenheit des Materials, vor allem aber eine Struktur: es herrscht die reine Linie, die Zentralperspektive, die rhythmische Aufteilung von Raum und Zeit als Prinzip der Bildmontage." (36)

Wie kein zweiter Film ist SIEGFRIEDS TOD ein Werk des verhinderten Architekten Fritz Lang: Die erdrückende Ordnung und die Schwere des Dekors scheinen geheime Verfügungsmacht über die Menschen und ihre Schicksale zu gewinnen; Personen sind Fortsetzung und Teil der Raumsymmetrie (Aufmärsche, Zeremonien, Einzug der Burgunder in „geometrisierter" Massenchoreographie!); monumentale Festhallen, Arkaden, Torbögen verwandeln die Gestalten zu Ornamenten. Und tatsächlich ist es so, wie Frieda Grafe schrieb: „Der Dekor verschlingt sie; der Dekor wird ihr Grab." (37) Ja, selbst die Natur wird zur feierlichen Architektur inszeniert: dank den Filmarchitekten Otto Hunte, Erich Kettelhut und Karl Vollbrecht wandelt sich ein Wald zu einem Dom und Siegfried reitet zwischen den Zementpfeilern des Studiowaldes. Wie der Wald sind auch die Menschen Teil einer starren Struktur, die die Natur beherrschen will. Die geballte und disziplinierte Aggressivität der Bilder ist eine Abstraktion von Gewalt und bedingungsloser Herrschaft. „Le-

Fritz Lang: DIE NIBELUNGEN/1. Teil (1922); die Burg zu Worms

bendige Architektur", wie z.B. in der Szene, in der Brunhilde auf einer aus
Kriegern gebildeten Schiffsbrücke zum Festland schreitet; die versteinerten
Zwerge an der Schatzurne Alberichs oder Siegfrieds Einzug in die Halle – derart aufgenommen, daß das Zick-Zack-Muster auf den Waffenröcken der Krie-
ger zu einem einzigen gebändigten und erstarrten Flächenmuster wird. So entsteht im Lang'schen Heldenepos das Gefühl von Unwirklichkeit, Ferne oder
Ewigkeit. Die Welt der Ritter ebenso wie die des burgundischen Hofes sind
geschichtlich und örtlich der Historie entrückt und wurden restlos in
den Bereich des Heraldischen und Hieroglyphen verwiesen, wobei aber Lang
Bezüge zur Gegenwart nicht gänzlich vernachlässigte. Was die Nationalsozialisten von Langs „Pathosformel" gehalten haben, ist bekannt, und auf
den Reichsparteitagen der NSDAP wird Langs Filmstil und Lichtgestaltung in
die Dimension inszenierter Realität übergehen. Lang wollte jedoch, ohne
ihm nationalsozialistisches Gedankengut zu unterstellen, lediglich einen deutschen Schicksalsfilm inszenieren, in dem der Mensch machtlos vor seinem
Schicksal erscheint– als willenloser Teil einer monumentalen, feierlichen
Architektur. Darin stand er, sehr deutsch, in der Tradition der Romantik mit
ihrer Neigung zur Melancholie und Selbstvernichtung.

War die „Versteinerung" das grundlegende Thema des ersten Teils, so könnte man dem zweiten Teil, KRIEMHILDS RACHE (1924), ruhig den Titel
„Vernichtungsorgie" geben. War Stein das Leitmotiv des ersten Teils, so sind
Feuer und Höhle/Hölle der Leitfaden im Geschehen des zweiten Teils. Selbst
ein stilisiertes Szenarium des Untergangs wird inszeniert. „In der Mordorgie
droht alle Geometrie, alle heraldische Ordnung zu zerbrechen," (38) schrieb
Klaus Kreimeier und meinte den Gegensatz der Welten der höfischen Burgunder und der Horden der Hunnen. Dem pan-germanischen Wunschdenken entsprechen die ornamentalisierten Räume und stilisierten Kostüme; die feine zivilisierte Lebensart steht im Gegensatz zu dem wilden, barbarischen Treiben

Szenenbild aus DIE NIBELUNGEN /2. Teil (1924); Hagen und Volker halten Nachtwache vor Etzels Gästehaus

der Hunnen, die in primitiven, gedrungenen Erdhöhlen wohnen und in Fellschürzen herumlaufen. So wie die Nibelungenburg, der Dom von Worms oder Gunthers Thronsaal entweder direkt auf staufischen Urbildern *(Castel del Monte,* Barbarossas *Aula Regia)* oder wilheminischen Vorbildern (Bismarcktürme, Bavaria- und Tannenberg-Ehrenmäler) beruhen, greifen die Bauten der Hunnen auf archaische und gegen-zivilisatorische Wurzeln zurück. Die Welt der Germanen ist die des Lichtes; die der Asiaten eine Welt der ewigen Dunkelheit. Die prismatisch-kristallinen Burgen mit ihrer mineralischen Härte und Geometrie entspringen — überspitzt gesagt — ihrer Natur nach einer Lichtvision der Neo-Romantiker; das Reich des Hunnenkönigs wurzelt in der schlammigen Dunkelheit vor der Menschwerdung. Die genau entgegensetzte Tendenz zur Lichtarchitektur der Germanen ist die Höhlenarchitektur der Asiaten mit ihren labyrinthartigen, massigen und gedrungenen (unterirdischen) Bauten. Diese prähistorische Architektur sucht eine allseitige Umschlossenheit und materielle Dichte, Erdlöchern und Schlupfwinkeln gleich, wo das Dunkle, Schützende und Mächtige der Natur das Geheimnisvolle im Sinne von Undurchdringlichkeit in sich birgt. Von dieser Natur soll die Germanenwelt vernichtet werden. Aus diesen dunklen, undurchsichtigen und undurchdringlichen Höhlen der Hunnen drohen Unordnung und Zerstörung der Nibelungenkultur.

Neben der Höhle spielt noch ein weiteres Motiv in der barbarischen Welt von Etzel eine Rolle: das Labyrinth. Gefangen in dem unterirdischen Raumkontinuum unterhalb der Burg wird das Höhlenlabyrinth zum Massengrab der Burgunder. Aber nicht das Dekor verschlingt sie, sondern sie werden durch das

Feuer vernichtet. In der Flammenapokalypse am Schluß werden zwei mythologische Sachverhalte der Romantik in Einklang gebracht: Vernichtung und Wiedergeburt (Wiederherstellung). Der Soziologe Siegfried Kracauer hat unter Verweis von Architekturmotiven und regelmentierenden Mustern („Ornament der Masse") von einem Weihfestspiel der Vernichtung gesprochen und zog Rückschlüsse auf präfaschistische „Kollektivdispositionen" des deutschen Volkes, die das NS-Regime später fürchterlich zum Ausdruck brachte. (39)

Ver Sacrum und Totenkult

Neben dieser romantisch-morbiden Grundstimmung sind auch die Filmbilder von den NIBELUNGEN auf die denkbar knappeste und einfachste Formel der romantischen Historienmalerei reduziert (40). Beide Teile des Films nehmen symbolische Gestalt in Szenen an, die nach Gemälden der bildenden Kunst der Jahrhundertwende inszeniert sind. Die Entwürfe von Hunte, Kettelhut und Vollbrecht sind eklektizistisch: die Stilisierung erinnert an die Phantastik des Symbolismus oder Impressionismus der Jahrhundertwende. Ebenso sind viele Jugendstil-Reminiszenzen, z.B. an Franz von Stuck, Ferdinand Khnopff, Arnold Böcklin oder Max Klinger, vorhanden. Besonders lebhaft erinnert die Szene der jungen Birken rings um die Quelle, an der Siegfried ermordet wird, an Böcklins berühmtes Bild „Der große Pan". Die Gestaltung anderer Szenen im Wald sind mit Max Reinhardts Bühnenlandschaft zum „Mittsommernachtstraum" verwandt und von Gemälden Heinrich Vogelers und Gustav Klimts inspiriert. Die Szene, in der bekränzte Jünglinge König Etzel umtanzen, könnte von Fidus (Hugo Höppner) oder der lebensreformistischen „Worpswede-Gruppe" stammen. Siegfrieds Ritt nach Worms durch den bezaubernden Studiowald ist, wie Lotte H. Eisner hinwies, sogar ein wörtliches Zitat: Böcklins „Schweigen im Wald", dessen Ausschnitt „Nymphe auf dem Einhorn" heißt.

Immer wieder wird in der Literatur in diesem Zusammenhang darauf hingewiesen, daß Lang Maler war und — wie die vielen Bildreferenzen an Gemälde bezeugen — in den NIBELUNGEN sich gänzlich vom Malerischen inspirieren ließ. Wer den Film jedoch genauer kennt, weiß, daß genau das Gegenteil wahr ist: Die Filmbilder der NIBELUNGEN kehren entschieden von der Flächigkeit und Ausschnitthaftigkeit des Gemäldes ab. Lang „klebte (wenigstens hier) nicht am Gemälde" (41),,sondern verstand es, plastisch-architektonisch zu inszenieren: die in Szene umgesetzte Architektur greift über den ganzen Raum und ist sogar durchdrungen von (bekannten) Baudenkmälern. Genauso wie der Vergleich mit Ikonen in manchen Fällen zulässig ist, lassen sich eine Reihe von architektonischen Leitmotiven (und vor allem wörtliche Anleihen) in der Baukunst finden: so erinnert das erdverbundene, erdentwachsene Gästehaus von Etzel in KRIEMHILDS RACHE an eine Variante des Potsdamer *Einsteinturms* (1921) von Erich Mendelsohn; die Höhlen, Nischen und unterirdischen Gänge — höchst plastisch — in Etzels Burg erinnern an Hermann Obrists „architekturplastische Studien" (ca. 1908); das Portal und die mächtige Freitreppe vor dem Dom zu Worms in SIEGFRIEDS TOD gleichen haarscharf Josef-Maria Olbrichs Darmstädter *Mathildenhöhe-Atelierhaus* bei dessen feierlicher Eröffnung (mit dem messianischen Spektakel „Das Zeichen" am 15. Mai 1901) und schließlich zeigt die Burg Etzels Anklänge an Peter Speeths streng-archaisches Sockelgeschoß beim *Frauenzuchthaus* Würzburg (1809) in bezeichnendem absolutistisch-deutschen Neo-Renaissance-Eklektizismus.

Auch in den Grundformen von Burg, Gruft und Sakralraum — wie sie vor allem im ersten Teil noch vorkommen — oder in deren „amorpher" Antithese des zweiten Teils ist die Verwandtschaft einerseits zum monumentalen wilhelminischen Reichsstil mit seiner Vorliebe für antikisierenden Rustikalismus (Wilhelm Kreis, Peter Behrens etc.), andererseits zum mystisch-gotisch inspirierten Expressionismus (Dominikus Böhm, Antonio Gaudi, P. V. Jensen-Klint) offensichtlich. Eine Verwandtschaft zur „biogenetischen" Architektur eines Hermann Finsterlin bzw. zur „germanischen" Formenwelt eines Bernhard Hoetgers ist unübersehbar. Auch Mobiliar und Requisiten könnten Bernhard Hoetger oder dem Bildhauer Ernst Barlach entlehnt sein; Brunhildes Burg zitiert Bruno Tauts alpine Kristalldome, und der gedrungene Rundbau von König Etzels Burg erinnert an Hans Poelzigs oder Rudolf Steiners Architektur.

Der merkwürdige Versuch, die Geschichte des „zeitgenössischen Bauens" in einer Rückschau aufzuarbeiten und unter einen Hut zu bringen, war bestimmt nicht Langs alleiniges Verdienst, obwohl erst der Film die Einzelteile und Zitate zusammenschließt. Ohne Zweifel hat die Regie wesentlichen Anteil an der Wirkung dieser Bildarchitekturen, aber ob Lang tatsächlich auch so stark für das Dekor verantwortlich war, wie das immer wieder in der Literatur behauptet wurde, ist anzuzweifeln. Meiner Meinung nach haben die Filmarchitekten Otto Hunte, Erich Kettelhut und Karl Vollbrecht das Aussehen von NIBELUNGEN ebenso ausschlaggebend bestimmt. Langs „architektonische" Sprache jedoch brachte alle diese Elemente zur Rekonstruktion und Vergegenwärtigung eines Mythos zusammen. Trotz Vergangenheitsbezug und Entrückung der Geschichte in abstrakte Bilder ist der Film in jeder Phase gegenwärtig. Emporgehoben auf den „Sockel der Stilisierung" (Siegfried Kracauer), erheben weder die vom übermächtigen Schicksal „versteinerten" Menschen, noch die monumental-pathetische Steinarchitektur einen Wahrheits-, sondern bloß Wahrscheinlichkeitsanspruch. Der Nibelungen-Habitus des unausweichlichen Schicksals findet seine ästhetische Entsprechung in dem nekrophilen Ewigkeitsausdruck der Steinarchitekturen (42). Im NIBELUNGEN-Film wird ausgesprochen, was Hitler, Goebbels und Konsorten fühlten („ein Film der deutschen Treue") und angedeutet, was wenig später zu einer Realität des Dritten Reiches gehörte: Kriegerdenkmäler, Ordensburgen, Ehrenhallen, Gräbermonumente und Krypten. Der Film als Massengrab-Ankündigung.

Die drei-dimensional gedachte und gebaute Komposition von Zentralperspektive, Symmetrie und plastischer Raumaufteilung seiner Filmarchitekten verschmolz Lang mit den Mitteln des Films (Kamera, Beleuchtung, Montage, Regie) zu einer Einheit, die neue monumentale Bildwirkung und plastische Formen erzielte. Zum ersten Mal wurde versucht, ins wirklich Räumliche vorzustoßen, und nicht bloß in flächigem Raumillusionismus zu schwelgen. Das Problem des Raumes im deutschen Film wird im folgenden noch weiter zu untersuchen sein.

Lichtmystik

Spätestens seit Fritz Langs NIBELUNGEN (1922/24) wußte man von der Wirkung der „Lichtarchitekturen" (bzw. Lichtsymbolik) im deutschen Stummfilm. Denn neben der architektonischen und ideologischen („germanischen") Ebene dieses Films gibt es eine weitere Symbolebene, die für die Wirksamkeit von DIE NIBELUNGEN spricht: die lichtdramatische Einstellung der Kamera.

Zur Vorgeschichte: es entsprach der Logik des Ateliersystems der *Ufa*, ein extrem stilisiert-künstliches Filmwerk zu schaffen, bei dem weder Realität noch Zufall in die Szenen eindringen konnte. Deshalb entschloß man sich, ausschließlich bei künstlichem Licht zu drehen. Bereits um 1920 bedeutete es für versierte Kameramänner kein Problem mehr, zarteste *Grisaille*-Nuancen trotz Schwarzweiß-Photographie abzubilden. Im Gegensatz zu den meisten Kulissen ihrer Zeit waren die Kulissen der NIBELUNGEN farbig und nicht in den üblichen Grautönen (mit denen man böse Überraschungen bei der Umsetzung von Farbwerten in die Schwarzweiß-Skala vermeiden wollte). So perfekt arbeiteten die avancierten Kameraleute und Lichtgestalter, daß sie ohne weiteres malerische *Grisaille*-Werte im gesamten Kontrastumfang auf Film bannen konnten. Überdies belebte die Farbgebung Akteure und Regisseure. Fritz Langs Lob für seinen Kameramann Carl Hoffmann verdeutlicht, wie und wozu der technische Aufwand an Lichtscheinwerfern, Spiegeln, Reflektoren und sorgfältig bemalten und ausgeführten Kulissen zur Stilisierung diente: Lang erinnerte sich später, daß alles, was er sich als Maler vom Bildhaften der NIBELUNGEN erträumt hatte, Hoffmanns ausgeklügelte Licht- und Schattengebung wahrgemacht hatte. Michael Tötebergs Bemerkungen in einer kürzlich erschienenen Lang-Monografie bestätigen dies: „Das Magische von Figuren und Raum wird gesteigert durch eine artifizielle Lichtdramaturgie, die den symbolischen Bildaufbau unterstreicht und sogar der Logik naturalistischer Lichtführung widersprechen kann. Es gibt Einstellungen, in denen keine reale Lichtquelle sichtbar ist; das Licht scheint von Siegfried auszugehen, und helle Flecken an Wänden und Deckenbalken wirken wie Reflexe dieser magischen Lichtquelle." (43) Der Filmkenner Eric Rohmer meinte zur Lichtdramaturgie bei den NIBELUNGEN: „Allein durch ihr Licht sind sie absolut modern, die Bäume im Odenwald leuchten von innen wie Neonröhren (sic)." (44)

Lang wollte Magie vermitteln, deshalb entschied er sich, jene wohl berühmteste Szene des Films, den Ritt durch den „steinernen" Wald, ausschließlich im Filmstudio zu drehen. Die geraden Gipsstämme des Zauberwaldes und am Atelierboden ausgestreute Waggonladungen von Salz sollten die Illusion eines verschneiten, erstarrten Waldes erzeugen, der durch die Anspielung hochstrebender Bündelpfeiler einen Sakralraum vortäuschen sollte/konnte. Um die innewohnende Phantasie dieses ohnehin gewaltigen Bildes zuzuspitzen, dämmert der Waldboden im apokryphem Halbdunkel mit aufsteigenden Nebel-schwaden. Realitätsentrückter war das Epos der Germanen nicht anzusiedeln.

Erich Kettelhut erinnerte sich: „Auf dem Gelände wurde mit dem Bau des Waldes begonnen. Ich sage bewußt ‚Bau', denn dieser Wald war nicht gewach-sene Natur, sondern ein von geheimnisvollen Kräften erschaffener Dom, des-sen über zwei Meter im Durchmesser betragende Raumpfeiler sich astlos in ein dämmriges Dunkel reckten. Einzelnen breiten Sonnenbahnen gestattete das nie sichtbare Laubdach, das Dunkel zu erhellen. Über diesen Wald ist bei Regiesitzungen lange diskutiert worden. Von vornherein war klar, daß es sich nur um einen stilisierten Wald handeln konnte, um die Einheit der Bildfolge nicht zu zerstören. Ich halte das für eine der obersten Regeln, von denen sich jeder Gestalter einer Filmausstattung leiten sollten, nie einem Stilbruch zuzustimmen." (45)

Regisseur und Architekt zugleich, war Lang bei jedem Akt darauf bedacht, die Übergänge der Episoden sowohl vom Stofflichen als auch vom Architek-tonischen her fließend zu gestalten. Auch eine Bemerkung von Lotte H. Eisner bezeugt, daß Langs Lichtregie weit mehr Wirkung und Strenge erzeugte als die „reale gebaute" Architektur (46). Das grelle Studiolicht offenbart mehr das Mystisch-Atmosphärische der Architektur, jedenfalls mehr als detailgetreue Zitate und mit primitiven Mustern ornamentierte Räume und geheime Zei-chenbotschaften auf fast schmucklosen Gemäuern. Für die Architektur hat diese Beleuchtung die Konsequenz, daß die Bauteile „leuchten" und noch eindringlicher wirken, weil mit Hilfe der kontrastreichen Licht-Schatten-Gebung die Formen überzeichnet wurden. Die symbolistische Ausleuchtung erhielt auch ihre Entsprechung in der strengen Polarität von Gut und Böse. Entsprechend den unterschiedlichen, sich bekämpfenden Charakteren typi-siert das Licht sie in Hell (Siegfried, Kriemhild), Dunkel (Hagen, Brunhild), Schwarz (Etzel und die Hunnen) und Grau (Gunther). Siegfried und Kriem-hild agieren in weißen Kostümen, von einem Glorienschein umhüllt; Hagen und Etzel sind schwarz gekleidet und repräsentieren eine Welt der Finsternis. Der Gegensatz dieser Welten ist ebenso auf die Architektur übertragen: wäh-rend die Burgunder im flatternden Hell der Jupiter-Scheinwerfer Lichtdome, kristalline Burgen und Zeremonienhallen bewohnen, verharrt das Reich des Barbaren Etzel in düsteren Festungen mit unterirdischen Gängen und dämo-nisierten Schatzkammern in ewiger Dunkelheit. Der Kontrast von Okzident und Orient ist nirgendwo so kraß wie bei der Gegenüberstellung der architek-tonischen Elemente und ihrer Bedeutungen. Dem „christlichen" Glauben der Burgunder entspricht der lichterfüllte Wormser Dom mit seinem zentralen Altarblock; das wilde Treiben der Hunnen dagegen wird von erdnahen Bauten mit heidnischen Symbolen reguliert. Es läßt sich beobachten, daß die Ausstat-ter „vier vollkommen in sich abgeschlossene, einander fast feindliche Welten" bauten (47).

Vermehrt kommen auch formalistische Schattenwirkungen und -gestaltun-gen ins „expressionistische" Kino: den Beginn dieser neuen Raumästhetik macht Arthur Robinson mit SCHATTEN (1923). „Auf weite Strecken ist SCHATTEN nichts als ein Triebfilm, was aus der dezidierten Rolle erhellt, die dem Spiel von Licht und Schatten in ihm zukommt, aus deren wunderbarer

Leopold Jessner: DIE HINTERTREPPE (1921); malerische Stimmung durch die Kulissen von Paul Leni

Fluktuation dieses ungewöhnliche Drama zu entstehen scheint." (48) Hauptsächlich durch das mystische Hell-Dunkel-Verfahren des „Caligarismus" passen die ansonst nur in geringem Maße als „expressionistisch" zu bezeichnenden Filme wie DIE HINTERTREPPE (1921), SCHERBEN (1921), DIE STRASSE (1923) und DER LETZTE MANN (1924) dennoch zu dieser Klassifizierung. Zwar finden wir in diesen Beispielen wie auch in den Filmen ORLACS HÄNDE (1924), DER STUDENT VON PRAG (1926), ALRAUNE (1928) und sogar in METROPOLIS (1926) vorwiegend naturalistische Umweltgestaltungen, aber die Lichtführung wirft Akzente auf das halbdunkle Kellerlicht, durchbricht gerade klare Linien, schneidet neue Flächen im Bildraum und schafft so entweder eine lieblich-romantische oder gespenstische Atmosphäre.

Wiene selbst war es, der in seinem letzten „expressionistischen" Film (ORLACS HÄNDE) zu expressiv-malerischer Lichtgebung überging. Auch vom Expressionismus thematisch entfernte „Kammerspielfilme" und „Straßenfilme" enthalten expressionistische Stilmittel. Die Handlung von DIE STRASSE beispielsweise spielt überwiegend in einer naturalistischen Umgebung, lediglich die Lichtsetzung ist expressionistisch gehalten. Anstatt der üblichen Kraftlinien im experimentell-avantgardistischen „Caligarismus" werden hier die Dinge mit Eigenleben „beseelt": gefährlich lockende Leuchtreklamen und verführerische Auslagenscheiben spielen in DIE STRASSE eine gleich bedeutsame Rolle wie eine pittoresk gewundene Treppe im Hinterhof eines Berliner Mietshauses in DIE HINTERTREPPE. Diesen Beleuchtungsstil, der auf die

Architektur drei-dimensional eingeht, finden wir auch bei Dr. Arnold Fancks „Bergfilmen" und selbstverständlich bei Fritz Langs ausgesprochenen „Architekturfilmen", die wiederum der „Lichtästhetik" von Albert Speers Reichsparteitagsfeiern in Nürnberg und anderen „Lichtdomen" des Dritten Reichs Pate standen — aber davon später, wenn ich auf die Verwandtschaft und Nähe von Fritz Langs Filmen zum Nationalsozialismus komme. (49)

Der Traum vom Raum — Fläche versus Raum

Bei CALIGARI und VON MORGENS BIS MITTERNACHT (beide 1919) ist bemerkenswert, daß man im neuen Medium Film noch von den Prinzipien des Theaters oder Varietes ausging. Es scheint symptomatisch, daß man für die ersten Ausstattungen vor der Kamera Maler und Bühnenbildner heranzog. Der Unterschied zu früher war nur, daß das Filmdekor des Expressionismus weit mehr war als schöne Hintergrundmalerei oder prunkvolle Fassade. Prinzipiell war die Leistung nicht originell neu, denn überwiegend wurde im Film mit gemalten Dekors und Leinwänden gearbeitet. Neuartig hingegen war die extreme Stilisierung und Abstrahierung der Gegenstände und die Schaffung eines neuen „Filmraums". Denn die Caligari-Maler hatten mit ihren schrägen und schiefen Flächen im Atelier eine künstliche, pseudo-architektonische Umwelt „erfunden", die eine völlig neue Interpretation von Raum zur Folge hatte bzw. in der sich Schauspieler der stilisierten Ausstattung anpaßten.

In der künstlerischen Auffassung unterschieden sich die beiden frühesten „expressionistischen" Versuche erheblich von einander, auch stilistisch und in den gestalterischen Prinzipien sind Unterschiede zu erkennen. Während CALIGARI Eindrücke — zwar perspektivisch verzerrt und „abnormal" — *objektiv* wiedergibt, so erscheint VON MORGENS BIS MITTERNACHT aus den Augen des Hauptprotagonisten gänzlich *subjektiv.* CALIGARI ist graphisch, aber raumillusionistisch gemalt, während in VON MORGENS BIS MITTERNACHT eine flache, in allen Grauabstufungen gehaltene Dekoration dominiert, die ziemlich gleichmäßig helle und dunkle Flecken und Schatten verteilt. Wirkt ersterer halbwegs abstrakt und avantgardistisch, so ist letzterer gegenständlich-plakativ und bildlich konventioneller. Bei VON MORGENS BIS MITTERNACHT degenerierten die Formen zum bloßen Ornament, es gelang den Filmarchitekten nicht, die Vorstellungen einer drei-dimensionalen Welt — wie bei CALIGARI — hervorzurufen. Die zu naturalistisch agierenden Schauspieler stempelten das Dekor gleichfalls zur Kulisse. Auch CALIGARI ist nicht frei von diesen Schwächen, jedoch fallen sie gegenüber dem Gesamteindruck des Films und dem genialen Darstellungsstil von Werner Krauss und Conrad Veidt nicht so sehr ins Gewicht wie bei VON MORGENS BIS MITTERNACHT.

Diese stilistischen Unterschiede fielen sogar zeitgenössischen Beobachtern auf. Heinrich de Fries' wichtiger Aufsatz zur „Raumgestaltung im Film" erschien, als die ersten prinzipiellen Gestaltungsmerkmale im deutschen Stummfilm sich zu entwickeln und durchzusetzen begannen und sogleich heftig diskutiert wurden. Bereits 1920 erkannte dieser frühe Kritiker anhand von CALI-GARI und seinen Nachfolgefilmen zwei grundsätzlich verschiedene plastische Raumkonzeptionen und Gestaltungsformeln im „expressionistischen" Film. Vorausblickend schrieb er, daß der Film aus zwei-dimensionalen Bildern eine Raumillusion zaubere, die dem narrativen Faden der Erzählung ebenbürtig sei und zu den Grundelementen des Films gehöre. Raum ist für H. de Fries genau-so ein strukturbildendes Element im Kino wie Handlung, Kamera, Licht und Darsteller. Die Raumphantasie — oder die kreative Anstrengung im Räumlichen — ist für H. de Fries genauso wichtig wie Darstellungsstil, Inhalt, Aussage und Ästhetik der Filmbilder. Er sieht die große Chance des Films darin, Raumphantasien zu kreieren, die für andere (ältere) Medien wie Theater oder Malerei das Ende bedeutet hätten, weil der Film die einzigartige Möglichkeit besitzt, phantastische statt naturalistisch-impressionistischer Raumerlebnisse zu vermitteln. Einschränkend stellte er fest, daß die Kreativität des Räumlichen aber noch nicht voll entwickelt sei und daß die Filmarchitektur bisher noch in einem embryonalen Zustand stecke. In seiner Analyse der Raumgestaltung wird CALIGARI als Beispiel einer durchkomponierten Raumplastik erwähnt, in der jedes Detail suggerierte Körperhaftigkeit bekommt und miteinander in einem aktiven Zusammenhang einheitlich verbunden ist, wobei die Flächen und Linien perspektivisch verzerrt, aber dennoch in das Strukturganze einer Tiefenillusion einbezogen sind. Nach H. de Fries' raumsinniger Auffassung stellt das flache, reliefartige Szenario in VON MORGENS BIS MITTERNACHT genau das Gegenteil von CALIGARI dar, weil hier der Raum keine plastische Durchbildung erfährt — alles ist gleich flach und leblos. Die das ganze Bild durchflackernden Lichtbüschel und scharfkantigen Linien und kontrastreichen Hell-Dunkel-Flächen mit abgestuften Schatten sind bestenfalls verlebendigte Malerei, aber noch kein plastisches und tiefenillusionistisches Raumgebilde mit eindeutigen Begrenzungen und Übergängen. Anders als bei CALIGARI ist hier der Raum nicht mit plastischen Architekturformen belebt, sondern in teils geometrischen, teils naturalistischen und amorphen Flächen und Formen aufgefächert, die unfaßlich oder indifferent wirken. Robert Neppachs Dekorationen hierfür sind weder von räumlicher Geschlossenheit und Signifikanz, noch von optischer Einheitlichkeit, weshalb H. de Fries die Kulissen als zuwenig räumlich oder gar „dekorativ" bezeichnete. Im Gegensatz zu CALIGARI bemängelte er das Fehlen von Markierungen und Begrenzungen des Raumes; der „Filmraum" von VON MORGENS BIS MITTER-NACHT wirke auf ihn „tot" (50).

Nach diesen beiden wegweisenden Experimenten fehlte es nicht an Versuchen, vor allem CALIGARI nachzuahmen (Karl-Heinz Martins VON MORGEN BIS MITTERNACHT verschwand nach Japan und wurde erst 1965 (!) wiederentdeckt und aufgeführt). Robert Wiene selbst schlachtete mit GENUINE (1920), RASKOLNIKOW (1923) und ORLACS HÄNDE (1924) den „expressionistischen" Film voll aus. Er bediente sich expressionistischer Dekors, Lichttechnik, Kostüme und Darstellungsweisen, die bestenfalls zur „angewandten Filmkunst" verflachten. Besonders in GENUINE kann sich die monströse Geschichte der bluttrinkenden Sklavin (sic) *Genuine* zwischen der wilden, expressionistischen Malerei von César Klein nur ungeschickt entfalten.

Robert Wiene: RASKOLNIKOW (1923)

Die üppigen Dekorationen sind entweder nur gemalt oder auf sehr unterschiedliche Art gemalt und gebaut. Wenn tatsächlich gebaute Dekorationen vorkommen, fallen sie unter oder hinter der Bemalung nicht wesentlich auf. Jedoch war hier der falsche Ausstatter am Werk; vor dem viel zu voll und unruhig bemaltem Hintergrund sind die Schauspieler schwer zu erkennen, Gegenstände schwer auszumachen.

Der Film diente primär als Vehikel für die Vamp-Darstellerin Fern Andra, die der bizarr abwegigen Handlung einen thematischen Bezugspunkt gab, indem sie in ihrer Blutgier alle verfügbaren Männer zugrunde richtete. Allen Triebfilmen, die Robert Wiene machte, gemeinsam ist ein Hang zu einer exzentrischen Architektur. Obwohl kein Film thematisch dem anderen gleicht, sind die Dekorationen durchwegs manisch-depressiv. Für RASKOLNIKOW holte sich Wiene den vorzüglichen Bühnenbilder von Max Reinhardt, Andrej Andrejew. Rudolf Kurtz schrieb über ihn: „Immer wieder fließt der geistige Charakter des Films aus der Architektur her. Andrejew hat den malerischen Reiz des schroff gewinkelten, verkrümmten, immer energiegeladenen Expressionismus in der Hand." (51)

Andrejew schuf für Wiene eine Architektur, die sich fast ausschließlich aus dem Dekorativen herleitete und Regie, Kamera und Montage weitgehend ersetzte. Diese Methode war dem russischen Avantgardetheater bereits seit der Biomechanik von Wsewolod Meyerhold und den expressionistischen und kubo-futuristischen Darstellungsstilen von Konstantin Stanislawski und Iwan Mosjukin/Alexander Wolkow bestens vertraut. Über diesen Film schrieb der Zeitzeuge Rudolf Kurtz: „Er (Wiene, Anmk.) erhielt dem Stoff von Dostojewski seinen nationalen Charakter, der in seiner Mystik und Dumpfheit das Geheimnisvolle hinreichend wach erhält. Seine Schauspieler entstammen dem

Robert Wiene: RASKOLNIKOW (1923); Treppenphantasien des Protagonisten

Ensemble Stanislawskis; der Architekt Andrejew ist die charakteristische Moskauer Mischung von Raffinement und buntfarbiger Bauernkunst." (52)

Ganz anders als bei CALIGARI wurde der Raum nicht mehr graphisch behandelt, sondern Wiene ging zu „gebauten Bildern" über. Die Handlung kam der extremen plastischen Formgebung sehr entgegen, wobei Wahnsinn, Traum und Wirklichkeit ineinanderfließen. Unwirklich, traumartig baut sich die Architektur auf: eine *tour de force* an Formgefühl ist das schiefwinkelige Stiegenhaus mit malerischen und räumlichen Versatzstücken. Die Dekors wie auch die Gesichter der ekstatischen Darsteller und die Requisiten wurden mit hellen und dunklen Flecken in präzisen Grauabstufungen bemalt und von der expressionistischen Lichtführung dramatisch verstärkt. Die Personen des Dramas bewegen sich in einer Wahnwelt, die, aus dem Gleichgewicht geraten, die seelische Zerrissenheit und geistige Instabilität der Handelnden widerspiegelt. Nicht zufällig wählte man den Untertitel „Ein halluzinatorischer Traum", mit dem auch wirksam geworben wurde.

Im Gegensatz zu CALIGARI ist der Raum in RASKOLNIKOW plastischer und labyrinthartiger. Mit Hilfe von perspektivischen Verkürzungen, manieristischen Größenverschiebungen und dynamisch-rhythmischen Filmarchitekturen entstand ein unendlich tiefer und komplexer, aber doch kein endloser Raum: Diagonalen strukturieren den Duktus der Linienführung; eine vertikale Höhenziehung rhythmisiert den Filmraum, aber es fehlt an Masse. Auffallend ist auch, wie hier in zunehmendem Maße eine expressionistische (plastische) Lichtregie zur Verwendung gelangt. Mit Überblendungen, träumerischen Mehrfachbelichtungen und nuancierten Licht/Schattenspielen konnte die alptraumhafte Sequenz wirkungsvoll gestaltet werden.

Der plastische Raum – Die Golem-Stadt

Nach diesen eher kalligraphischen und malerischen Filmdekors folgten die gebauten Filmarchitekturen, in der bewußt Architektur auf der Bühne oder im Studio errichtet bzw. „in Szene" gesetzt wurde und die man erstmals als „Filmbauten" im herkömmlichen Sinn bezeichnen kann. Den allerersten Anfang in Deutschland machte Max Reinhardt im Theater bzw. sein Schüler Ernst Lubitsch mit mehreren Historien- und Kostümfilmen, in denen zwar prächtige Ausstattungen, aber recht belanglose und plakative Filmkulissen eingesetzt wurden. Erst in Paul Wegeners dritter GOLEM-Verfilmung 1920, für die er auch Hans Poelzig als Filmarchitekten heranzog, wurde zum ersten Mal gezeigt, daß nicht nur gemalte Dekors, sondern auch drei-dimensionale Bauten durchaus expressionistisch und dynamisch wirken können. H. de Fries schrieb bewundernd über die räumlich-plastische und ausdrucksstarke Qualität der Filmarchitekturen des bekannten expressionistischen Baukünstlers Hans Poelzig: „Wesentlicher Unterschied zu den vorbesprochenen Filmen (CALIGARI und VON MORGENS BIS MITTERNACHT, Anmk.) besteht in der Tatsache, daß hier ein Architekt Raum schuf, eine plastische Masse, von der im Modelliervorgang zu- und abgenommen werden kann usw., für die Maler

dagegen ist Raum nur durch Zusammenstellen von Flächen gegeben. (...)
Aus den Modellen indessen werden schon die Absichten Poelzigs deutlich, im
GOLEM-Film eine Art jüdische Gotik zu schaffen, so daß auch hier wieder
Handlung und Raum möglichst eng und unlösbar miteinander verknüpft werden. Von den Außenbauten — es werden ganze Gassen, ja ganze Stadtteile
eines phantastischen Mittelalters auf dem Gelände des Union-Films im Tempelhof (Berlin) errichtet — verlangt Poelzig, daß sie in ihrem aktiven Ausdruck
geradezu ‚mauscheln' sollen. Ich führe dieses Wort hier an, um zu zeigen, wie
selbstverständlich einem Künstler vom Range Poelzigs die Aktivität des Raumes ist. (...) Festzuhalten ist nicht ohne Nachdruck die Grundsätzlichkeit der
plastischen, d.h. wesentlich architektonischen Raumauffassung Poelzigs. Vielleicht gibt sie zu sehr Raum, um noch die Aufgabe des Filmbildes immer erfüllen zu können. Jedenfalls aber gibt sie, was selten ist: Architektur.'' (53)

Sämtliche Innenräume und Außenbauten für Paul Wegeners GOLEM — WIE
ER IN DIE WELT KAM (1920) wurden, noch vor Ausführung der Kulissen,
von Hans Poelzig (unter Mitwirkung seiner Assistentin und späteren Frau
Marlene Moeschke) sorgfältig als Modell konzipiert, teils im Maßstab 1:1 an
Ort und Stelle plastisch gestaltet. Das wird sofort deutlich, wenn man sich die
plastischen Massen, die Vielfalt der Materialien und die Dynamik des Aus-
drucks vor Augen führt. Außerdem erreichte die Kulisse eine bestürzende
Aussagekraft als Stimmungsarchitektur: Poelzigs drei-dimensional gedachte
und erbaute Atelierstadt zeigt zoomorphe und anthropomorphe Züge, die
nicht zufällig sind. Das gotisch-spitzgiebelige Prager Getto aus Rabitz auf dem
Tempelhofer Feld verbreitet mit seinen winkeligen Gassen, überhängenden
Giebeln, dunklen Spitzbogenöffnungen, gekrümmten Mauern, schmalen und
gewaltsam verzerrten Treppen, geheimnisvollen Erkern und fratzenhaften
Fassaden jene mystisch-düstere Atmosphäre, die das Erscheinen eines zum
Leben erweckten Tonkolosses erst glaubhaft macht.

Die Szenerie des jüdisch-mittelalterlichen Städtels wurde bereits zu Drehbeginn von einem profunden Kenner der Filmarchitekturgeschichte, Paul Westheim, nicht nur genau beschrieben, sondern auch richtig gewürdigt: ,,Poelzig
hat (...) nicht daran gedacht, ein Alt-Prag, wie es noch steht oder wie es etwa
gewesen sein mag, zu imitieren. Er schafft eigene Stimmungen, projiziert
Stimmungswerte in eine Architektur hinein, die umso seltsamer packt, als sie
schweigsam, vollkommen aus den struktiven Kräften heraus sich entwickelt.
Zwischen Gettomauer und Synagoge, in einem langen Trakt, der im Gelände
bewegt ist und durch mancherlei Verwinkelung, durch Einführung von abge-
treppten, durch Ecken und Giebel, Brunnen und Torbogen durchsetzten
Seitengäßchen ausgeweitet wird, sind im ganzen 54 Häuser zu einer stark
sprechenden Kulisseneinheit verschmolzen worden. Es ist charakteristisch für
Poelzigs Arbeits- und Konzeptionsweise (und zugleich ein entscheidender
Gegensatz zu den Flachkulissen, mit denen die Maler und Dekorateure auch
im Film wirtschaften zu können glauben), wie diese ganze Stadt mitsamt ihren
romantischen Suggestionen eigentlich gebaut ist, wie alles Gesicht und Form
nicht vom Papier und nicht von der Fläche her empfangen hat, sondern erst
geworden ist beim Modellieren. (...) So ist eine Architektur entstanden, die
in einem eigenen Sinne beredt ist. Sie hat wenig von dem Zauber des Ruinen-

Paul Wegener: DER GOLEM, WIE ER IN DIE WELT KAM (1920); Szene aus Hans Poelzigs gotisch-spitzgiebeliger Gettostadt mit der panischen Masse in den Straßen

haften, des vormals Lebendigen. Sie hat eigenes Leben, Leben, das ein Baumeistergeist in sie hineinprojiziert hat. Sie ist mehr als tektonische Situation. Die Massen sind unter den Händen eines Modelleurs ausdrucksvoll geworden, sie haben einen Schwung, eine Geste, ein Gesicht bekommen. Aus ihnen geistert irgendwie Ferne, Unfaßbarkeit. Legendarische Bewegung durchpulst auch sie, ohne daß sie der Legende, die zwischen ihnen tradiert werden soll, die Entfaltungsmöglichkeit verlegen. Es ist gute Kulisse, weil es mehr als Kulisse ist." (54)

Paul Westheims Impressionen, oder besser: Expressionen, die in der Zeitschrift *Das Kunstblatt* von 1920 nachzulesen sind, beschwören die Bauten als filmisches Darstellungsmittel, das weit übers Dekorative hinaus zum Mitspieler wurde: „Man hat häufig den Eindruck, daß die Situationsmöglichkeiten, die die Poelzig'sche Architektur bietet, mit Verständnis genutzt worden sind. Man hat sie nicht als gegebene Kulisse hingenommen, unstreitig war man bestrebt, die Lebendigkeit des Räumlichen mitsprechen zu lassen. Es ist — endlich einmal — auf den Einklang von Spiel und Raum hingearbeitet worden, und es ist festzustellen, wie man bemüht war, das Spiel sich herausentwickeln zu lassen aus jener Stimmungsatmosphäre, die nun striktester Gegensatz zu aller bloßer Aufmachung ist. (. . .) Man hetzt nicht mehr nur von Begebenheit zu Begebenheit, man hat Sinn auch für die Atempause, für das Mitspiel der stummen, hier so eindringlichen Umwelt." (55)

Bei einem anderen Zeitgenossen fand der GOLEM-Film jedoch keinesfalls nur positive Kritiken. Entgegen der landläufigen Meinung witterte Siegfried Kracauer eine Koketterie mit Jungs damals beliebter Psychologie der Archetypen: „Sämtliche deutschen Filme der ersten Nachkriegsjahre (nach 1919, Anmk.) schwelgen in der Pathologie der Seele und ersetzen zugleich die Umwelt, die gewohnte sowohl wie die ungewohnte, durch Bilder, die, jede vom Ich unabhängige Umwelt negierend, eine *Ausgeburt der Seele* selber zu sein scheinen. Das Dekor gemahnt an eine Folge von Irrenzeichnungen, und die Bastionen, Gemächer und Hausfassaden, die Poelzig für den GOLEM errichtet, sind von *beflissener Absurdität* eine *Architektur im Zerrspiegel*, der es lediglich darauf ankommt, exzentrische Gemütszustände zu versinnbildlichen. Die Absicht, Räume aufzureißen, die seelische Manifeste sind, wird gerade im GOLEM drastisch unterstrichen... (. . .) Diesen festgeronnenen Halluzinationen entspricht eine strenge stilisierte Gestik. Kraft ihrer Stilisierung sollen aber die Gebärden bezeugen, daß der Darsteller nicht etwa durch irgendwelche äußeren Einflüsse, sondern rein von innen her bewegt wird. Sie verabsolutieren die Leiden und Wonnen, deren Ausdruck sie sind." (56) Ohne dem Film rührseliges Mitleid mit dem Judentum unterstellen zu wollen, ist Kracauers Kränkung als exilierter Jude einigermaßen verständlich. Es gehört aber auch zum Wesen des deutschen Stummfilms der expressionistischen Ära, daß er, vor der Geschichte flüchtend, die Personen seiner Drehbücher als ungeschichtliche, gleichsam transzendente Figuren auftreten und die Filmbauten „romantisch" erscheinen läßt.

Aber die GOLEM-Ausstattung ist in ihrem Ergebnis vielschichtig und die Bauten sind für uns heute dialektisch: sie sind auch für das Ungeheuer dämonisch und zerstörerisch. Nicht nur, daß die Filmarchitektur ihre Wirkung auf das Kinopublikum entfaltet, die Bauten und das Dekor können auch den Akteuren und den Ereignissen der Darstellung zuwider laufen und widerstehen. Etliche Beispiele im Film zeigen dies: Etwa, wenn die Straßen zu steil sind für die dicken Klotzschuhe des *Golem*-Darstellers Paul Wegener; wenn die in Panik geratenen Gettobewohner von den Bauten regelrecht eingekreist und bedroht werden; wenn die dargestellten Figuren von den massiven, gruftähnlichen Innenräumen und einengenden Versammlungsräumen beherrscht werden. Wegener, der in der kaum überbietbaren Maske des breitbackigen *Golem* geradezu prädestiniert scheint für diese Rolle, entwickelte daraus durchaus interessante Konflikte um das Verhältnis Stadt—Mensch: die Stadt, die den *Golem* eigentlich (be-)schützen soll, will ihn vernichten. In oft seltsam symbolischen Bildern voll düsterer und bedrohlicher Stimmungsreize wurde die mittelalterliche Legende in ein gelungenes realistisch-prosaisches Bild der Gegenwart gepackt. Die plastische Begabung Poelzigs und das szenische Können Paul Wegeners bauten eindrucksvolle Szenen auf, in denen die mystische Stimmung der Sage um ein furchterregendes Halbwesen einen treffenden filmischen Ausdruck fand.

Gleichzeitig war diese Architektur auf innere Spannung und äußere Bewegung angelegt: etwa wie die Gettobewohner, durch das Horn des Torwächters aus ihrem Schlaf geschreckt, massenhaft in den engen und krummen Gassen und Winkeln trippeln, flankiert von bewegten aber stummen Gebäudemassen und kanalisiert wie Sturmfluten aus aufgeplatzten Dämmen. Eine ruhende Stadt kommt mittels einer beredten Architektursprache plötzlich in Bewegung — Fenster, Portale, Nischen, Treppen und Podeste fordern geradezu eine Bewegungsaktion heraus, und nicht zufällig wird die erregte Menschenmenge durch eine sorgfältig inszenierte Massenchoreographie des Regisseurs dirigiert. In diesen Szenen fällt erst die enge Wechselbeziehung zwischen den Menschenmassen und den mächtigen Bauten bzw. der Wegführung der Straßen auf — ein Indiz für Paul Wegeners Beherrschung von Massenszenen, wie er sie bei Max Reinhardt erlernt hatte. Reinhardts noch heute nachwirkendes Konzept von Großraumspielen ging bei GOLEM bis zur gigantomanen Verselbständigung der Regie, indem die Bauten alles Theatralische übernahmen (Tanz der Befestigungen, Bastionen und Stadtmauern). Plötzlich agieren Erker, Hausecken und Treppen als Rhythmuselemente, die aus sich heraus immer neue Bilder der Bewegung evozieren und innere Bewegtheit gebären. Diese „Ornamentik des Chaos" (Siegfried Kracauer) drückt sich auch in der vollkommenen Verwandlung materieller und physikalischer Dinge in emotionale Ornamente aus: Kamine sind z.B. geöffnete Mäuler, Fenster finster blickende Augen, Torbögen aufgerissene Mundöffnungen, Dächer bucklige Panzerrücken und Treppenhäuser Ohrmuscheln.

Geheimnisvoll düster und schaurig scheinen auch die Innenräume zu sein: die bizarr gotisch gewölbte Studierstube des Rabbi Löw; die spielerisch lichte Kemenate und spitzbogig verwinkelte Alchimistenwerkstatt; die amorph-skulpturale Synagoge mit einer kompliziert gewundenen Wendeltreppe, einer Meeresmuschel ähnlich; die zuckenden, temperamentvollen und wie von Hand geformten Mauern, Nischen und Decken; die gewaltsam verzerrte und verzogene Profilführung der Kreuzrippen des Deckengewölbes vom barocken Kaiser-saale (der etwas „von der Art wie die gotische Ägyptik oder ägyptische Gotik der Gustav Doré-Bibel hat") (57) und die abgebrochene Spirale der Decke, die den Wohnraum des Rabbi nach innen zentriert wie ein Schneckengehäuse – all diese Details vermitteln architektonisch-mittelalterliche Phantastik. Geheimnis und gruftartige Atmosphäre wohnen in diesen Formen; Archaisches scheint hinter jedem Detail zu stecken.

Poelzig hat in seinem vielgerühmten „freigewordenen Baumeistertemperament" Lösungen gesucht und gefunden, in denen er nicht nur den Habitus eines expressionistischen Bildes auf ein Bauwerk zu übertragen versuchte, sondern auch das Innenleben dieser Architektur eines gotischen Traumes zur Darstellung brachte, ohne sich an kunsthistorische Vorbilder zu halten. „Die Filmarchitektur mußte ihm willkommener sein, als er sich hier von vielen Hemmungen und Hindernissen wirtschaftlicher und struktureller Art freigemacht hat, und Temperament, Laune und Erfindungsgabe ausspielen konnte," (58) schrieb Paul Westheim bedeutungsvoll.

Der allgemeine Rückgang bis Stillstand der Bauwirtschaft unmittelbar nach Kriegsende bedeutete eine Zäsur, und noch unter dem Einfluß der utopischen Phase des Expressionismus unter Bruno Taut hofften ja nicht wenige damalige Wortführer der künstlerischen Avantgarde und progressiven Baukunst, im Film unterzukommen. Ihre Ideen von einer wahrlich utopischen Architektur wollten viele wenigstens auf Leinwand oder in Rabitz (Gipswand mit Drahtnetzeinlage) als Filmkulisse verwirklicht sehen. Die neue Zauberkunst auf Zelluloid übte auf Mendelsohn, die Maler und Bildhauer Wenzel Hablik, Hermann Finsterlin, Carl Krayl und vor allem die für die Theaterbühne arbeitenden Bühnenbildner und Illustratoren Paul Tiersch, Paul Leni, Alexej Andrejew, Walter Röhrig und Hermann Warm große Faszination aus. Brotlos gewordene Maler wie Lotte Reiniger, Oskar Fischinger und Walter Ruttmann arbeiteten für die deutsche (Werbe-)Filmindustrie.

Geist der Utopie – Imaginäre Architekturfilme

Daß gerade in Zeiten wirtschaftlicher Stagnation, aber gesellschaftlicher Explosion, wenig gebaut, dafür aber viel gedacht und visioniert wird, ist nicht verwunderlich. Mit suggestiven Mitteln der Propaganda, mit Manifesten und utopischen Zeichnungen wurden revolutionäre neue Konzepte ausgearbeitet und präsentiert. In der Zeit unmittelbar nach bzw. noch während des I. Weltkrieges, als der Film noch in seinen Kinderschuhen steckte, hatten die Architekten die Möglichkeit, ihre schöpferische Phantasie der Architekturdarstellung und Architekturutopie anzuwenden – und zwar frei von wirtschaftlichen und strukturellen Beschränkungen, die Bauherren und Baubehörden sonst auferlegten. In ihrer Naivität, sich für alles, was neu ist zu begeistern, entdeckten sie den Film, der gerade seinem volkstümlichen Jahrmarktmilieu entwachsen war. Gerade weil ihre Entwürfe der Realität enthoben waren, eigneten sie sich für das neue Zaubermedium „Kino". Nach Einschätzung

Wolfgang Pehnts war das Kino zum Medium der expressionistischen Architektur prädestiniert: „Wer wie die revolutionären Architekten mit dem ‚Volk‘ kommunizieren wollte, konnte am Kino nicht vorübergehen. (. . .) Es war verständlich, daß sich die von der Praxis ausgeschlossenen Architekten für ein Medium zu interessieren begannen, in dem Bauwerke wenigstens eine illusionäre Form von Realität annehmen konnten." (59)

Aus ihrer Beschäftigung mit Filmarchitektur und Filmkomposition erwuchsen später Anregungen für andere Visionen und Wunschträume. „Filmarchitektur", bescheinigte der informierte Expressionismus-Autor Wolfgang Pehnt, „bedeutete in diesen Jahren mehr als nur eine Gelegenheit, Bauvorstellungen, die sonst keine Chance hatten, zu einem befristeten Dasein zu verhelfen. (. . .) Für Architekten, die sich der Ausdruckskunst verschrieben hatten, bot der Film ein lohnendes Studienobjekt. An ihm ließen sich die psychologischen Wirkungen von Form und Raum untersuchen. (. . .) Die Bauten des Stummfilms besaßen für expressionistische Baukünstler deshalb so großes Interesse, weil die Regisseure in Ermangelung des Wortes auf die möglichst vollkommene Übersetzung psychischer Situationen in anschauliche Bilder angewiesen waren." (60) Obendrein ließ es sich mit dem Ideal des Expressionismus – dem Gesamtkunstwerk –, das der Film logischerweise am besten erfüllte, verbinden. Übrigens waren die deutschen Filmarchitekten selten Einzelgänger – sie traten meist mit Kollegen, in den verschiedenen Metiers als Arbeitskollektiv auf. Das messianische Bild von der *Mittelalterlichen Bauhütte*, deren „Geist alle beseelte" (Robert Herlth) und der einst Dome schuf, trifft auf diese Architekten sicherlich zu. Robert Herlth wollte dieses Bild auf den gesamten Filmstab der *Ufa* angewandt wissen, vom Regisseur bis zum Beleuchter und Cutter: Der Film als Kollektivkunstwerk.

Auch Bruno Taut war von dieser Arbeitsgemeinschaft im Film angetan und sah Parallelen zu seinem Künstlerkreis „Die gläserne Kette". Selbst zum untätigen Illusionisten und Bildfabulierer bestimmt und als verkannter Kinoreformer von Ideen berstend, verfaßte er mehrere Filmszenarios, die allerdings nie verwirklicht wurden und z.T. verloren sind. Angeregt durch den regen „utopischen Briefwechsel" um 1919 mit seinen Künstlerkollegen der „Gläsernen Kette", wollte Taut schon lange seine phantastischen Pläne wenigstens auf Zelluloid ausleben lassen und – als Ersatz für ihre materielle Undurchführbarkeit in der Realität – zumindest filmisch realisieren. Das Kino bot im Kleinen die Möglichkeit, Alltag und Phantasie, Wirklichkeit und Utopie zusammenzuführen, wenn auch nur für kurze Zeit.

Tauts Nachlaß bezeugt, daß er sich mehrfach ohne Auftrag mit märchenhaften und phantastischen Filmstoffen auseinandergesetzt hat. Abgesehen von dem eher romantischen Plan, das Kino als Instrument der Erziehung zur obskuren „Glaskultur" seines verehrten Freundes Paul Scheerbart einzusetzen, wollte Taut gemeinsam mit seinen Freunden und Scheerbart-Verehrern eine Fassung der architektonischen Stadtsymphonie *Der Weltbaumeister* zu Motiven von Scheerbart für die Leinwand realisieren. Die Idee zu diesem „Architekturdrama oder -pantomime" (61) kam ihm im August 1919, als er für dieses Projekt zunächst den Komponisten Hans Pfitzner gewinnen wollte. Ursprünglich als expressionistisches Architekturschauspiel mit symphonischer Musik gedacht, geriet das Projekt zu einem wahren Filmplan, der ganz auf Handlung und Darsteller verzichtete und lediglich „den Wandel und das Vergehen phantastischer Architekturformen als Thema ins Auge faßte" (62). Möglicherweise ging die Idee auf Paul Wegener zurück, der ähnliche Gedanken in einem Vortrag am 24. April 1916 in Berlin entwickelt hatte (63), nämlich Film als bloßes Spiel aufsteigender und vergehender Naturformen, sich verwandelnder Farben und Abstraktionen zu sehen. Das Taut'sche Filmszenario enthielt über dreißig Kohlezeichnungen mit breit hingewischten Graphitschwärzen und dramatischen Lichteffekten, die sich auf der (schwarz-weiß kontrastierenden) Leinwand eher realisieren hätten lassen als auf der Bühne eines Schauspielhauses. „Die Zeichnungen (*story board-artige* Folge, Anmk.) bilden hier die langsame Öffnung und Auflösung eines kathedralenartigen Bauwerks ab, dessen zersplitterte Formen, in einen Stern gefaßt, durch den unendlichen Raum schweben, bis sie eine paradiesische Erde erreichen, wo sie als Kristallhaus neu emporwachsen, sich entfalten und öffnen" (64), beschrieb Taut-Biograph Iain Boyd-Whyte den dramaturgischen Ablauf dieser „architektonischen Symphonie", in der wolkenkratzerhafte Stadtkronen in mystisch-messianischem Licht erscheinen.

Jedenfalls kam es weder zur Realisierung des Films noch zur Aufführung der Bühnenversion. „Man kann sich vorstellen", resümierte Whyte, „daß das Stück *Weltbaumeister* als Film Erfolg gehabt hätte." (65) Eine doch noch erhoffte Aufführung des Bühnenstücks anläßlich einer Gründungsausstellung der neuen experimentellen Gruppe „Bauwandlungen", die das Erbe der „Gläsernen Kette" antreten sollte, 1921 auf der Mathildenhöhe in Darmstadt geplant, fand jedoch nicht statt, sodaß Taut sich schließlich gezwungen sah, die endgültige Fassung des Stückes publizistisch unter dem Titel *Der Weltbaumeister — Ein Architektur-Schauspiel für symphonische Musik,* Untertitel: *Dem Geiste Paul Scheerbarts gewidmet* im Folkwang-Verlag in Hagen zu veröffentlichen. Die in diesem aufwendigen Druckwerk abgebildeten Farb- und Schwarzweiß-Zeichnungen wurden jedoch Tauts Ideenreichtum, seinem Sinn für die Dynamik der Baumassen und für die Bewegung sich verwandelnder und vergehender Architekturformen nicht ganz gerecht.

Ebenso wie das von widrigen Umständen begleitete Projekt des *Weltbaumeisters* zerschlug sich auch ein anderes Filmvorhaben. Bruno Taut lud seine Brieffreunde zur Mitarbeit an dem Filmexpose *Die Galoschen des Glücks* ein, das frei nach einem beliebten Märchenthema des Spätromantikers Hans Christian Andersen konzipiert wurde. Der Film variiert ein populäres Thema der nordischen Sagenwelt mit utopischem Gehalt: Ein junges Paar auf seiner Wanderung durch Zeit und Raum visioniert magische Architekturen. Dazu suchte Taut ein imaginäres Repertoire an Architektur- und Naturformen aus, die er für jeden Haltepunkt der Reise einem seiner Architekten- und Malerfreunde zur Ausschmückung übertrug. „Die Szenen waren den einzelnen Mitgliedern des Freundeskreises auf den Leib geschrieben, H(ermann) Finsterlin sollte ein gewachsenes Haus, halb Menschen-, halb Naturwerk, errichten; W(ilhelm) Brückmann einen Flammenbau, C(arl) Krayl einen Strahlendom; W(enzel) Hablik bot sich sogleich an, eine ganze Stadt (im Modell) zu bauen, nebst einigen Behausungen für ‚Einzelindividuen' unter Wasser, im Gebirge, unter der Erde, als ‚fliegende Häuser' in der Luft!" (66)

Wenn auch der epische *Weltbaumeister* und das naive Bildermärchen *Die Galoschen des Glücks* unrealisiert blieben, war Tauts Engagement für den Film doch sehr stark und sein Einfluß von nachhaltiger Wirkung. Sein Interesse für den phantastischen Film war aber nur vorübergehend, es blieb nur so lange aufrecht, als er im Kino einen Spiegel seiner eigenen Phantasie sah. Sobald er sich aber näher für die zeitgenössische Filmproduktion zu interessieren begann, schwand seine Begeisterung. Mit zunehmendem Mißtrauen verfolgte er die weitere Entwicklung des Kinos in Deutschland, bis er durch die Konsolidierung der Filmindustrie als leistungsorientiertes Unternehmen seine Vorstellungen vom intakten Architekturmythos und lebendigen Gesamtkunstwerk endgültig begraben mußte. Auch die Pläne seiner Briefpartner Hermann Finsterlin und Wenzel Hablik blieben in der Schublade liegen.

Ergebnisreicher hingegen war die Beschäftigung Hans Poelzigs mit dem zeitgenössischen Kino. Wegeners DER GOLEM – WIE ER IN DIE WELT KAM war jedoch ein „kunstgewerblicher" Spielfilm mit einigen wirksamen Gruseleffekten, der die Massen mehr anzog als esoterische Versuche. Auch deckte sich Poelzigs eruptiver mittelalterlicher Alptraum keinesfalls mit der eher naiven Gotik-Utopie der gralsuchenden Romantiker um Taut, die einer Kristallomanie von Lichtdomen, Kristallpalästen und kristallenen Weltgebäuden huldigten. Poelzigs Architekturmassen, erdig und expressionistisch verzerrt, waren dem genau entgegengesetzt: eine Art Anti-Utopie. Daß Poelzig sich überhaupt erfolgreich im Film durchsetzte, verdankte er dem Zufall der Mode, als die meditative – nach innen gekehrte – Wahnwelt der Expressionisten sich plötzlich als Trend durchsetzte und auf den kommerziellen Zeitgeschmack des deutschen Films abfärbte, was die Flut von Filmen, in denen mit geschmäcklerisch expressionistischen und dekorativen Stilmitteln gearbeitet wurde, beweist. Zu den berühmtesten dieser Gruppe gehören zweifellos die ornamental-architektonischen Filme Fritz Langs, die allerdings lange nicht mehr so neuartig waren wie die ersten Versuche des Expressionismus im Stummfilm.

Pest der Gotik

Der „expressionistische" Film war ein reines Studioprodukt – ohne Ausnahme wurden die Filme im Atelier gemacht, d.h. mit raffinierten Beleuchtungseffekten und aufwendigen Filmdekorationen, die alles Zufällige ausschlossen und nur das psychisch Bedeutsame zuließen. Lampenstellungen und in manchen Fällen aufgemalte Licht- und Schattenflächen verliehen den Szenarien die beabsichtigte anti-naturalistische Illusion. Der „expressionistische" Film verzichtete auf Tages- und Sonnenlicht, um jede Natürlichkeit oder naturähnlichen Zustand auszuschalten. Dieser Rückzug ins Filmstudio – eine prinzipielle Entscheidung der Stilkonzeption bzw. ästhetisches Prinzip, um Bilder und Szenen im Studio besser „durch-komponieren" zu können, – war bis dahin ein Wesensmerkmal des deutschen Films.

Der erste Film, der den Blick auf reale Bauten im deutschen Stummfilm lenkte, war Friedrich Wilhelm Murnaus NOSFERATU (1922). Selbst wo sie zum Teil realen Schauplätzen entstammte, hatte die Architektur mehr als bloße Kulisse zu sein. Unter der expressionistischen Gestaltung von Licht, Bildausschnitt, Kameraeinstellung und Motivik entpuppten sich sonst unscheinbare Funktionsbauten und lieblich-romantische Ruinen als Orte kommenden Unheils. Sie waren im besten Sinn des Wortes „Stimmungsarchitekturen": verfallene Kornspeicher, pittoreske Felsenburgen, gotische Gemäuer und die Treppengiebel Lübecker Handels- und Bürgerhäuser signalisieren allein durch die magische Beleuchtung steingewordenes Grauen. Der blutsaugende Vampir *Nosferatu* tritt in gotischem Gruftgemäuer auf, in dessen spitzbogigen Türrahmen seine Silhouette fürchterlich gesteigert wird. *Nosferatus* dämonische Macht wird versinnbildlicht durch den endlos scheinenden Turm seines bizarren Hauses. Hinter den steilen gotischen Treppengiebeln vermutet man Verbrechen, ehe es sich offenbart. Die Poesie romantisch verfallener Korn- und Salzspeicher der Lübecker Altstadt sehen durch dämonische Kräfte gespenstisch und unheimlich aus.

Das Grauen ist nicht allein in architektonischen Zeichen faßbar, sondern wird ebenso durch die Landschaft ausgedrückt, wie Georg Seeßlen ausführte: „Was wir im Film in erster Linie erfahren, ist der Raum; dieser Raum wird bedroht durch die dämonische Macht: die Ratten fressen sich, wie es scheint, von den Seiten her in den Bildraum. Der Vampir füllt den ganzen Raum aus, so daß wir mehr Angst haben müssen, zu ersticken, als davor, Opfer des Vampirs zu werden. (...) In NOSFERATU blendet Murnau Einstellungen langsam ineinander über, Bewegungen in Zeit und Raum werden erfahren. Die behexte Kutsche beispielsweise, in der der junge Held in die Karpaten zum Schloß des Vampirs gebracht wird, ist durch Einzelbildschaltung zu einer virtuosen Darstellung unwirklicher Bewegung geworden. (...) Damit Wälder und Landschaften den Aufruhr der Natur zeigen können, wurden sie teilweise im Negativ-Verfahren aufgenommen. (...) Die Poesie der Landschaft ist durch dämonische Kräfte gefährdet." (67)

Die Sprache des Mythos, die hier evoziert wird, bricht sinnlich in die zivilisierte Alltagswelt ein. Im Gegensatz zu CALIGARI kommt die Bedrohung direkt von den Protagonisten selbst: „Der Vampir kommt mit drohenden Gebärden auf die Kamera zu, er will nicht nur die Darsteller, sondern auch uns *haben.*" (68) Die virtuos gespenstische *(sfumato)* Lichtregie im Film versinnbildlicht die apokalyptische Heimsuchung durch das Ungeheuer. Seine die Pest symbolisierende Gestalt gleicht den Wasserspeiern von Kathedralen, seine Fratze den teuflischen Fledermausgesichtern, die dem Antonius auf Grünewalds Isenheimer Altar erscheinen. Seinem Weg folgt ein Heer von Ratten, die ebenso den Tod verkünden wie die morbiden Zeichen der Realarchitektur. Hier wurde Filmarchitektur weit übers Dekorative hinaus zum Sprechen gebracht. Zum ersten Mal wurde auf den poetischen und stimmungsvollen Gehalt von schroffen Felsenburgen, Altstadtgäßchen, historischen Bauten und ruinösen Gemäuern hingelenkt, die allein durch ihr Eigenleben wirken und sich statt dramatisch durchkomponierter Studiobilder als Handlungsträger entfalten können. Durch Albin Graus genau selektiertes Zeichenrepertoire bei Murnaus Architektur- und Landschaftseinstellungen hat der Zuschauer ein

Friedrich Wilhelm Murnau: Szenenbilder aus NOSFERATU (1922); steingewordenes Grauen

anderes Wahrnehmungserlebnis von an sich gewohnten städtischen Wahrzeichen und vertrauten Stadt/Landschaften. Murnaus Film offenbart Lübeck als eine unbekannte Stadt. Im Gegensatz zu anderen Filmen seiner Zeit entstanden auch die Naturaufnahmen nicht in den Berliner Studios, sondern in den Karpaten. Dabei verlieh Murnau der Natur genauso Züge des Phantastischen, die im Studio nicht besser zu erzielen gewesen wären. Einige dieser technischen Kunstgriffe sind inzwischen zum festen stilistischen Bestandteil des Horror-Genres geworden, ohne daß sie je übertroffen worden wären. Lediglich Carl Theodor Dreyers Meisterwerk VAMPYR (1932) ist in der Intensität der Illusion ebenbürtig, allerdings weniger präzis in der Erfassung architektonischer Merkmale und Zeichen.

Nicht in derselben Fasson, aber doch im Anschluß an NOSFERATU, folgte Murnaus zweiter „expressionistischer" Film von filmgeschichtlicher Bedeutung: FAUST (1925/26). Friedrich von Zglinicki schätzte ihn als Murnaus großartigste Leistung ein: „Phantastische mittelalterliche Dekorationen wechselten mit den kühnsten Kameratricks, symbolisierenden Lichteffekten und Bildern übersinnlicher Schönheit nach Goethes Drama und alten Volkslegenden." (69) Zeitkritiker fanden hingegen weniger Gefallen an den „abgeschmackten theatralischen Posen" (Siegfried Kracauer) und an der halbherzigen Bearbeitung eines deutschen Bühnenklassikers. Sie warfen ihm Falschheit und verlogenen Romantikgeist vor, ein Vorwurf, der allerdings schwer zu begründen ist. Wahr ist, daß die Inszenierung nicht mehr zeitgemäß ist.

Ulrich Gregor/Enno Patalas schrieben über Faust jedoch ganz richtig: „In den makabren Partien (Beschwörung göttlicher und jungfräulicher Tugenden Gretchens, Selbstverherrlichung des Dr. Faustus, Anmk.) gelang es Murnau wieder, wie in NOSFERATU, das Phantastische als real und Realität phantastisch erscheinen zu lassen." (70) In diesem Film ist die expressionistische Gestaltung von Dekor, Kostüm, Beleuchtung, Schauspiel und Kamera eine Einheit. Das Drehbuch von Hans Kyser und die Zwischentitel von Gerhard Hauptmann besannen sich wieder auf Fausts Vorbilder: Marlowe, Goethe und deutsche Volksbücher. Und die Ausstatter Robert Herlth und Walter Röhrig hatten Murnau eine mittelalterliche Phantasiestadt in Rabitz gebaut, die so steil und spitz empor ragte, daß die Statisten Schwierigkeiten hatten, am Marktplatz nicht abzurutschen. Die Metaphorik des Dekors wurde teilweise sogar soweit reduziert, daß die Dynamik und Lichtmodellierung der Bildkomposition durchgängig auf dem Prinzip von Expansion und Kontraktion

Friedrich Wilhelm Murnau: FAUST (1925/26); Entwurf für den Dom von Walter Röhrig

heller und dunkler Valeurs aufbaute und man tatsächlich von „abstrakter" Architektur sprechen kann.

Michael Esser bemerkte richtig, daß Herlth und Röhrig weniger einen Architektur- als einen „Filmraum" entworfen hatten: „Nichts ist in ihren Zeichnungen zu spüren von der Materialität der Atelierbauten, denen sie doch als Vorlage dienen sollen. Ihre Wirkungen beziehen sie aus den breit hingewischten Graphitschwärzen und der Auflösung fester Umrißlinien zugunsten abgestufter Helldunkel-Valeurs. Alles zielt hier auf Stimmung — auf eben jene Stimmung, die so charakteristisch ist für die Filme F. W. Murnaus." (71) Der Betrachter wird durch Dekor und Licht in einen mittelalterlichen Traum „eingestimmt". Die auf ihre Grundformen reduzierte Architektur und Lichtmodellierung beschwören kühne Skelettkonstruktionen der Gotik: hochragende, spitze Wendeltreppen, bewegte Strebebögen, fliegende Rippen und filigrane Fächergewölbe. Perspektivische Fluchtlinien und den Raum durchschneidende Diagonalachsen generieren einen bewegten Raum, dem auch der Darstellungsstil und die Bewegungen der Schauspieler total unterworfen sind. Giebel und spitze Mauerpfeiler dringen auf die Darsteller ein und treiben sie weiter — Mephisto huscht gespenstisch eine diagonal geführte Lichtschneise vor dem Haus Gretchens entlang; Faust hängt sich auf Mephistos Mantel, als er über Stadt und Landschaft fliegt und plötzlich das Bild „Kopf steht". Eric Rohmer schrieb in einer bemerkenswerten Filmanalyse über das Licht im Film FAUST: „Das Licht hat Vorrang, die Dinge haben keine eigenen Formen, erst das Licht gibt sie ihnen, indem es sie modelliert. Das Licht allein existiert, der Gegenstand tritt desto voller in Erscheinung, je mehr er sich mit ihm identifiziert, als Lichtquelle oder Spiegel. Von den sechsundfünfzig im FAUST nachzuweisenden Gegenständen leuchten dreißig." (72) Dies bestätigt eigentlich wieder die Ansicht Kracauers, daß die Seele die eigentliche Lichtquelle des „expressionistischen" Films sei — und nicht die Scheinwerfer (73).

Genius loci Berlinensis —
Zur Einheitlichkeit des Stils bei Ufa-Produktionen

Bei sämtlichen Ufa-Filmen fällt neben ihrer technischen Perfektion auch deren einheitliche Gestaltung auf. Daß es bei der Vielzahl von Strömungen innerhalb der deutschen Filmindustrie diese charakteristische Einheitlichkeit gab, ist eigentlich erstaunlich und sucht ihresgleichen in anderen Ländern. Da es sich hierbei weder um ein klares Programm im Sinne einer Genre-Produktion, noch um ein eingespieltes Team von Filmherstellern handelte, muß man sich die Frage stellen, wie es zu dieser heute so geschätzten Formensprache und Ästhetik kam.

Der Expressionismus war in Deutschland die weitaus bedeutsamste Künstlerschmiede seiner Zeit und prägte trotz der Vielfalt der Richtungen, Tendenzen und Ergebnisse die Ufa-Filmgestalter stark und nachhaltig. Zudem war der Stummfilm im Berlin jener Jahre enger als anderswo mit der bildenden Kunst und dem dekorativen Handwerk verbunden. Ohne Zweifel waren die meisten kreativen Mitarbeiter des Filmstabs aus dem Lager des Expressionismus und auf Grund ihrer Weltanschauung, Ziele und Ideale miteinander geistesverwandt. Dies war der Ausbildung eines einheitlichen Gesamtstils sicherlich förderlich, ebenso für die Entstehung eines, wenn auch überhöhten ,,expressionistischen" Filmgeists , der zeitgemäße Inhalte und Formen in den Mittelpunkt rückte. Ausleuchtung, Requisiten, Bauten, Kamera, Regie und Schauspielkunst strebten eine neue Symbiose an — hin zum ,,Gesamtkunstwerk"! So kam es, daß fast jeder *Ufa*-Film, so verschieden sie auch waren, heute filmgeschichtliche Bedeutung erlangte, weil sie den Ausgangspunkt für verschiedene Tendenzen bilden und unsere Vision vom Kino maßgeblich geprägt haben.

Neben dem stilistischen Kodex des Expressionismus gab es eigentlich nur wenige Regisseure, die sich vom Expressionismus — jeder in seiner eigenen Art — emanzipierten: Lang, Murnau, Pabst. Man muß aber die Filme von F. W. Murnau und Fritz Lang unter einem weiteren Gesichtspunkt als nur dem des Expressionismus betrachten, obwohl beide in ihm wurzelten. Fritz Lang hatte mehr das Auge des Malers, F. W. Murnau besaß die Handschrift eines Poeten. Sie vertreten die Gegenpole des bildlich-malerischen und literarischen Expressionismus: Suggestion (Lang) versus Stimmung (Murnau).

Weder Lang noch Murnau konnten sich — solange sie in Deutschland arbeiteten — ganz vom Einfluß des Expressionismus lösen. Sehr viele ihrer Filme weisen expressionistische Züge auf, wenn auch nicht im gleichen Maße. Die Ursache mag an der Tatsache liegen, daß für die Ausstattungen sämtlicher *Ufa*-Produktionen jener Jahre ein rotierender Stab von bewährten Filmarchitekten verantwortlich war, der den Generalstil des deutschen Kinos jener Jahre prägte.

Der deutsche Stummfilm fand vor allem durch die Phantasie seiner Baukunst hauptsächlich im Ausland Anerkennung. Doch mit einem Vorurteil muß aufgeräumt werden: Nicht die Filmregisseure haben das Aussehen des deutschen Films so sehr bestimmt, ausschlaggebend waren vielmehr die Filmarchitekten. Ernö Metzner, Rochus Gliese, Paul Leni, Lupu Pick waren sowohl Ausstatter als auch Regisseure; Hermann Warm hat mit Walter Röhrig gearbeitet, dieser wiederum mit Robert Herlth, und sie alle haben für die wichtigsten Regisseure ihrer Zeit gearbeitet; das bedeutende Team Otto Hunte/Erich Kettelhut/Karl Vollbrecht war vorwiegend für Fritz Langs Ausstattungen verantwortlich, aber auch für G. W. Pabsts, Josef von Sternbergs und Billy Wilders Filme; Robert Herlth, Emil Hasler und Walter Röhrig waren Mitarbeiter von Hans Poelzig; Kurt Richter und Ernst Stern waren sowohl bei Paul Wegener, Ernst Lubitsch als auch bei Friedrich Feher für die Dekorationen zuständig; Albin Grau wurde sowohl von Murnau als auch von Artur Robinson engagiert; der gebürtige Russe Andrej Andrejew arbeitete für Wiene und G. W. Pabst; an mehreren Filmen von Murnau, Lubitsch, Wiene, Pabst, Siodmak und Ulmer waren zum Teil dieselben Architekten beteiligt. Alle diese Filmarchitekten haben durch den Stil ihrer Ausstattung den deutschen Film entscheidend mitgeprägt.

Bemerkenswert an dieser Situation ist jedenfalls, wie eng die Beziehungen der Metiers zueinander waren. Unbestritten ist die technische und organisatorische Leistungsfähigkeit, aber auch das künstlerische Potential des *Ufa*-Stabes war enorm. Bezüglich Gruppenarbeit scheinen die allzu programmatischen Erklärungen Langs tatsächlich zu stimmen. Angeblich soll Lang nach Abschluß der Dreharbeiten von den NIBELUNGEN gesagt haben: „Daß ich nach meinem Marbuse-Film mit keinem anderen Kameramann als Carl Hoffmann arbeiten wollte, verstand sich von selbst. Ich wußte, daß er alles, was ich mir als Maler und Regisseur vom Bildhaften der Nibelungen erträumte, durch seine einzigartige Licht- und Schattengebung wahr machen würde. Günther Rittau experimentierte mit Hoffmann die Nächte hindurch. (. . .) Der Filmarchitekt Otto Hunte und sein Mitarbeiter Kettelhut (und Vollbrecht) haben mir für den Film auf dem Neubabelsberger Filmgelände Worms und den Rhein, Isenland und Etzels Reich, den deutschen Dom und den deutschen Wald erbaut. (. . .) Und was dann aus Technik und Phantasie entstand, das zeigte sich in diesem Film, einem Werk wahrer Gemeinschaftsarbeit, einer Schöpfung, deren Kühnheit die Zuschauer berauschte.'' (74) Langs Tribut an den damaligen Teamgeist entspricht Robert Herlths bereits erwähnten Vorstellungen vom „Geist der mittelalterlichen Bauhütte, die alle beseelte''.

Murnau konnte sich ebenso mit Recht auf ein hervorragendes Team von Technikern, Kameraleuten und Baukünstlern berufen. Murnau arbeitete im FAUST-Film ebenfalls mit Carl Hoffmann statt mit seinem bevorzugten Kameramann Karl Freund (der übrigens GOLEM, METROPOLIS und VARIETE in die Kameraoptik brachte), da dieser kurzfristig ausfiel. Aber die zweite Wahl war in diesem Fall die beste, denn Hoffmann war vielleicht der größte Lichtgestalter des Faches. Carl Hoffmann über die Dreharbeiten: „Entfesselte Feuerlöscher, Wasserdampf, der aus Dutzenden von Rohren hervorquillt, dazu noch Dämpfe der verschiedensten Säurearten, alles durch Flugzeugmotoren im Chaos herumgewirbelt... dann haben Sie ungefähr ein Bild von der Beschwörungsszene.'' (75)

Die Erfindung der „entfesselten Kamera'' geht auf die Studioarbeit der deutschen Filmindustrie zurück. Carl Hoffmanns Kamera fuhr bei FAUST auf einem eigens hierfür konstruierten Kamerawagen durch eine geräumige Studiolandschaft mit Stadt und Bergen, um Mephistos Flug zu simulieren. Durch diese ungewöhnliche Kameraführung wird — neben der stimmungsvollen Art der Beleuchtung — dem Zuschauer ermöglicht, mitten in die Ereignisse einzutreten. Für Murnaus früheren Film DER LETZTE MANN machte Karl Freund ebenso revolutionierende Aufnahmen, als er sich die Kamera auf den Körper schnallte und mit dem Hauptdarsteller Emil Jannings durch eine Drehtüre ging um die Bewegungen einer „trunkenen Kamera'' nachzuvollziehen. Herlth erinnerte sich mit Schrecken, daß die fertigen Dekorationen deshalb abgebrochen werden mußten, weil der „dicke Karl'' in der Drehscheibe stecken geblieben war: „Bald hatte Freund die Kamera vor dem Bauch geschnallt, bald rutschte sie an einem Gitterträger durch die Luft, bald fuhr sie mit ihm auf einem Wagen mit Gummirädern.'' (76) Die ungewöhnlichste Kamerabewegung machte Karl Freund für VARIETÉ, wo er mit den Artisten am Trapez schwang und seine Kamera folgte „voller Bewegung den sich durch den Raum schwingenden Körpern, die einander zuschnellen, aneinander vorbeigleiten, sich kühn überschlagen oder jäh hinunterzustürzen scheinen, in ein Filigran von Kabelwerk und Seilen hinabtauchen, hoch schnellen" (77).

Karl Freund kommentierte die ungewöhnlichen Kamerawinkel und neue Raumerfahrung: „In VARIETÉ ergab sich der ungewohnte Winkel zwangsläufig aus den beengten Räumlichkeiten im Berliner Wintergarten, wo der Film gedreht wurde. Dieser Film erwies sich überraschend als wahre Fundgrube der Aufnahmetechnik aus der Untersicht, die Schule machte und heute das Ausmaß einer nationalen Manie erreicht hat." (78) Freilich: die so gewonnenen Perspektiven wären ohne eine fortgeschrittene technologische Studiotechnik und ohne die Mithilfe der vielen Studiotechniker, Kameraassistenten, Requisitenbauer udgl. kaum möglich gewesen.

Mit Recht haben Regisseure die Kameraleute neidvoll „Zauberer" genannt. Robert Herlth erinnerte sich: „Die Technik diente ihnen nur als Mittel. Ich bin gewiß, daß ich nicht zuviel sage, wenn ich behaupte, daß ohne das Wirken der Kameramänner sich der Film nie aus primitiven technischen Zwangsvorstellungen hätte lösen können." (79) Wurde die Kamerabewegung auch in späteren Jahren durch halbherzige Regisseure zu unreflektiert benutzt, war sie doch wie Licht und Dekor ein Novum und zugleich Charakteristikum in Murnaus und Langs frühen Filmmeisterwerken.

Wie eng Regisseure mit Filmarchitekten und Kameratechnikern zusammengearbeitet haben, läßt sich an den detaillierten Entwürfen ablesen, die Sinn für die Dynamik des Raums und Beleuchtung zeigten und dabei alle technischen wie ästhetischen Bedingungen der Produktion einbezogen. Die übliche Vorgangsweise bei Regiesitzungen war, daß jeder vom technischen Stab angehört wurde und seinen Wünschen entsprechend Kameraeinstellung, Licht- und Schauspielerpositionen festgelegt wurden. Noch lange vor Drehbeginn fanden intensive Beratungen zwischen Filmarchitekt und Kameramann statt, wobei die Skizzen und Pläne des für die Ausstattung Verantwortlichen auch Kamerawinkel, Perspektive, Objekteinstellung und Beleuchtung fixierten, die vom Kameramann angewandt werden konnten. Diese „Annäherung" der Metiers durch intensives Beraten vor dem eigentlichen Drehen des Films machte die einzelnen Mitarbeiter nicht nur vertrauter miteinander, sie half auch dem besseren Verständnis für die Intentionen des Films und des Filmdesigns. Die Nachlässe von Robert Herlth, Emil Hasler oder Erich Kettelhut bezeugen eine Unzahl von Zeichnungen, die allein für eine Szene hergestellt und in denen schon Kadrierungen vorgeschlagen wurden. Es ist der Architekt, der damals das sog. „story board" entwickelte. Mit Aufkommen des Tonfilms änderte sich auch für die Ausgestaltung des Films einiges. Dem Tonfilm hilft notfalls Dialog und flotte Musik über räumliche Grenzen/Dimensionen und dekorative Schwächen hinweg. Ein neues Filmemachen beendete die „goldene Zeit" der Filmbauten, weil das Fabulieren nicht mehr „bildhaft geschieht, sondern wirkungsökonomischer mit Sprache und Musik. Daß diese Entwicklung auf Kosten der Filmarchitektur ging, ist verständlich.

Jeder sog. „expressionistische" Film hat seinen eigenen Charakter. Eine klare und eindeutige Definition des „expressionistischen" Films zu geben, ist deshalb so schwer, weil unter den expressionistischen Filmemachern zu viele Temperamente vertreten waren, als daß sich eine einheitliche Filmästhetik ergeben hätte. Der kleinste gemeinsame Nenner wäre somit die Form des Dekors. In der Tabelle befinden sich deshalb eine beträchtliche Anzahl inhaltlich sehr unterschiedlicher Filme: vom schulbildenden Film DR. CALIGARI (durch den übrigens der Begriff „Caligarismus" in die Kinematographie Eingang fand) bis zu dem schon versachlichten Film GEHEIMNISSE EINER SEELE (1926) und pseudo-expressionistische Filme wie M – MÖRDER UNTER UNS (1931), VAMPYR (1932) und DR. MARBUSE (1933). Alle weisen formal expressionistische Züge im Dekor auf, doch jeder auf sehr unterschiedliche Weise. Die Dekorationen sind entweder gemalt oder gebaut, oder auch gemalt/gebaut, oder nur ausgeleuchtet. Außer diesen Kriterien ist der „expressionistische" Film noch in die zwei Gruppen der *subjektiven* und *objektiven* Raumimpressionen bzw. -expressionen zu unterteilen. Alle in der Tabelle angeführten Filme weisen einen gemeinsamen Dekorstil auf, der in erster Linie durch die mitwirkenden Filmarchitekten zu erklären ist.

Was alle diese Filme jedoch verbindet, ist ihr gemeinsames Kunstwollen bzw. ihre „Geisteshaltung" , letztlich ihr ideengeschichtlicher Hintergrund. Der Expressionismus stand in einer historischen Umbruchepoche der Welt: Gemüt, Stimmung, Weltschmerz, Dekadenz waren Schlüsselbegriffe, die im Expressionismus ihren Niederschlag fanden. Diese Untergangsstimmung hängt eng mit der symbolistischen und mythischen Kunstauffassung der Expressionisten und deren ästhetischer Aussage zusammen. Auch politische Resignation kommt zum Ausdruck – eine Weltflucht, die wohl mit der sozial-politischen und psychologischen Wirkung zusammenhängt, die ein verlorener Krieg und nationaler Identitätsverlust auf eine kritische Generation von jungen Künstlern und Intellektuellen ausübte. So gibt es „Stimmungen" dieser künstlichen Filmarchitektur, die in der realen Welt kaum vorkommen. Der „mystische Gehalt" hat unbestreitbar nicht nur die nationalsozialistische Propagandaarchitektur, sondern auch die nicht minder programmatisch-plakative „abstrakte" Moderne wie die „Gegenmoderne" beeinflußt. Ein profunder Kenner und Mitgestalter expressionistischer Filmarchitekturen, Robert Herlth, schrieb: „Ich gehe von der Voraussetzung aus, daß der Begriff des Filmbildes nicht so sehr umstritten als unbekannt ist; denn nur um dieses kann es sich ja handeln, wenn von einer Architektur die Rede ist. Sie ist als solche gar nicht existent, wie ja alles, was vor der Kamera im Prozeß der Arbeit geschieht, nicht existent im eigentlichen Sinne ist, sondern lediglich als Medium für die Projektion dient. Das gilt sowohl für den Raum als für das Spiel, ja für die Darsteller selber. Filmbauten sind daher, wie sehr sie sich technisch real und deutlich im Studio präsentieren mögen, nur dann möglich oder sinnvoll, wenn sie vom planenden Auge des Filmschaffenden so gestaltet und verwendet werden, wie sie im Ablauf der Projektion erscheinen müssen. Es kann also keine Kulisse als solche, sondern nur eine für die Planung gedichtete geben, ob sie nun realistisch, romantisch oder surreal ist." (80) Entscheidend bei Filmarchitektur ist aber immer, wie sie auf die Leinwand projiziert, also als „Filmraum" wirkt.

	Entstehungs-jahr	romantisch	phantastisch	realistisch	gemalt	gebaut	gemalt und gebaut	beleuchtet (Lichtregie)	Modell/ Trickaufnahmen	Realbauten	subjektiv	objektiv
DAS KABINETT DES DR. CALIGARI	1919		•		●							O
VON MORGENS BIS MITTERNACHT	1919	•	•		●						O	
TORGUS	1920	•					●				O	
ALGOL	1920		•				●					O
GOLEM, WIE ER IN DIE WELT KAM	1920	•				●						O
GENUINE	1920		•		●						O	
DIE HINTERTREPPE	1921	•					●					O
SCHLOSS VOGELÖD	1921	•				O				●		O
DER MÜDE TOD	1921		•			●		O				O
NOSFERATU	1922		•			●		O		●	O	
SCHATTEN	1922		•					●			O	
DR. MARBUSE, DER SPIELER	1922		•			●						O
DIE STRASSE	1923			•		O		●				O
RASKOLNIKOW	1923		•				●				O	
DER SCHATZ	1923	•				●					O	
DAS WACHSFIGURENKABINETT	1924		•				●	O				
NIBELUNGEN (TEIL 1/2)	1924	•	•			●		O	O			O
ORLACS HÄNDE	1924		•					●			O	
DIE CHRONIK VON GRIESHUUS	1925	•	•			●						O
FAUST	1925	•				●		O	O		O	
METROPOLIS	1925		•			●			●			O
GEHEIMNISSE EINER SEELE	1926			•				●	O			O
DER STUDENT VON PRAG	1926	•					●	O			O	
LEBENDE BUDDHAS	1926	•	•			●					O	
BERLIN — SYMPHONIE EINER STADT	1927			•					O	●		O
ALRAUNE	1928		•					●			O	
ZUFLUCHT	1928			•		●						O
FRAU IM MOND	1928		•			●			●			O
GEHEIMNISSE DES ORIENTS	1928		•				●		●		O	
SPIONE	1928			•		●						O
ASPHALT	1929			•		O		●				O
M — MÖRDER UNTER UNS	1931			•		O		●				O
F.P.1 ANTWORTET NICHT	1932		•			●						O
VAMPYR	1932	•	•					●		●	O	
DAS TESTAMENT DES DR. MARBUSE	1933		•			O		●		●		O
DAS BLAUE LICHT	1933	•	•					●	●	●	O	
TRIUMPH DES WILLENS	1934			•				●		●	O	

Filme mit expressionistischem Dekor

151

Frank Capra: LOST HORIZON (1936); „Shangri-La" von Stephen Goosson

VI. SCREEN DÉCO-DREAM DESIGN
Die amerikanischen Revue- und Musicalfilme

Nirgendwo sonst in seiner etwa 100jährigen Geschichte ist im Medium Film der Stellenwert von Architektur so bedeutend und formbildend gewesen wie beim Revue- und Musicalfilm. Der Anteil am Erfolg oder Mißerfolg einer Showproduktion hing — so überraschend das vorerst klingen mag — nicht nur von der „All Star"-Liste und dem Glamour der Sänger/innen und Tänzer/innen ab, sondern auch vom Glamour der Ausstattung, d.h. von der Ästhetik und Wirksamkeit ihrer Formen und wie sich *Architektur als Bild* selbst in Szene setzen konnte. So glamourös und prachtvoll die Auftritte der irisierenden Stars der Bühne auch waren, wie erotisch lockend die *Chorus Line*-Mädchen mit ihren endlos potenzierten Tanzbeinen und Luxuskörpern auch wirkten, so konnten sie doch mit der genau programmierten (ja, sogar überinszenierten) Schauarchitektur der Bühne kaum konkurrieren. Weder die picksüßen himmlischen Melodien, noch die sprühenden Lichter der *Footlights*, noch die glitzernden Kostüme der Darsteller, sondern allein der Glanz der Ausstattung mit ihren exotisch-extravaganten und verschwenderischen Dekors zog die Massen ins Kino und garantierte die Attraktivität der Revuefilme. Daß die luxuriöse und phantastisch-kitschige Ausstattung im Mittel- bzw. Schlußpunkt jeder Filmrevue immer besonders zur Geltung kam, verweist schon insgeheim auf die immense Bedeutung des Ornamentalen und Architektonischen bei einer Show. So spektakulär die Besetzung und die Girltruppen auch ausfielen, der Glorienschein der Architektur war stärker — obwohl sich eigentlich beide Ingredenzien gegenseitig bedingten. Freilich: so teuer die Besetzungsliste der „Millionenstars" auch sein mochte, so kostbar und einmalig mußte die Architektur ausfallen. Nicht selten diente sie zur Kaschierung des mangelnden Inhalts und als Ablenkung und Ersatzbefriedigung der Massen.

Am Beginn der Entwicklung des Revuefilms setzte man die Elemente der Theaterrevue und Operette im Film ein (Paradetänze, Mistinguette-Kostüme, Treppenkonstruktionen etc.). Quasi-Revuefilme — darunter die *Ufa*-Produktionen VARIETÉ (1925), DER BLAUE ENGEL (1930) oder die gelegentlich an Revue grenzenden Szenen der Avantgardeproduktionen PERFIDO INCANTO (1916), SALOME (1922) und L'INHUMAINE (1923) übertrugen lediglich die Tableaus der Ausstattungsrevue auf das Medium Film und verkörperten in eleganter Spielart die Tradition des Cabarets und Nachtklubs, gefiltert durch futuristisches (PERFIDO INCANTO), expressionistisches (SALOME, DER BLAUE ENGEL) oder modernistisches (VARIETÉ, L'INHUMAINE, L'ARGENT) Raffinement im Dekor. Die meisten Filme dieses neuen Operettentyps hielten sich an alte Rezepte, deren Ingredenzien aus einem treppenartigen Szenarium mit kistenweisem Antiquitätenplunder und allerhand Kuriosa bestanden. Die ornamentale Wirkung der Show kam von den auf einer großen Treppe versammelten *Chorus Line-Girls*, die sich ad infinitum vermehren ließen.

Höhepunkt einer jeden Revue – ob im Theater oder im Film – war immer das große Treppentableau. Dieses Treppentableau, bestehend aus mehreren steilen Stufen oder ganzen Podien, übernahm man von dem sogenannten „Ziegfeld-Follies-Walk" der berühmten Broadway-Truppe *Flo Ziegfeld-Follies*. Seitdem der Broadway-Star Irene Castle in der legendär gewordenen Broadway-Show „Miss 1918" des Ziegfeld Theaters die große kaskadierende Treppe zum Publikum hinabschritt, spricht man von der „Pyramidenstufen-Sensation". Dieses Architekturelement wurde fortan in jeder Show – sogar bis heute noch – eingesetzt und übt auf die Zuschauer eine ungebrochene Faszination aus. Von der Treppe herabschreitend, „produzierte" sich der (meist weibliche) Star auf der Bühne. Ein sonst für Bühnenarrangements gar nicht so geeignetes architektonisches Verbindungselement entpuppt sich bei genauerem Hinsehen als ein wesentliches „Präsentationsmittel" der Show.

Zurecht sprachen Reinhard Kloos und Thomas Reuter in ihrem interessanten Buch „Körperbilder" von der Revolutionierung des Massenornaments durch die Vertikalbühne: „Die Gliederung von Massen und ihre geometrische Anordnung ist auf der horizontalen Ebene der Theaterbühne ohne Perspektivverschiebung für den Zuschauer nicht erkennbar. Die Leistung der Revuetreppen besteht vor allem in der Verlagerung der Bühnenebene in die Vertikale oder – vom Standpunkt der Zuschauer aus gesehen – in der Veränderung der Frontalsicht zur simulierten Aufsicht." (1) Das vertikale Arrangement der Körper und Kostüme lieferte einen weit größeren Eindruck als Glamour und Musik. Kloos/Reuter bemerkten: „Mehr als die Vergötterung des Stars, der gleichsam die *Himmelsleiter* hinab zur Bühne steigt, scheint die Treppenkonstruktion der Ausstattungsrevue der Möglichkeit zu dienen, Massen ornamental auch für die Bühne zu ordnen, den Fluchtpunkt der ornamentalen Figur durch ‚Drehung' der Bühne in die *Vertikale*, in den Zuschauerraum zu verlegen und somit ein Massenaufgebot von Girls zu präsentieren." (2)

In den späten 20er Jahren produzierte neben Ziegfeld noch ein anderer Szenarios, die der Künstlichkeit von Hollywoods Traumfabrik entgegenkamen, bzw. hat Hollywood dessen dramatische Formel aufgegriffen: Samuel „Roxy" L. Rothapfel (1882–1936) mit seinen *Radio City Hall's Rockettes*. Die Show dieser Truppe, bestehend aus 64 Tänzerinnen, alle zwischen 1,62 und 1,69 Meter groß und unterschiedslos Ebenbilder amerikanischer Jungfräulichkeit, war eine skriptlose Kolonne von Revuenummern, deren Abfolge keine spezifische Handlung zum Gegenstand hatten. Das Programm bestand einzig und allein aus einer Fleischwerdung unnatürlicher Formen bzw. aus architektonischen und kulturellen Metaphern. Bögen, Treppenpyramiden und Turmkonstruktionen – mit Goldfarbe und Purpurglanz übermalt – waren die Elemente dieser Art-Deco-Bühne. Hollywood entwickelte eine ähnliche Formel für die frühen Revuefilme als Starvehikel ihrer Glamour- und Vampstars Gloria Swanson, Jeannette Mac Donald, Pola Negri und Mae West.

In der Entwicklung des Revuefilms vollzogen sich gegen Ende der Dekade zwei entscheidende Zäsuren: sowohl der Siegeszug des Tonfilms (dessen Einleitung mit Warner Brothers THE JAZZ SINGER (1927), ein Vaudeville- und Music-Hall-Thema mit dem populären Kabarettsänger Al Jolson begann) als auch der Börsenkrach vom 24. Oktober 1929 und die anschließende Depression mit ihren Folgeerscheinungen (New Deal) für Publikumsgeschmack und Industrie zwangen die Verantwortlichen des Unterhaltungsgeschäfts zum radikalen Umdenken. Die Revuekenner Kloos/Reuter führten aus: „Der Luxus der Ausstattung, der auch die Attraktivität der Revues von vornherein garantierte, war mit Erfindung des Tonfilms plötzlich überflüssig geworden. Als Beispiel mußte 1929, zwei Jahre nach Eröffnung der *Roxy's Radio City Hall*, Samuel Rothapfel vor der Konkurrenz der *Talkies* (Tonfilm) kapitulieren. Doch auch das ästhetische Prinzip, das die Faszination bestimmte, die die Revuen auf die Zuschauer ausübte, die Ökonomie der Verschwendung, die die Präsentation der Körperbilder beherrschte, wie auch die eigenen Gesetze des Genres wurden den Revuen zum Verhängnis." (3)

In genauer Entsprechung zur Krise bestand die neue Routine des Hollywood-Films in einer systematischen Abwandlung des Themas von der fehlenden Inspiration der Bühnenshow. Grundlage des aufkommenden Tonfilms waren neben Musikeinlagen und Schauspielerdialogen die völlig inhaltslose Darbietung entfesselter Kameraführung und Synchronisation, eine neue Präsentation unmenschlicher Koordination, eine atemberaubende Aufopferung menschlicher Individualität auf dem Altar einer synthetischen Körperkultur mit einem Massenspektakel. Um dem drohenden Rückgang des Revuefilms zu entgehen, hatten sich die Verantwortlichen des Genres eine zeitlang auf die Entwicklung immer raffinierterer Kameratricks, Bewegungssynchronisationen und effektiverer Kamerachoreographie konzentriert, denn das Publikum war des immer wiederkehrenden Klischees der simultanen *Chorus Line* und deren selbstreproduzierender Parade im Finale bald überdrüssig.

Der Film hingegen bestand darauf, die Illusion in genügender Dauer und Dichte herzustellen, um die Großstadtmassen damit abzufüttern und auch um mit den europäischen Revuen des „Casino de Paris" und Georges Balanchines seriöserem „American Ballett of the Metropolitan Opera" konkurrieren zu können. Wer zu wenig Geld hatte, um die Mistinguette, Colette oder Josephine Baker zu sehen, konnte sich glücklich schätzen, für wenig Cents *MGMs* GOLD DIGGERS-Serien konsumieren zu können. Anders als bei der Bühnenshow wurde die Bühne im Film zu einem schwebenden Tableau, extrem vertikalisiert und frontal zum Zuschauer gerichtet. Nach der Umfunktionierung der Music-Hall zum Kino, indem der Fußboden der Bühne um 90 Grad zur senkrechten Leinwand umgekippt wurde, erdachte man die großen Treppen- und Podesttableaus. Auf diesen senkrechten Gebilden formierten sich die Girls nicht mehr in Perlschnur-, sondern in vertikalen Arrangements, wobei die Kamera sie von allen Seiten, von oben und von unten, ausgiebig zeigte. Essenz der Darbietung war eine Ornament-Show mit prägnant abstrakten Mustern und Bewegungsabläufen. Die *Chorus*-Mädchen erschienen als neue Menschenrasse. Die gefeierten Divas und Show-Stars schienen im wörtlichen Sinn über den „star walk" (Himmelsleiter) von den Sternen hinunterzusteigen, um die neuesten Sensationen sowie den ornamentalen Glamour ihres unantastbaren, ent-rückten Körpers vorzuführen.

Die Versinnbildlichung von „Nähe" und „Ferne" gelang perfekt: der Unterschied von Himmel und Erde scheint vollkommen aufgelöst. Zudem konnten sich die Girltruppen ähnlich einer Militärparade formieren, die Stars „umrahmen" und mit Hilfe der vertikalen Architektur, die präzis rhythmisierte Stufenfolge nutzend, sich zu prägnanten und verdinglichten Massenornamenten verwandeln. Auf der Treppe reproduzierte sich die Revue selbst — sie wurde ihr eigener Inhalt und ihre eigene Form. Der auf der obersten Stufe der Treppe stehende und von einem 100.000voltigen Lichtstrahl oder einem winzigen Lichtkegel scharf angestrahlte Show-Star und das zum Finale versammelte Ensemble wirkten durch ihre maßlose Vervielfachung und megalomane (vertikale oder horizontale) Aneinanderreihung von Menschen wie eine abstrakte akrobatische Figuration. Ein Massenornament schlechthin. Ihr Schein oder Sur-realismus — als Verunklärung der Wirklichkeit — war perfekt: Körper als Material für Monumente. Ihre „steinernen", unantastbaren Körper entzogen sich durch ihre Vermassung und unterschiedslose Vervielfachung zudem jeglichem Zugriff von Leben. Das kurze, erstarrte Verhalten, d.h. das Posieren in sekundenlanger Bewegungslosigkeit, teilte die Bewegung in exquisite, kostbare Phasen, die zugleich erotische Lockung und Verweigerung, Zerstreuung und Fesselung, Ausschweifung und Enthaltung produzierten. Menschenfleisch wurde zur abstrakten Folie — zur Mädchengeometrie.

Die „Tektonik" dieser Menschenarchitektur (simple Aneinanderreihung von Leibern, die Verhundertfachung der Dimensionen) und die Flut von Straußenfedern oder erregenden Badekostümen der *Chorus*-Mädchen überrollten die Wirklichkeit vollkommen. Die Ausstattung machte die Illusion auf zweierlei Weise perfekt: zum einen stellte die Treppenkonstruktion das bühnentechnische Hilfsmittel zur Transzendenz des Bewußtseins und der Verunklärung dar, zum anderen erfüllten sich darin die beiden Funktionen der Revue — die ästhetische Präsentation von ausschweifendem Luxus sowie die „Sucht nach Bildern", nach immer Neuem, doch immer Gleichem, zu befriedigen.

Die Treppe war somit im wörtlichen Sinn eine Katapultkonstruktion, mit deren Hilfe die Show „in die Höhe geschoben wird" und dadurch erst in atemberaubende Szenentempi gebracht werden konnte. Ohne die Treppe wäre die Schau träge, wäre die Präsentation von Luxus und Präzision der Szene nicht begründbar. Die Treppe erzwingt förmlich entweder die posierende Haltung oder die eilende Fortbewegung, anders ausgedrückt: Begierde (erotische Verlockung) oder Verweigerung (lähmende Verzückung) bedingen einander. So unerreichbar und lockend die abstrakten Körperbilder der Revuemädchen auf den Stufen sind, so maßlos und phantastisch ist die Architektur der lebenden Bilder bei den Treppentableaus im Revuefilm.

Die Treppenkonstruktion war bereits die Vorwegnahme der Raumbühne, die für den Ende der 20er Jahre einsetzenden Tonfilm geeigneter erschien. Sie stellte das Requisit des Welttheaters (Kosmos) dar, mit dessen Hilfe der Schein luxuriösen Lebens der Belle Epoche und des viktorianischen Zeitalters in der Zeit der Wirtschaftskrise hinübergerettet wurde. Zugleich präsentierte sie die technische Perfektion einer vermeintlich voll durchrationalisierten (aber doch widersprüchlichen) Welt der beginnenden Moderne. Angesichts der damaligen desolaten wirtschaftlichen und gesellschaftlichen Verhältnisse kam der Präsentation von Luxus und Überfluß insofern eine große Bedeutung zu, als sie in einer „fesselnden" Inszenierung und einer pompösen Ausstattung permanenter Wunder zur Zerstreuung und Ablenkung diente. Die Erfolge der Revue basierten auf der schlagenden Formel Hollywoods: „Noch mehr Mädchen, noch mehr Federn, noch mehr Glanz als bei Ziegfeld-Follies". Die Architektur erfüllte ihren Teil an der Übertreibung und der Demonstration von Verschwendung, wie sie auch bei der Tarnung, Verschleierung und Glättung gesellschaftlicher Widersprüche mithalf. Waren bei Ziegfeld noch die Tänzer, Sänger, Clowns, Vaudevillekünstler, Akrobaten und Spaßmacher die eigentlichen Zugnummern der Show, so wechselte man in Hollywood zu einem Glamour des Ornamentalen mit massenchoreographischen Einlagen. Die extreme Stilisierung von Architektur und Körpern zu Massenornamenten ist charakteristisch für die frühen Revuefilme, insbesondere wenn das beherrschende dekorative Muster die großen Finalszenen mit ausladenden Treppentableaus und stilisierten Körpern sind. Hier überschlagen sich förmlich die Phantasien der Moden und des Arrangements.

Glamour-Surrealismus während der Depression

In den Jahren nach dem Wallstreet-Krach am 24. Oktober 1929 überrollte der Ausklang der „roaring twenties" die Alltagswirklichkeit in einer Euphorie von Hollywood-Revuen. Das neue Hollywood-Studiosystem kaufte sich den ehrwürdigen Broadway und die Tin Pan Alley auf und riß alles, was singen, komponieren, tanzen und inszenieren konnte, an seine Dollarküste. Der Strom der Talente zog westwärts; der Broadway wanderte westwärts, um Kino zu werden. Hollywood kaufte Erfolge gleich paketweise ein: Jerome Kern, Harold Arlen, Irving Berlin, Rodgers und Hart, Ira und George Gershwin, Cole Porter und schließlich auch Kurt Weill versammelten sich unter kalifornischer Sonne. Aber auch die Regisseure John Cromwell, Roy Del Ruth, Mervyn LeRoy, George Cukor, Victor Fleming und Busby Berkeley zogen von New York nach Los Angeles.

Die Produzenten von *MGM, Warner, Paramount, Fox* und *RKO* gaben allen Broadway-Größen Carte blanche. Studioarbeiter wie Bühnenausstatter waren ebenso willkommen. De facto wurden alle Kräfte der alten Revue mobilisiert und in einen Prozeß eingespannt, der ihre Freiheiten beschnitt und ihre Produktionen den geregelten Modi und der jeweiligen Unterhaltungsformel des Studios anpaßte. Hollywood-Filme, auch die besten unter ihnen, standen unter der Maxime: „Viel investiertes Geld macht noch mehr Geld!" Der Revuefilm der 30er Jahre verdankte seine Qualitäten nicht dem Autorenkino, sondern der kollektiven Arbeitsweise des Studiosystems. Hier wurden Spezialisten der Bühne in jedem Metier ausgebildet. In den berühmten *MGM*-Produktionen jener Zeit wurde die Ornament-Revue durch ein Team der wohl versiertesten Spezialisten im Filmfach auf ihre Spitze getrieben.

Angefangen hat alles mit BROADWAY MELODY (1929), ein Schnick-Schnack um eine verliebte, aber melodramatische Sängerin, der als *Backstage Story* für viele effektvolle Auftritte der Leinwand-Diva Bessie Love diente. Eine Backstage-Revue ist eigentlich eine Selbstdarstellung des Geschäfts, gleichzeitig eine Selbstentblößung des Entertainments, oft auch eine des Filmgenres und damit des Starkults in Hollwood. In ihnen wird jene wi-

Busby Berkeley: „Shadow Waltz" aus dem Film GOLDDIGGERS OF 1933 – Glamour des Ornamentalen zur Art Déco-Ausstattung von Anton Grot

dersprüchliche Spannung von Realität und Traum sichtbar, auf deren Stilisierung und Inszenierung die Qualität des Revuefilms beruht. Dominierender Zug des Genres ist, daß eine Show-in-der-Show gezeigt wird, um gleich auch die Herstellung der Show mitzuzeigen und eventuell anzuprangern. Der Backstage-Plot vertraut auf die Faszination des voyeuristischen Blicks hinter die Bühnenkulissen: das Entertainment entlarvt sich selbst. Kein anderes Filmgenre hat eine ähnlich intakte Reflexion der eigenen Branche entwickelt. In den besten Backstage-Revuen wird demonstriert, daß und wie die Illusionen der Revuenummern (also auch der Höhepunkt im Finale) gemachte Illusionen sind. Zahllose Shows handeln von Tanz- und Gesangstars, deren Erfolg in der Show mit der Zerstörung ihrer Person und des privaten Glücks erkauft ist.

Eine etwas häufigere Formel der Filmrevue ist das *All Star Movie.* In der für Eleanor Powell, Ruby Keeler, Toby Wing, Jeanette MacDonald, Bette Davis, Mae West, Cary Grant oder Eddie Cantor gebauten Starvehikel-Serie gab es die vielfältigsten Themen und den vielschichtigsten Fundus der Music-Hall und der Operette ohne Stroheim'sches Gift. Eine Kette von Songs, Tanznummern und *Chorus Line*-Paraden mit opulenten Starauftritten, zusammengehalten durch einen dünnen Plot, bot dem Studio Gelegenheit genug, seine Stars Revue passieren zu lassen.

BROADWAY MELODY löste eine Flut von Revuefilmen aus. Die verschiedenen Studios konkurrierten miteinander um die Gunst des Publikums: *Universal* brachte BROADWAY (1929) von Paul Féjos; *Warner* den inzwischen leider verschollenen Spektakelfilm GOLD DIGGERS OF BROADWAY (1929) von Roy Del Ruth und SHOW OF SHOWS (1929) von John G. Adolfi;

Der „Shadow Waltz" aus GOLDDIGGERS OF 1933: im Top shot formieren sich die violinspielenden Mädchen zum Blütenkelch

20th Century überraschte mit FOX MOVIETONE FOLLIES (1929) von David Butler; und schließlich huldigte *Universal* sogar mit KING OF JAZZ (1930) von John Murray Anderson dem „Jazz-Age" auf seine Art. *Paramount's* PARAMOUNT ON PARADE (1930) war bereits ein Nachzügler, weil *MGM* mit seinen Erfolgen HOLLYWOOD REVUE OF '29 (1929) von Charles F. Reisner, FROM BROADWAY TO HOLLYWOOD (1930ff) von Willard Mack und WHOOPEE (1930) von Thornton Freelan bereits seinen vierten *Blockbuster* hatte und genrebildend war.

MGMs Strategie, ganze Broadway-Erfolge auf das Medium Film zu übertragen, erwies sich als Super-Geschäft. Samuel Goldwyn als Produzent erwarb komplette Broadway-Mannschaften für seine Revuefilme: Adrian (Gilbert Adrian) schuf die aufwendigen Kostüme im reinsten Art-Déco; Charles Le Maire avancierte zum Chef-Designer; Irving Berlin, Jerome Kern und Harry Warren belieferten die Revuen mit ihren Kompositionen; unter Cedric Gibbons' Leitung wurden die verschwenderischen Dekorationen gestaltet und von Bühnentechnikern des Broadway hergestellt; Regisseure wie Leo McCary, George Cukor, King Vidor, Mervyn LeRoy oder Stars wie Ruby Keeler, Mae West oder Cary Grant sorgten für Glamour. Florence („Flo") Ziegfeld (1867 –1932), im amerikanischen Bewußtsein der Erfinder der Revue und Denkmal der nationalen Theatergeschichte, stieß relativ spät zum Film. Er produzierte für *MGM* WHOOPEE (1930) und engagierte sowohl seinen Star Eddie Cantor als auch seinen Choreographen Busby Berkeley (1895–1976), der gleich bei seinem Filmdebüt für das Genre wesentliche Impulse setzte.

Michelangelo des Kitsches — Busby Berkeley

Im Gegensatz zur Bühnendarbietung von lose aneinandergereihten Szenen mit Gesang, Tanz und Artistik und der damit verbundenen Einheit von Zeit- und Raumfolgen, befreite Berkeley den Film von diesen Konventionen und Restriktionen durch phänomenale Kamerafahrten und surreale Raumphantasien. Tanz ist in Berkeleys *production numbers* (kurze, autonome Filmteile mit Musik und Tanz) nur Versatzstück, niemals Thema, und Choreographie zu allererst eine Frage des Kamerablicks; für die Guckkastenperspektive eines Theaterpublikums wäre sie so sinnlos wie unmöglich. Berkeleys exzentrisches Genie und sein Blick für den Tanz als Bewegungsmuster und für tänzerische Komposition von bewegten Körpern oder Menschenmassen haben zur Entwicklung der Revue zu einer rein filmischen Angelegenheit mehr beigetragen als es alle Hollywood-Choreographen vor und nach ihm je vermochten. Berkeley sah im Film das Medium, das seinem Hang nach Stilisierung Entfaltungsraum bot. Das parodistische Spiel mit Versatzstücken seiner Phantasie und mit dem Kinomythos des Star-Wesens nutzte Berkeley zur selbstherrlichen Demonstration des „Films als Kunstmittel"; souveräne Montage, artifizielle Ausleuchtung und Dekoration, geraffte musikalische Einlagen und rhythmisch konzipierte Kamerafahrten von ungewöhnlichen Perspektiven und Tempi prägten seine Arbeit. Berkeley träumte von Tanzszenen, die jeden Raum sprengen sollten, von Noch-nie-Gesehenem.

Obwohl er keinen Tanzunterricht erhalten hatte und auch weil ihn das Vorhandene an tradiertem Ballett nicht sonderlich beeindruckte, erfand er neue Tänze und unbekannte Methoden, den Tanz im Film zu zeigen. Seine Film-im-Film-Sequenzen waren im besten Sinne *Cinéma pur* und in der Qualität den Avantgardefilmen seiner Zeit ebenbürtig. Was ihn von seinen Imitatoren und vom leeren Pomp neuerer Musicals unterschied, war nicht nur die ihm eigene Originalität, sondern sein fundierter Größenwahn. Selbstherrlich sagte er: „Niemand hat mich je beeinflußt, (. . .) Bei meinen Nummern bestimmte ich immer alles allein." (4) Er war auch immer bemüht, das Unmögliche als Möglichkeit des Films in Betracht zu ziehen. Besessen von menschlicher Geometrie und Glamour-Surrealismus ließ er die Kamera schweben, die Körper der Girltruppe zu delirischen Kaleidoskopen werden und die Raumbühne als alles beherrschendes Instrument erscheinen. Alles mußte megaloman sein: er „verhundertfachte" Mädchen, Klaviere, Violinen, Betten, Toilettentische, Harfen, Wolken und Tableaus. Nicht zu Unrecht wurde er wegen seines hypertrophen Glamour-Surrealismus mit dem Titel „Méliès des Musicals" bedacht. Er dachte in Mustern und Formationen, als wäre es die „natürlichste Sache der Welt" (5).

Seinen Hang zu quasi-militärischen Formationen und zur Vereinheitlichung der Körper erwarb Berkeley als Ausbildungsoffizier im I. Weltkrieg, wo er im Drill ein optisches Äquivalent zum Tanz sah. Aber im Gegensatz zur Reihung der Körper (wie in der klassischen *Chorus Line* im Theater) setzte Berkeley die Agglomeration oder Permutation der Körper ein, d.h. ihre Zusammenballung und Verwandlung in fremde Wesen, zu abstraktem Dekor. Für ihn sind seine Follies-Girls Masse und Material für Denkmäler. Solche Verwendung von

Busby Berkeleys berühmter Top shot aus DAMES (1935)

Menschen als Blumen, Rosetten, Säulen, Kaskaden und als Teilstücke von Harfen inspirierte den Anti-Berkeley-Slogan: „I didn't bring up my daughter to be a human harp" (sic) (6). Er ließ Klaviere und magisch leuchtende Violinen tanzen, changierende Ornamente aus Show-Girl-Beinen entstehen und Kaskaden durch eine Reihe von fast nackten Mädchen formieren.

Megaloman wie der Erfindungsreichtum Berkeleys und seiner Designer sind auch die Dimensionen der für diesen Zweck neugebauten und neueingerichteten Studios der *MGM* mit schwebenden Kamerakränen, vertikalen Raumbühnen und verschachtelten Raumelementen der Treppentableaus. Das bewährte Tableau und das Guckkastenprinzip der Ausstattungsrevuen im Theater waren den neuen visuellen Forderungen des Films mit einer dynamischeren Kamera-Choreographietechnik schon nicht mehr gewachsen. Sie verlangten geradezu nach revolutionären künstlerischen Möglichkeiten von Rhythmus (Szenenwechsel), Ausdruck (Gestus) und Raumperspektive (Totalbühne mit Kameraschwenks, *Close ups* und Zoom-Effekten). Der Untergang der traditionellen Revues im Theater schien paradoxerweise mit dem Aufkommen der Revue auf Zelluloid zusammenzuhängen. Das jahrzehntelang bewährte Paradigma der Flächenreliefs der Revuebühne wurde plötzlich vom Bild des neuen Raumornaments oder der Kamera-Raumüberschreitungen der Filmrevue abgelöst. Denn das ästhetische Prinzip der Einfach-Reihung von Körpern, d.h. die lineare (tiefenperspektivische) Ornamentik der frühen Ausstattungsrevuen in Form simpler Aneinandergliederung von Mädchenkörpern (*Chorus Line*-Motivik) mit tanzenden und schwingenden Beinen, zum Exzeß potenziert, konnte nicht so ohne weiteres effektvoll auf das neue Medium Film übertragen werden.

Nunmehriger Star der Filmrevue war die Kamera. Sie sprengte die Beschränktheit des Theaterraums durch atemberaubende Kamerafahrten in

161

sowohl horizontaler als auch vertikaler Richtung. So unentbehrlich einmal die große Treppe als Requisit der Revue war, so wenig effektvoll war sie im Film, obwohl sie durchaus noch gebraucht wurde. Das Neuartige aber war, daß die Kamera ihren eigenen Raum schaffen konnte. Und als *Universal* für Paul Féjos' BROADWAY (1929) einen Kamerakran für außerordentlich riesige Totale und Höhenaufnahmen entwickelte, veränderte sich auch die Perspektive des Raumes gewaltig. Ab nun war es möglich, sowohl jedes Detail als auch das Gesamte auf einmal zu erfassen. Hatte der Tonfilm zunächst eine gewisse Verarmung der kinematographischen und pantomimischen Ausdrucksmittel mit sich gebracht, so entwickelte sich die Bildsprache im Revuefilm durch die Einführung neuer Raumelemente sowie durch die gehäufte Anwendung von *Total-High-Angel*-Perspektivaufnahmen und enorme Weitwinkelaufnahmen wahrlich weiter. Man entfernte sich radikal — zumindest filmisch betrachtet — vom farblosen Stil des photographierten Theaters mit all den Beschränktheiten der Guckkastenbühne und von sich endlos bewegenden Tableaus in Zeitlupentempo. Durch drei-dimensionale Kameraregie, Spezialeffekte *(Top shot)* oder Tricks am Schneidetisch erreichte man dynamisch-schimmernde, delirische Effekte.

Unmittelbar sichtbar wurde diese Entwicklung erst ab 1930 in den bombastischen Filmrevuen von Busby Berkeley. Nicht unbedingt der Luxus der Ausstattungen allein — ohnehin im babylonischen Prunk der Hollywood-Traumfabrik — garantierte die Kassenerfolge in der Depressionsära, sondern vielmehr die noch nie gesehenen filmischen Sensationen der Kameraperspektive und des „lebenden Dekors" zogen die Menschen zur Kinokasse.

Diese Filme haben ihren eigenwilligen, doch zweifellos unbestrittenen Stellenwert in der Filmgeschichte. Wenn auch die *MGM*-Filmbosse in ihrem Wunsch nach Pomp und Operettendramatik ihre Revuen immer noch in der Kontinuität der Broadway-Tradition sahen und einem altbekannten Muster der Filmkomödien huldigten *(Screwball comedies)*, so war die Vision von Berkeley bereits eine ganz andere und ist bis heute einmalig geblieben. Ihm ging es vor allem um die Umsetzung bzw. völlige Neurealisierung der Form von der Bühne auf den Film. So wie Berkeley durch seine Kamera auf die Girls hinabund hinaufblickte, wie er den Raum (seinen abstrakten Körperbildern adäquat) zergliederte und verzerrte, um ihn immer wieder neu zusammenzusetzen, d.h. in unkonventioneller (diagonaler und vertikaler) Weise aufzufächern, war einzigartig. Berkeleys Kamera bewegte sich ununterbrochen und schuf immer neue, fremde Perspektiven. Architektur als raumbildendes Element wurde durch schwirrende Kamerafahrten ersetzt. Nicht ohne Stolz verkündete Berkeley: „Ich sage es nochmals, mein Stil war anders. Meine Kamera war dauernd in Bewegung, weil das ist es, was für mich der Ausdruck von ‚motion picture' ist: Bilder in Bewegung." (7)

Des raumverengenden Zwangs der Podium-/Bühnenkonstruktion ledig und erstmals über den riesigen Studioraum verfügend, konnte Berkeley mit der Kamera auf einem eigens für diesen Zweck konstruierten Schwebekran endlich alle Dimensionen der Raumbewegung ausnutzen. Dies kam am stärksten in seinen Totalen aus der Vogelperspektive, den sogenannten *Top shots,* zum

Ausdruck. So selbstverständlich die große Treppe als unentbehrliches Requisit der Theaterrevue gegolten hatte, so überflüssig schien sie aus der veränderten Perspektive im Film. Die von der Treppenkulisse angestrebte Vertikalisierung und Monumentalisierung der Bühne wurde durch den *Top shot* aufgehoben, da der plastische Raum dadurch in eine ebene Fläche gekippt wurde. Aus der Skulptur entstand plötzlich ein Relief.

Die flächige Verbreiterung der Bühne nützte Berkeley zur Illusionierung der Bühne als endlosem Raum. Berkeleys Leistung bestand darin, durch die Verlagerung der Perspektive des Zuschauers, die gewohnte Frontalsicht der Bühne zur simulierten Aufsicht zu verändern. Die Schauseiten der Architektur wurden zu ihren Grundrissen (Kreis, Stern, Quadrat, Keil, Kristall, polygonale Figuren). Berkeley nahm die Grundformen des Raumes und transportierte sie zu abstrakten Mustern auf der schwarzen Leinwand. Das Umschlagen der Struktur vom drei-dimensionalen Raum in flächige Muster hatte auch Konsequenzen für die Wahrnehmung: so entstehen Trug- und Traumbilder einer Welt des Films, in der sich alles verwandeln und der Raum sich verflüssigen kann. Der Zuschauer wird zu einem Trip durchs Ornament eingeladen und in ein sur-reales Universum geführt, in dem Mädchen zu Architekturelementen werden und Dekors zu körperlosen Spiegelungen zerrinnen.

„Aus dem Kino ist ein glänzendes, revueartiges Gebilde herausgekrochen: das *Gesamtkunstwerk der Effekte*", beklagte sich Siegfried Kracauer in einem „Kult der Zerstreuung" betitelten Zeitungsartikel (8) und meinte offensichtlich die Entpolitisierung des Films zugunsten eines Formenästhetizismus. Kracauers schlagende Formel vom Revuefilm trifft den Sachverhalt: Berkeleys Ästhetik evoziert in einer ganz unverwechselbaren Mischung den Rausch und beläßt im Sinne der reduzierten Geometrie die Sinne beim Stand der elementarsten (Raum)Erfahrungen. Auch fällt jedem Betrachter an fast allen Filmen das Merkmal einer minuziösen Inszenierung und Geometrisierung des Raumes und des Körpers auf. Der Zusammenhang von Raumerfahrung und präfigurativen Erotiksymbolen erlaubt es, zwischen der Ästhetik des Berkeley'schen Oeuvres und den unverkennbaren Obsessionen des Regisseurs mit der Verdinglichung von Körpern eine stringente Beziehung zu erkennen. Susan Sontag bezeichnete in bezug auf Berkeleys Inszenierungskunst „Camp" als eine Frau, die in drei Millionen Federn herumläuft (9). In der Tat mögen die Argumente, in denen Kitsch und Nostalgie eine bemerkenswerte Symbiose eingehen, für den Kunstsnob wie „entarteter" Geschmack aussehen, aber sie sind herausragende Schaustücke von der Ästhetik des „Camp", von der neuen Art einer Massenkultur.

Fritz Lang: METROPOLIS (1925/26); Stadt und Utopie im Film

VII. METROPOLIS ALS KULISSE
Das Bild der Stadt im Film — Wolkenkratzerfaszination

Der Wolkenkratzer repäsentiert das erhebende Gefühl des Aufstiegs, zugleich aber auch die Angst vor dem Absturz. Dieses Gefühl von „Schwindel", Höhenphobie genannt, ist durchaus doppeldeutig. Einerseits ist das Schwindelgefühl die Reaktion auf große Höhen und die damit verbundene psychische Angst vorm Absturz, andererseits beinhaltet es das Vortäuschen des „Traums vom Fliegen". Der Wunsch des Menschen, sich vom Erdboden zu erheben, um eine weitere und zugleich umfassendere Sicht über ein größeres Gebiet zu gewinnen, ist uralt und kommt bereits in antiken und biblischen Mythen zum Ausdruck. Man kann in diesem Verlangen den eigentlichen Ausgangspunkt des Turmbaus an sich sehen: somit ist der „Höhenbau" von Anfang an mythologisiert gewesen. Erst die technischen Möglichkeiten im ausgehenden 19. Jahrhundert — zufällig zeitgleich mit der Geburt der Kinematographie — erlaubten es, den alten Traum von der himmlischen Jakobsleiter und vom babylonischen Turm zu verwirklichen.

Der Hochhausboom um 1900, besonders in Chicago und Manhattan, löste sofort eine Diskussion zwischen Gegnern und Befürwortern des Wolkenkratzers aus. Diese zwischen Apokalypse und Optimismus schwankende Debatte beflügelte natürlich die Phantasie und schuf gleich auch einen Markt für Zukunftsbilder der Großstadt (1). Selbstverständlich konnte sich auch der noch junge Film dieser Faszination vom Hochhaus nicht ganz entziehen, wenn auch zu Beginn die Angst durch Komik verdrängt wurde. Selbst der komische bzw. groteske Film der Vorkriegszeit lebte von Variationen des Thriller-Moments vom Aufstieg in die Höhe und anschließendem Duell am Turm. Während in den frühen PEARL WHITE-Serials sich eine harmlosere Form der Spannung ausbreitete, indem immer wieder das kleine Einmaleins des „Suspense" in den Verfolgungsjagden und die fast aussichtslos scheinenden „last minute rescues" wie sie in allen schon formelhaften *Cliffhanger*-Schlußszenen vorkamen, verwendet wurden, kündigten sich besonders bei Harold Lloyds wahnwitzigen Turnereien an den Wolkenkratzern erste Ansätze der Kritik am „dämonisierten" Hochhaus an; ebenso spielte man mit der im Genre vorhandenen Angst vor Urbanität, die allerdings komisch-grotesk verfremdet wurde. In gleichnishafter Schärfe wird die Bedrohung des unschuldigen Individuums durch die Tyrannei der Architektur der modernen Stadt in den großen Komikerfilmen Charlie Chaplins (MODERN TIMES), Buster Keatons (ONE WEEK) und natürlich Harold Lloyds (SAFETY LAST, FEET FIRST) versinnbildlicht.

Das Bild vom in schwindelnder Höhe an einer schönen Art Déco-Fassade hängenden Mann, die winzigen Automobile, Menschen und Lichtreklame tief unter sich und die Wolkenkratzer im Zuckerbäckerstil in den schluchtartigen Straßen um sich, das verzweifelte Anklammern am Uhrzeiger oder an Dachrinnen, Fahnenstangen etc., ist bekannt und vor allem durch Harold Lloyd gleichermaßen zum Klischee und Symbol geworden. Viele Lloyd'sche Thriller-Momente wurden später fester Bestandteil des Genres (VERTIGO, EARTH-QUAKE, TOWERING INFERNO).

Einer der berühmtesten von Lloyds vielen Filmen ist SAFETY LAST (1923), in dem Lloyd bildhaft der Aufsteiger ist, der, um einem Freund zu helfen, einen Wolkenkratzer emporklettert, wobei ihm alle erdenklichen Widrigkeiten zustoßen. „Er muß einen mittleren Wolkenkratzer erklimmen. Ständig ereignen sich im Suspense gesteigerte Gags. Erst verstrickt er sich in ein Tennisnetz (!), dann fällt auf ihn eine Tüte Popcorn, worauf er von freßlustigen Tauben angegriffen wird, ein kläffender Köter jagt ihn bis zum Ende des Fahnenmastes, wo ihn eine Maus, die ihm in der Hose hochläuft, zu einem Veitstanz veranlaßt. Der Fahnenmast knickt, und Harold kann sich gerade noch am Minutenzeiger einer großen Uhr festklammern, womit der Film seinem berühmten Höhepunkt zusteuert. Der Minutenanzeiger wandert unter Harolds Gewicht erst von IX nach VI, dann lockert sich auch noch das Ziffernblatt, und Harold schwankt, an den vibrierenden Federn hängend, über der Straße. Bei dem Versuch, sich nach oben zu arbeiten, verhängt er sich mit dem Fuß in den gräßlichen Federn, und als er schließlich meint, er hätte das Dach erreicht, wird er von einem Windrad wieder nach unten geschleudert und hängt nun kopfwärts über dem Abgrund und muß nochmals an der Uhr vorbei, um das rettende Dach zu erreichen." (2) Diese ausführliche Beschreibung der Szene soll bloß veranschaulichen, wie die latente Wolkenkratzer-Phobie, -Hysterie und -Schizophrenie im frühen Film ins Absurde verschoben wurde.

Auch in seinem späteren Film FEET FIRST (1930) ist Harold Lloyd ein Jongleur an der Fassade eines Wolkenkratzers. „Auf ein ungesichertes Brett geraten, das von zwei am Dach stehenden Maurern hochgezogen wird, gaukelt er vor der Fassade eines Hochhauses durchs Leere. Sie wird mitunter in ihrer ganzen Unermeßlichkeit vorgeführt, damit alle Zuschauer fassen, wie winzig und hilflos er ist, und gleicht dann einem senkrechten Ozean, den er auf einer Holzplanke befährt. Bald kippt das Fahrzeug um, und er findet erst im letzten Augenblick einen Halt, der einen Augenblick später keiner mehr ist; bald wird er an den Strand einer Markise gespült, deren Tuchbahnen er selber durch sein Gewicht zerreißt; bald glaubt er ins Landesinnere eines Zimmers entkommen zu können, sieht sich aber durch ein aufschlagendes Fenster zu schleuniger Flucht genötigt." (Programmheft) Gesimse, Bauornamente und Steinfugen – das gesamte äußere Architekturinventar hält Lloyd zum Narren. Und was den normalen Hausbewohnern, die im Lift bequem und schnell hinaufgleiten, als glatte, unterschiedslose Mauerfläche erscheint – ihm, der da draußen taumelt, hängt, rutscht, ist sie ein Gewirr wilder Zacken, Vorsprünge von Millimetern vergrößern sich ihm zu gewaltigen Anlegeplätzen, und unmerkliche Hohlräume bedeuten für ihn Verderben. Schreiend und schwitzend jongliert er von einem Pünktchen zum andern; nicht wie ein Seiltänzer, der über Abgründe geht, um seine Geschicklichkeit zu beweisen, sondern als ein Verzweifelter, der gar nicht weiß, daß er jongliert. Eine Akrobatik, die weniger Gelächter als Grauen hervorruft. Harold am Wolkenkratzer ist das treffende Symbol des Aufsteigers. Er turnt an ihm empor und wer in ihre oberen Etagen dringen

Jean Girault: LE GENDARME À NEW YORK (1972); mit Louis de Funès als französischen Harold Lloyd. Die Höhenphobie ließ sich durch Komik verdrängen

möchte, ohne zu den Auserlesenen zu gehören, die ein Fahrstuhl in die Höhe befördert, muß sich abschinden wie Harold. Der Wolkenkratzer bietet ihm seine Außenseite, und Angst packt den Schwindelnden.

Das Image des Wolkenkratzers war aber tatsächlich mehr als nur eine harmlose Spielerei im Groteskfilm. Grundsätzlich verknüpfte er den Marktwillen des amerikanischen „Big Business" mit einem ins Gigantische strebenden Kulturanspruch. Die Verherrlichung wirtschaftlichen und nationalen Prestigedenkens und die Propagierung der führenden Rolle der amerikanischen Kultur, das ist die „optimistische" Botschaft des Wolkenkratzers und erklärt auch seinen außergewöhnlichen Aufstieg in den 20er Jahren. Verbunden mit den Assoziationen vergangener Epochen abendländischer Kultur einerseits und der amerikanischen Größe andererseits, versprach das Hochhaus stillschweigend dem Beschauer Größe und Ruhm (3). Beides bot sich daher als ikonographische Grundlage für die amerikanische Stadtarchitektur an, um sich nun auch ästhetisch von Europa unabhängig zu machen.

So ist es kein Zufall, daß der Künstlerkreis um die Photographen Alfred Stieglitz, Paul Strand, Berenice Abbott und die Maler Edward Hopper, Charles Sheeler, Georgia O'Keefe in New York dem Wolkenkratzer als amerikanische Kulturleistung große Beachtung geschenkt haben. Die offensichtlichen Anleihen von Futurismus, Konstruktivismus und Neo-Kubismus bei einigen anderen utopischen Architekturmalern (Hugh Ferriss, Francisco Mujica, H. W. Corbett, Harrison Wiley) bildeten das eigentlich visionäre Potential dieser Zukunftsträume, die mit dem typisch amerikanischen Erscheinungsbild der Wolkenkratzerstadt verbunden wurden. Die rasante Entwicklung der Technik, insbesondere des Stahlskelettbaus, bot dabei die Grundlage, um die alle Größenordnungen sprengenden Hochhäuser auch realisierbar erscheinen zu lassen. Die Begeisterung für die Metropole, die sich besonders durch ihre Dynamik auszeichnete, konnte sich nicht auf Dauer der Kunst verschließen. Viele amerikanische (und europäische) Künstler der verschiedensten Richtungen begeisterten sich an der Wolkenkratzer-Utopie. Als greifbares Symbol des stark mystisch verschwommenen „American Dream", des großen materiellen Erfolgs, fand die Vision der „Hochhausstadt" (skyscraper city) ungeheure Beachtung bei den tonangebenden Künstlern und Architekten Amerikas. Allen voran waren es die Vertreter der amerikanischen Auslegung einer der realistischen Tendenz verpflichteten Sachlichkeit, der sogenannten „Ash Can School", die die Straße der Großstadt und das Hochhaus als solches mit ihren geometrischen und linear-graphischen Aspekten in ihrem photorealistischen Dokumentarstil rühmten. Der Wolkenkratzer eröffnete für sie völlig neue Sichtweisen. Gar nicht zufällig kam es, daß zuerst die Photographen sich ästhetisch und künstlerisch mit dem Wolkenkratzer beschäftigt haben und ihn als neues Motiv in der Kunst darstellten. Auch die Literaten haben den Wolkenkratzer in poetischen Werken verherrlicht (Walt Whitman, Benjamin de Casseres etc.).

Das Hochhaus wurde von Künstlern ausnahmslos glorifiziert, seine Ästhetik stark betont, was nirgendwo deutlicher zum Ausdruck kam als in dem Buch von Hugh Ferriss „The Metropolis of Tomorrow" (1929) (4). Diese naive, fast infantile Technikgläubigkeit wurde sicher von den in den Trivialmedien vorbereiteten Science Fiction-Vorstellungen der zukünftigen Metropolis gespeist, denn in den von Moses King herausgegebenen King's Views of New York (1911ff) wurden die unwirtlichen Seiten der Großstadt fein säuberlich eliminiert, um die moderne Stadtform ausschließlich von ihrer romantischen und idealistischen Seite zu präsentieren.

Kaum in einer anderen Stadt der Welt wurde mit einer derart verbissenen Rekordsucht gebaut wie in Manhattan. In kurzen Abständen folgte ein „world's tallest"-Gebäude dem nächsten, und überall mußten die kleinen schmalen Bürgerhäuser den Monstren weichen. Mit dem Kriegseintritt Amerikas im Jahr 1917 begann ein neuer, mit den Rüstungsgeschäften zusammenhängender Bauboom, der entsprechende Auswirkungen auf die Skyline hatte. Die Romantik verlor zunehmend den Wettlauf mit dem Profit. In diesem Umfeld ist die unkritische Euphorie der Künstler gegenüber dem Wolkenkratzer zwar begründet, aber nicht ganz verständlich.

Vision und Werbung

Anders als die künstlerisch-romantische, mystisch überhöhte Schwärmerei für den Wolkenkratzer, war die technisch-ingenieurhafte Darstellung des Phänomens Wolkenkratzer in Technikerzeitschriften oder Werbefilmen pragmatischer, sachlicher und realistischer. Schon kurz nach seiner Erfindung gab der Wolkenkratzer sein Filmdebüt: die Geburtsstunde der sogenannten „Skyscraper Filme" war bereits um 1920, und sie war alles andere als visionär und euphorisch.

Die ersten Dokumentationen über Hochhäuser entstanden als Auftragswerke oder Wochenschauen. Sie wurden von Firmen oder der Stadtverwaltung, aber auch von privaten Filmgesellschaften produziert, hielten die verschiedenen Konstruktionsphasen fest und dienten ausschließlich propagandistischen und werbestrategischen Zwecken. Ganz sicherlich hing die Thematik dieser kurzen Dokumentationen mit den technischen und sicherheitsmäßigen Aspekten zusammen, da schließlich das Erscheinen dieser monströsen Gebilde im traditionell gewachsenen Stadtbild nicht ganz unumstritten war. Frühe Kritiker wie Lewis Mumford oder Frank Lloyd Wright fragten in Anbetracht der wachsenden Höhen und mit dem Unbehagen über die canyonartigen Häuserschluchten, wie sicher diese tollkühnen Konstruktionen bei einem Erdbeben oder im Brandfalle seien (6). Als prominenter Neuling im Stadtbild warf solch ein Ungetüm wegen seiner ungeheuren Höhe und Masse Probleme auf — wirtschaftlicher, technischer, psychologischer und ästhetischer Art. Konnte der Wolkenkratzer womöglich ein Fluch sein? Konnte er brennen oder einstürzen, stellte er gar für den Menschen und seine Umwelt eine Bedrohung dar?

Aber von dem Zwiespalt zwischen Angst und Euphorie, der sich allgemein breit machte, war in den „dokumentierenden" Filmen nicht die Rede. Sie suggerierten eine technisch beherrschbare Zukunft, ohne mögliche negative Auswirkungen zu berücksichtigen bzw. ohne die Folgen einer Katastrophe zu verdeutlichen. Einer der berühmtesten dieser Filme, die sich zeitgemäß mit dem Thema Wolkenkratzer beschäftigten, ist der lyrische Film MANNA-HATTA (1920/21) von Charles Sheeler und Paul Strand. Der Titel ist einem Gedicht von Walt Whitman, dem Heros der amerikanischen Lyrik, entlehnt (Manhatta). Die Gedichtzeilen werden sogar als Unter- und Zwischentitel aufgenommen (7). Obwohl sich der Film lyrisch-abstrakt gibt, ist er dennoch realistisch. Das gesamte Vokabular der modernen (amerikanischen) Metropole wird ausgebreitet: die menschenüberfüllte Fähre von Staten Island, wie sie am New Yorker Südhafen anlegt, Battery Park, die Gegend von Wall Street, das von schräg oben gesehen geradezu groteske Gebilde einer Stufenpyramide, die einen Wolkenkratzer krönt, der kleine, zwischen den kolossalen Stahlskelettkonstruktionen eingezwängte Friedhof um Trinity Church usw. Impressionistische Motive, wie sie in der Tradition der photographischen Stadtarchäologie seit dem 19. Jahrhundert (Atget, Eduard Denis Baldus, Alfred Stieglitz, André Kertész) gebräuchlich waren, wurden detailgetreu wiedergegeben. Die Kamera ist anteilsloser, objektiver, „moderner" und vermittelt eine selbstverständliche, dem photographischen Gegenstand angepaßte Bildsprache. Ihre ungemein detailreichen, außergewöhnlich scharfen und genauen Bilder handeln vom alltäglichen Großstadtleben — sie sind nicht auf das Spektakuläre oder Visionäre aus. Man sieht, wie Menschenmassen und unzählige Verkehrsmittel sich in den Straßenschluchten von Manhattan verteilen, strömen und sich im Gewühl der Stadt verlieren. Die Großaufnahmen der Hochhäuser erregen ebenso die Aufmerksamkeit des Betrachters wie die Reklamen auf den Häusern, die Rauchschwaden der Kamine, die tiefen Schluchten, in denen die Fundamente für die Wolkenkratzer versenkt sind, und die Straßenbahnschienen mit ihrem eigentümlichen Liniengeflecht. Das klare Licht steigert die befremdende Distanz zwischen den Schatten der Brandmauern und den von der Sonne grell erhellten Objekten der bizarren Dachlandschaften und Schornsteine. Diese von unsichtbaren magischen Scheinwerfern erhellte Stadttopographie verhindert jene rührselige, romantische Gefühlsseligkeit, wie sie noch in der Malerei anzutreffen ist. Die Bilder von MANNAHATTA sind eher kühle Impressionen in einer vom Fortschrittsmythos getragenen Haltung von Urbanität als nostalgisch-atmosphärische Aufnahmen im Sinne einer sogenannten „Kunstphotographie".

Sheeler/Strand nutzten das Medium wie Lumière oder Dsiga Wertow, doch sie präsentierten die Motive in neuartiger Form: die Stadt wurde alleiniger Handlungsträger (Querschnittfilm). Insbesondere duch den ungewöhnlichen Kamerastandpunkt, einmal von hoch oben, ein anderes Mal aus der Froschperspektive gegen den Himmel gerichtet, machten sie auf sonst unbeachtete Strukturen der Wolkenkratzerfassaden aufmerksam. Plötzlich sah man Manhattan in einem anderen Licht: mit angemessener Kälte und Distanz. MANNAHATTA wurde später als NEW YORK THE MAGNIFICENT bei einer Dada-Soirée in Paris gezeigt und offensichtlich gut aufgenommen (8).

Dramatisch expressiv sind die Einstellungen, wenn die Kamera von erhöhten und verzerrten Blickwinkeln die Stadt von oben mittels Zoom und wilden Schwenks ins Bild bringt: die durch die beträchtliche Neigung hervorgerufene Perspektivenverkürzung der von schräg oben herabblickenden, sehr bewegten, doch kontrollierten Kamerafahrten bewirken plötzlich schwindelerregende Visionen. Diese Einstellungen sind stark durch die gerade entwickelten Neuerungen des deutschen expressionistischen Stummfilms („die entfesselte Kamera") beeinflußt. Die Linien wurden zusätzlich durch Weitwinkeloptiken verzerrt und dynamisiert, ohne daß sie je ins Euphorische oder gar Phantastische abglitten. Sheeler/Strands stets nüchterner Umgang mit der Architektur und ihren Elementen ist in jeder Einstellung spürbar und nachvollziehbar. Trotz des ständigen Wechsels der Perspektive bekommt der Zuschauer nie das beängstigende Gefühl, den Boden unter den Füßen zu verlieren. Die Höhenstreckung der Bauten ist durchaus effektvoll dramaturgisch eingesetzt, aber immer noch realistisch, weil sie keine psychologische Projektion ist. Der Horizont ist stets sichtbar und die Höhen durch Maßstabsvergleiche sind abschätzbar. Die Spannung zwischen Fiktion und Realität, zwischen Ideal und Wirklichkeit, ist gewollt und das Produkt alltäglicher Sichtweisen.

Alptraum oder Utopie am Beispiel „Metropolis"

Die unkritische Haltung des unterhaltenden Groteskfilmes einerseits und des „realistisch-objektiven" Films der „Neuen Sachlichkeit" andererseits dem Wolkenkratzer gegenüber änderte sich in den folgenden Jahren allmählich im utopischen, sogenannten „Fantasy Film", der zweifelnde und abschreckende Perspektiven zuließ. Es mag verwundern, daß gerade ein Europäer die erste negative Besetzung des Mythos Wolkenkratzer vornahm: Fritz Langs stilisierter Monumentalfilm METROPOLIS (1925/26). Erst hier setzte eine Umkehr

Fritz Lang: METROPOLIS (1925/26); Aufbau der Kulissen

bzw. Korrektur vom Bild des Wolkenkratzers ein. Auch wurde der Zeitgeist viel schlagender formuliert als in der damaligen Populärliteratur, dem sogenannten „Großstadtroman" (9). Die Haltung der europäischen Architekten dem Hochhaus gegenüber schwankte zwischen Bewunderung (Urbanisten) und Ablehnung (Gartenstädter, Sozialreformer); Fritz Langs persönliche Einstellung mag ähnlich – zwischen Euphorie und Schauer schwankend – ambivalent gewesen sein. Dies erklärt vielleicht so manche gestalterische Indifferenz wie auch den hybriden Charakter des Films.

In diesem scheinbar nur utopischen Film geriet das zentrale Hochhaus mit Landeplattform zum Synonym der verdorbenen Zivilisationsutopie. Hier wurde nicht mehr unkritisch die futuristische Stadt („Symphonie aus Glas und Stahl") als neue Akropolis („Tempel des Kommerzes") gefeiert, sondern als „Tötungsmaschine" dargestellt: der babylonische Wolkenkratzer als Horrorvision, als monströser, diabolischer Machtapparat. Einer Festung oder Gefechtsstation gleich, regiert er über die Stadt, einer von Ängsten und Terror beherrschten Maschinenwelt von extremster Künstlichkeit und Lebensfeindlichkeit. Der Zusammenschluß von Kapital und Ingenieurgeist brachte nicht das vermeintliche Weltwunder der Technik, wie es seit den großen Weltausstellungen *(Tour d'Eiffel!)* immer wieder prophezeit wurde, auch nicht die friedliche Koexistenz von Ökonomie und Ökologie, sondern die logische Konsequenz daraus: das Verderben.

Die Ausgangssituation von METROPOLIS ist bekannt: Anstoß zur Verfilmung war die reale Begegnung Fritz Langs mit den Wolkenkratzern in der nächtlichen Kulisse von Manhattan. Ich glaube, jeder europäische Architekt ist einmal dem Zauber dieser Hochhausstadt erlegen, auch wenn er später negativ

Erich Kettelhuts Entwurf zu Fritz Langs METROPOLIS (1925)

davon berichtet. Selbstverständlich mußte diese Stadt dem verhinderten Architekten, der als Maler zum Film kam, phantastisch vorkommen. Lang schrieb später, daß ihm die Idee zu diesem Film kam, als er von Bord seines Schiffes aus zum ersten Mal die nächtliche Skyline von New York sah. „Ich besuchte Amerika zum erstenmal 1924 für eine kurze Zeit, und ich war beeindruckt. Am Abend, als wir ankamen, waren wir noch feindliche Ausländer und wir konnten das Schiff nicht verlassen. Es lag irgendwo auf der West Side am Hudson vor Anker. Ich schaute in die Straßen – die strahlenden Lichter und die hohen Bauten – und da ersann ich METROPOLIS." (10) Lang war – und das ist symptomatisch für den damaligen unkritischen Maschinenkult des Futurismus und die Begeisterung für den gerade aktuellen Konstruktivismus – von der Künstlichkeit und den technischen Superlativen New Yorks begeistert: „Die Gebäude erschienen mir wie ein vertikaler Vorhang, schimmernd und sehr leicht, ein üppiger Bühnenträger und, an einem düsteren Himmel aufgehängt, um zu blenden, zu zerstreuen, um zu hypnotisieren. Nachts vermittelte die Stadt schließlich den Eindruck zu leben: sie lebte, wie Illusionen leben." (11) Doch so euphorisch, wie sich Lang in seinen sentimental gefärbten Erinnerungen über das im Film errichtete Super-New York äußerte, war er in Wirklichkeit nicht.

Im Gegenteil: in METROPOLIS wurde erstmals in einem phantastischen Film eine negative Zukunftsvision gestaltet. Lang zeigte auf subtilste Weise das Umkippen der Superstadt zum Wolkenkratzergefängnis und entlarvte die kapitalistische Skyline durch die Konfrontation der inneren Widersprüche als neue Unterdrückungsmaschine. Bezeichnend dabei ist die Spaltung der architektoni-

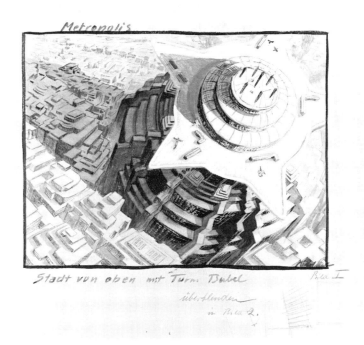

Erich Kettelhuts Entwurf der Stadt (1925)

schen Formen in die jeweilige soziale Klassensprache. Denn die Zukunftsstadt „oben" ist ausschließlich für die Reichen gemacht. Von einem unaufhörlichen Strom von Luftschiffen, Flugbahnen und futuristisch anmutenden Verkehrsmitteln umgeben, stehen düstere steinerne Wolkenkratzerschluchten, Monumente aus Stahl und Glas, die wie riesige Maschinenteile aussehen. Hoch über den Wolken, an der Spitze der Hierarchie, ist das gestylte Arbeitszimmer des Kapitalisten *Fredersen,* das wie ein *Bauhaus*-Traum wirkt. Unten jedoch, in anonymen Mietskasernenkuben, gleichsam wie in Katakomben, wohnen die Arbeiter, die, wie Sklaven gehalten, monströse Maschinen in den noch tieferen Etagen betätigen. Der Wolkenkratzer spielt die Rolle des Grabsteins für die in der „unteren Welt" dahinvegetierende und apathische Arbeiterklasse.

Erst eine Revolte treibt die Massen dazu, die Maschinen der Reichen, sprich: ihre Unterdrückungsmaschinen und -architekturen (auch das Fundament der Hochhausstadt) zu vernichten. Doch logischerweise wird durch deren Vernichtung auch das unterirdische Wohngebiet der Arbeiter zerstört. Während die Massen zu ertrinken drohen und verzweifelt der Überflutung der Unterstadt zu entfliehen suchen, stehen die Mitglieder der herrschenden Klasse, die in luftigen Penthouse-Appartements an der Sonne wohnen, teilnahms- und gefühllos der Katastrophe der Unterstadt gegenüber. Man warf Lang besonders wegen diesen Szenen „gefühllosen Zynismus" (Lotte H. Eisner) und „präfaschistische Tendenzen" (Siegfried Kracauer) vor. Dem Regisseur wurden in der Literatur des öfteren faschistoide Ideologien unterstellt,

Buchumschlag des Erfolgsromans
von Thea von Harbou (engl. Ausgabe)

doch ihm ging es primär um die plastische Form. Immer wieder wurde in der Filmkritik betont, die Menschen in Langs Monumentalfilmen spielten eine untergeordnete Rolle oder sie würden als „Staffage" benutzt. Mir scheint, daß Langs Filme – METROPOLIS im besonderen – die Absicht bekunden, die Wirklichkeit zu abstrahieren. In der strengen und durchgehenden Stilisierung und Ästhetisierung wird die gesamte Handlung und Form des Films geometrisch angeordnet. Die Handlung dient der Entfaltung einer gigantischen Stadtarchitektur, oder besser: die geordneten und gegliederten Elemente einer Stadt dienen der Reglementieren – ein Merkmal, das später dezidiert in der NS-Architektur zum Tragen kommt. Ganz richtig ist aber Frieda Grafes Bemerkung über Langs Gabe, Architektur als sichtbares Zeichen von Ordnung und Zwang einzusetzen: „Architektur bei Lang drückt Herrschaft (und Gewalt, Anmk.) aus durch optische Hierarchien: oben und unten. Klassen werden, zusammengefaßt, im Bild begreifbar." (12)

Der ständige Vorwurf, der Film sei „reaktionär", kann sich allenfalls auf das Drehbuch beziehen, nicht auf die Formensprache, bei der es Lang nicht allein um ästhetische und wirkungsvolle Bilder ging, sondern auch um das Aufzeigen sozialer Hierarchien, die sich in einer Stadt der Zukunft verstärkt und und scheinbar auf ewig versteinert haben. Im Film ist die Stadt kein Ganzes mehr wie noch in dem mittelalterlichen Städtel des GOLEM oder dem künstlerisch kohärenten Städtchen in CALIGARI. Bereits zu Beginn des Films erscheint sie arbeitsteilig, tragisch unterteilt in drei voneinander abgeschnittene Welten, zwischen denen es keine Kommunikationsmöglichkeiten mehr gibt (13):

– *erstens:* oben liegt die supertechnologische Stadt der Mächtigen. Hier herrscht uneingeschränkt eine „fröhliche Technik". Hier ist, mit anderen Worten, der Prozeß der industriellen Revolution abgeschlossen und der Stand der Rationalisierung bereits perfekt. Technik wird gleichgesetzt mit Überfluß, Luxus und Sicherheit — und es sind vor allem die Sekundäreffekte der Technik, die diese Rationalisierung garantieren und stabilisieren. Während die tiefer gelegenen Teile der Stadt „aus eigener Schuld" einer Überschwemmung zum Opfer fallen, bleibt die Stadt der Herrschenden von der Katastrophe unberührt. Die Armen hingegen werden weitgehend ihrem Schicksal überlassen.

— *zweitens:* darunter ist die Stadt des Pöbels; eine reine Schlafstadt für die Masse, die jeder Subjektivität und Identität entledigt ist. Die Entfremdung ist zugleich ihre Form und ihr Inhalt. Auch hier geistern die Ideen der „Neuen Sachlichkeit" in zeichenhafter Gestalt: die strenge Ordnung der prismatischen, orthogonalen Architektur der Zinsbauten erinnert in ihrer Kälte und Monotonie an die Stadtbaumodelle von Ludwig Hilberseimer. Hier nimmt Lang schon das Erscheinungsbild der modernen Massenzivilisation mit ihrer funktionalistischen Architektur vorweg.

— *drittens:* zuunterst befindet sich die unterirdische „Produktionsstadt", wobei wir nie erfahren, was eigentlich produziert wird. Die moderne Technik, die den Reichtum der „Oberstadt" garantiert, erscheint hier als Instrument zur Herrschaft und Unterdrückung. Der Maschinenstil der Szenographie ist vollkommen anders als oben: ein Konstrukteur-Traum mit raucherfüllten Fabriken, monumentalen Maschinensälen und monströsen Apparaturen. Die mehrstöckige finstere Katakombenarchitektur erinnert keinesfalls mehr an die lichtschimmernde und kristallharte Glasarchitektur der oberen Stadt, bestenfalls an die graphischen und literarischen Vorlagen von Piranesi'schen *Carceri* und Kafkas *Strafkolonie.* Aber diese Architektur der „Unterstadt" ist nutzlos und unkonkret, in den Funktionszusammenhängen schwer nachvollziehbar. Ihr räumlich funktionaler Bezug zur umgebenden Architektur und ihr Anteil an der oberen Stadtstruktur bleiben unklar bis mystisch. Ist das überhaupt noch eine Stadt da unten? Oder sind es Fabrikationshallen, Maschinerien oder feuerspeiende Moloche (wie man es in einer Szene zu sehen bekommt). Zumindest formen sich diese Elemente zum inhaltlichen und formalen Zentrum des Bildes. Der Übergang zu den bald darauf dominierenden Themen der reinen Science Fiction-Welten zeichnet sich bereits ab. Langs Filmarchitekten Hunte, Kettelhut und Vollbrecht zelebrierten in stakkatoartigen Bildertempi ein Bekenntnis zur technischen Rationalität. Auch hier wiederum wird die Musik der „Neuen Sachlichkeit" zum Rhythmus der industriellen Produktion gespielt.

Schließlich ist noch auf ein eigentümliches Phänomen in METROPOLIS hinzuweisen: das anachronistische Zeitgemäße/Unzeitgemäße. Symbolisiert die soziale Etagenkonstruktion vielleicht auch einen urzeitlichen, wie manche Beobachter meinen, archetypischen Kampf zwischen moderner Wissenschaft und mittelalterlicher Mystik, eine Konfrontation von Technik und Okkultismus? Sie zeigt das Mittelalter als das Verdrängte des aufgeklärten Bewußtseins, so wie das Proletariat das gesellschaftlich Verdrängte der bürgerlichen Herrschaft ist. Dieser vorerst absurd scheinende Zusammenhang ist alles andere als nebensächlich, wenn man sich die Architekturmodelle der mehr-

Otto Hunte, Erich Kettelhut, Karl Vollbrecht: Die Stadt der Arbeiter

schichtigen Stadt vergegenwärtigt, mit denen architektonische Bezüge zu mittelalterlicher Kathedralgotik und märchenhaften Knusperhäuschen hergestellt werden. Wie okkulte, gegen-aufklärerische Formen neben modernster Architektur koexistieren, so zeigen sich auch romantische Ideologien neben rationalem Gedankengut. Einige Beispiele zur Veranschaulichung: inmitten futuristisch anmutenden Architekturen findet man so störende Formenelemente wie das *Spukhaus* des Erfinders Rotwang, den *Turm von Babel* und das hochgotische Portal der Kathedrale oder den *Garten* der Reichen mit seinem arabeskenartigen Dekor — allesamt Elemente, die im Gewand vertrauter Formen eine behagliche Symbolik der Vergangenheit verkörpern sollen. Langs Film wäre demnach nicht nur als Zeit-, sondern auch als Raum-Maschine zu sehen.

In seiner technischen Perfektion stellt METROPOLIS einen Barometer der herrschenden Architekturdiskussion der 20er Jahr dar, welche zwischen Konservativismus (Historismus) und Modernismus (Funktionalismus, Kubismus, „Neue Sachlichkeit") hin- und herschwankte. Hunte, Kettelhut und Vollbrecht holten sich Anleihen aus beiden Gegenpolen, denn anders läßt sich die gleichzeitige Vor- und Rückschau nicht erklären. Die architektonische Kodifizierung der oberen Zone in METROPOLIS ist hybrid: zum einen ist sie geistesverwandt mit klassizistischen (wilhelminischen) Repräsentationsbauten des ausgehenden Historismus, zum andern weist sie auf die megalomanen Städtebau-Utopien jener verhängnisvollen Phase des Funktionalismus. Offensichtliche Zitate von bereits entwickelten und angewandten Ideen der Industriekultur jener Jahre, etwa den euphorischen Glasbauten von Bruno Taut und Wal

Otto Hunte, Erich Kettelhut, Karl Vollbrecht: Regelmentierende Staatsarchitektur

ter Gropius in der Kölner Werkbundausstellung (1914), den Glasmodellbauten von Mies van der Rohe (1921/22) oder den expressionistischen Stadtprojekten der italienischen Futuristen Antonio Sant 'Elia (*Citta nuova*, 1914), Virgilio Marchi, Mario Chiattone und P. Portaluppi sind unschwer auszumachen.

Nicht anders evozieren die Kubenhäuser der Schlafstadt mit ihren gleichförmigen Fensteröffnungen und purifizierten prismatischen Formen bereits Elemente einer „Neuen Sachlichkeit". Diese schachtelartigen dekorlosen Mietskasernen intensivieren noch den vorherrschenden „Nihilismus" der Unterweltstadt. Die Monotonie dieser modernen Zinsbauten bildet einerseits den adäquaten Hintergrund für die mechanisierte Verteilung der „individualitätslosen Massen" und ist andererseits Ausdruck der Angst vieler Bürgerlicher vor der „roten Diktatur" und ihrer Vermassungserscheinungen im politischen, sozialen und kulturellen Leben. Die blockhafte, symmetrische Anordnung der Baumassen unterstreicht die Tendenz verordneter Nivellierung und suggeriert das Erscheinungsbild einer „proletarischen" Baukultur.

Trotz der Vielzahl von bedrückenden „prophetischen" Zeitbildern, sind die Filmbauten aber nur Zeichen. Sie suggerieren bzw. illustrieren bloß, erfüllen keine „Funktion" und üben keinen Einfluß auf unser Handeln aus. Die Einspiegelung winziger Modelle in Realszenen schuf die Illusion riesiger Bauten. Durch Schüfftans Spiegeltechnik ragen kleine Bauten, Hochstraßen und Brücken riesenhaft und drohend empor. Schon der *Anblick* soll einschüchtern, der *Eindruck* nachhaltig sein.

Es scheint sogar, als habe Lang neben den menschlichen Figuren auch die architektonischen Formen einer diabolischen Dialektik zwischen Gut und

Böse unterziehen wollen. Der Wolkenkratzer wäre das beste Beispiel hiefür. Die Trennung der verschiedenen Funktionen innerhalb METROPOLIS und der Doppelcharakter der Bausubstanz können als Langs Reflexion seiner amerikanischen Erfahrungen verstanden werden, nämlich als Zeichen von *urban decay* (Stadtverfall) und *urban segregation* (Stadtzerteilung) in Gettos und Randzonen, wodurch die Unmöglichkeit jeglicher Kommunikation und Konfrontation zwischen den Klassen verabsolutiert ist. Freilich: der Film ist hier insofern „utopisch", als er die Wiedervereinigung der drei getrennten Städte ermöglicht, ein Tatbestand, der in der Wirklichkeit amerikanisch-kapitalistischer Städte nicht mehr realisierbar wäre.

Begegnung und Konflikt Stadt mit Natur

Nur in einem fast gleichzeitigen (amerikanischen) Film wurde der Wolkenkratzer als Inkarnation des Bösen oder des Großstadtdschungels dargestellt, und dies bezeichnenderweise im Horror-Genre: KING KONG (1930/32) von Ernest B. Shoedsack und Merian C. Cooper. Der in diesem Zusammenhang sehr aufschlußreiche Film entstand bezeichnenderweise ein Jahr nach Errichtung des damals höchsten Gebäudes der Welt, des *Empire State Buildings.* Der Wolkenkratzer spielte in diesem „ethnologischen" Unterhaltungsfilm gleich mehrere Rollen, die kulturgeschichtlich ihre reale Entsprechung in Phänomenen wie Entfremdung, Zivilisationsangst, Kulturpessimismus, Potenzangst etc. fanden. Die Tatsache, daß der riesenhafte Gorilla *Kong* sich ausgerechnet Manhattan als Schauplatz und Filmbühne aussuchte, ist nicht überraschend. New York galt seit der Zeit um die Jahrhundertwende als der explizite und unzerstörbare Ort der Modernität. Die Kreativität und Phantasie der Künstler, Architekten und der besonders aus Europa anreisenden Schriftsteller und Photographen kannte keine Grenzen, wenn es um die Beschreibung, Gestaltung oder Beschmückung der Metropole ging. Gleichzeitig hatte Amerika eine lange Tradition des Mißtrauens gegen die Stadt (man denke bloß an den Agrar-Idealismus eines Thomas Jefferson oder die Bemühungen der Transzendentalisten und Rousseauisten um ein „Zurück zur Natur", und in diesem Jahrhundert die Gartenstadtbewegung und Frank Lloyd Wrights sprichwörtliche Stadtfeindlichkeit der „Prairie Houses"). Der *Empire State-*Bau präfiguriert den Konflikt um die Stadt und er verkörpert die Haß-Liebe des Amerikaners gegenüber der Großstadt. Es bedurfte nicht viel, um dieses latente Gefühl der Antipathie gegenüber diesem Bau zu verstärken: man erfand eine Horrorvision in der Gestalt von KING KONG.

Er lieferte die perfekte Illustration dieses Konflikts, denn die Story kreist gleichnishaft um die Begegnung zwischen Gegnern und Befürwortern des Systems, die Konfrontation von Naturgewalt und Stadtgewalt. New York, ohnehin Symbol für Babylon und mächtigen Industrieimperialismus, will sich an seiner Gegenwelt messen, nämlich an der Natur selbst, verkörpert durch die Urgewalt des Affen. Die moderne Stadt als ein rational-technisches Absolutum stellt sich dem ungebrochenen Mythos von der heilen und resistenten Natur entgegen. In New York hat die Natur kaum Platz, das Tier (und damit auch

Schoedsack/Cooper: KING KONG (1930/32); Bedrohung der Stadt

der naturhafte Mensch) sind Verfolgte, von der Technologie des Großstadtdschungels gejagt und gefangen genommen. Der Film stützt sich ausdrücklich
auf diese Parabel und bemächtigt sich der um die Jahrhundertwende populär
gewordenen (angelsächsischen) *Tarzan*-Literatur. Dieser Fortsetzungsroman
schildert die Geschichte eines weißen Mannes in der Wildnis, wo es phantastische, prähistorische Kreaturen gibt, die irgendwo in einem versunkenen
Afrika überlebt haben. Tatsächlich ist die eigentliche Aussage des Mythos vom
Halbwesen Affenmensch nicht die von Hans Scheugl bevorzugte, daß „der
Neger *das Fremde* ist" (14), sondern die wesentliche Aussage hierbei ist: „Der
Riesenaffe *Kong* ist zunächst ein Stück unverfälschte Natur, das von der
Zivilisation (Stadt) vergewaltigt wird" und „wer allzu tief in die Geheimnisse
der Natur vordringt, muß notwendigerweise in Gefahr kommen." (15)

Das mystische Halbwesen, dessen Existenz sich der Intelligenz entzieht, befreit sich von den Fesseln der Zivilisation und setzt die Stadt in Panik. Hier
wird nicht nur der von den Kritikern überbewertete Frauen-/Fremdenhaß
der Amerikaner von anno dazumal angesprochen, sondern vielmehr sein Haß
auf die *beengende* Welt geschürt. *Kong* zerstört – zur Befriedigung und
Belustigung des Publikums – „Einrichtungsgegenstände" des großen Wol-
kenkratzergefängnisses New York, als handelte er nach der Devise: „Macht
kaputt, was euch kaputt macht." In Wirklichkeit handelt es sich hierbei um
einen endgültigen Abschied vom Naturalismus der Aufklärung: dieser Gorilla
(Guerilla), seinerseits Gleichnis des Rousseau'schen *bon sauvage*, in seiner
Dschungelheimat als geheiligter Mythos angebetet, wird in die Stadt ver-
schleppt und als Jahrmarktattraktion – also eigentlich als Antithese seiner
Existenz – zur Ware verdinglicht, ausgestellt. Durch seine irrationale Liebe zu

Die Schlußszene von KING KONG (1930/32)

einer jungen Schauspielerin geködert, treibt es ihn zu ihr ins Stadtzentrum, zur Wolkenkratzerzone der Stadt, zur *Stadtkrone!* Er befreit sich von den Fesseln, in denen er im New Yorker Betondschungel gefangengehalten wurde, entführt die geliebte Frau und wird, als er sich mit ihr auf die höchste Spitze der Welt flüchtet, von Flugzeugen und Super-Technologie bekämpft. Die Stadt als Ganzes nimmt den Kampf gegen den Gorilla auf, der, tödlich verwundet, durch die modernen Waffen im neuen Dschungel umkommt.

Der Film enthält eine ebenso simple wie mehrsinnige Botschaft: das Abenteuer wird Symbol für eine Strategie der totalen Kolonisierung und Verwüstung seitens des kapitalistischen Unternehmertums und des Handels, versinnbildlicht durch die Präsenz der emporragenden Wall-Street-Gebäude am Horizont der Schlußszene. Darum muß *Kong* am Ende vernichtet werden, weil er sich weigert, sich als als Schaustück (bzw. Investitionsgut) zu verkaufen; und weil er es sich in den Kopf gesetzt hat, Natur, d.i. unbearbeitete Materie, sozusagen im Ur-Zustand, zu bleiben. Zum Schluß muß — um die Ideologie der Normalität zu retten — die Stadt überleben und über die Zerstörungswut der mißachteten und unkontrollierbaren Natur triumphieren.

Ein möglicher Grund, wieso der Film auch heute nicht veraltet wirkt — noch immer besitzt der Original-*Kong* die größte und ungeteilte Sympathie des heutigen Publikums —, kann an der Tatsache liegen, daß die Zuschauer sich mit dem Halbaffen identifizieren und in ihm das Sinnbild ihrer eigenen verdrängten Psyche sehen. Freilich: weder wurde die geregelte Welt der Normalität amerikanischer Wertordnung in der Story je verlassen oder auch nur ansatzweise in Frage gestellt, noch wurden die Spielregeln des Horror-Thriller-Genres mißachtet. Dennoch projizierten die Regisseure Shoedsack/

Cooper den Schauplatz der kalten Gleichgültigkeit gegenüber der Natur in die Stadt. Bestimmt nicht ganz zufällig wählten sie die belebteste und verdichtetste Stadt zum Schauplatz ihrer Handlung, und nicht den tropischen Urwald, der zwar gefährlich erscheint, aber weniger brutal ist. Gerade dieser Widerspruch von Barbarei und Zivilisation kommt nochmals als pseudomoralische Implikation in der Schlußszene zum Tragen: zwar ist die Stadt noch einmal „davongekommen", wirklich gebannt ist die Gefahr jedoch nicht. Die wilde Rache der Natur in Form von Erdbeben, Feuer, Flut usw. droht genauso wie die verhängnisvolle Auswirkung menschlicher Politik: der Krieg. In der Struktur der möglichen Katastrophe spiegeln sich, beklemmend scharf, die Wünsche und Ängste der Epoche angesichts einer gefährlichen und brutalen Welt. So wird die Schauspielerin Fay Wray am Schluß des Films natürlich dem Abenteurer-Helden in die Arme fallen und glauben, sie sei nun gerettet, aber ist sie das wirklich? Vielmehr scheint sie in den Klauen eines ebenso ehrgeizigen wie skrupellosen Verführers gelandet zu sein.

Neben der architektonisch-ideologischen und der erotischen Ebene gibt es noch eine dritte, die für die Wirksamkeit von KING KONG spricht: die ökologische. *Kong* ist das Musterbeispiel eines in seiner Evolution gestörten Wesens, das aus seiner „Naturgeschichte" herausgerissen wurde. Schon der Anfang der Geschichte ist markant: sie erzählt vom Eindringen einer wissenschaftlichen Expedition in versunkene Reiche und unzivilisierte Regionen, in denen sich prähistorische saurierähnliche Wesen erhalten haben. Der Mensch erscheint in diesem Fall als ungebetener Eindringling, der vorstößt in die Geheimnisse der Natur, die zwar grausam erscheinen mag, aber durchaus sinnvoll und vernünftig ist. So wie das Eindringen des Menschen in solche Naturgesetze und -zyklen als Vergehen an der Natur gilt, so rächt sich diese in einem destruktiven Zusammenprall mit der Zivilisation an ihren Schändern. Und es ist ja auch das prinzipiell schlechte Gewissen, an das die Filmemacher appellieren wollen, in Anspielung auf das verdrängte Gewissen des weißen Amerikaners in bezug auf seine Landbesetzung. Etwa zur selben Zeit wie KING KONG entstanden auch die Tarzan- und Westernfilme, die einige Tendenzen der „zivilisierten" und „ökologischen" Bedrohung zwar noch romantischer und sentimentaler ausdrücken, aber nichtsdestotrotz von gleicher Aussage und Wirkung sind.

Natürlich ließ sich dem Wolkenkratzer auf Dauer kein negatives Bild oder schlechtes Image verpassen. Bereits 1927 – interessanterweise im Anschluß an METROPOLIS – verfilmte King Vidor seine Version der Vermassung des Städters in THE CROWD, wobei er die „Unermeßlichkeit der Großstadt, ihr Tempo usw. (...) sichtbar werden ließ, indem er die Kamera über die Metropole, an Wolkenkratzer(fassaden) hinauf und durch vollgestopfte Straßen gleiten ließ." (16) Der Wolkenkratzer wird wieder zum unhinterfragbaren Machtsymbol. Wollen wir jedoch die Auswirkungen und Präfigurationen der Wolkenkratzerfaszination auf die allgemeine Bewußtseinslage der 30er Jahre untersuchen, so müssen wir unbedingt weitere filmische Dokumente der Trivialfilmproduktionen jener Zeit heranziehen.

In den Revue- und Tanzfilmen gewinnt der Wolkenkratzer – wie überhaupt „urbanes Design" – höchste Popularität. Er dient als luftig-windige Plattform für verfolgte Liebespaare in APPLAUSE (1929) von Rouben Mamoulian; als

Partner für Geschäft und Liebe in SKYSCRAPER SOULS (1932) von Sullivan und Harris; als rein dekoratives Element in CITY OF CONTRASTS (1932) von Irving Browning oder als Apotheose des Art Déco-Stils in FORTY SECOND STREET (1933) oder in den GOLDDIGGERS-Serien (1929 ff) oder in BROADWAY (1929), wo *Chorus Line*-Mädchen mit ihren „Wolkenkratzer-Balletten" den Spaß auf die Spitze treiben.

Urban Fiction – „Manhattanismus" oder der Kult des Hochhauses

Publikumswirksame Präsentationen des Wolkenkratzers und Inszenierungen der Stadtformen fanden ihren konkreten optimistischen Ausdruck vor allem in den glanzvollen Ausstattungsproduktionen des Musical-Genres, insbesondere im Revue-Surrealismus von Busby Berkeley. Im Umfeld dieses Genres entstand der Mythos der Parthenogenese, d.h. die Entstehung des Wolkenkratzers als Akt jungfräulicher Zeugung ohne Befruchtung, oder anders gesagt: die Entstehung von mächtigen (phallischen) Bauwerken ohne Mitwirken oder Dazwischenschreiten von Architekten und Ausstattern. Der Wolkenkratzer war zum absoluten Leitbild der Baugeschichte von Manhattan geworden. Logisch, daß er nun als Requisit im Film greifbar wurde; selbst in den banalsten Filmrevuen dieser Zeit kam man nun nicht mehr ohne offene oder versteckte Anspielung aus.

Ein charakteristisches „Leitmotiv" einer noch ungeschriebenen Theorie der „Show-Architektur" waren die in der Revue immer wieder vorkommenden – von der Hochhauszikkuratform abgeschauten – Treppenarrangements mit bombastischem Glanz und hemmlungslosen Dimensionen. Nicht nur, daß sie immer gewaltiger und exotischer wurden, sie reflektierten idealtypisch das Phänomen der Manhattaner Skyline. Gerade diese – zur Besessenheit gewordene – Idee eines phantastisch-erotischen Kosmos aus Mädchenkörpern in Spalierform (zumeist auf Treppen) führte zu einer weiteren Dimensionierung des Traumes von Manhattan, wie er sich am ungehemmtesten im Revuefilm entfalten konnte. Vor dem Hintergrund einer noch völlig unbearbeiteten Theorie und Ikonologie des Wolkenkratzers aus Filmzitaten müßte man als Voraussetzung einer Manhattan-Ikonographie unbedingt die Ziegfeld-Revue, die Broadway-Shows und den Glamourfilm nennen, denn ihr Einfluß auf die Großarchitektur New Yorks ist evident (17).

Daneben müssen wir auch noch Filme von Busby Berkeley erwähnen. Im Film GOLD DIGGERS OF '35 (1935) zeigt der wohl exzentrischeste Film-Choreograph des Genres (vgl. Kap. VI.) eine beinahe unabhängige Sequenz, *a film within a film*: die Tanz- und Gesangsnummer „Lullaby Broadway" als urbanen Traum. In einem zu Filmruhm gekommenen *Top shot*-Blick von hoch oben wird folgende Szene dargestellt: „Im Hintergrund einer schwarzen Leinwand erscheint als kleiner weißer Punkt das Gesicht der Sängerin Wini Shaw. das sich im Verlauf des von ihr gesungenen Songs zu einer die ganze Leinwand füllenden Nahaufnahme aufbläht. Die Kamera schwenkt um 180 Grad nach oben: ihr oval erscheinender Kopf wird plötzlich gefüllt mit einer Luftaufnahme von Manhattan (sic)." (18) Mittels dieses scheinbar einfachen Auf-

Lloyd Bacon: FORTY SECOND STREET (1933); Hochhausballett von Jack Okey

lösungseffekts rücken zwei interessante Sachverhalte plötzlich ins Bild: einerseits wie die Kamera den Blick in Wini Shaws Gehirn als Generator immer neuer Raum-und Stadtphantasien preisgibt, und andererseits, inwieweit die Metropole der Wolkenkratzer schon vom Unbewußten des Individuums Besitz ergriffen hat und bereits in solche Tiefen eingedrungen ist, daß die Menschen nur mehr integraler Bestandteil des Dekors der Großstadt sind.

Selbst im Szenarium des Untergangs wandelt eine feierliche Ornamentik den Massentod zum Todesreigen. Die Kamera stößt nicht mehr nur in die Stadt hinein, sondern sie dringt auch tiefer ins Bewußtsein und formt sein Inneres. Diese Ambivalenz Stadt—Individuum ist auch für Wini Shaw todbringend: sie stürzt sich nach einer meisterhaften Darstellung vom *Rausch der Stadt* zu Tode, wobei die steppenden Tänzerinnen auf der Bühne in stilisierten Kostümen als „Wolkenkratzer" verkleidet sind! Während Wini endlos in den schwarzen leeren Raum hinunter fällt, kommentiert die Kamera in einer weiteren Montage das New Yorker Stadtleben und endet mit der Wiederholung des Luftbildes von Manhattan.

Noch einmal überlagert beim letzten Akkord des *Chorus der Metropole* dieses Bild das Gesicht Wini Shaws. Berkeley zeigt auf recht drastische Weise, daß die geliebte/gehaßte Stadt nicht nur konkrete Neurosen hervorruft, sondern auch Utopien verheißt, um das kollektive Fest am Schluß der Musicalshow authentisch erleben und genießen zu können. Das Individuum hat aber schon längst die Werte und Mechanismen der erbarmungslosen Stadt-Maschine inkorporiert und sich tödlich angesteckt. Berkeley feiert diesen Zustand als fröhliche Apokalypse.

Carol Reed: THE THIRD MAN (1949); gespenstische Wien-Ruinen an ausgesuchten Original-schauplätzen

Marcel Carné: QUAI DES BRUMES (1938); Hafenszene von Le Harve im Studio von Jacques Krauss

Cité noire – Stadt in Panik

Der harte Realismus der amerikanischen „Schwarzen Serie" der 40er und 50er Jahre mit seiner depressiven Grundstimmung, dämmrigen Licht-/Schatteneffekten und dem latenten Gefühl der Bedrohung wurde vielfach als zeitgemäßer „Caligarismus" interpretiert und seine Beziehung zum deutschen Stummfilm in der Filmliteratur stark betont. War der *Film noir* in der Thematik gewissermaßen eine Fortführung des deutschen Schauerfilms, waren seine Techniken und Methoden der *mise en scène* doch inhaltlich und formal verschieden. Während die Filme des Caligari-Stils zumeist mit Kunstlicht im Studio und mit gemalten und/oder graphisch gebauten Filmrequisiten und Dekorationen gedreht wurden, entstanden die amerikanischen Filme durchwegs an realen Schauplätzen im Freien; die Beleuchtung diente nicht einem metaphysichen oder irrealen Effekt, sondern unterstrich die Echtheit der Szene am Originalschauplatz.

So zeichnet sich Jules Dassins Film THE NAKED CITY (1948) durch den vielberedten Einsatz des so realistischen Hintergrunds von Manhattan aus. Bevorzugter Drehort waren die dunklen, dämmrigen Seitengassen eines *Downtowns,* das zu einem gefährlichen Slum und einem Ort der größten Entfremdung verkommen war. Eine rauhe, authentische Hinterhofkulisse wird gezeigt: Spielhöhlen, Bars und Rummelplatz, alles Metaphern für das vergnügliche, aber verdorbene Leben in der Großstadt. Auch das Hochhaus wird zum Symbol für eine menschenfeindliche Umwelt und zum Ort von kriminellen Machenschaften im amerikanischen Großstadtdschungel. Ursachen für diesen doch überraschenden negativen Trend zeigte Georg Seeßlen auf: „Dieses Interesse an den düsteren Seiten des urbanen Lebens und an den Gefährdungen in der Stadt, die hinter den kriminalistischen Handlungen der Filme sichtbar wird, erhält ihre Bedeutung vor dem Hintergrund der in dieser Zeit verstärkt einsetzenden Stadtflucht des amerikanischen Mittelstandes. Die Filme, die das Gangstertum mit dem großstädtischen Milieu in Verbindung setzten, begleiteten gewissermaßen die Entfremdung des mittelständischen Amerikaners von ‚sciner' Stadt, in der er nur noch arbeitete, allenfalls sich gelegentlich durch das Angebot der Vergnügungsindustrie verleiten ließ, sie aufzusuchen, in der er aber nicht mehr seine Identität fand." (19)

In beiden populären Genres der „Schwarzen Serie" – im Detektivfilm und im sozialkritischen Melodrama – werden die harten und unliebsamen Seiten des Großstadtlebens gespiegelt: Anonymität, Angst, Gleichgültigkeit, Gewalt, Hysterie und Entfremdung. Der Film nimmt diese Veränderungen der Psyche des Städters genauestens auf und reflektiert sie in Horror-, Terror- und Triller-Geschichten. John Hustons THE ASPHALT JUNGLE (1950) – allein der Titel nimmt Bezug auf die chaotische Stadt –, THE STREET WITH NO NAME (1949) von William Keighley, DARK CITY (1950) von William Dieterle, THE BIG HEAT (1953) von Fritz Lang, THE NAKED STREET (1955) von Maxwell Shane und der Klassiker aller „Straßenfilme" ON THE WATERFRONT (1954) von Elia Kazan sind Musterbeispiele eines angestrengten (Sozial-)Realismus, „ein filmisches Gegenstück zur modernen veristischen Photographie Henri Cartier-Bressons und der New Yorker LIFE-Photographen-

Fritz Lang: M – MÖRDER UNTER UNS (1931); geometrisierende Straßenlandschaft von Emil Hasler

schule: tiefenscharfe und übersichtlich pointierte Bilder vermitteln den Eindruck totaler Gegenwärtigkeit." (20)

Die Stadt wird in diesen Filmen recht einseitig zur schlagenden Formel für Anonymität und Zerstörung. Charakteristisch für die Kriminalfilme dieser Zeit ist der hartgesottene, zwielichtige, am Rand der Legalität agierende Privatdetektiv, der in diffuse Verwicklungen zwischen Obrigkeit und Gangstertum, zwischen Gut und Böse gerät, in irgendeiner dämmrigen Seitengasse zusammengeschlagen wird und des öftern „im Dienst" umkommt. Aus den Fenstern der oberen Geschoße stürzen Menschen in die Tiefe; die Stadt wird zur Falle für die Protagonisten. Die Stadt ist in den amerikanischen Filmen dieser Jahre kein Ganzes mehr. Angesichts des drohenden Verfalls ganzer Stadtviertel (z.B. in der Bronx, in Harlem und Brooklyn) und der urbanen Zersiedelung in den *suburbs,* spiegelt der *Film noir* Gewalt, Korruption, Gleichgültigkeit, Zynismus etc. wider und liefert dazu auch die passende Ikonographie: Grauzonen, Schatten, Leerstellen städtebaulichen Verfalls. Die düster illuminierten Hinterhoffassaden, die Abbruchhäuser, die Drahtkäfige, die Feuerleitern und die Einfriedungen wirken wie Gefängnisse. Bereits im Titel vieler Filme wird einerseits auf die Zugehörigkeit zum Genre *Film noir* verwiesen, andererseits der Zusammenhang von Stadt mit dem gefürchteten „black out" hergestellt. Der Bogen spannt sich von den „Detektiv-Stories" THE NIGHT AND THE CITY (1950), DARK CITY (1950), THE CAPTIVE CITY (1952), WHILE THE CITY SLEEPS (1959), CITY OF FEAR (1959) bis zu pessimistischen „semi documentaries" authentischer Polizeifälle THE FRENCH CONNECTION (1971) von William Friedkin, MEAN STREETS (1973), TAXI DRIVER (1976), beide von Martin Scorsese, und schließlich SERPICO (1973) von Sidney Lumet.

Fritz Lang: THE BIG HEAT (1953); Dickicht der Großstadt

Berühmte Beispiele dafür, wie Handlungen in ein Agglomerat von Szenen, Szenen wiederum in architektonische Versatzstücke zerfallen, sind Fritz Langs hypersensible Filme der „Schwarzen Serie". In seinen besten Hollywood-Filmen THE BIG HEAT und WHILE THE CITY SLEEPS rekapitulierte der Regisseur seinen Hang zu graphischen Bildkompositionen. Im Gegensatz zum früheren Großstadtfilm M – MÖRDER UNTER UNS (1931) beherrscht in WHILE THE CITY SLEEPS nicht mehr die Straße den Film, sondern die oberste Chefétage eines Bürohochhauses. Die „Unterwelt" befindet sich im Gegensatz zu „M" nicht in Kellergewölben; der Wolkenkratzer – Sinnbild der Hierarchie – wird zum Schauplatz der Macher. In seinen Räumen fahnden karrieresüchtige Reporter mit den skrupellosen Methoden eines Sensations-journalismus nach einem gesuchten Frauenmörder, um die Karriereleiter hochsteigen zu können. Um in die Chefétage des Pressehauses zu gelangen, führt ihr Weg über Leichen. Der Wolkenkratzer kann – wie bei Harold Lloyd – als treffendes Sinnbild für den schwierigen Aufstieg in der Gesellschaft gesehen werden, sitzen doch typischerweise die Direktoren in den höheren Stockwerken. Findet die Polizei-Razzia in „M" noch in einem Keller statt, so betreibt in WHILE THE CITY SLEEPS ein Medienkonzern seine Rattenjagd vom Penthaus aus.

Zu den gelungenen Spätfilmen dieses Genres gehören Stanley Kubricks THE KILLING (1956), Irving Kershners STAKEOUT ON DOPE STREET (1957), Edward Dmytryks MIRAGE (1965) – einer der vernachlässigtesten, aber schönsten Nachzügler des *Film noir* – und der vielleicht bekannteste und gewiß fatalistischeste (amerikanische) Spielfilm THE BIG HEAT (1953) von Fritz Lang. In THE BIG HEAT ist alles da, was den *Film noir* ausmacht: die nächtliche Geometrie der Ladenstraße, die schäbigen Bars, die undurchschaubaren tödlichen Intrigen, Korruption, schreckliche Frauen und vor allem das Dickicht der amerikanischen Großstadt. Fritz Langs Amerika ist härter als das seiner Kollegen. Er zeigte Amerikas häßliche, bedrückende — aber trotzdem romantische — Seiten.

Anders als bei den „semi-dokumentarischen" Außenaufnahmen der veristischen Schule, die mit mehr naturalistischen Mitteln und Dekors eine authentische Stimmung erreichen wollen, verwendete Lang einmal eher fiktive Lichtmittel, ein anderes Mal eher stilisierte *Noir*-Interieurs. Durch einen filmischen Kraftakt kann er die spezifischen Codes seines persönlichen Inszenierungsstils mit der amerikanischen Realität des *Film noir* verschmelzen. Die „realistischen" Dekorationen sind subtil eingesetzt bzw. logisch in die Spielhandlung eingefügt. Der Kontext des Amerikanischen ist voll aufgegangen, denn Langs Geschichte um einen rachsüchtigen und hartnäckigen Detektiv, der sich durch das Gangstermilieu hindurchkämpft und schließlich am Ende seiner Mission die Reinungung der unmoralischen Welt durch Selbstvernichtung beendet, ist ur-amerikanischer Kampf des einzelnen gegen die drohende Umwelt. Schon der Pionier mußte sich in einer lebensfeindlichen Natur behaupten. Im Vergleich zu anderen Filmen dieses Genres ist THE BIG HEAT nüchtern, unpathetisch und unsentimental, obwohl er voll von Zynismus und Verzweiflung, ja fataler Resignation, steckt. Langs Sensibilität für architektonische Metaphern offenbart sich in so raffinierten Einstellungen wie der vom Polizeibüro mit der eindringlichen Zebrawand aus Licht und Schatten; dem regennassen Asphalt, der schattengebänderte Räume schafft, und in dem geheimnisvollen Haus, in dem die Sonne grell in die leeren Kojen eindringt, als ob es ein Traumgebilde wäre. All diese verschlüsselten Zeichen schaffen die alles durchdringende Atmosphäre der Angst (21).

War die Handlung des amerikanischen *Film noir* ganz auf die amerikanische Metropole des *urban decay* der 50er Jahre zugeschnitten, so spielen die spärlichen europäischen Versuche des Genres in der rauhen Wirklichkeit kriegszerstörter Städte. Der durch die finanzielle und politische Zwangslage der Nachkriegszeit notleidende italienische (neo-realistische) Film sah sich genötigt, an echten Schauplätzen zu drehen. Roberto Rosselini fixierte in seinem Film ROMA CITTÀ APERTA (1945) dokumentarisch die zerstörte Kulisse römischer Vorstädte und in PAISÀ (1946) den Trümmerhaufen Neapel von 1946 mit seinem sozialen Elend. Die symbolträchtige und pessimistische Atmosphäre der amerikanischen *Film noir*-Filme fand in Carol Reeds THE THIRD MAN (1949) seinen österreichisch-britischen Ableger. Im arg zerstörten, vierfach besetzten Nachkriegs-Wien schufen der Regisseur Reed und der Dekorateur Vincent Korda eine beklemmende Stimmung mit sorgfältig ausgesuchten Realschauplätzen der Ruinenstadt, die in ihrer Zerstörung noch unheimlicher und grotesker wirkten. Durch diesen Film erfuhr Wien eine Stilisierung zur mythologischen Stadtlandschaft: Die zerstörte, obskure Nachkriegsstadt bestand scheinbar nur aus einem Labyrinth aus Schutt, Kloaken, Schatten und barocken Valuten, bevölkert von zwielichtigen Gestalten.

Die Geschichte einer vormaligen Männerfreundschaft zwischen dem Penicillin-Schmuggler Harry Lime (Orson Welles) und dem Schriftsteller Holly Martins (Joseph Cotton) führt den Zuschauer durch ein „unbekanntes" Wien — in

Carol Reed: DER DRITTE MANN (1949); Wiener Unterwelt

ausgestorbene Herrschaftswohnungen, durch das Kanalsystem der Stadt, auf Schwarzmarktplätze etc. Die Schauplätze der Handlung sind eindeutig Orte des Todes: der Friedhof, die Abwasserkanäle — unterirdische Katakomben der ausgestoßenen Fäkalien —, das sich drehende Riesenrad, der Heurige und die schäbigen Kellerlokale und Bars. Das Wiener „Lokal-Kolorit" mit seinen Nachtlokalen in der Inneren Stadt wird gezeigt: das „Oriental" am Petersplatz, die „Casanova"-Bar in der Dorotheergasse oder das Café „Old Vienna" (eig. Café Mozart) und das Hotel Sacher; auch der Josefsplatz mit dem Palais Pallavicini, die Universitätsrampe beim „Pasqualati-Haus" und der Getreidemarkt kamen genügend ins Bild. Das entscheidende Treffen von Martins und Harry Lime findet in dem sich über dem zerstörten Wurstelprater drehenden Riesenrad statt; und beim ersten Auftritt Harry Limes in der dunklen Hauseinfahrt der gespenstisch nächtlichen Szenerie mit den ausgebombten Häusern am Hohen Markt/Ecke Judengasse kündigen obendrein lange Schatten das Erscheinen des Unheils an.

Suspense wird nicht nur aus der Jagd auf einen entlarvten Verbrecher erzielt, sondern vor allem durch das Lokalkolorit des nächtlichen, ausgestorbenen Wien. (Durch rigorose Ausgangssperren und Razzien wurde im NachkriegsWien versucht, den Schwarzmarkt und blühenden Schmuggel zu bekämpfen. Auch der Mangel an Strom und Gas im Wien der Nachkriegszeit war äußerst bedrückend, und es brannte nur vereinzelt die Straßenbeleuchtung.) Während der Kriminalfilm der „Schwarzen Serie" im allgemeinen sehr gepflegtes „dunkles" Licht verwendete und sich weitgehend auf Studiorekonstruktionen verließ, haben die Filmarchitekten von DER DRITTE MANN versucht, das „Semi-dokumentarische" am Wiener Milieu und das „veristische" Element der öden und halbnackten Architektur Wiens einzufangen. Die Schatten der

Nacht verhüllen verblüffend-realistisch die vielen Runzeln und Furchen im Antlitz der Stadt.

Der Drehbuchautor Graham Greene recherchierte vor Ort, um die Original-schauplätze möglichst authentisch einzufangen, was ihm offenbar gelungen ist, denn selten wurde Wien so morbid, melancholisch und traurig im Film darge-stellt. Freilich mußten die Besserwisser darauf hinweisen, daß der Film zwar die unterirdischen Kanalanlagen und die oberirdischen Bauwerke gut zeige, daß es jedoch einige topographische und technische Unrichtigkeiten dabei gäbe. Die Kritiken bei der Wiener Erstaufführung waren jedoch durchwegs po-sitiv, obwohl man wieder auf die vielen geographischen „Fehler" hinwies. So kam es bei der Verfolgungsjagd vor, daß Originalschauplätze nicht in ihrer tat-sächlichen räumlichen Entsprechung und Entfernung voneinander gezeigt, sondern kamerawirksam eingesetzt wurden (22). Das „Epos des Nachkriegs-Wien" *(Die Weltpresse)* wirkt aber gerade durch diese „Verdichtung" span-nend und die Schauplätze bleiben umso eindringlicher im Gedächtnis. Das Team Reed/ Greene/Korda konnte in der Balance von fiktiven und dokumen-tarischen Aufnahmen, von rohem und pittoreskem Milieu, von Klischee und Wirklichkeit ein gelungenes Wien-Bild vermitteln.

Terror durch Höhe – Einstürzende Neubauten

Gegen Ende der 50er Jahre/Anfang der 60er Jahre veränderte der Investitions-boom erneut das Geschäftszentrum von Manhattan. Der sog. „International Style" leitete eine neue völlige Veränderung des Stadtbildes ein; der Glas-schachtel-Container begann seinen Siegeszug. Die Stunde der „Neuen Sach-lichkeit" – aus Deutschland importiert – war gekommen: nach den Vorstel-lungen von aus Deutschland gebürtigen Architekten, allen voran Gropius, Mies van der Rohe und William Lescaze, sollte der Wolkenkratzer sein wahres Ge-sicht zeigen, sollte zeigen, daß in ihm ein Stahlskelett steckt.

Nichts wurde mehr beschönigt oder ornamentiert. Doch mußten die An-reger von Prozessen bald erkennen, daß ihnen die Kontrolle entglitten war. Ihre Vorschläge und Projekte wurden von der Realität des Finanzkapitals per-vertiert. Ein ungeheurer Wettkampf um Prestige manifestierte sich in den Bau-ten, die diejenigen der 20er Jahre bescheiden erscheinen lassen. Eine Tendenz ist offensichtlich: die Wolkenkratzer der 50er und 60er Jahre bestehen vorwie-gend aus monotonen transparenten Elementen, die nicht mehr gestaltet wer-den, sondern nur noch möglichst rasche Investition und Profit bedeuten. Die Wolkenkratzer sind kein solides Bauwerk mehr, sondern eine Ware mit be-schränkter Lebensdauer. Der Skyscraper ist zu einem unpersönlichen Gebäu-detypus geworden, der nichts mehr Amerikanisch-Bodenständiges an sich hat. Anonym wirkend, ist er überall auf der Welt anzutreffen. Der Film nahm diese Veränderungen auf.

Und weil Wolkenkratzer auch in Wirklichkeit „Big Business" bedeuten, ist es nur konsequent, daß King Vidor in THE FOUNTAINHEAD (1948) skru-pelloses Profitdenken zum Filmthema machte. In der Romanvorlage von Ayn

John Guillermin: FLAMMENDES INFERNO (1974); Trickeffekt von Alexander Golitzen

Inoshiro Honda: GODZILLA (1954); Thema der Zerstörung

Rand geht es um das korrupte Bauwesen von Manhattan. Das Geschäft der Architekten blüht, solange sie sich den Wünschen ihrer Auftraggeber fügen und sich auch mit den kritischen Kollegen gut stellen. Geht aber einer einen eigenen Weg und entwirft einen neuen, revolutionären Baustil, so gerät die Baumafia in Aufruhr. Gary Cooper spielt den rebellischen Architekten Howard Roark (ein Abbild des legendären Architekten Frank Lloyd Wright?), der ein von ihm entworfenes Gebäude in die Luft sprengt, weil der Bauherr es verändert und verhunzt hat.

Zwanzig Jahre nach KING KONG fand das alte Trauma Stadt gegen Natur seinen Wiederaufguß: in den sogenannten „Katastrophenfilmen" mit dem Ur-Saurier GODZILLA (1954ff), der die Analogie von Monster und Atombombe herstellte. Nach *Horror-shima* war seine Botschaft als Warnung und auch als moralischer Appell an die Welt gerichtet, denn jede Katastrophe deutet insgeheim auf Krieg. Die Filme der Monster-Zyklen erzählen immer wieder von der Destruktion der Stadt, der Zivilisation. In ihnen ist das Atomzeitalter antizipiert, die alles zerstörende Gewalt der Bombe. Panik und Zerstörung, Gewalt und Angst vor dem Krieg scheinen seit jeher im Kino eine große Faszination beim Publikum auszuüben, denn die Popularität der Monster-Filme war ungeheuer. Kein Wunder, denn gespielte Katastrophen können als Kontrastprogramm zum oft sicherheitsbesessenen und ordnungsliebenden System den Funken von Chaos und Anarchie in publikumswirksame und kassenmagnetische Erfolge kanalisieren. Der Kontrast Bestie (Natur) und Stadt (Technik) wird gleichsam eine bizarre Parabel von der gerade in Amerika und

Mark Robson: EARTHQUAKE (1974); das Ende der Stadt

Japan verbreiteten zweiten Natur der technischen Perfektion. Dank des Einsatzes immer neuerer Supertechniken und Superwaffen kann das Ungeheuer schließlich doch vernichtet werden und die Stadt ist wieder einmal davongekommen. Die Ideologie dieser Filme repräsentiert auf primitiv-fatalste Art das erweiterte Krisenmanagement der kapitalistischen Ökologiekonzepte. In den GODZILLA-Folgen wurde die Szenerie allerdings weniger mit architektonischen Mitteln als durch Modelle und Tricks belebt.

Eine weitere Verschiebung des Themas der Zerstörung nahmen die „echten" Katastrophenfilme vor, in denen der Mensch durch Naturgewalten bedroht ist. In EARTHQUAKE (1974) von Mark Robson ist weder ein Monstrum noch der Mensch die auslösende Kraft der Katastrophe, sondern es wurde das verdrängte Trauma der Südkalifornier — ihre stete Angst vor einem Erdbeben — ans Licht gebracht. Ist der Anlaß der Angst in EARTHQUAKE real, so ist das Hochhaus in TOWERING INFERNO (1974) von John Guillermin ein Terrorinstrument. Es ist ein mit gefährlichen Baumängeln behaftetes Spekulationsbauwerk ohne menschlichen Maßstab. Das Gebäude ist definitiv zur Ware geworden, zum Produkt eines geldgierigen, korrupten Architekten (Paul Newman) mit bereits eingeplanter beschränkter Lebensdauer. Um seine eigentliche Substanz betrogen, wird dieser Wolkenkratzer zum handelnden Subjekt, zum Rächer, zum FLAMMENDEN INFERNO für die „Starparade" Hollywoods.

Shirley Clarke: BRIDGES GO 'ROUND (1958); Skyline von Manhattan

Selbst im Underground-Film kam der Wolkenkratzer zu Starruhm. Als Andy Warhol in bezug auf „the world's tallest building" das *Empire State Building* acht Stunden (!) lang von einem Standort aus filmte, ließ er das Hochhaus selber sprechen, künstlerische Neutralität vortäuschend. In EMPIRE (1964) wird ohne Kamerabewegung, ohne Handlung oder Plot allein die Präsenz des Gebäudes gesetzt. Stimmungsnuancen gibt es nur durch die Lichtveränderungen im Laufe eines Tages. Die Mystifikation des Bauwerks beginnt schon in den ersten fünfzehn Minuten, als es wie eine Diva langsam aus Dunst und Nebel auftaucht und in der Nacht mit Flutscheinwerfern angestrahlt wird. Ästhetisiert steht es da, ohne Zusammenhang mit der Stadt, auf einer isolierten Insel, allem Zeit- und Raumgefühl entrückt. Auch Shirley Clarke richtete ihre Filmkamera auf die Manhattaner Architektur in zwei *Cinéma vérité*-Kurzfilmen: BRIDGES GO'ROUND (1958) ist ein musikalischer „Tanz der Brükken" Manhattans mit einer dominanten Skyline als Hintergrund, SKYSCRAPER (1959) ein „geschmäcklerisch gemachter Bericht über die Errichtung eines Wolkenkratzers" (23). Die Kunst wird erneut vom Big Business der Pop-Art zu Handlangerdiensten gedrängt, denn der Aufschwung des hochgeschoßigen Finanzkapitals drängt die Künstler und Architekten zunehmend in die Rolle des Statisten oder bloß Nachvollziehenden. Die alten Wahrzeichen dieser Profitpyramide werden in der gerade anhaltenden Art Déco-Nostalgiewelle zu gigantischen bodenlosen Prestigegegenständen vereinnahmt; dabei werden ihre Absichten und ihre Herkunft verdunkelt. Neben dem historischen Wissen stellt sich auch eine ästhetische Frage, nämlich ob Architektur heute – im geschichtslosen Vakuum der „Postmoderne" – primär eine Sache der Großform oder eine Sache der dekorativen „Füllung" bzw. des Zierats zu sein habe. All diese Belange spiegeln sich in der zeitgenössischen Skyline von Manhattan: die *Optik der Extreme* und der *Terror der Höhe*.

Ronald Mac Dougal: THE WORLD, THE FLESH AND THE DEVIL (1959); erste apokalyptische Anzeichen

Von Fritz Langs METROPOLIS bis Jean-Luc Godards ALPHAVILLE ist die moderne, utopisierte Großstadt die ideale filmische Metapher der industriellen Zivilisation und ihrer Symbole. Es ist kein Zufall, daß in den Filmen über die moderne Großstadt Ideen aufleuchten, die ihren Ursprung in der Stadtfeindlichkeit des 18. und 19. Jahrhunderts haben. Hier, in diesem Gegensatz zwischen dem letzten Endes dystopischen Charakter der Realität mit ihrem Zirkel von Aufbau und Zerstörung einerseits und der naiv-technologischen Fortschrittsgläubigkeit der ideologischen Inhalte andererseits, liegt denn auch die Bedeutung der Faszination, die von der Großstadt seit jeher ausgeht: sie ist der spezifische Schauplatz dieses Gegensatzes, und sie schafft sich auch immer wieder von neuem jene fiktiven Gewißheiten, derer sie bedarf, um ihre Ideologie am Leben zu erhalten. So ergreift sie denn von allem Besitz, vom Mythos ebenso wie von der Utopie. Was der Moloch Stadt, jener Schauplatz von Spektakel und Gegenwart par excellence, vor allem verkünden will, das ist die Botschaft seiner eigenen fortdauernden Wiedergeburt. In dieser Botschaft finden denn auch Stadt und Kino ihr gemeinsames Anliegen: beide sind, als Masken ihrer unsagbaren Wahrheit, Reklame ihrer selbst. Stadt und Kino sind überdies Gefängnisse der Masse: ihr vielfältiger Bildzauber wendet sich zugleich an alle und niemanden. Die Großstadt und ihren Doppelgänger, das Kino, beschrieb Walter Benjamin bereits in den 20er Jahren als eine „Gegenwartsmaschine". Roger Caillos bemerkte, daß der einzige Mythos der Neuzeit der Mythos der Großstadt sei (24). Dabei vergaß er den wohl gegenwärtigsten Mythos — den Kino-Mythos!

William Cameron Menzies: THINGS TO COME (1936); Einblick in die Zukunft

VIII. MYSTISCHE UND PHANTASTISCHE RAUMERFAHRUNGEN
Architektur im Science Fiction-Film

Allen Anschein nach hatte es das Kino nötig, „Zukünftiges" zu erfinden, obwohl es selbst bereits Ausdruck einer neuen Zeit war. Das Verlangen, das „Unmögliche" darzustellen und spielerisch mit den Naturgesetzen umzugehen, war am vollständigsten durch den Film zu erfüllen. Mehr als in der literarischen Form konnte der Film *Bildwelten* erzeugen und gestalten, die der Science Fiction-Literatur gedanklich meist unterlegen, illustratorisch aber überlegen waren. Im Film ging es nicht um literarisch gestaltete Utopien, sondern um anschauliche utopische Bilder. „Mehr als das bei anderen Genres der Fall ist," schrieb Georg Seeßlen, „hat der Science Fiction-Film häufig die Ideen von Schriftstellern (Jules Verne, H. G. Wells, Mark Twain, Ray Bradbury, George Orwell, Anthony Burgess, Anmk.) umzusetzen versucht, die in ihren Büchern an die Vorstellungskraft der Leser appelliert haben. So durchzieht die Geschichte des Genres die Gefahr, immer wieder als bloße ‚Illustration' der literarischen Science Fiction, gelegentlich sogar als deren Verflachung zu wirken. Der Science Fiction-Film *zeigt,* so plakativ und eindeutig wie ein Genre-Film in der Regel nun einmal ist, was die geschriebene Science Fiction *erzeugt:* Vorstellungen, Träume, Ahnungen, Spekulationen, Visionen." (1) Es überrascht nicht, daß Träume und phantastische Begebenheiten die weitaus bevorzugtesten Themen dieses Genres waren, denn das Medium Film ist sowohl die intensivste als auch kompletteste Imaginierung einer *unwirklich-wirklichen* Welt. Nicht zufällig wurde der Film von Anfang an als „Traumfabrik" bezeichnet: er ist die beste Maschine für Phantasiereisen durch Raum und Zeit.

Gleich nach Erfindung des Films erkannte Georges Méliès die illusionäre Wirkung und Kraft des neuen Mediums, und seine Filme waren die Sichtbarmachung von nie zuvor gekannten und geschauten Welten: die Eisregionen, die tropischen Wälder, die Mondlandschaften, die Tiefen des Meeres, die Welt der Feen und Wunder. Bezeichnenderweise tragen viele Filme Méliès' das Wort „Traum" oder „Wunder" im Titel. Jedoch der erste Film, der die Bezeichnung Science Fiction — weniger durch seine Handlung mit all ihren komischen Aspekten, sondern durch die Vision von Wunschlandschaften — verdient, ist sein LE VOYAGE DANS LA LUNE (1902). Nicht die Geschichte, sondern einzig und allein die absonderliche Phantastik dominiert diesen Film, im besonderen das Spiel mit der Technik, mit überraschenden (technischen) Theatereffekten und trickreichen Illusionen. Allerdings behandelte Melies' technisch inspirierte Phantasie nicht ohne Ironie den wissenschaftlichen Positivismus und die Naturbeherrschung seiner Zeit. In seinem Film LE VOYAGE À TRAVERS L'IMPOSSIBLE (1904) „vertrauen sich die Mitglieder der ‚Gesellschaft für inkohärente Geographie' (sic) den phantastischen Flug- und Fahrmaschinen des Ingenieurs Mabouloff an, die sie unter anderem bis in die Son-

Georges Méliès: LE VOYAGE DANS LA LUNE (1902)

ne führen" (2). Méliès ließ einen Zug mit rasender Geschwindigkeit über eine Bergkuppe fahren und ihn dann in den Himmel zu den Göttern abheben. Diese Reise zum zivilisatorisch-technischen Olymp war fast eine Parodie der literarischen Vorlage von Jules Verne.

Méliès' beste Leistung auf dem Gebiet des utopischen Films ist À LA CONQUÊTE DU PÔLE (1912), wo auch das Spiel mit topographischen und filmisch-architektonischen Spekulationen deutlich zum Tragen kommt. Aber die kulissenhafte naive Traumwelt mit riesigen zerklüfteten Eisschollen und Sternengebilden, bevölkert mit lieblich-romantischen Ungeheuern und allegorischen Musengestalten, hat etwas anheimelnd Überschaubares. Die bemalten *trompe l'oeil*-Dekorationen drücken noch die unreflektierte Freude an der Ästhetisierung der Technik aus: den Rausch der Geschwindigkeit und des Fortschritts. Sie sind – noch im Sinne der Belle Epoque – barock verschnörkelte Historienmalereien. Ein gründerzeitlicher *Horror vacui* – Ausdruck einer raffgierigen Geldbourgeoisie – tobt sich in einigen Dekorationen von Melies' Filmen aus. Hier wurde Zukünftiges mit Rückblickendem gepaart: ein vom Stileklektizismus der Zeit ornamentiertes Bild der Technik. Von einer einzigartigen Mischung aus Bekanntem, das optisch eher konservativ aufbereitet wurde (z.B. traditionsbesetzte Formen und Ornamente) und Bizarr-Neuem wird der Betrachter in eine spielerische Traumwelt gerissen. Skurril anmutende Luftschiffe, vogelähnliche „Aéro-Busse" und antiquierte Details der „Raummaschinerie" muten heute ebenso anachronistisch an wie die wild gestikulierenden Wissenschaftler, grotesk-bärtigen Honoratioren und leichtgeschürzten Ballettmädchen, die als *Chorus Line* die Expedition begrüßen.

Der Science Fiction-Film im Kubismus, Futurismus und Konstruktivismus

Gewissermaßen als Vorläufer zum phantastisch-expressionistischen Film gilt Abel Gances experimenteller Versuch eines „Lichtspiels": LA FOLIE DU DOCTEUR TUBE (1916), dem eine Science Fiction-Idee zugrunde liegt. Durch Linsentricks deformierte der Regisseur die Wirklichkeit, um subjektiv die Welt eines besessenen Professors zu zeigen, der durch seine Erfindung (Brechung der Lichtstrahlen) plötzlich die Dinge anders sieht und verrückt wird. Durch Experimente mit Lichtstrahlen glaubt er, die Menschen hypnotisieren und gefügig machen zu können. „Die Wirklichkeit wird zur Unkenntlichkeit deformiert. Dr. Tube und seine eintretende Haushälterin werden zu schwelenden Massen. In prismatischen Brechungen, verzerrenden Objekten und (Zerr-) Spiegeln verlängern und verkürzen sich die Glieder der Gestalten. Die Gegenstände im Zimmer wachsen zu phantastischen Formationen auf. Wie eine Qualle fliegt Dr. Tube in der Luft, sein Gesicht hat nichts Menschenähnliches mehr, er vervielfacht sich, schwillt an, schrumpft zusammen, und sein Hund fließt, unendlich lang, rings um die Wand." (3) Wenn auch Peter Weiss' Analogie zum Psychedelischen Film übertrieben scheinen mag, so ist Lotte H. Eisners Urteil sicher zutreffender: „Während die expressionistisch geschulten deutschen Filmschaffenden diese Welt durch graphische Mittel, also durch Dekor, verzerren, sucht der Impressionist Gance ein visuelles Mittel, die Kamera, Zerrlinsen standen ihm noch nicht zur Verfügung (1916, Anmk.), so nimmt er Darsteller, Dekor und Objekte im Vexierspiegel reflektiert auf." (4)

Auffallend gegenüber den Méliès-Filmen ist, daß das Dekor weniger naiv, sondern bereits abstrakt angelegt war. Neben den bereits bekannten Elementen des Genres (die phantastische Reise, die „unheimliche Begegnung" mit mysteriösen Monstern, Außerirdischen etc., die phantastische Begebenheit) begegnen wir hier einem völlig neuen Typus im Repertoire des Science Fiction-Films, nämlich der Figur des *mad scientist*. Eine Gestalt, die sich bis heute im Kino fortsetzte. Dieses Bild des verrückten, diabolischen oder komplexbeladenen Erfinders und Wissenschaftlers ist das letzte Echo auf die schwarze Romantik. Okkultismus und Theosophie sind die Kehrseite einer bedingungslos aufgeklärt-technokratischen Welt und gehören zu den Ungleichzeitigkeiten des Science Fiction-Films.

In den darauffolgenden Jahren löste sich der naive Gehalt und das technisch-utopische Element bekam deutliches Übergewicht, welches sich selbstverständlich in der Entfaltung und Entwicklung hypermoderner Ausstattungen und Ästhetisierung der Technik niederschlug: die berühmtesten Beispiele sind AELITA (1924), L'INHUMAINE (1923) und METROPOLIS (1925/26).

Aber noch kurz bevor die Science Fiction-Thematik eine gestalterische Herausforderung wurde, drehte René Clair mit realistisch verfremdeten und ästhetisch-avantgardistischen Mitteln seine Parodie auf das Genre: PARIS QUI DORT (1923). Seine Geschichte um den Eiffelturm, einst als avantgardistisches Zeichen gefeiert, handelt von einigen auf den Stahlturm geflüchteten Parisern, die einem „Anschlag" eines verrückten Gelehrten entgangen sind und eine in tiefem Schlaf versunkene Stadt vorfinden. Das Phantastisch-Groteske an diesem Film ist, daß die Stadt zum Stillstand gekommen ist und sämtliche

PARIS QUI DORT (1923); Eiffelturm   *L'INHUMAINE (1923); Labor des Ingenieurs*

Motive der Stadt wie „versteinert" wirken. Der Rhythmus der Stadt wurde durch Zeitlupe verlangsamt, durch Zeitraffer beschleunigt oder durch Zeitstopps unterbrochen und ins Surreale gehoben. Die Zeit wurde durch vor- oder zurückgedrehte Uhren verfremdet. Clairs poetische Filmbilder eines ausgestorbenen Paris, das durch die fehlende Hektik nahezu idyllisch wirkt, sind die Vorläufer der surrealistischen Photographie. Das lange Stillhalten des Modells Stadt und die bizarre Strebearchitektur des *Tour d'Eiffel* werden quasi zu dokumentarischen Handlungselementen einer fiktiven Story. Trotz Auffassungsunterschieden zu „expressionistischen" bzw. kubo-futuristischen Filmen mit stilisierten und/oder modellierten Bauten, kann dieser Film in der „matrialbetonten" Sachlichkeit und den visionären Ausdrucksmitteln durchaus als Vorläufer für den „Querschnittsfilm" gelten, der die Stadt bzw. das Bauwerk zum einzigen Thema seiner Handlung wählt (siehe Kap. III., Absatz: „Die Neue Sachlichkeit").

Inhaltlich ähnlich, aber formal ganz anders, war auch L'INHUMAINE (1923) von Marcel L'Herbier, der die Summe seiner Bemühungen um eine „ecriture visuelle" in den experimentellen und hochstilisierten Dekors der führenden Parade-Kubisten sah. In diesem futuristischen Spektakel, das der Konkurrenz die Vorzüge französischer Gegenwartskunst nahebringen sollte, geht es um „die Geschichte einer Opernsängerin, die durch einen ‚wahnsinnig' in sie verliebten Wissenschaftler nach ihrem Tod zu einem verhängnisvollen zweiten Leben erweckt wird." (5) Über den phantastischen, disparaten und fragwürdig romantischen SF-Melodramkitsch schrieb 1924 in der Wiener

Neuen Freien Presse ein Enthusiast und Kulturerneuerer namens Adolf Loos sinngemäß: „Für Marcel L'Herbier ist der Kubismus nicht der Traum eines Verrückten (CALIGARI, Anmk.), sondern das Ergebnis klaren Denkens. (. . .) Der Regisseur hat hier mit dem Baukünstler Rob Mallet-Stevens atemberaubende Bilder gestellt; ein hohes Lied auf die Monumentalität der modernen und utopischen Technik. (. . .) Die visuelle Realisation neigt zur Musik, der Schrei Tristans (sic) wird wahr: Ich höre Licht. Man ging aus dem Theater und hatte das Gefühl, die Geburtsstunde einer neuen Kunst erlebt zu haben." (6)

Für L'INHUMAINEs läppische Handlung treffen bestimmt die Worte Jean Mitrys zu: „Ein Feuilletonroman im Stil Marcel Prousts" (7), aber die Schwächen des Drehbuchs wurden mit einer Fülle von neuen Ideen ausgeglichen. Zu den Mitarbeitern gehörte fast die gesamte literarische und künstlerische Avantgarde Frankreichs (8). Hervorragend sind die stilisierten Filmbauten, die sich gut in den Film einfügen und mit den Darstellern harmonieren. L'Herbier ließ sich für diesen Film vom führenden Kubisten Rob Mallet-Stevens die Außenfassaden (teils als reizvolle Modelle, teils als reine Studioattrappen nach kubo-brutalistischer Art) und von Alberto Cavalcanti raffiniert elegante Art Déco-Interieurs bauen; der Maler Fernand Léger errichtete ein kubo-futuristisches Laboratorium, der nachmalige Regisseur Claude Autant-Lara einen expressionistischen Wintergarten. Auf die Dekorationen abgestimmt sind die Kostüme von Paul Poiret, die vom *arbiter elegantiarum* der Seine-Metropole stammen und reichliches Staunen beim Publikum hervorriefen. Man sieht elegante Möbel und Requisiten nach Entwürfen der führenden Industriedesigner Lalique, Puiforcat und Jean Luce in den gerade aufkommenden Modeformen der *Mode décoratif*. Außerdem kommen moderne Automobile und eine (schwarze!) Jazzband vor — alles Symbole und Chiffren für Urbanität und ein neues Lebensgefühl der „wilden zwanziger Jahre".

Dieses stark „gestylte" Produkt war die Reaktion auf den erfolgreichen deutschen „Caligarismus" und den gerade in Pariser Kinos anlaufenden russischen phantastischen Revolutionsfilm AELITA, der „die Eifersucht der französichen Filmkünstler" erweckt hatte (9). In L'INHUMAINE wurde die asketische Haltung der „Neuen Sachlichkeit" mit dem Geist filmischer Extravaganz gepaart. Merkmale des strengen Rationalismus (wie die purifizierten Formen) sind mit dekorativen Accessoires (geometrische Art Déco-Verzierungen) vermengt. Die architektonischen Elemente der Außenwand wurden auf ein Minimum von Zeichen reduziert bzw. in einer Fläche zusammengefaßt, um die abstrakte Qualität des Baukörpers herauszuarbeiten. Obwohl gänzlich auf eine Ästhetik der Abstraktion beschränkt, bei der auch jedes anekdotische Beiwerk von Ornament eliminiert wurde, ist der Baukörper doch voll Raffinement und Reichtum am plastischen und dekorativen Schmuck. Vor allem sind die Proportionen bzw. das Beziehungsspiel einfacher Kuben und die Chiffrierung wichtiger architektonischer Bestandteile (Eingang, Fenster, Sockel, Terrassen und Dachaufbauten) durch markante und dekorative Formlösungen gekennzeichnet. Erinnert die Großform an das kubische Erbe des „Neoplastizismus" etwa eines Kasimir Malewitsch oder Theo van Doesburg, so zeigen die Kleinarchitekturen (Türen, Lampen, Fenstergliede-

Szenenbilder aus L'INHUMAINE: Ausstattungen von Cavalcanti, Léger, Mallet-Stevens (v.l.n.r.)

rungen, Pilaster, Lisenen) völlig überraschend dekorative Einflüsse der hinlänglich bekannten Versuche einer „bewegten Malerei" *(Cinéma pur).*

Das rhythmische Muster von stark kontrastierenden und vibrierenden Quadraten, Rechtecken und Dreiecken an der Eingangstür zur Villa wirkt wie Hans Richters *(Rhythmus 21)* und Viking Eggelings *(Diagonal Symphonie)* strenge, fast mathematischen Übertragungen von Farbflächen und Linien auf den Film. Obwohl sie flächig sind, wirken sie räumlich. Schönheit und Regelmaß einer geometrischen Ordnung verbindet nicht nur — sie bändigt auch die informelle Asymmetrie und verwandelt sie in feierliche, monumentale Geometrie. Als ungeheurer Vorteil erwies sich — nicht nur für die stilstrenge Einheitlichkeit der Filmdekorationen — die Aufstellung von einfachen monochrom bemalten Stehwänden oder Dekorplatten, womit viel Geld und Zeit erspart wurde. Die „graphische" Behandlung von Dekorplatten half nicht nur dem finanzschwachen „Autorenfilm" weiter, sondern machte sich durch ihre Flexibilität gleichzeitig auch für den experimentierfreudigen Regisseur bezahlt. In der Retrospektive werden die „modernsten" Eindrücke am nachhaltigsten durch Kulissenwände und abstrakt dekorierte Fußböden erzielt, deren Bemalung mit geometrischen und mäanderförmigen Mustern dem Spiel der Darsteller und Kameraeinstellungen genau angepaßt waren.

Die Handlung von L'INHUMAINE ist nebensächlich, denn eigentlich ist der Film ein plastisches Experiment. Man kann ihn durchaus als visuelles Architekturgedicht bezeichnen, als poetisch-visuelle Collage, in der man die Dialoge durch architektonische Versreime und erfinderische Tonsprachen ersetzen könnte: Architekturlyrik. Auf die Frage, was den Regisseur daran sosehr interessiert habe, diesen Film mit soviel architektonischem Ehrgeiz zu drehen, lautete L'Herbiers charakteristische Antwort: „Die plastische Erfahrung." (10) Seine Experimente mit gemaltem und gebautem Dekor, elegant-ornamentaler Stilisierung, Fusionierung aller Künste und allen anderen postu-lierten Möglichkeiten, Film als „siebente Kunst" (11) via Kameraobjektiv ins Bild zu bringen, brachte er mit dem Begriff „plastische Erfahrung" (besser: „plastische Forschung") auf einen Nenner. „Er fasse", schrieb der franzö-sische Filmexperte Henri Langlois, „den Film wie eine Schrift auf und die Einstellungen wie Ideogramme, ohne indes auf ihre plastische Schönheit zu verzichten. Man könnte L'Herbiers Filme wie Hieroglyphen lesen." (12)

L'INHUMAINE ist ein rein optisches Spektakel: neben all den anderen visuellen Illusionen sind auch die Dekorationen reine Fassade. Sie sind durch-wegs nur für das Auge entstanden, ihre Ornamentierung hat in keiner Weise etwas mit Bautechnik oder mit Konstruktion zu tun, sie sind lediglich Attrap-pen oder Versatzstücke einer architektonischen Vision. Die Architektur ist nicht logisch klar: die Form folgt nicht der Funktion; Grundrisse korrespon-dieren nicht mit Aufrissen; oft ist die plastische Masse ohne Grundrißvorstel-lungen entwickelt; Innenräume entsprechen anderen Volumina als außen sichtbar. Und umgekehrt gibt es Baukörperphantasien, die weder auf genauen Grundrißvorstellungen noch auf Raumaufteilung beruhen. Ebenso hybrid wie die Formidee ist auch die Materialvorstellung. Optische Reize oder haptische Suggestionen sagen bestenfalls etwas Stoffliches aus, geben aber keinen Hinweis auf mögliche Konstruktionsverfahren. Von tragenden Bauteilen kann keine Rede sein. Für den Betrachter stellt sich diese Frage jedoch nicht, weil sie müßig ist und überflüssig — er wird nicht aufgefordert, sich im imaginären Raum des Filmbildes aufzuhalten oder darin zu wohnen, sondern es genügt ja der Anblick. Den Zuschauer interessiert primär die Wirkung dieser Kulissen. Lediglich die Eindringlichkeit des Bildes dieser Architektur ermöglicht Entfal-tung und Gestus des expressionistischen bzw. kubo-futuristischen Formenka-nons und Darstellungstiles.

Trotz der ungeheuren Stilisierung der Objekte und der Suggestivkraft der Filmbilder in einer wahrlich visuellen Filmsprache *(musique des images)* offen-barte sich „(. . .) in diesem Werk jedoch der Zwiespalt zwischen der Konven-tionalität des Inhalts und einer verfeinerten filmischen Sprache." (13) Avant-gardistisches Flair, elegante Dekors, interessante Kameraaufnahmen und eine rhythmische Montage bekunden zwar die Vernarrtheit des Filmemachers Marcel L'Herbier in die Melismen des Bildes, doch sie helfen über den man-gelnden Inhalt nicht hinweg.

Der bescheidene Erfolg des Films läßt sich ganz bestimmt nicht auf die avantgardistische kubo-futuristische Stilisierung zurückführen, die von den be-teiligten Bühnenbildnern und kühnen Filmarchitekten entworfen und exakt durchgeführt wurde, sondern ist eher der schwerfälligen Regie und der reich-lich dummen Story zuzuschreiben. Kostüm und Darstellungsstil — solange sie bei diesem Melodram nicht in schwüles Pathos verfielen — waren der avant-gardistischen Dekoration angepaßt, ohne jedoch grundsätzlich das Handlungs-gerüst zu berühren oder zu beeinflussen. Aber immerhin sind die in „mo-dernsten Frack" (Adolf Loos) gekleideten männlichen Akteure und die in modische Art Déco-Gewänder gehüllte weibliche Diva nicht mehr Träger von sonderbar biedermeierlichen und konservativen Kostümen wie im deutschen Film.

Stichwort Romantik: auch wenn L'INHUMAINE theoretisch und stilistisch beispielgebend modern-avantgardistisch wirkte, so war doch auch ein tradiert-redundantes Element in diesem Genre verankert: L'Herbier präsentierte den Ingenieur *Einar Norsen* (Jaques Catelain) als schwarzen Magier und melancholischen Romantiker — eine obsolete Figur, die der dunklen Romantik oder dem gotischen Mittelalter entsprungen scheint. Inmitten einer futuristisch anmutenden Welt verkörpert er den „gotischen Traum" von Okkultismus, Hexerei und Alchimie. Die architektonische Chiffre beispielsweise in der Sequenz der Wiederaufstehung der Sängerin *Claire Lescot* (Georgette Leblanc) ist eine monumentale (kubistisch modernisierte) Gotik. Das apokryphe Halbdunkel, das expressionistisch verzerrte Zick-Zack-Licht — als ob es von den Gemäuern gotischer Krypten ausstrahlte — und die kubisch-kristallinharte Marmorsockelarchitektur in Form eines Parallelepipedons (umgeben von nirgendwo hinführenden Treppen) im sogenannten „Resurrektionsraum" (Entwurf: Alberto Cavalcanti) des Ingenieurs sind bildliche, hier im Wortsinn „gotische", nämliche magische Zeichen des Todes. Sein Laboratorium (Entwurf: Fernand Leger) gleicht hingegen einer kubo-futuristischen, konstruktivistischen Hexenküche, in der ein Dynamismus der Mechanik gefeiert wird.

Den raumzeitlichen Relationen aus der Fläche (wie in der Malerei von Malewitsch, Mondrian und in der Schrifttypologie des *Bauhauses*) entsprechend, entwickelte Fernand Leger ein Szenario kubistischer und konstruktivistischer Nippes, die den Enthusiasmus des Ingenieurs über seine Technikapparaturen einer „fröhlichen Wissenschaft" widerspiegelt. Das „Spielzimmer" des Technikers ist so vollgestopft mit *collage*artigen Dingen und abstrakten Maschinen, daß man vor lauter Faszination über den *Anblick* nicht weiß, was darin eigentlich produziert wird und für welchen Zweck. Dieser Elfenbeinturm ist — je nachdem, wie man ihn betrachtet — entweder ein Tempel der Maschinenkunst als ideale Erfüllung einer modernen Rationalität, oder dessen Gegenbild, die Kehrseite der rücksichtslosen, vorwärtstreibenden Vernunftlogik, Enklave für schwarze Rituale und heiliger Ort der Gegenmoderne. Beides ist im Bild angelegt: der Ingenieur beschwört sowohl die Geister der Technik als auch die Dämonen des Okkulten. Nur: anders als beim deutschen Stummfilm entspricht die Ausstattung dieser Laboratorien nicht mehr der Welt von Hänsel & Gretel mit putzigem Spukhaus (vgl. METROPOLIS), sondern einer hoch-technisierten, futuristischen Maschinenwelt, die der Moderne davongaloppiert. Die anderen Interieurs (Speisezimmer, Salon) wirken allerdings weniger utopisch und erregen mit modernistischen (Art Déco-)Versatzstücken als pseudo-futuristische Camouflage dort unfreiwillige Komik, wo Möbelstücke starke Reminiszenzen zum Wiener Jugendstil oder Prager Kubismus aufweisen.

Im Gegensatz zur deutschen Filmarchitektur interpretierte Mallet-Stevens seine Filmbauten nicht monumental und pathetisch (NIBELUNGEN), sondern sachlich-modern und zurückhaltend. Diese Architektursprache entwickelte er bei Marcel L'Herbiers darauffolgenden Film LE VERTIGE (1926) noch weiter. Zusammen mit der Crème der französischen Kubisten, Robert und

*Marcel L'Herbiers zeitgeistiger Film LE VERTIGE (1926); Dekorationen von Rob
Mallet-Stevens; Kostüme von Sonia Delaunay*

Sonia Delaunay (Kostüme), Jean Lurçat (Requisiten) und dem Assistenten
Lucien Aguettand erfand Rob Mallet-Stevens ein schier unglaubliches Universum von kubistischen Formen, das ebenso karg wie eklektisch ist. Trotz der
sowohl dekorativen als auch konsequenten funktionalen und gestalterischen
Differenzierung wirkt der Raumkomplex wie aus einem Guß, weil er durch die
Einheitlichkeit und Einfachheit der Formensprache zusammengehalten wird:
klare, scharfe, geometrische Quader, leichte Glasvorhänge, Fensterbänder,
viereckige Fenstereinschnitte, schlichte Raumverschneidungen und -spannun-
gen, kubistische Möbel und Plastiken. Dieses Vokabular drängt sich trotz der
Raffinessen des Dekors, die vor allem an den (geschmückten) Nahtstellen der
Volumina offenbar werden, nie vor. Mallet-Stevens konnte jede Art von Monumentalität vermeiden, indem er „wohnliche" Gegenstände wie Metallrohr-
möbel, Kopfkissen und ornamentierte Vorhänge in seine Komposition einbezog. Man kann von diesen kostbar-eleganten Gegenständen Rückschlüsse auf
die soziale Stellung bzw. Herkunft und den Geschmack der Darsteller schließen

Ein bereits existierendes Bauwerk von Rob Mallet-Stevens wurde zum direkten Mitspieler in Man Rays experimentellem Kurzfilm LES MYSTÈRES
DU CHATEÂU DU DÉ (1928). Die 1923 errichtete Villa für den etwas exzentrischen Kunstliebhaber und Filmförderer Vicomte de Noailles in Hyeres
(Cote d'Azur) hat keine Hauptfassade; ihre räumliche Komplexität läßt sich
nicht mit einer Kameraeinstellung oder mit mehreren Filmsequenzen erfassen,
sondern fordert dazu auf, sie von allen Seiten zu umschreiten und in kleinen
und ungewöhnlichen Ausschnitten festzuhalten. Mit zum Teil surrealistischen
Verfremdungen wird in kürzester Zeit und mit zahlreichen Brechungen ein Ge-

dicht von Mallarmé als Traumwandlung bebildert – dabei „wandert" die Kamera durch das Bauwerk und den Garten und hält „Raum- und Zeit-Impressionen" fest. Architektonisch ausgedrückte Funktionalität und kubistische Ästhetik finden dabei zu einer Synthese: hier wurde der Film zu einem Sprachrohr der Architektur.

Geist der modernen Utopie

Erst die deutschen Stummfilme behandelten die Kehrseite der beinahe olympischen Begeisterung für Technik und Fortschritt. War Fritz Langs METROPOLIS eine zwar stilisierte, doch reale Erfahrung mit der Stadt, so ist sein vierter utopischer Film FRAU IM MOND (1928/29) die Ausstaffierung eines Traums auf einer ganz anderen Wirklichkeitsebene. Die Idee zu FRAU IM MOND überkam Lang nachts im Abteil eines Schlafwagens, dessen Raumökonomie und Effizienz denen eines Raumschiff-Cockpits gleichkamen. Beim technischen Teil der Dreharbeiten ließ er sich von Oberth und Ley beraten, zwei Raketenspezialisten, von denen der eine den Nazis, der andere den Amerikanern wichtig werden sollte. Die Gestapo konfiszierte später alle verfügbaren Kopien, weil das Modell des Raumschiffs so sehr dem von den Nationalsozialisten entwickelten Prototyp ähnelte.

„FRAU IM MOND ist unter den phantastischen deutschen Filmen wohl derjenige, der am nächsten an die technische Realität heranreicht. (. . .) Fast dokumentarisch wirken die Szenen, in denen das Raumschiff zum Start bereitgemacht wird. Erst als der Mond erreicht ist, hört jede naturwissenschaftliche

Fritz Lang: SPIONE (1928); Kulissen von Otto Hunte, Karl Vollbrecht

Fritz Lang: METROPOLIS (1925/26); die auserwählte Maria – Beispiel für Individuum und Masse

METROPOLIS (1925/26); Menschenarchitektur beim Bau des Turms zu Babel

und technische Authentizität auf: der Mond hat eine Atmosphäre, und seine Oberfläche ist zum Teil mit Schnee (!) bedeckt." (14) Daß die Kraterlandschaft jedoch mit 30 Waggonladungen märkischem Sand gebildet wurde, tut den Bildern luminöser Mondlandschaften keinen Abbruch. Im Gegenteil, am nachhaltigsten in Erinnerung bleiben die visionären Bilder einer Planetenlandschaft – vierzig Jahre vor „Heavy Metal" –, als hätte ein Surrealist Jules Verne illustriert (vgl. auch Georges Méliès).

Lang nahm hier im Technischen wie im Szenischen eine Entwicklung des Genres vorweg, die später entweder der Realität verblüffend ähnlich (bemannter Mondflug) oder Kino-Wirklichkeit wurde (FIRST MEN IN THE MOON, 2001 – A SPACE ODYSSEY, STAR WARS). Daß der Film damals nicht den gewünschten Erfolg hatte, lag nicht so sehr an der Sentimentalität und mangelnden Logik des Drehbuchs von Thea von Harbou, sondern hatte mit dem Umstand zu tun, daß unmittelbar nach seiner Fertigstellung der Tonfilm eingeführt wurde. Nichtsdestotrotz bemängelte Kracauer die Handlung: „FRAU IM MOND (spielt) in der Ära des Raumluftschiffs (sic) und in astronomischen Fernen. Auch die übrigen deutschen Filmerzeugnisse, die Gesellschaftsfilme vor allem, spielen auf dem Mond. Wann wird man endlich bei uns auf die Erde niedersteigen? Es gibt in Deutschland so gut wie in Amerika Millionen von Arbeitern und Angestellten, und ihr Dasein unter die Lupe zu nehmen, wäre wichtiger, als durch das Fernrohr in unwirkliche Welten zu blicken. Freilich bedürfte es hierzu des Gewissens." (15) Auch der Vorwurf der Phantasielosigkeit durch übertriebene und in sich verliebte Tricktechnik blieb Lang nicht erspart: „Die Mängel waren so offensichtlich, daß sie eine ganze Reihe von Illusionen, die Lang durch aufdringliche Virtuosität erzeugen wollte, platzen ließen. Die Mondlandschaft roch entschieden nach den Neubabelsberger Studios der Ufa." (16)

F.P.1 ANTWORTET NICHT (1933) ist einer der wenigen utopischen Abenteuer-Filme im frühen deutschen Tonfilm. Die gradlinige aktionsreiche Geschichte um eine im Atlantik schwimmende Flugplattform, die der Zwischenlandung von Flugzeugen dienen sollte, ist eher eine Apotheose der Technik als deren Hinterfragung. Teils im *Ufa*-Gelände in Neubabelsberg, teils im Hafengebiet der Ostseeinsel Oie gedreht, gleicht die schwimmende Zwischenstation für Flugzeuge mit ihren riesigen Schwimmtanks, Rohren, Brücken und Maschinenräumen nicht mehr der Moloch-Stadt METROPOLIS, sondern ist die wohlgeordnete Paarung von deutschem Industriegigantismus mit *Bauhaus*-Theorien. Bedeutender als die Reißer-Story um eine Gruppe von feindlichen Agenten, die diese „FlugzeugPlattform 1" (daher die Abkürzung F.P.1) zerstören will und nur durch den beispiellosen Heldeneinsatz von Hans Albers daran gehindert wird, sind die beeindruckenden Bauten des METROPOLIS-Ausstatters Erich Kettelhut und die trickreiche Kameragestaltung von Günther Rittau. Der ansonsten gegenüber SF-Ulk so skeptische Siegfried Kracauer kam bei diesem Film ins Schwärmen: „Mit Hilfe eines gewaltigen Aufwands an Mitteln (neben METROPOLIS die teuerste Ufa-Produktion, Anmk.) ist es geglückt, die nicht vorhandene Insel so realistisch darzustellen, daß ihre Existenz nicht den geringsten Zweifel zu dulden scheint. Man verfolgt ihre Entstehung in der Werft, sieht sie auf gewaltigen Stempeln mitten im

Weltmeer ruhen und beobachtet vom bequemen Sessel aus die Landung eines Flugzeugs auf dem Inselverdeck. Die gigantischen Konstruktionen des Unterbaus, die funkelnden Lichter bei Nacht und die Vision der dem Morgengrauen entstiegenen Plattform: das sind Eindrücke von einer Großartigkeit, wie sie der Film bisher selten erschlossen hat. Ein technischer Traum ist hier ins Dasein hereingerissen, ehe er überhaupt zum Dasein gehört." (17)

In der technischen Detailtreue dieses Stahllabyrinths nahm der Film bereits viele Elemente der späteren Raumfahrtfilme mit ihrem Hang zur Großtechnologie (OUTLAND, DARK STAR, SILENT RUNNING, 2001) vorweg. Trotzdem illustriert die Architektur in ihrer schonungslosen Sachlichkeit Faszination und Bedrohung gleichermaßen. Die Eleganz des Dekors gleicht nicht zufällig der von METROPOLIS, was angesichts des selben Schöpfers nicht weiter verwunderlich ist. Frieda Grafe schrieb über Fritz Langs Filme, daß die Kälte „sich unterschiedslos über Menschen und Dinge ausbreitet, rührt aus der Funktionalität, die alle verbindlichen, überflüssigen und pittoresken Details ausspart." (18) In Abwandlung dieses Zitats läßt sich dies auch für seine Dekorateure sagen: ihre Filmausstattungen sind utilitaristisch: „Form follows Film".

Russisches Zwischenspiel

Ausgehend von ähnlichen Erwägungen wie im deutschen Expressionismus, doch mit völlig verschiedener Zielsetzung und anderen Voraussetzungen, entwickelte sich nach der Revolution in den UdSSR das konstruktivistisch -kubo-futuristische Filmexperiment. Während die deutschen (expressionistischen) Filmkünstler sich zur Romantik hingezogen fühlten, feierten die sowjetischen Filmemacher die Revolution. Trotz des Überschwangs der gesellschaftlichen Veränderung blieb das Utopische im Film aus. „Nur sehr sporadisch tauchen in der Geschichte des russischen Films Themen der Science Fiction und der Phantastik auf, obwohl in der Literatur (Jewgenij Samjatins Zukunftsroman *Wir/My,* Anmk.) und der Kunst (die Konstruktivisten Tatlin, El Lissitzky, Gebrüder Naum Gabo und Antoine Pevsner etc., Anmk.) gerade in der Frühzeit der Sowjetunion immer wieder versucht worden ist, das utopische Moment des Marxismus anschaulich umzusetzen." (19)

Erst mit der Liberalisierung der Kulturgesetze und der Konsolidierung der Avantgarde in der NÖP-Periode wurde eine Gegenbewegung zum offiziellen propagandistisch-realsozialistischen Realismus bemerkbar. Das bekannteste Produkt dieser „neuen Welle" semi-avantgardistischer Experimente wurde der utopische Film AELITA (1924) von Jakob A. Protasanow, in dem er einen Roman von Alexej Tolstoi bearbeitete. Bezeichnenderweise wurden aber nur die phantastischen Szenen auf dem Mars – als Traumvorstellung gekennzeichnet – mit avantgardistischem, kubo-futuristischem Dekor ausgestattet. Die Szenen der sowjetischen Gegenwart wurden immer noch realistisch, gelegentlich dokumentarisch ausgelegt. Berühmtheit erlangte der Film aber vor allem wegen der auf dem Mars spielenden Szenen, in denen der zackige Darstellungs-

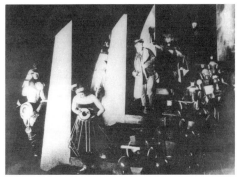

Jakob Protasanow: Szenenbilder aus AELITA (1924)

stil weitgehend der kubischen Architektur angepaßt wurde, indem sich die Darsteller (in grotesk-witzige Kostüme gekleidet) vor geometrisch konstruktivistischen Dekors einer entsprechenden rhythmischen, mechanischen Gestik und Mimik bedienten („Roboter-Ballett"). Die geometrisch eckige Kleidung aus Pappe (Papier-Mache), dem triadischen Ballett Oskar Schlemmers nicht unähnlich, bestand aus Grundelementen wie Kreis, Ellipse, Gerade und Diagonale, deren Verbindungen untereinander eine Raumdimension erzeugten, die mit den exzentrischen Tableaus harmonisierten. War der Film erfolgreich in der Übertragung von Formen und Mustern der kubischen Malerei und Plastik ins Medium Film, so scheiterte er an der recht dürftigen Konzeption der Handlung, deren Mischung aus Symbolismus und Realismus, aus Semi-Avantgarde und Melodram, nicht überzeugen konnte.

Ausgehend von ähnlichen Überlegungen wie der Futurismus oder Konstruktivismus in der Architektur oder bildenden Kunst, verstanden die Filmarchitekten Sergej Kozlowski, Isaac Rabinovich und Viktor Simow ihr Bühnenbild für die phantastischen Szenen auf dem Planeten Mars als eine erweiterte Raumplastik. Ihr besonderes Interesse galt einer Dynamisierung und Ausdehnung ihrer Schauplätze in den (unendlichen) Raum des Universums, dargestellt in möglichst abstrakten und geometrischen Formen in Relation von Zeit und Raum. Die ausladenden Treppenlandschaften mit ihren vielen Zwischenebenen, Podesten und Verzahnungen boten zwar gute Möglichkeiten, die Menschenmassen ornamental auch für den relativ schmalen Bühnenraum zu ordnen, doch hatten sie den Nachteil, daß das ohnehin begrenzte Filmbild mit vielen undefinierbaren (und räumlich indifferenten) Gegenständen vollkommen angefüllt war. Die starre Bühnenkonstruktion konnte letztlich die Möglichkeiten eines kinetischen Arrangements von gegenpoligen Kräften (Revolution und Reaktion) in prägnanten Formationen, in Kreisen, Linien, Rhomben, Pfeilspitzen – wie in den berühmten „suprematischen" Bildern – doch nicht ausschöpfen. In der Geometrie anorganischer Strukturen und Stoffe, in stilisierten Mustern à la Art Déco-Ornamenten, war die Bühnenarchitektur der Mars-Episode ein Bestandteil der ansonst durchwegs „realistischen" Story. Es scheint vielmehr, daß der Traum des Ingenieurs schließlich nur als Vorwand für avantgardistisches Dekor und gesellschaftliche Utopie diente. Doch die dramaturgische Lösung oder „Offenbarung" am Schluß, in der revolutionären Wirklichkeit (Gegenwart) der Sowjetunion aufzuwachen, war weniger agit-propagandistische Botschaft als naive Parteinahme. Aber selbst die exportierte Weltrevolution erwies sich nur als Traum, was ein bezeichnendes Licht auf die Skepsis der Intellektuellen während der beginnenden Stalin-Ära wirft. Für sie war es nahezu unmöglich, Revolution mit Avantgarde weiterhin zu verbinden — was bei diesem Film, trotz seiner Schwächen und Irrtümer, zumindest in Ansätzen gelang.

Die Welt von morgen im amerikanischen Science Fiction-Film

In den frühen amerikanischen Science Fiction-Werken ging die Bedrohung meistens von psychisch defekten Menschen *(mad scientist)*, prähistorischen Monstren und außerirdischen Androiden aus und nicht wie bei den Deutschen so offensichtlich von Architektur oder der städtischen Umwelt. Je näher die Filmarchitekten der Praxis oder dem konkreten Filmauftrag kamen, umso weniger phantastisch oder leidenschaftlich-expressiv wirkte ihre Darstellungstechnik. So findet sich in anglo-amerikanischen SF-Filmen, in denen urbanistische oder technologische Architekturen überhaupt vorkommen, kaum das gleiche psychogene Furioso wie beim phantastischen deutschen Stummfilm. Die Amerikaner brachten ihre Phantasie lieber in „realistische" Gangsterfilme oder in „surrealistische" Glamourfilme ein. (20) Das kreative Potential amerikanischer Filmdekorateure im Studiosystem beschränkte sich auf Bekanntes und Realisierbares. Für viele ihre deutschen Kollegen war dagegen die Vision wichtiger: für sie war die Zeichnung nicht das Mittel zum Zweck, sondern Ziel. Bei den Amerikanern bedeutete die Skizze oft die vorweggenommene Beschreibung einer phantastischen Realität, bei den Deutschen die phantastische Realität selbst.

Inzwischen fanden die utopisch-phantastischen Ansätze auch in die von eklektizistischen und Art Déco-Experimenten gekennzeichnete amerikanische Filmszene Eingang. Erst mit dem Beginn des Tonfilms entstanden die unterhaltenden „utopischen Filme" und brachten mit sich, daß plötzlich eine technozide und futuristische Urbanistik zum Topos der Science Fiction-Abenteuer erhoben wurde. Den Beginn machte David Butlers JUST IMAGINE (1930): die abstruse Geschichte um den Helden *El Brendel,* der 1880 durch Blitzschlag getötet wurde, konserviert wird und zum Handlungszeitpunkt des Films, nämlich 1980, in einem visionären Super-New York zu neuem Leben erwacht. Thematisch noch im Gewand eines Musicals, entstand durch Rückwandprojektionen und kleine, an neugotische Kathedralen erinnernde Hochhausmodelle eine futuristische Stadtlandschaft, die nicht zufällig dem konservativen Bild der „City Beautiful" der Jahrhundertwende gleicht. Ihre Architektur schwankt zwischen Renaissance-Campanile, traditioneller französischer Beaux Arts-Formensprache und Anklängen an bereits errichtete (neo-klassizistische) Hochhäuser: das *Singer*-Gebäude, das Hotel *Waldorf-Astoria* und die *Eldorado*-Wohnblocks, die damals höchsten Wohnhäuser der Welt, standen dabei Pate. Der für seine extravaganten, „modernen" Sets bekannte Filmarchitekt Stephen Goosson — wie Hugh Ferriss („rendering artist") Spezialist für die Illustration prospekthafter Wolkenkratzer — setzte hier den möglichen Traum von der Zukunft der amerikanischen Metropole zu einem magischen Zeitpunkt (1980) ins Bild um. Die Straßen werden von zahllosen Hochhäusern flankiert, die die im Bild erscheinenden *Woolworth-, Singer-* und *Metropolitan*-Turmspitzen an Höhe weit übertreffen. Was bereits Cervin Robinson von den beliebten Technikjournalen *King's Dream of New York* (1908 ff) geschrieben hat, gilt auch für die Filmbilder von JUST IMAGINE: ,,Der Visionär wählt eine Zukunft, in der technologischer Wechsel eine tiefgreifende Unordnung ankündigt — und er beeilt sich, ihn einzukleiden in den tröstlichen Bequemlichkeiten der Vergangenheit." (21) Tatsächlich lassen sich zahllose realistische Details im Film nachweisen, wie sie bei bekannten Bauten zu finden waren und in der Vision nur neu montiert wurden.

Trotz der antiquierten Details mutet der Film auch heute utopisch an. Während die architektonische Durchbildung in Baumethode und Material eher vage blieb, fällt der Pseudorealismus im Technischen auf. Erstaunlich erscheinen die mehrstöckigen Brücken als überdimensionales Strebesystem zwischen den Wolkenkratzern. An beiden Seiten der Straße befinden sich getrennte Verkehrswege für Fußgänger und Hochbahnen in mehreren Terrassen übereinander. Die verschiedensten Transportmittel wie Hochbahn (mono-rail), skurril anmutende Hubschrauber und Flugzeuge beleben die Szene, die wenigen Automobile auf den Straßen dienen allerdings bestenfalls als Staffage. Trotz der Vielzahl an Verkehrswegen und -verbindungen in der Luft ist alles wohl geordnet, relativ harmlos und unchaotisch — an heutigen Maßstäben gemessen.

Den wohl ambitioniertesten Film des Genres lieferte der englisch-amerikanische Streifen THINGS TO COME (1936) von William Cameron Menzies, dem vormaligen Filmarchitekten von THIEF OF BAGDAD (1924). Georg Seeßlen berichtete über die schwierigen Entstehungsbedingungen: ,,Der Produzent Alexander Korda hatte H. G. Wells angeboten, selbst das Drehbuch nach seinem Buch ,The Shape of Things to Come' zu schreiben. Das war ein schwieriges Unterfangen, nicht nur, weil Wells noch nie für den Film gearbeitet hatte, sondern auch, weil er, weit entfernt von der Dramatik seiner früheren handlungsorientierten Romane, nun den Film wie die Literatur vorwiegend als Medium für politische Botschaften sah. Er gehörte zu den Vertretern einer positivistischen, technokratisch-sozialistischen Utopie, die heute wohl längst zu den Akten der Geschichtsphilosophie gelegt ist, damals aber doch eine Reihe von engagierten Anhängern hatte. Da Wells die Kontrolle über seinen Stoff nicht aus der Hand zu geben bereit war, gestaltete sich die Arbeit einigermaßen problematisch. Mehrmals wurde das Drehbuch umgeschrieben, bevor es die endgültige Form angenommen hatte. Noch während der Dreharbeiten pflegte Wells an Schauspieler und Techniker Memoranden zu verteilen, in denen er seine Vorstellungen festlegte. Für ein Unterfangen wie dieses schließlich war das Budget eher bescheiden, so daß man sich häufig, obwohl einige der besten amerikanischen Trickspezialisten an dem Film mitwirkten, mit der zweitbesten Lösung für die Spezialeffekte zufriedengeben mußte." (22) Durch die üppig-dekorative, supermoderne Ausstattung der Filmgestalter William Cameron Menzies und seinem innovativen Kameramann George Perinal, der seine Fähigkeiten in der ,,Erfindung neuartiger Perspektiven und atemberaubender Kamerafahrten" unter Beweis stellte, wurde Wells' Pathos und Konzeption einer fragwürdigen technokratischen Utopie zumindest teilweise einer Korrektur unterzogen. Die Stromliniennoblesse nahm vorweg, was heute die amerikanische Hotelinnenarchitektur in die Realität umgesetzt hat: die kühnen und futuristischen, aber keineswegs rationalen Glas- und Stahlkonstruktionen mit höchstmöglicher Transparenz.

In wenigen Filmen dieser Zeit finden wir derart umfassend und konzentriert technologische und architektonische Vorstellungen von der Zukunft. Das eigentlich Visionäre lag in der Konzeption des Streamline-Design, das besonders durch die Art der chiffrehaften Umsetzung von Geschwindigkeit auf das Dekor betont wurde. Es kann kein Zufall sein, daß Raymond Loewy, der nur wenige Jahre später die Produktgestaltung entscheidend durch sein „Streamling" prägte, bei der Gestaltung der „Lufttaxis" als Berater von Menzies mithalf. Die Filmarchitektur hatte für das kommende Zeitalter der aerodynamischen Formen Vorläuferwirkung. Die phantastisch anmutenden Modelle sind aber in der Tat nur für Augenfreuden gemacht. Man „erlebt" sie nicht als funktionale Räume, sondern ist „entzückt" allein von deren *Anblick* und *Vortäuschung*. Dieses Vergnügen an filmisch imaginären Architekturen erklärt womöglich die enorme Reputation, die dieser Film trotz gravierender inszenatorischer und montagebedingter Fehler unter Kennern des Genres errungen hat.

Obwohl auch visuell vieles nicht absolut „anders" oder innovativ war — man denke z.B. an METROPOLIS — sind es gerade die Bilder von Menzies „piranesi-haften" Raumvorstellungen, die diesen Vorstoß in andere Kino-Architektur-Sphären stark im Gedächtnis haften ließen. Menzies' Darstellungen betonen das technisch Machbare auf der einen, das romantisch Visionäre auf der anderen Seite. Am dramatischsten wirken seine inszenierten Bilder beim Einblick in gewaltige Lichthöfe, die von zahllosen Brückenkonstruktionen und gläsernen Aufzugsrohren überspannt sind: ein städtisches „Naturwunder". Hochhausgebirge säumen die künstliche Schlucht. Gewaltigeres als diese „Einbildung" der modernen Welt, von „den Dingen, die noch auf uns zukommen werden", wurde im Kino bis Stanley Kubricks 2001 — A SPACE ODYSSEY (1968) nicht errcicht.

Mit Erscheinen der Comic-Serials *Superman, Buck Rogers* und *Flash Gordon* Ende der 20er Jahre und der Entstehung technologisch-phantastischer Abenteuerliteratur im Weltraum war der SF-Abenteuer-Comic geboren (23). *Buck Rogers* war der Protagonist der Geschichte *Armageddon,* die im Jahre 2419 a.d. spielt und der Phantasie des Groschenheftautors Philip Francis Nowlan und des Comic-Zeichners Dick Calkins entsprang. Ab 1939 drehte die Filmfirma *Universal Pictures* zahlreiche BUCK ROGERS-Streifen; mit dem Eintritt der USA in den II. Weltkrieg wurde deren Produktion jedoch eingestellt. *Universal* hatte reiche Erfahrungen in der Verfilmung von Science Fiction-Strips bzw. deren kommerzieller Nachnutzung. Bereits 1936 entstanden die FLASH GORDON-Serien. Zu dieser Zeit verfügte die Firma, die das Genre eigentlich geschaffen hatte, über ein regelrechtes Team von Trickspezialisten (Willis O'Brien, Ray Harryhausen etc.), die fast ausschließlich in dem Genre arbeiteten. Der überraschende Erfolg der sogenannten *space operas* regte die Firma offensichtlich auch dazu an, sich auf die Verfilmung von

Byron Haskin/George Pal: THE WAR OF THE WORLDS (1953)

Comics zu spezialisieren. Schlag auf Schlag brachte *Universal* zahlreiche Serials nach erfolgreichen Comics-Streifen heraus und andere Firmen, wie die in der Mitte der 30er Jahre gegründeten B-Film-Hersteller *Republic, Allied, Monogram* und *RKO* zogen nach. In diesem Zusammenhang müssen die ersten TAR-ZAN- und „Phantom"-Serien (THE ADVENTURES OF CAPTAIN MARVEL, BATMAN, SPIDERMAN, SUPERMAN) genannt werden, sowie ein Film, der die Reihe der SF-Serials abschloß: GODZILLA (1954). Im letzteren geht es mehr um ein schreckliches Sauriertier und sein Unwesen als um architektonische SF-Phantasien.

Fantasy-Film und Space Opera

Erst als Sputnik und NASA begannen, den Weltraum systematisch zu erobern, wurde der SF-Film wieder zum interessanten Medium für technische Utopien aller Art. In dieser Zeit kristallisierten sich ein bestimmter Publikumsgeschmack und die Produktionsfirmen *Columbia Pictures* und *Paramount* als führende Lieferanten für diesen durchaus lukrativen Markt heraus. „Hollywood", schrieb Wolfram Knorr, „(. . .) wurde, wie im Bereich aller anderen Genres auch, bald zur Domäne der Science Fiction; und je ungehemmter die moderne Technik und Wissenschaft in die Öffentlichkeit getragen wurden, desto intensiver nutzte die Traumfabrik die Errungenschaften selbst. Es ist ja nicht neu, daß sich der Hollywood-Film schon immer als Bestandteil der maschinellen Kunstproduktion verstanden hat, da er mehr als Inhalte vor allem den technischen Fortschritt der Kinematographie betonte. Hier ist er durchaus vergleichbar mit der Raumfahrt. (. . .) Diese Filme, die sogenannten *space*

Byron Haskin/George Pal: THE WAR OF THE WORLDS (1953); Weltende in Hollywood

operas, waren mit ausschlaggebend, die Menschen mit der Technik zu versöhnen. Man erkannte die enorme ästhetische Qualität aller technischen Apparaturen, mehr noch: sie inspirierte die Innenarchitekten zur Schaffung neuer Mode-Designs." (24)

Führten die SF-Filme der 50er Jahre mit ihren Eigengesetzlichkeiten und kruden Stereotypen inhaltlich zu einem totalen Verschleiß des Genres, so wurde die Ausstattung zunehmend erfindungsreicher. In den Jahren des „Kalten Krieges" verband sich die latente Bedrohung eines atomaren Kriegs vorzugsweise mit mythischen Themen über außerirdische Wesen, phantastische Reisen und unterschwellige Feindbilder. Ein großer Teil der Science Fiction-Epen beginnt mit einer unglaublichen Reise zu einem jener fernen Orte, in denen das Ornament sich entfaltet, welche das Phantastische erst durch Architektur und/oder künstliche Natur erscheinen läßt. Weltraum-Filme verlangen wie Horror-Filme eine nur im Studio erreichbare Kontrolle der Dekoration, weil die Wirkung ihrer Bilder von genau gearbeiteten und stimmungsvollen Dekorationen abhängt. Aber anders als beim Horror-Genre, wo viktorianisch ornamentale Effekte wirksam sind, überzeugen im SF-Film nur Darstellungen von künftigen, von allen Schnörkeln befreiten Designs. Der erfahrene englische Filmdesigner Scott MacGregor erläuterte, auf welche Aspekte bei der Herstellung von SF-Dekorationen zu achten ist: „Der Hauptunterschied zwischen den Designern von Horror-Filmen und Science Fiction-Filmen zeigt sich beim verwendeten Material. Bei Horror-Filmen neigt man dazu, eine Menge Mörtel und Dreck zu verwenden und kann damit sehr viel charakteristische Atmosphäre erzeugen. Bei futuristischen Produktionen mußt du sehr glattes Zeug herstellen. Es bringt z.B. nichts, Stahl mit bemaltem Sperrholz imitieren zu wollen. Das wird fürchterlich aussehen. Man kann Holz verwenden, aber es muß abgeschliffen und mit Füllstoff gespachtelt werden, bevor man es mit silbernem Nitrolack übersprühen kann, oder es muß in Graphit ausgeführt werden. Man kann bei einem Horror-Film mit einem gewissen Teil schlechter handwerklicher Arbeit über die Runden kommen, aber nie bei einer modernen SF-Dekoration." (25)

Seit jeher tun sich sowohl Science Fiction-Autoren als auch Filmgestalter recht schwer bei der expliziten Detaillierung und Darstellung künftiger Wohnwelten im Weltraum. Geht es lediglich um die Beschreibung funkelnder Raumschiffzentralen oder hypertechnischer Laboratorien mit ihren computergesteuerten Bildschirmen, leuchtenden Blinkkugeln, chromblitzenden Hebelgriffen und Armaturen in BASF-Ästhetik, sind die Science Fiction-Raumgestalter nie verlegen. Doch sobald es um die nüchterne Darstellung privater Wohngemächer in einer anderen, „neuen" Ästhetik mit Alltagsgegenständen geht, sind sie schwerfällig und altmodisch. Die Dekorationen privater Lebens- und Wohnbereiche auf intergalaktischen Raumstationen unterliegen dem betulichen Zeitgeschmack — mehr als es die visuellen Vertreter der Branche manchmal wahrhaben wollen. Denn die Filmdekorateure, Filmarchitekten, Kostümbildner und Zeichner befinden sich dabei in einer bedauernswerten schizoiden Lage: zum einen werden sie vom permanenten Trauma des *déjà vu* geplagt, von der Angst, der Zuschauer könnte durch ein banales, gar alltäglich und gegenwärtig erscheinendes Detail aus der Illusion der utopischen Szenerie gerissen werden, verärgert oder gar mit Spott reagieren; andererseits müssen sie jede ihrer Kreationen in deren Zweckbestimmung und Verwendungszusammenhang erkennbar werden lassen und sich folglich der Hinweise und Zeichen traditioneller Formensprache bedienen (26). Dann sollen ihre Erfindungen — unabhängig vom gängigen Formenkanon und von Zeitfloskeln — eine mögliche Prognose wagen. Dieser Konflikt vom richtigen Verhältnis von Innovation und Redundanz bestimmt seit Méliès-Zeiten die Produktion des phantastischen Films. Weswegen die meisten Filme dieses Genres, die penetrant „fortschrittliche" Dekorationen einsetzten, in der Rückschau lächerlich wirken müssen, weil sie ja noch an traditionelle bzw. stilistische Codes ihrer Entstehungszeit gebunden sind.

Jacques Tati: PLAYTIME (1965); Neurosen der modernen Gesellschaft

Relativ frühzeitig veranschaulichte der exzentrische Komiker Jacques Tatis in seiner parodistischen Fabel über das *Moderne Leben* PLAYTIME (1965) die Nachteile einer futuristischen Welt, wenn der liebenswert-hilflose *Monsieur Hulot* gegen die Widrigkeiten unsinniger technischer Neuerungen und Absurditäten der modernen Welt ankämpft. Ebenso nahm Tati in seiner stellenweise anti-utopisch gezeichneten Filmburleske MON ONCLE (1958) der einengenden Technologie und menschenfeindlichen Architektur ihren innovativen Schein, indem er mit filmischen Mitteln das Diktat der *Modernen Architektur* in seinem Kern entlarvt (zeitweise erinnert der Film an Adolf Loos' berühmten polemischen Aufsatz vom *armen reichen Mann!*). In einer lockeren Folge von Episoden um eine neureiche Familie in einer schicken, futuristisch anmutenden „post-Corbu"-Villa parodiert Tati die Unsinnigkeit vollelektronischer Häuslichkeit: er verspottet nutzlose Gadgets, photozellengesteuerte Garagen- und Gartentore, sinnlose Prestigemöbel (die nur im umgekippten Zustand als Liegestatt verwendbar sind) und verwirrende Gegensprechanlagen, die in ihrer absurden Nutzlosigkeit an gleichgeartete Alltagsprodukte des SF-Kosmos heranreichen. Den ausgeklügelten Gags über verkrampfte Modernität heutiger Architekturen (die jegliche Lustbarkeit verbietet) stellte Tati – augenzwinkernd – ein anachronistisches, hoffnungslos veraltetes Bild von pittoresken Architekturen entgegen, das allerdings die ursprüngliche Intention des Films wieder relativiert.

Tatsächlich ist eine gewisse „Pseudo-Modernität" in vielen (auch gefeierten) SF-Filmen bemerkbar: die glimmenden Röhren, plastikverzierten Nierentische, blitzendes Chrom und technischer Firlefanz in Kommandozentralen diverser Raumschiffe verhehlen trotz aller Stromliniennoblesse doch nicht ihre abgedroschen-triviale Herkunft. Wie haarscharf dieser „futuristische" Kitsch der Wachstumsideologie der 50er entspricht und auch ihre Ästhetik den Warenhauskatalogen und „Schöner-Wohnen"-Heftchen gleicht, läßt sich sogar bis zu dem – im übrigen anspruchsvollen – Film FAHRENHEIT 451 (1966) und bedingt auch in den kritischen und ironischen „Semi-Documentaries" DR. STRANGELOVE (1963) und ALPHAVILLE (1965) verfolgen.

In ihrer Übermöblierung und Popigkeit entsprechen die nach Comic Strip-Vorlagen gedrehten sogenannten „fumetti neri"-Serien wieder dem „bürgerlichen Wohnstil" progressiver Architekturzeitschriften der 60er Jahre *(Domus, Casabella),* in denen barock gestaltete Cockpit-Räume und futuristisch-organische Pneu-Wohnhöhlen mit Bildschirmdekor vorkommen. Zu den bekanntesten Verfilmungen dieses Genres der Comic-Geschichten gehören MODESTY BLAISE (1966) von Joseph Losey und BARBARELLA (1967) von Roger Vadim. Letzterer verarbeitete in seiner Sex & SF-Satire mit überzeichneten Einzelbildern, antifilmischer Montage und flachen, graphischen Dekorationen die plakativen Stilelemente der Comic Strip-Ästhetik zugunsten des Effekts. Als Ausstatter fungierte der Cartoonzeichner und Erfinder der Figur Jean-Claude Forest (mit Mario Garbuglia).

Zwei andere, zugegeben sehr unterschiedliche Science Fiction-Versuche der *Nouvelle Vague* verarbeiteten mittels Pop-Ikonographie Real- und Comic-Elemente: Jean-Luc Godards „schwarze Utopie" ALPHAVILLE – UNE ÉTRANGE AVENTURE DE LEMMY CAUTION (1965) und François Truffauts bittere Satire FAHRENHEIT 451 (1966). Bis zu einem gewissen Grad sind beide Filme die Antithese zur sonst gängigen viktorianischen Verkrampftheit dieses Genres, denn beide zeigen avantgardistischen Wagemut in der „Erfindung" schrecklicher Welten, die gegenüber der Wirklichkeit tatsächlich andersartig, neu und verändert sind. In ALPHAVILLE sieht man in „gespenstischer Beleuchtung moderne Bürobauten und Wagentypen des täglichen Lebens" (27), und der Film spricht von Reisen durch die Milchstraße von 1990. Man kann von diesem Film sagen, er spiele so wenig in der Zukunft wie in der Vergangenheit oder Gegenwart. Er ist „eher ein Film der Zukunft über die Gegenwart als ein Film der Gegenwart über die Zukunft" (J. L. Godard). Die Dingwelt ist dem Menschen so entfremdet, daß sich geradezu in Reinkultur Brecht'sche Verfremdung herauskristallisiert. „Die beklemmende Atmosphäre des Films stammt nicht zuletzt daher, daß Godard in der realen Stadtlandschaft von Paris gedreht hatte; nichts ist wirklich phantastisch an seiner Architektur und seinen Dekors – eine Metrostation oder eine leere Stadtautobahn hat etwas Grauenhaftes! Die Dingwelt, mit der wir uns umgeben haben, ist längst soweit, eine den Menschen ausklammernde Kultur aufzunehmen" (28), charakterisierte Georg Seeßlen die synthetisch wirkenden Realaufnahmen dieses Films.

Wie Godard das nächtliche Paris dechiffriert und zu Alphaville verwandelt, ist phänomenal; es ist ihm sowohl die Metamorphose (Verwandlung) als auch die Transformation (Zurückverwandlung, Umformung) gelungen. Die von einem geheimnisvollen Computer gesteuerte Stadt ist zusammengesetzt aus lauter kleinen, an sich banalen und vertrauten Details. Godard gelang es, aus der filmischen Realität der Photographie von vorgefundener „objektiver"

François Truffaut: FAHRENHEIT 451 (1966) Futuristisches Dekor von Syd Cain

Wirklichkeit etwas subjektiv „Noch-nicht-Gesehenes" (oder „Übersehenes") zu destillieren. Er konnte es sich dabei leisten, die Alphaville-Polizei in altmodischen Citroëns mit Pariser Nummern herumfahren zu lassen; ein vor Lemmys Hotel geparkter Peugeot älteren Jahrgangs nimmt der Anfangsszene nichts von ihrem Schrecken; harmlose Entlüftungsklappen und Ventilatoren im standardisierten Hilton-Hotelzimmer entpuppen sich als elektronische Überwachungsaugen etc.

Die architektonische Topographie von Alphaville sind die Trabantenstädte — Produkt der Konsumgesellschaft und gleichzeitig Ende der Stadt. Die Kamera zerlegt Paris bis zur Unkenntlichkeit, so wie die dauernd einströmenden Informationen des Fernsehens die Funktionen des Gehirns zerlegen. Die Massenmedien löschen das Gedächtnis aus. Alles ist Zeichen oder nichts ist Zeichen, in Abwandlung des berühmten Ausspruchs von Hans Hollein („Alles ist Architektur"). Die Täuschung ist vollkommen: *Sein* und *Schein* sind in Alphaville nicht mehr unterscheidbar. Eine nur mäßig „modernistische" Stadtarchitektur wird zum Pandämonium; banale Dinge werden zu tödlichen Fallen. Ähnlich wie die klaustrophobischen historischen Interieurs des 19. Jahrhunderts den Herd des bürgerlichen Horrors bilden — wie es Walter Benjamin schlüssig als „Etui des *gentil hommes*" beschrieb —, so ist die sachlich-kühle funktionalistische Architektur der Science Fiction die neue Brutstätte für Kommunikationslosigkeit, Angst und neurotisches Fehlverhalten. Disparates wird durch einen rapiden Schnitt in eine fiktive Ordnung gebracht, der Unsinn bis zum scheinbaren Sinn zerstückelt. Die Architektur antizipiert die totale Diktatur der Maschine und der Bürokratie, die via Massenmedien vollstreckt wird. Dieses Thema evoziert das beginnende Bewußtsein

FAHRENHEIT 451; Kontrollraum

über die Macht der Medien (vgl. Marshall McLuhans schlagende Formel „The Medium is the Message").

Das trifft in gewissem Maße auch auf FAHRENHEIT 451 zu: auch hier ist das zentrale Thema des Films das vorherrschende Massen- und Kommunikationsmittel Fernsehen in einem fiktiven totalitären Staat. Truffauts Film – wie auch Ray Bradburys gleichnamige Vorlage – bezeichnet im Titel den Angelpunkt seiner Geschichte: bei 451 Grad Fahrenheit beginnt Papier zu brennen. Bücher werden von einer Gedankenpolizei verbrannt, Kultur vernichtet. In einer Welt der Zukunft ist das Bücherlesen verboten, nur Bilder – vornehmlich TV und Comics – sind erlaubt, und es ist Aufgabe der Feuerwehr, Feuer zu legen statt zu löschen. Truffauts Welt ohne Bücher besteht aus zeitlosen Plastikwänden mit riesigen Fernsehschirmen auf gelbem oder blauem Hintergrund, rotgestrichener High-Technologie, bizarren Antennen, einer riesigen Alarmanlage für die beflissene Einsatzbereitschaft der „Feuerwehrleute" und Hierarchie ausstrahlenden Büromöbeln. Es ist eine total entpersönlichte Welt, in der Kommunikation völlig technisiert und zwischenmenschliche Gefühle tabuisiert und auf „primitive" Kurzformeln reduziert sind. In ihrer materialistischen Veräußerlichung innerer Leere und konsumtibler Zwänge verlängern die glatten, purifizierten Dekorationen aus solidem Kunststoff-Material die hineingegossenen Angstpsychosen. Der Filmausstatter Syd Cain übertrug die fragwürdige Warenästehtik von Kommerzprodukten auf den Film und leitete damit eine Entwicklung ein, die Stanley Kubrick in seinem berühmten, großartigen 2001 – A SPACE ODYSSEY (1968) mit einem Stab von *art directors* und Trickspezialisten vervollkommnete.

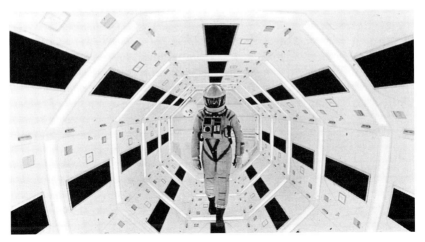

Architektur im Jahre 2001 aus der Perspektive 1968

Die Renaissance der Space Opera

Selten hat ein zeitgenössischer Film durch seine Architektur so viel Aufsehen erregt wie Kubricks Ode an das NASA-Raumzeitalter. Seine „Odyssee im Weltraum" ist eine Hymne auf eine glorreiche, hoch-technologisierte Kunst-stoff-Raumfahrt-Architektur, die in ihrer extremen Künstlichkeit und hochge-züchteten Ästhetik schon wieder obsessiv ist. Die beste Beschreibung dieser nur scheinbar zeitlosen High Tech-Architektur lieferte Wolfram Knorr in seiner knappen Analyse der Architekturmodelle von 2001: „Kubrick (. . .) setzt zum ersten Mal die technische Forschung einer ästhetischen Überprüfung aus. (. . .) Ihm ist es nur um eine ‚nicht-verbale Erfahrung' gegangen. Die Tatsache, daß er die barock-gestaltete Raumstation im dunklen All mit einem (Johann) Strauß-Walzer unterlegt, ist Beweis genug. Nicht um eine religiöse Auseinandersetzung geht es ihm (wie manche Kritiker vermuten, Anmk.), sondern um den Konflikt des Menschen mit einer Technik, die nicht nur perfekter, sondern auch immer schöner, verführerischer und erotischer wird. Soll der Mensch die Allianz mit der Maschine aufkündigen oder sich selbst mit ihr in eine neue Dimension heben? Nicht nur mit dem kontrapunktischen Einsatz der Musik versucht er den Zuschauer mit dieser Frage zu konfrontie-ren, sondern auch mit den kühnen Architekturmodellen. Ähnlich wie um die Jahrhundertwende das Glas phantasmagorisches Baumaterial war, sind es bei Kubrick die Kunststoffmaterialien, die eine helle, lichtdurchflutete Atmo-sphäre schaffen. Angesichts der Unmengen von elektronischen Apparaten, Computern und Turbinen soll die kristalline Verwendung des gedämpften Lichts und des Kunststoffs die Schwere des Raumschiffs (und damit die ungeheure Last der Technik schlechthin) umwandeln ins Grazile, aufheben in der Schwerelosigkeit." (29)

Das puristisch geglättete Dekor in der keimfreien Atmosphäre des Alls ist nur eines von vielen Leitmotiven Kubricks, ein anderes ist die Zelebrierung eines Vakuums und die gleichzeitige Geometrisierung und Strukturierung dieses negativen Raums. Daß der Weltraum (wie die Prärie für das Western-Genre) ein im wesentlichen leerer, unendlicher Raum ist, bestätigt nur die eingangs erwähnte Feststellung, daß dem Raum mehr Bedeutung zukommt als der Handlung, daß die Subjekte von ihrer Umwelt bestimmt werden, d.h. daß die Menschen integraler Bestandteil des Dekors sind und der klinischen Sterilität dieses Umfelds unterliegen. Die Menschen scheinen in diesem geometrisch fixierten, plastik-glatten Architekturszenarium nicht bloß verloren zu sein, sondern treten vor allem als Bewegung und Unruhe stiftende Störobjekte auf. Die Raumoper ist ein von Menschen unbeeinflußbares Naturspektakel. Lichtaufgänge, schwerelose Raumschiffe, die wie Planeten um die Erde kreisen, der vieldeutige Monolith, das Bild des staunenden Weltembryos, die Zeitreise in die Vergangenheit — das alles sind Motive eines SF-Mythos, der sich dem menschlichen Maßstab zu entziehen scheint.

Durch die historischen Vorläufer des Genres mit ihren kurzlebigen modischen Design-Trends und anachronistischen Gegenwartsbezügen im Dekor dermaßen verunsichert, verließen sich die Science Fiction-Designer der 60er Jahre auf die trügerische Sicherheit stil- und damit vermeintlich auch zeitloser Plastik-, Chrom- und Edelstahleleganz. Dabei vergaßen sie nur, daß diese Ästhetik genauso zeitbezogen ist und ihr fortschrittlich getarntes Styling mit der Zeit genauso veraltet. Das nostalgische Heraufbeschwören zukunftsoptimistischer „metabolischer und strukturalistischer" Konzepte entsprach ganz dem Geist der 60er Jahre-Architektur. Gar nicht zufällig gleichen diese Filmarchitekturen den technoiden Visionen und Entwürfen der Londoner Architektengruppe *Archigram* — oder umgekehrt.

Peter Cook, Haupt der Gruppe, entwarf 1963 eine vertikale Stadt mit drei Ebenen und verschieden nutzbaren Strukturen wie aufblasbaren Membranen, *geodesic domes* nach und Buckminster Fuller, Raumzellen, Computerterminals, Startrampen (!) ähnlich einer autonomen Ölbohrinsel oder Raketenrampe. Auch Ron Herrons Konzept einer „fahrenden Stadt" (1964) antizipierte Formen späterer Science Fiction-Filme wie u.a. der Weltraum-Western OUTLAND (1980, eine Parodie auf HIGH NOON) von Peter Hyam, John Carpenters Debütfilm DARK STAR (1973) und SILENT RUNNING (1972) von Douglas Trumbull (der für die Spezialeffekte in Kubriks Weltraumfilm verantwortlich war). Die beiden letzteren bezogen zwar ihre Inspiration direkt aus einer Auseinandersetzung mit 2001 und seinem Design-Fetischismus, gingen aber eher parodistisch mit diesen Grundlagen um. Besonders DARK STAR ist eine Satire auf das Science Fiction-Genre im allgemeinen und auf 2001 im besonderen. Das groteske Paradigma einer sterilen, menschenleeren Umwelt in Kubricks 2001 unterwanderte John Carpenter in direkter Absage an das Kubrick'sche Vorbild. In dieser Weltraum-Dystopie befinden sich vergammelte, reparaturbedürftige Raumschiffe in bewußtem Gegensatz zur Maschinenästhetik Kubricks. Bezeichnenderweise führt Carpenter die Überfluß- und Abfallideologie der Raumfahrtindustrie zum logischen Ende ihrer selbst: die Raumschiffe sind in letzter Konsequenz als Abfallprodukte, sogar als „junk-architecture" anzusehen.

Die kollektive Angst vor der Technik kommt auch im ersten „ökologischen", umweltkritischen, jedoch etwas mißglückten Film SILENT RUN-NING zum Tragen. Die inhaltlich schwache, jedoch tricktechnisch hervor-ragende „Dokumentation", bei der übrigens John Dykstra, der spätere *special effects*-Hersteller von STAR WARS (1977) mitarbeitete, „reflektiert das Lebensgefühl der Jugend am Beginn der 70er Jahre und markiert zugleich einen thematischen Wandel im Genre: neben die Bedrohung durch die nuklea-re Katastrophe ist nun der ökologische Kahlschlag, die Zerstörung der Umwelt durch Gift, Schmutz und Verstädterung als neue Katastrophenangst ge-treten." (30) Der Film behandelt das Thema „Arche Noah" zeitgemäß: in riesigen Raumschiffbehältern wird die gesamte, von der Erde gerettete Fauna und Flora aufbewahrt. Das Raumschiff gleicht einem riesigen Glashaus. Bezeichnenderweise bedienten sich die Filmgestalter hier abermals anachro-nistischer (störender) Gegenwartsmotive und „Hippie"-Nippes („Dune Bug-gies", Rockmusik, Flower Power), um sich aus dem Bannkreis der Überfluß-technologie und Massenfabrikation à la 2001 lösen zu können und die „Ge-genkultur" besser darzustellen.

Der Russe Andrej Tarkowskij setzte mit SOLARIS (1972), einer filmi-schen Adaption des gleichnamigen Romans des Polen Stanislaw Lem, ebenfalls ein düster-polemisches Gegenzitat zu Kubricks 2001. In kurzer Abfolge präsentierte Tarkowskij spöttisch zwei leere Privatunterkünfte an Bord der um den mysteriösen Planeten Solaris kreisenden Raumkapsel: die eine Kabine noch unbenutzt, aufgeräumt und geometrisch wohlgeordnet; die andere Unterkunft dagegen ungeordnet, deutliche Gebrauchsspuren zeigend und über-sät mit Alltags- und Gebrauchsgegenständen unserer menschlichen Zivilisa-tion. „Die Station ähnelt einer Bienenwabe, angefüllt mit dem Honig dieser Kultur: den von ihr hervorgebrachten Büchern, Gemälden, Gedanken und Vorstellungen, Rubljows ‚Dreifaltigkeit', ein Bild von dem steinernen Vieleck eines armenischen Tempels, Gemälde von Breughel, eine Büste Platons und ein vielfarbiger handgeknüpfter Teppich wirken keineswegs wie zufällige Details. Alle diese Gegenstände sind so ausgesucht und aufgenommen, daß sie viel mehr als Details einer profanen Inneneinrichtung bedeuten, die den hier beschäftigten Menschen das Arbeiten ermöglicht und ihnen die Freizeit verschönt. Sie sind greifbare Zeichen dafür, daß die Menschheit auf ihre Raumfahrt all die unermeßlichen irdischen Schätze mitnehmen und der beängstigenden Leere des Kosmos mit ihrem geistigen Reichtum gewappnet begegnen soll" (31), schrieb Vera Schitowa in einer Rezension.

Tarkowskijs Bilder sind – wie auch bei seinen beiden anderen Filmen mit Science Fiction-Themen STALKER (1979) und NOSTALGIA (1982) – prä-zise seismographische Seelenbilder. Sie sind quasi Einsichten in den psychi-schen und ideologischen Haushalt der Gesellschaft. Was Tarkowskij zum Ausdruck bringen will, ist die „verrostete" Erinnerung, die in den Köpfen und Körpern der Menschen wabert: „Aus einem unerfindlichen Grund zwingen die Autoren aller Science Fiction-Filme, die ich mir ansehen mußte, ihre Zu-schauer dazu, Details aus der materiellen Umwelt der Zukunft in Augenschein zu nehmen. Mehr noch, mitunter deklarieren sie ihre Filme (wie Kubrick) gar als Vorschau (. . .). Ich würde SOLARIS gern so sehen, daß beim Zuschauer jeder Eindruck technischer Exotik vermieden wird." (32) Tarkowskijs klar

strukturierter, fast stilisierter *Horror vacui* entspringt der Welt des bürgerlichen Romantikers und steht im extremen Gegensatz zu Kubricks Vorliebe
für „negative Dialektik" (im Sinne Adornos/Horkheimers) und Nihilismus.

Negative Utopien – Krieg der Sterne

Neben der augenzwinkernden Weltraum-Parodie bzw. dem „galaktischen Märchen" (Anzeige-Slogan des Verleihs) STAR WARS (1977), einer primär unterhaltenden Fortsetzungsgeschichte der George Lucas/Steven Spielberg Productions, sind die meisten phantastischen Filme der perfektionierten Hollywood-
Fabrik – vereinfacht gesagt – geist- und anspruchslose Erfüllungen eines Kin-
dertraumes. Bei all diesen neueren Science Fiction/Fantasy-Filmen fällt ihr
naiver und infantiler Zugang zur Technik auf. Technische Gadgets werden
zu Spielzeugen; Kommandozentralen gleichen elektronischen Flipperautoma-
ten; Raumfähren sind wie Spielzeugautos zu bedienen; Roboter sind ver-
menschlichte und willige Sklaven – Indizien, daß die Technik zum Spielzeug
des Menschen verharmlost, bagatellisiert und romantisiert wird. Dieser „Infan-
tilisierung" des Genres widersetzen sich nur die anspruchsvolleren „SF-Thriller
und Krimis" ALIEN (1979), OUTLAND (1980), BLADE RUNNER (1982)
und BRAZIL (1984).
  Erst durch die Erfolge von STAR WARS und CLOSE ENCOUNTERS OF
THE THIRD KIND (1977) hat sich ein Genre in der visuellen Kultur der
Science Fiction gebildet, das ungeheuer an Popularität und Präsenz gewonnen
hat: der SF-Film im *Noir*-Stil im SF-Film. Tatsächlich spiegeln die aseptisch
unterkühlten Raumphantasien aus Stahl-, Glas- und Kunststoffmaterialien mit
elektronischem Geflirre und sarkastischer Kälte das sich technisch und „post-
modern" gebende Zeit- und Lebensgefühl der Gegenwart wider. In ALIEN beispielsweise kippt der kindliche Optimismus von STAR WARS oder der Mystizismus von UNHEIMLICHE BEGEGNUNG DER DRITTEN ART endgültig
durch die dämonisierte Technikdarstellung des bekannten Schweizer Graphi-
kers H. R. Giger in den puren Horror um. Die filmisch ohnehin eindrucksvolle
(und glaubwürdige) Darstellung eines gruseligen Monstrums im Raumschiff
wurde noch durch die unheimliche Wirkung der restlichen Ausstattung bereichert. Dazu wieder Wolfram Knorr: „Schon das Schiff allein wirkt wie ein
archaisches Eisen-Konvolut, dem jede Schönheit ausgetrieben ist. Die technische Bizarrerie wird überbetont, die harmoniefeindliche Willkür ist Prinzip.
Doch was sich da als schwarze Romantik gebärdet, ist Manierismus bis zum
Kitsch. Die Planetenlandschaft, das gestrandete fremde Raumschiff und das
Schiff der Besatzung – alles hat Höhlencharakter mit unterirdischem Halbdunkel, aus dem mächtige Eisensäulen mit abgefallenem Putz und abgebro-
chenen Stahlnischen wie riesige verfaulte Zähne herausragen." (33)
  ALIEN ist dem Horror-Genre selbstverständlich näher als dem der Science
Fiction. Das Dekor ist schmuddeliger und verrotteter. Der Film ist mannigfal-
tigen Einflüssen – *Film noir*, Expressionismus, Fantasy-Surrealismus etc. –
unterworfen gewesen. In seiner verspielten Manier versuchte H. R. Giger, nach
einer Epoche reicher technischer Entwicklung, das Abenteuerlich-Geheimnis-

Zukunftsstadt im SF-Film: Steven Spielbergs CLOSE ENCOUNTERS OF THE THIRD KIND (1977)

volle der Raumfahrt, das der Kubrick-Film so glücklich als kommende Ästhetik verwertet hatte, neu zu gestalten und zu revidieren. Eine fortgeschrittene Tricktechnik läßt subtilere Beleuchtungseffekte (Helldunkel-Kontraste) zu. Das Dämmerlicht und die beklemmende Stimmung wird voll ausgekostet; um die Köpfe der Darsteller legt sich ein fahler Schein des Grauens.

In ALIEN verleiht die Filmkamera dem Raum, den sie zeigt, unheimlichen Ausdruck. Das gilt auch für die Requisiten — alle Dinge haben eine Aussage und der Zuschauer lernt sie zu deuten. H. R. Gigers Objekte sind funktional in die Handlung integriert und agieren als „Handlungsträger". Der Raum ist „beseelt" mit einer tiefenpsychologischen Dimension, den nur die Filmsprache hervorbringen und zeigen kann. Architektonisch sind aber die Kontruktionen Gigers nicht sinnvoll, denn sie sind ausschließlich nach psychologischen statt nach räumlichen Vorstellungen ausgerichtet.

Anders als beim verschnörkelten Raum in ALIEN und der oberflächenversiegelten Kulisse von 2001 ist der Raum in Peter Hyams pseudo-futuristischer Neuauflage des Westerns im Weltall OUTLAND (1980) architektonisch sinnvoll umgesetzt. Figurativer als der Rückgriff auf den bekannten „High Noon"-Plot, wo ein im Stich gelassener Raummarshall auf einem Raumschiff seinen Showdown durchstehen muß, symbolisiert die „Vision einer ins Unermeßliche geweiteten technokratischen Baukunst (und die) schrankenlose Entfaltung der Baumassen mit ihren perspektivischen Gangfluchten, durch die der Marshall irrt, (. . .) präzise die wahren Machtverhältnisse." (34) Dazu Wolfram Knorr: „Die Eisenrippen, die das ganze Gebilde zusammenhalten, sind eng gestaffelt, die unzähligen Türen meterdick und gewölbt, die Gänge rund, die Schlafkammern wie Baukästen. Und überall gebündelte Rohrstützen,

Bögen, Verspannungen; außer Eisen und Stahl gibt es keine Materialien. (. . .) Ein undurchschaubares Labyrinth, das aber nie bloß phantastisch ist. Die Nüchternheit und der lapidare Umgang mit dieser Topographie geben dem Film ein beklemmendes Gefühl von Realität. Arbeitswelt in einem Raumschiff — das wurde noch nie in einem SF-Film so präzis angedeutet wie hier. Konsequent betont Hyams den klaustrophobischen Charakter der funktionalen Architektur, die in atemberaubenden Kamerafahrten durchstreift wird. (. . .) Die Raumschiffe (. . .) erinnern mit ihrem Anachronismus der Rippen und Klippen, Ziergiebel, zerklüftet wirkenden Bögen, gemütlich anthropomorphen Elementen wie Säulen und Kapitellen, Fußplatten und bossenverzierter Basis eher an alte Schloßfassaden denn an moderne Flugmaschinen." (35)

Wiederholen sich bisher die vorgetäuschten technischen und architektonischen Innovationen im SF-Alltagsbereich immer wieder, so blieb hier erst recht alles beim Alten: im vorsintflutlichen „Western"-Look, nur eben im Maschinenzeitalter. Statt dem realistisch gealterten Holz der Westernstadt wird hier wirkungsvoll das rostige Blech der Raumstation eingesetzt. Die Atmosphäre der verwitterten, ruinösen Architektur ist dieselbe.

Wie in OUTLAND führen zwei jüngere Filmproduktionen ebenfalls ins Reich des profanen Horrors: BLADE RUNNER (1982) von Ridley Scott und BRAZIL (1984) von Terry Gillum. Besonders der auf dem Roman des verstorbenen amerikanischen SF-Autors Philip K. Dick beruhende Film BLADE RUNNER stellt das Los Angeles von 2014 als einen völlig von audio-visuellen Medien (großflächige Billboards) und Megastrukturen beherrschten, dem Untergang geweihten, brodelnden Großstadtmoloch dar und macht in vielen atmosphärischen Details des Dekors deutliche Anleihen beim Detektiv- und Art Deco-Film der „Schwarzen Serie" Hollywoods in den 30er und 40er Jahren.

Federico Fellini hingegen, der geschmäcklerische Registrierer alles Skurrilen und Phantastischen, bereitete seine „Vision" vom Weltuntergang auf Raten nicht mit apokalyptischer Genauigkeit und bitterer Düsternis aus, sondern mit ironischer Eleganz. Fellini bittet mit seiner SF-Satire E LA NAVE VA / FELLINIS SCHIFF DER TRÄUME (1983) zum gesellschaftlichen Narrenfest und zeigt in gebauten Bildern eine gigantische Lust am Untergang. Im Kessel-Heizhaus des Ozeandampfers „Gloria N.", das an Dantes Inferno erinnert, nehmen die Protagonistinnen (die berühmtesten Operndivas der Welt) das Chaos um sie herum erst wahr, als es schon zu spät ist. Ein Panzerkreuzer der k&k-Marine versenkt das stolze italienische Schiff. Fellini selbst steht und betrachtet seine Geschöpfe mit dem Blick eines zynisch-weisen Zauberers. Seine Heldinnen sind gefangen in dem Bauch des Ungeheuers „Technik und Zivilisation".

Ähnlich wie E LA NAVE VA schildert auch BRAZIL (1984) eine technokratische Phantasie bzw. eine an Huxleys *Schöne neue Welt* erinnernde Welt der Zukunft, die sich nur durch technische Errungenschaften von der Gegenwart unterscheidet. Terry Gillum, zweifellos einer der umstrittensten „hohen Priester" moderner Science Fiction-Religion, kam jedoch in dieser nur scheinbar kritischen SF-Version nicht aus dem Trauma permanenter *déjà vu* heraus. Es scheint, daß alle Elemente und Sets in der nunmehr fast 100jährigen

Federico Fellinis Schiff der Träume: E LA NAVE VA (1983); Bauten von Dante Ferretti

Filmgeschichte bereits besser und vor allem origineller zum Einsatz kamen als bei diesem gigantischen Nichts.

Von seinen naiven Anfängen mit Méliès bis zu den negativen Utopien zeitgenössischer Filme hat sich im Science Fiction-Genre ein Paradigmawechsel vollzogen. Die Zeiten, in denen eudämonistische Utopien noch seriös geglaubt werden können, sind endgültig vorbei. Autoren wie Jules Verne, H. G. Wells, Alexej Tolstoj, Isaac Asimov und Karel Čapek ersinnten neue Gesellschaftsformen in modernen Zukunftsstädten, deren Gestalt wahrlich die Bezeichnung „futuristisch-utopisch" verdienen. Frühe Science Fiction-Filme wie LE VOYAGE À TRAVERS L'IMPOSSIBLE, AELITA, L'INHUMAINE, THINGS TO COME sind im grunde Plädoyers für eine imaginäre, doch den Menschen dienliche Architektur. METROPOLIS setzte den Anfang in seiner negativen Umkehrung des einzigen Versprechens auf Glückseligkeit. Eine „Katastrophenphantasie" (36) machte sich breit. Die Extrempole der Science Fiction-Modelle sind symptomatisch in den Stadtutopien von THINGS TO COME (1936) und BLADE RUNNER (1982) zu beobachten. Der Tendenz des ersten, dem Miteinander von technokratischem Erfindergeist und machbarer (schöner) Architektur, steuerte der Regisseur des letzteren insofern entgegen, als er die Stadt der Zukunft als riesigen, gefährlichen Slum zeigte. Nicht die Realisation einer glücklichmachenden Utopie läßt sich in den neueren SF-Filmen ausmachen: die Architekturphantasie stellt Kulissen bereit für eine martialische Welt. Die Räume von DUNE/DER WÜSTENPLANET (1983) von David Lynch oder BRAZIL (1984) von Terry Gillum führen in keine glücklichere Zukunft, vielmehr in die Katastrophe.

Anmerkungen

I. Gebaute Illusionen

1. Werner Jehle: Erinnerungen an Filme aus lauter Architektur, in: Architektur im Film, in: *Cinéma* 4/1981 (Zürich); p. 5
2. Walter Benjamin: Paris – Hauptstadt des 19. Jahrhunderts, in: Das Passagenwerk (Bd. 1), Frankfurt/Main 1983; pp. 52ff
3. Ulrich Gregor/Enno Patalas: Geschichte des Films (Bd. 2); Reinbek/Hamburg 1976; p. 354
4. Bucher's Film-Enzyklopädie (hrsg. von Wolfram Tichy), Luzern/Frankfurt 1977; p. 55
5. Im klassischen amerikanischen Western sind Wüsten und Canyons als Ausdruck der Leere und der Spannung oftmals Ersatz von Handlung. Trotzdem scheint mir, daß Landschaft im „Freiluftfilm" als kontemplatives Element eingesetzt wird, als etwas zum Vertiefen, Verweilen, Meditieren, zum Auskundschaften, wo Landschaft die „verlorene" Pionier-Identität des Amerikaners suggeriert. Folgende Regisseure kommen mir hierbei in den Sinn: John Ford, Howard Hawks, Nicholas Ray, John Huston, Preston Sturgess, Sam Peckinpah. Monumentale Landschaftsbilder finden sich auch in den Filmen von Akira Kurosawa, Werner Herzog, Pier Paolo Pasolini, Andrej Tarkowskij etc.
6. zit. Literatur: James Monaco: How to read film (org. London/New York, 1977); dt. Ausgabe: Reinbek/Hamburg 1980; André Bazin: Qu'est-ce que le cinéma (4 Bde.), Paris 1958-62; André Bazin: Was ist Kino? Bausteine zur Theorie des Films (Auswahl von Schriften, hrsg. von Harmut Bitomsky et. al.) Köln 1975; Hans Scheugl/Ernst Schmidt Jr.: Eine Subgeschichte des Films, Lexikon des Avantgarde-, Experimental- und Undergroundfilms (2 Bde.), Frankfurt/Main 1974; Liz-Anne Bawden: Oxford-Companion to Film, London 1976; dt. Ausgabe: Buchers Film-Enzyklopädie (hrsg. von Wolfram Tichy), Luzern/Frankfurt 1977; p. 53
7. Franz Schroedter, in: Hans-Joachim Hahn: Die Arbeit des Architekten (Typoskript im Besitz der Stiftung Deutsche Kinemathek, Berlin)
8. Erich Kettelhut: unveröffentlichtes Typoskript im Besitz der Stiftung Deutsche Kinemathek, Berlin
9. Hans Scheugl/Ernst Schmidt Jr.: Eine Subgeschichte des Films, a.a.O.; p. 266
10. Michael Stringer im Vorwort zu Terence St. John Marner: Filmdesign, Hanau 1980; p. 7

II. Gemalte Dekors

1. zit. in: Maurice Bardèche/Robert Brasillach: Historie du cinéma (Bd. 1), Paris 1953; pp. 15ff
2. Hans Scheugl/Ernst Schmidt Jr.: Eine Subgeschichte des Films, (Bd. 2), a.a.O.; p 638
3. Eine häufig in der Literatur behauptete Unterstellung lautet, Méliès habe bloß mit neuen Methoden das Theater – besser: das Zaubertheater – abgefilmt. Genau das Gegenteil ist wahr: Méliès hat drei Grundprinzipien der theatralischen Gestaltung umgeworfen: Zeit, Ort und Handlung der Guckkastenbühne bekamen andere Formen und Funktionen. Obwohl er den Schnitt (Montage) noch nicht anwandte, wurden folgende drei Darstellungsmethoden verändert: innerhalb der Szene wechselnde Zeitfaktoren durch Zeitstopps, Zeitraffer und Zeitlupe; innerhalb der Szene wechselnde Distanz der Raumfaktoren durch Überblendungen, Abblendungen und doppelte Exposition; und innerhalb der Szene wechselnde Einstellungen durch Perspektivenwechsel und Zeitspannen (Tempi).
4. Georges Sadoul: Georges Méliès (Monographie), Paris 1961 (Hervorhebungen vom Autor)
5. vgl. Hans Scheugl/Ernst Schmidt Jr.: Eine Subgeschichte des Films, (Bd. 2) a.a.O.; pp. 633ff
6. Georges Méliès, in: *Annuaire général et international de la photographie*, Pion 1907
7. Ebd.
8. Georges Méliès, in: *Cinéma ciné pour tous* (April 1932); zit. in: Maurice Bessy/LoDuca (Hrsg.): Georges Melies – Mage, Paris 1945; pp. 15ff
9. So finden sich in Méliès' Filmen auch aktuelle Gesprächsstoffe, die in den 10er Jahren dieses Jahrhunderts für viel Aufsehen und Spekulationen sorgten: Raumfahrt, Autorennen, Rekordflüge und -Rallies, Nordpolexpeditionen, Kanaltunnel, technologische Kriegswaffen, Luxusreisen etc. Der magische Spiegel des Méliès-Kosmos zeigt diese Einflüsse deutlich.
10. Georges Méliès, in: *Cinéma ciné pour tous* (April 1932), a.a.O.
11. Georges Sadoul: Georges Méliès, a.a.O.
12. Georges Méliès, in: *Cinéma ciné pour tous* (April 1932), a.a.O. (Hervorhebungen H. W.)
13. zit. in: Carl Vincent: Historie de l'art cinématographie, Brüssel 1939; p. 8
14. An das Sujet der Féerien erinnernd, greift Méliès bei den nachgestellten Dokumentationen zu ähnlichen versatzstückhaften Techniken seiner abendländischen humanistisch gefärbten Bildung zurück: Requisiten aus der Antike und in mehrmaliger Aufguß, klassizistische Möbelstücke, Humanisten-Lehrstuben mit Totenschädeln und Insignien, Waffenkammern, Geheimfächer, Bücherschränke, Bibliotheken, Museumseinrichtungen, Kunst- und Wunderkabinette, Historienkitsch, kurz: Kleinkram der Geschichte. Der Ballast der europäischen historisierenden Kulturgeschichte wird von dem stillen Kulturerneuerer Méliès ironisiert.
15. Anfangs war das Kino eine Stätte der Volksunterhaltung, das dem „theaterlos" gelassenen Proletariat völlig genügte. In zunehmendem Maße wurde durch „seriösere" Themen das Bürgertum als Publikum erfaßt. Dieser soziale Prozeß führte auch schließlich zur stufenweisen Liquidierung der Jahrmarktkinos und zur Inbetriebnahme der ersten Ladenkinos, die dem Status der Theatersäle und Konzerthallen entsprachen.
16. Hans Scheugl/Ernst Schmidt Jr.: Eine Subgeschichte des Films, (Bd. 1), a.a.O.; p. 290
17. Zum Bruch zwischen Méliès und Pathé kam es schließlich, als Zecca, der Méliès als Konkurrenten fürchtete, Méliès' Filme ohne Angabe der Urheberschaft zu verstümmeln und zu zerstückeln begann, seine Ideen stahl und in seinen eigenen Filmen verarbeitete. So ist es auch nicht weiter verwunderlich, daß Méliès' Filme – ihrer Originalität einmal beraubt und vergewaltigt – keinen besonderen Absatz mehr fänden.
18. Die Studio-Dekorateure entwickelten neuartige Methoden zur Steigerung malerisch-plastischer Wirkungen durch eine Palette von eigens entwickelten Grauwerten zwecks besserer Hell/Dunkel-Effekte und eine „Farbtönung" bei der Schwarzweiß-Photographie-Technik. Darüber hinaus wurde auch eine Vortäuschung tiefer Raumwirkungen durch den Einsatz extremer (verkürzter) Winkelperspekten und *trompe l'oeil* erzielt. Bereits 1911 ließ die Gesellschaft Éclair Bergleute kommen, um einen authentischen Stollen auf einem Freigelände nachzubauen.

19. Quelle: I.D.H.E.C. L'architecture – décoration dans le film, Paris 1955
20. Ulrich Gregor/Enno Patalas: Geschichte des Films (Bd. 1), a.a.O.; p. 16
21. Georges Franju, zit. in: *Cahiers du Cinéma* (die genaue Stelle ist mir nicht mehr bekannt)
22. Filmprogramm April 1980, Österreichisches Filmmuseum (Wien)
23. Georg Seeßlen: Kino der Angst. Geschichte und Mythologie des Film-Thrillers (Grundlagen des populären Films Nr. 5), Schondorf/Ammensee 1980; Taschenbuchausgabe Reinbek/Hamburg 1980; p. 49
24. Schon im Alter von 14 Jahren drehte Resnais mit einer 8mm-Kamera seinen ersten Kurzfilm nach Motiven von Feuillades FANTÔMAS: „*Fantômas, L'aventure de Guy*" (1936)
25. Louis Delluc, zit. in: Filmprogramm April 1980, Österreichisches Filmmuseum (Wien) (ohne Quellenangabe)

III. Dekor im Absoluten Film

1. Ricciotto Canudo: L'Usine aux images, Paris 1927; zit. in: Pierre L'Herminier: L'art du cinéma, Paris 1960; p. 212
2. vgl. Umbro Apollonio (Hrsg.): Der Futurismus – Manifeste und Dokumente einer künstlerischen Revolution 1909 – 1918, Köln 1972
3. Zu sehr schätzten die Futuristen den Grotesk- bzw. Klamaukfilm, als daß sie sich von dessen Absurditäten befreien konnten. Daß es die Zeit mittels Permutation, Manipulation etc. thematisierte, liebten sie besonders an diesem Genre.
4. Entwürfe und Marquetten sind im Archivo Cineteca Italiana (Mailand) aufgehoben
5. zit. nach Hans Scheugl/Ernst Schmidt Jr.: Eine Subgeschichte des Films (Bd. 1), a.a.O.; p. 321
6. Jay Leyda: Kino – A History of the Rassian and Soviet Film, London 1960
7. Hans Scheugl/Ernst Schmidt Jr.: Eine Subgeschichte des Films (Bd. 2), a.a.O.; p. 757 (Hervorhebungen von H. W.)
8. Ebd., p. 502 (Hervorhebungen H. W.)
9. Béla Balázs: *Weltbühne* (1928); zit. in: Der Film, Wien 1972
10. Skizze zu dem Film A NAGYVAROS DINAMIKAJA/DYNAMIK DER GROSS-STADT, veröffentlicht als illustriertes Szenario in der Zeitschrift *Ma* (Wien), September 1924 (in ungarisch); abgedruckt in deutsch: Laszlo Moholoy-Nagy: Malerei, Photographie, Film *Bauhausbuch* Nr. 8, München 1925 (Nachdruck der 2. Auflage: Mainz 1967)
11. Ebd.

IV. Raumplastiken

1. zit. in: Hans Scheugl/Ernst Schmidt Jr.: Eine Subgeschichte des Films, (Bd. 1), a.a.O.; p. 378 (ohne Quellenangabe)
2. Originalwortwahl des Dichters Gabriele d'Annunzio, der das Drehbuch zu CABIRIA verfaßte, in: Faksimile-Druck von der Filmhochschule München (Bearbeitung des ital. Szenarios von Giovanni Pastrone; Cabiria visione storica del II. sècolo a.C., hrsg. vom Museo Nazionale del Cinema), Torino 1977
3. Ebd.
4. Montana Heiss/Alexander Marinoff: Ben Hur – Der Spielfilm im ZDF 1/1982 (Broschüre); zit. in: Christoph Fritze et. al: Der Abenteurer. Geschichte und Mythologie des Abenteuer-Films (Grundlagen des populären Films, Bd. 9), Reinbek/Hamburg 1983; p. 68
5. zit. in: *Stadtkino* (Hrsg.), Programm Nr. 95 (September 1986) anläßlich der Präsentation des Films
6. Ebd.
7. Ulrich Gregor/Enno Patalas: Geschichte des Films (Bd. 1), a.a.O.; pp. 48f
8. Siegfried Kracauer: Von Caligari zu Hitler. Eine psychologische Geschichte des deutschen Films (1947); Neuauflage Frankfurt/Main 1984; p. 295 (Fußnote)
9. Dieter Bartetzko: Illusionen in Stein. Stimmungsarchitektur im deutschen Faschismus. Ihre Vorgeschichte in Theater- und Filmbauten, Reinbek/Hamburg 1985, ist auf diesem Gebiet auf dem letzten Stand der Forschung
10. *Der Film*, Nr. 15 (9. November 1919), o.P., zit. in: Michael Töteberg: Fritz Lang (Monographie), Reinbek/Hamburg 1986; p. 17
11. Rudolf Kurtz: Expressionismus und Film (org. 1926), Zürich 1965; p. 82
12. Wolfgang Pehnt: Architektur des Expressionismus, Stuttgart 1973; p. 166
13. Ilona Brennicke/Joe Hembus: Klassiker des deutschen Stummfilms 1910–1930, München 1983; p. 235
14. vgl. Rudolf Kurtz, a.a.O.; p. 60
15. Neben den *Film d'Art*-Versuchen als Vorläufer des Historienfilms war in Deutschland noch in der Zeit vor dem 1. Weltkrieg auch der mythische bzw. romantische Sagen- und Balladenfilm sehr beliebt. Den Durchbruch dieser romantisch beeinflußten, aber bereits mit expressionistischen Mitteln der Lichtgestaltung arbeitenden Genrefilme schafften Paul Wegeners mittelalterliche Sagen-, Märchen- und Balladenverfilmungen (vgl. Kap. V. im Buch).
16. zit. in Hans Scheugl/Ernst Schmidt Jr.: Eine Subgeschichte des Films, a.a.O. (ohne Angabe der Herkunft)
17. Siegfried Kracauer: Von Caligari zu Hitler, a.a.O.; p. 63
18. *Der Film*, Nr. 44 (30. Oktober 1921); p 46
19. Ebd., p. 55 und auch: *Der Kinematograph*, Nr. 77 (1921)
20. Wolfgang Pehnt: Architektur des Expressionismus, a.a.O.; p.53
21. Enno Patalas: Fritz Lang (kommentierte Filmographie), München 1976; p. 139
22. Thea von Harbou: Das indische Grabmal (Roman), Berlin 1921
23. Dieter Bartetzko: Illusionen in Stein, a.a.O.; pp. 236ff
24. Iris Barry: Programm Notes (Series III/Programm 2) Museum of Modern Art, zit. nach: Siegfried Kracauer: Von Caligari zu Hitler, a.a.O.; p. 299 (Fußnote), Kap. 7/II
25. Ulrich Gregor/Enno Patalas: Geschichte des Films (Bd. 1), a.a.O.; p. 45
26. James Monaco: Film verstehen. Kunst, Technik, Sprache. Geschichte und Theorie des Films (org. 1977), Reinbek/Hamburg 1980 (Deutsch von Hans-Michael Bock, Brigitte Westermeier); p. 356. Vgl. das Kap. Pudowkin, Eisenstein, Balázs und der Formalismus zum informativen Überblick, und Wesensunterschiede der Montage im sowjetischen Stummfilm: „Kollision" versus „Verbindung" (Pudowkin).
27. Sergej Eisenstein: Dialektische Theorie des Films, geschrieben 1929 in: Dieter Prokop: Materialen zu Theorie des Films, München 1971; p. 45
28. Ulrich Gregor/Enno Patalas: Geschichte des Films (Bd. 1), a.a.O.; p. 109

29. Ebd., (Bd. 2), a.a.O.; p. 318.
30. vgl. G. Aristarco: Ivan, una tragedia atea dello storico S. M. Ejženstein, in: Cinema Nouvo, nn. 223-224, Rom 1973
31. zit. in: *Österreichisches Filmmuseum* (Hrsg.): Programm März 1973 anläßlich einer Retrospektive von Douglas Fairbanks (ohne Angaben von Quellen)
32. In den Titeln des Vorspanns werden allerdings noch zwei Bühnenbildner genannt, da die Dreharbeiten in England bei Kriegsausbruch abgebrochen und in Hollywood fortgesetzt wurden. Auch Powells alleinige Leistung an der Regie ist umstritten und anzuzweifeln, weil für Spezialeffekte noch folgende „Trickspezialisten" nicht genannt wurden: Zoltan Korda, Alexander Korda, William Cameron Menzies, Ludwig Berger und Tim Whelan.
33. Hans-Thies Lehmann: Die Traumfabrik — Mythos im Kino und Kinomythos (Besprechung einiger Kubrick-Filme), in: Karl Heinz Bohrer (Hrsg.): Mythos und Moderne, Frankfurt/Main 1983; p. 597

V. Seelenschau im deutschen Expressionismus

1. Adolf Behne, in: Ausstellungskatalog für unbekannte Architekten, Berlin 1919; unpag.
2. Rudolf Kurtz: Expressionismus und Film, Berlin 1926 (Nachdruck Zürich 1965); p. 61
3. Ebd., p. 130
4. Ebd.; p. 123
5. Ebd.; p. 62
6. Werner Jehle: Erinnerungen an Filme aus lauter Architektur, a.a.O.; pp. 8ff
7. Henri Langlois, in: Festschrift Robert Herlth, München 1965; unpag.
8. Fritz Lang über den Film der Zukunft, in: *Die Filmtechnik*, Jg. 1 (1925), Heft 2; p. 35. Ludwig Spitzer, zit. in: Lotte H. Eisner: Fritz Lang (Autobiographie), London 1976
9. zit. in: Michael Töteberg, Fritz Lang (Monographie), a.a.O.; p. 60
10. Rudolf Kurtz, a.a.O.; p. 66
11. Die Architektur der stürzenden Linien bei CALIGARI prägte einen neuen Stil, den die Franzosen bewundernd „Caligarismé" nannten.
12. Rudolf Kurtz, a.a.O.; p. 122
13. Hermann Warm, zit. nach Rudolf Kurtz, a.a.O.; p. 66. Warms Ansicht kam einem Verdikt des „absoluten Films" jedoch gleich (vgl.: Walter Ruttmann, Hans Richter, Viking Eggeling im bibliographischen Anhang des Buches)
14. Rudolf Kurtz, a.a.O.; p. 54ff
15. Zu den beiden Klassikern der deutschen Filmgeschichte zählen Siegfried Kracauers *Von Caligari zu Hitler* (org. Princeton 1947) a.a.O. und Lotte H. Eisners *Dämonische Leinwand* (org. Paris 1955), dt. hrsg. vom Kommunalen Kino, Frankfurt/ Main 1975. Die Geschichte des deutschen Stummfilms und „Filmexpressionismus" läßt sich nur schwer verstehen ohne die Thesen und Einsichten dieser beiden Filmhistoriker, die vor allem — jede/r aus einem anderen Gesichtspunkt und mit anderer Methode — die soziologischen, psychologischen bzw. ästhetischen Faktoren zum besseren Filmverständnis beleuchteten. Kracauers Augenmerk galt vor allem der Aufdeckung von autoritären (inneren) Machtstrukturen und seelischen Dispositionen des deutschen Filmpublikums im Medium des Films selbst, die Hitlers unglaublichen Machtaufstieg und Ausstrahlung ermöglichten; Eisner belegte hingegen, daß die Themen der „dämonisierten Leinwand" lange in der deutschen Literatur- und Kulturgeschichte tradiert waren. Zudem spielt die Angst der Bürgerlichen vor Umsturz und Anarchie angesichts der Nachwirkungen der gescheiterten Revolutionen von 1848 und 1918/19 und die daraus resultierenden Minderwertigkeitsgefühle und Menschenhaß eine große Rolle. Die von Kracauer und Eisner beobachtete Parallelität zwischen phantastischem Film und präfaschistischen Vorstellungen in nahezu allen „Tyrannenfilmen" entspricht aber auch den historischen Tatsachen (Attentate, Terrorgruppen, Judenhaß etc.) und einer historischen Zwangslage extremer Ideologiepositionen. So richtig die Quintessenz von Kracauers Thesen ist, daß Filmexpressionismus und politischer Extremismus nicht beziehungslos im erschlagenen Demokratieverständnis der Deutschen standen, und es bloß einer bestimmten historischen Empfänglichkeit für einen „starken Führer" bedurfte, um die Anregungen der Phantasie der Filme HOMUNCULUS, GOLEM, CALIGARI, DR. MARBUSE etc. auf fruchtbaren Boden fallen zu lassen, so fatal jedoch war die Initialzündung des Buches auf jede weitere (ästhetische) Rezeption.
16. Anonym, in: Lotte H. Eisner, Die dämonische Leinwand, a.a.O.; p. 18. Es ist diese Indifferenz, die den „expressionistischen" Film in den ersten Anfängen kennzeichnet, ein Schwanken von innerer Befindlichkeit (Traum) und äußerer Wirklichkeit (Leben), die in vielen Fällen „Entfremdung" oder „Entrüstung" verursachte. Der wahrlich „expressionistische" Film dürfte deshalb von einem Großteil des Publikums abgelehnt worden sein. Diese „Ornamentik des Wahnsinns" (Artaud) diktierte je gestiger wie in mechanischer Hinsicht sowohl den Darstellungsstil der Schauspieler (vgl. die Abb. p. 140 -147 in Lotte H. Eisners Buch) als auch Dekor und Beleuchtung (vgl. Abb. p. 148-153, ebd.).
17. Der „expressionistische" Film als Blüte der Wirtschafts- und Währungskrise ist Produkt einer in die Krise geratenen und notleidenden Gesellschaft. Hinter den Toren des Filmateliers fand der Alltag seine Spiegelung in einer Welt der Fälschungen und Täuschungen. Film wurde von Beginn an als ein Mittel der Realitätsflucht angesehen und entsprechend eingesetzt.
18. Rudolf Kurtz, a.a.O.; pp. 55ff
19. Georg Seeßlen: Kino des Utopischen. Geschichte und Mythologie des Science fiction-Films (Grundlagen des populären Films Nr. 4), Schondorf/Ammersee 1980; Reinbek/Hamburg 1980; p. 90
20. Hermann Warm: Dekorationen für den Film DAS KABINETT DES DR. CALIGARI; unveröffentlichtes Typoskript im Besitz der Stiftung Deutsche Kinemathek, Berlin
21. Georg Seeßlen: Kino des Utopischen, a.a.O.; p. 45
22. Ein Genre bzw. „Stil" entsteht, wenn eine Reihe individueller Aussagen zu einem einheitlichen und kohärenten Aussagenkodex zusammengefügt wird. Dies hängt von der geschichtlichen und ästhetischen Lage der Rezepierbarkeit des Stoffes und der Form, aber auch von psychologischen Faktoren ab. Wie eine solche explizite Überlegung tatsächlich als psychologisches Diagramm oder Panorama — womöglich in der Kollektivseele des Kinos — wahrgenommen und konstruiert wird, ist bei Kracauers *Von Caligari zu Hitler* genauer nachzulesen. Seine *psychologische Geschichte des deutschen Films* (so der Untertitel) weist überzeugend klar aus, daß die Erschütterung der deutschen Gesellschaft durch den I. Weltkrieg in den Themen, Mythen, Personifikationen und Gegenwartsbildern der Epoche ihren Niederschlag im Film fanden. Die lange Zeit von den Adepten Kracauers gern verfochtene Ansicht, daß Massenpsychose des Films auf politische Realitäten und Ereignisse übertragbar seien, ist insofern unrichtig, weil es genau umgekehrt ist: nicht die gesellschaftlichen Systeme reagie-

ren auf die im Film angeschlagenen Themen, sondern der Film nimmt gesellschaftliche Tendenzen auf bzw. paßt sich rasch entwickelten Marktströmungen an. Wieder einmal – aber unter anderen Vorzeichen – belegt das Kino, daß es sowohl politisch als auch stilistisch den großen Ideologien und Stilbewegungen nachhinkt.

23. zit. in: Jerzy Toeplitz: Geschichte des Films (Bd. 1), München 1976; p. 222
24. Wolfgang Pehnt, Die Architektur des Expressionismus, a.a.O.; p. 166
25. Lotte H. Eisner: Die dämonische Leinwand, a.a.O.; p. 174
26. Ernst Bloch: Spuren, Berlin–Frankfurt/Main 1962; p. 197
27. Fritz Langs Erinnerungen, zit. in: Charles Higham/Joel Greenberg (Hrsg.): The Celluloid Muse. Hollywoods directors speak, Chicago 1969; pp. 104-127
28. Dieter Bartetzko: Illusionen in Stein, a.a.O.; p. 246
29. Siegfried Kracauer: Von Caligari zu Hitler, a.a.O.; p. 99
30. Klaus Kreimeier: Schlafwandler. Fritz Lang und seine deutschen Filme, in: FILM–STADT–KINO–BERLIN (Ausstellungskatalog anläßlich der 750-Jahresfeier Berlins vom 23. Mai bis 30. Juni 1987), Berlin 1987; pp. 89ff
31. Frieda Grafe, et. al.: Fritz Lang (Monographie), München/Wien 1976; p. 63
32. Klaus Kreimeier, a.a.O.; p. 99
33. Dieter Bartetzko, a.a.O.; p. 244
34. vgl. auch Ernst Lubitschs DIE BERGKATZE (1919), eine Balkan-Satire mit parodistischen Architekturformen und Kostümen des Malers Ernst Stern.
35. Die gedrungene Architektur der Iwan-Episode hat bekanntlich Sergej Eisensteins formalistischen Film IVAN GROZNYI /IWAN DER SCHRECKLICHE (1944/1948) stark beeinflußt.
36. Klaus Kreimeier, a.a.O.; p. 104
37. Frieda Grafe et. al.: Fritz Lang, a.a.O.; p. 59
38. Klaus Kreimeier, a.a.O.; p. 105
39. Obwohl die belegte Wertschätzung der Nationalsozialisten zu diesem nationalen Dokument und die latente Bewunderung und Neigung zur ideologischen Gewaltherrschaft und politischen Ästhetisierung des Germanentums keinen Zweifel über die Absichten des Films erkennen lassen, ist der Film sicher kein eindeutig nationalsozialistisches Machwerk, weil er vielschichtig symbolisch und letztendlich „unpolitisch" ist, d.h. seine politische Einstellung sich nicht klar heraus lesen läßt. Seine politische Wirkungsgeschichte war jedoch fatal. Der Film kam bei den Nazis deshalb so gut an, weil dessen Ästhetik ihrer Ideologie vom Germanentum genau entsprach. Kracauer sah eine direkte funktionale Verbindung zwischen Langs NIBELUNGEN und Leni Riefenstahls eindeutig faschistischem Werk DER TRIUMPH DES WILLENS, dem offiziellen Nazifilm des NSDAP-Parteitags 1934. Seinem Geist nach ist der erste Teil von Langs Film dem Faschismus ähnlich, weil er den Heldenmut und die Aufopferung der Germanen für ihr Reich pries. Doch Lang wollte keinen reinen Propagandafilm drehen, sondern einen „Kulturfilm" schaffen; er wollte das „deutsche Heldenepos" in einer aktuellen Form bringen, aber trotzdem keine Realitätsbezüge herstellen. In einer einzigartigen Mischung von Aufnahmefähigkeit und Konfusion verfaßte Thea von Harbou ein dürftiges Drehbuch, das Lang – anstatt es zur verfilmen – architektonisch „bebilderte", was dem Stoff ohnehin entgegenkam: die Rittersage als „architektonischer" Bildroman. Daß diese Heldengeschichte ihre Hoffnung oder ihr Heil ausgerechnet im Nazimythos die schmerzhafte anti-utopische Erlösung finden sollte, dafür kann Fritz Lang nichts. Langs großer Verdienst ist vielmehr, aus einem Stoff der Vergangenheit einen mehrfach deutbaren Filmstil kreiert zu haben, der sich überraschendweise vom bisherigen Stil des „historischen Genrefilms" entfernte und sich als einzigartig in der Filmgeschichte erwies.
40. Die Architekturen sind auf ihre purifizierten elementaren Formen reduziert: Kuben, Würfel, Zylinder, Säulen, Pfeiler, Treppen, Podeste, Bögen, Gewölbe usw. Es scheint, als ob der Stein in seiner Omnipräsenz der eigentliche Erzähler des Heldenepos wäre. Selbst die Darsteller sind in diesen strengen Rahmen architektonischer und geometrischer Großformen eingefügt. Der Stein ist integraler Bestandteil der Umwelt der Nibelungen. Die zu Fels erstarrte Mimik der Darsteller und die nur scheinbar unzerstörbare Härte und Macht der Steinarchitektur ergänzen sich zu einer eindringlichen Gestalt und Ästhetik, die bereits die kommende Form von totaler Herrschaft und Gewalt impliziert. Hauptsächlich deswegen hat Langs Film überhaupt politische Dimensionen angenommen. So sehr Lang später den Faschismus bekämpfte (HANGMEN ALSO DIE), so war seine Einstellung damals – objektiv gesehen – gar nicht so weit davon entfernt. In Filmen wie „M" oder DR. MAR-BUSE oder METROPOLIS relativieren sich die unterschiedlichsten Motivationen und Absichten gegenseitig.
41. vgl. P. Ickes, in: Die Filmwoche 3/1927; zit. nach: Jerzy Toeplitz: Geschichte des Films (Bd. 1), a.a.O.; p. 426
42. Es scheint, als hätte der dekorative Stil in den NIBELUNGEN eine vielfältige Bedeutung: das Dekorative erscheint nicht nur als Selbstzweck, sondern schlägt sich auch in den handelnden Personen nieder. Die Figuren in ihren starren Ansichten und ihrem teleologischen Verhalten wirken „versteinert". Stein versinnbildlicht als „stimmungsvoller" Erzähler die fatale Schicksalshaftigkeit des Geschehens. Ein Beispiel für die steinerne Mimik und Monumentalität der Menschen ist die Konfrontation der beiden Königinnen Kriemhild und Brunhild auf der gigantischen, steinernen Freitreppe des Doms zu Worms. Die Wirkung dieser Szene läßt sich einer zeitgenössischen Kritik entnehmen: „Diese ungeheure Stiege, die die ganze Bildfläche bis zum Rand füllt, scheint zum symbolischen Schauplatz des Lebens überhaupt zu werden, wo jedes Oben und Unten die wuchtige Bedeutung eines Gleichnisses bekommt und das Auf und Nieder zum unmittelbaren Bildwerden des inneren Steigens und Stürzens wird und als die bewegte Fieberkurve des Schicksals erscheint." (zit. in: Sonderheft Filmwoche, Nr. 7/1924). Ebenso bezeichnend für DIE NIBELUNGEN ist die Menschenarchitektur, das leblose Posieren. In einigen – inzwischen berühmten und oft zitierten – Szenen (Landung Brunhilds, Schatztruhe Alberichs) wird der Mensch nicht nur als wesenloser Teil einer monumentalen Geometrie variiert, sondern sein Schicksal wird in Architektur präfiguriert. Grundthema ist, daß die Helden der Sage an ihr Schicksal gekettet sind und durch ihre Architektur verewigt werden. Vgl. die Thesen von: Dieter Bartetzko: Illusionen in Stein, a.a.O.
43. Michael Töteberg: Fritz Lang, a.a.O.; p. 48
44. Eric Rohmer, zit. in: Frieda Grafe: Fritz Lang, a.a.O.; p. 91
45. Erich Kettelhut: Erinnerungen. Unveröffentlichtes Typoskript der Stiftung Deutsche Kinemathek, Berlin
46. Lotte H. Eisner: Die dämonische Leinwand, a.a.O.; vgl. pp. 91ff, 163, 227ff
47. Programmheft zu DIE NIBELUNGEN (1924)
48. Siegfried Kracauer: Von Caligari zu Hitler, a.a.O.; p. 122
49. vgl. Dieter Bartetzko: Studien zu Stimmungsarchitekturen des Dritten Reiches

50. vgl. H(einrich) de Fries: Raumgestaltung im Film, in: Wasmuths Monatshefte für Baukunst, 3–4/1920-21; pp. 63ff
51. Rudolf Kurtz, a.a.O.; p. 78
52. Ebd.; p. 75
53. H(einrich) de Fries, Raumgestaltung im Film, a.a.O.; pp. 79ff
54. Paul Westheim: Eine Filmstadt von Hans Poelzig, in: *Das Kunstblatt;* IV. Jg. (1920); pp. 325ff
55. Ebd.
56. Siegfried Kracauer: Wiedersehen mit alten Filmen. Der expressionistische Film, in: *Basler National-Zeitung* vom 2. Mai 1939; zit. in: Von Caligari zu Hitler, a.a.O.; pp. 579ff
57. Paul Westheim, a.a.O.
58. Ebd.
59. Wolfgang Pehnt: Die Architektur des Expressionismus, a.a.O.; p. 163
60. Ebd.; p. 167
61. Brief Tauts an Karl-Ernst Osthaus vom 2. August 1919; zit. in: Iain Boyd-Whyte: Bruno Taut – Baumeister einer neuen Welt, Stuttgart 1981; p. 124
62. Wolfgang Pehnt: Der Anfang der Bescheidenheit. Kritische Aufsätze zur Architektur des 20. Jahrhunderts, München 1983 (Kap. „Kino der Seele: Literatur, Architektur und Stummfilm"); p. 70
63. zit. nach: Kai Möller: Paul Wegener (Biographie), Hamburg 1954
64. Iain Boyd-Whyte: Bruno Taut, a.a.O.; p. 124
65. Ebd.; p. 124
66. Wolfgang Pehnt: Die Architektur des Expressionismus, a.a.O.; p. 163ff
67. Georg Seeßlen/Claudius Weil: Kino des Phantastischen. Geschichte und Mythologie des Horrorfilms (Grundlagen des populären Films, Nr. 2) Schondorf/Ammersee 1979; Taschenbuchausgabe: Reinbek/Hamburg 1980; p. 53
68. Ebd.; p. 52
69. Friedrich von Zglinicki: Die Wiege der Traumfabrik. Von Guckkasten, Zauberscheiben und bewegten Bildern bis zur UFA in Berlin, Berlin 1986; p. 109
70. Ulrich Gregor/Enno Patalas: Geschichte des Films (Bd. 1), a.a.O.; p. 56
71. Michael Esser: Räume in Bewegung. Einige Hinweise zur Architektur des deutschen Stummfilms, in: Berlin 1900–1933 – Architektur und Design (Ausstellungskatalog des Cooper-Hewitt Museums New York, veranstaltet vom Internationalen Design Zentrum e.V. Berlin) 7. März bis 26. April 1987; p. 176
72. Eric Rohmer: L'organisation de l'espace dans le ‚FAUST' de Murnau, Paris 1977
73. Siegfried Kracauer: Von Caligari zu Hitler, a.a.O. In Anspielung zu Rudolf Kurtz' Bemerkung: „Das Licht hat den expressionistischen Filmen die Seele eingehaucht." (p. 60). Kracauer behauptet das Gegenteil: „Die Seele ist in jenen Filmen die eigentliche Quelle des Lichtes." (p. 82)
74. zit. nach Friedrich Ott: The Films of Fritz Lang, Secaucus 1979
75. Carl Hoffmann: Camera Problems, in: *Close Up,* V/Nr. 1 (July 1929) Territet (Schweiz); pp. 29-31; (Interview mit Oswell Blakeston)
76. Robert Herlth: Filmarchitektur, München 1965; unpag.
77. Lotte H. Eisner: Die dämonische Leinwand (Neuauflage), a.a.O.; p. 281
78. zit. nach B. C. Chrisler: The friendly Mr. Freund, in: *New York Times* vom 21. November 1937, in: Kracauer: Von Caligari zu Hitler, a.a.O.; p. 303
79. Robert Herlth, a.a.O.
80. Ebd.

VI. Screen Déco – Dream Design

1. Reinhard Kloos/Thomas Reuter: Körperbilder. Menschenornamente in Revuetheater und Revuefilm, Frankfurt/Main 1980; p. 62
2. Ebd.; p. 62
3. Ebd.; p. 79
4. zit. nach: Busby Berkeley, eine Dokumentation, hrsg. vom Filmpodium Zürich (o.J.); p. 18
5. Ebd.
6. Ebd.; p. 11
7. Ebd.; pp. 14ff
8. Siegfried Kracauer, in: *Frankfurter Zeitung* vom 4. März 1926; zit. in: Ornament und Masse, Frankfurt/Main 1963; pp. 311ff
9. Susan Sontag: Styles of Radical Will (Gesammelte Aufsätze), New York 1969

VII. Metropolis als Filmkulisse

1. vgl. Richard W. Rummell: Future New York is preeminetly the City of Skyscrapers, in: *King's Views of New York* (1911)
2. Tomas Brandlmeier: Filmkomiker, Frankfurt/Main 1983
3. Direkte Vorbilder für das amerikanische Hochhaus jener Zeit fanden sich reichlich in der Geschichte. Neben der Turmform (Campanile) bildete sich die Zikkuratform der meso-babylonischen Kultur und die Stufenpyramidenform der Maya und Azteken aus.
4. In ungemein wirkungsvollen und pathetischen Zeichnungen, teils abstrakt und teils gegenständlich, illustrierte der Vedutenmaler Hugh Ferriss (1889–1962) die Entwurfsphasen eines Hochhauses gemäß des 1916 neu erstellten New Yorker Zonengesetzes der Bauhöhenabstufung und Verbauungsbestimmungen. In seinen mehr von wirtschaftlichen als von künstlerisch-idealistischen Aspekten bestimmten Studienblättern stellte er das größte Gebäude dar, das theoretisch gerade noch unter Befolgung und Anwendung der Baugesetze gebaut hätte werden können bzw. dürfen. Somit wäre jedes abgestufte Gebäude erlaubt, das innerhalb dieses Leergerüstes Platz fände. Der Architekt brauchte nur jeweils in Ferriss' vorgegebene Hülle die terrassierten Geschoße einzufügen. Kein Wunder, daß der praktische Zweck dieser „Konstruktionszeichnungen" nirgendwo besser erkannt wurde als in New Yorker Architektenkreisen, und gerade dieses „Bild" vom mythischen Tempel des Kapitals prägte fortan das Bewußtsein der Künstler ebenso wie das des Publikums. Ferriss bezog sich sicher bei seinen

Wolkenkratzervisionen durch emphatische Überhöhung im Halbdunkel bewußt auf die archäologischen (klassischen) Rekonstruktionen antiker Städte (Jerusalem, Babylon, Rom etc.).

5. Besonders muß in diesem Zusammenhang das *Flatiron-Building* (1902) mit seinen zwanzig Stockwerken und das viel berühmtere *Singer-Gebäude* (1907) auf die avantgardistischen Künstler einen außerordentlich großen Eindruck gemacht haben, denn beide sind des öfteren in Werken zitiert. So findet man Referenzen an beide Bauten in den Werken von Stuart Davis, Charles Scheeler, Georgia O'Keefe, Alfred Stieglitz, Joseph Stella, Charles Demuth, Lynolel Feininger, E. Hopper.
6. Zur Einführung in diese Problematik sei verwiesen auf Anthony Sutcliffe: Towards the Planned City; Germany, Britain, The United States and France 1780−1914, Oxford 1981
7. Sheeler und Strand benutzten für die Zwischentitel des Films zwei Gedichte Whitmans: neben *Manahatta* auch *City of Ships* (beide 1865 entstanden und im Gedichtband *Leaves of Grass* aufgenommen).
8. Hierzu: Dickran Tashjian: Skyscraper Primitives. Dada and the American Avant-Garde 1910−1925, Middleton (Conn.) 1975; p. 222; (Wesleyan University Press) und Lewis Jacobs: The Rise of the American Film. A Critical History, Supplement-Experimental Cinema in America, New York 1968 (Neuauflage); p. 545
9. Es mag eigentlich verwundern, daß die vielleicht früheste nachhaltig negative Besetzung des Mythos Zukunftstadt ebenfalls von einem Österreicher stammt: Alfred Kubins einziger (Bilder-)Roman: *die andere seite* (1908/09) − übrigens von Johannes Schaaf verfilmt: TRAUMSTADT (1973) − ein expressionistischer Entwurf einer negativen Idylle.
10. Fritz Lang: Was ich in Amerika sah, in: *Film-Kurier* (11.−17. Dezember) Berlin 1924
11. Fritz Lang (Interview): La nuit viennoise. Une confession de Fritz Lang (Fortsetzung) in *Cahiers du cinéma*, Nr. 179, (Juni) Paris 1966
12. Frieda Grafe: Fritz Lang, a.a.O.; p. 63
13. Die Ausführungen folgen hauptsächlich dem ausgezeichneten Aufsatz von Giusi Rapisardai: Die Stadt und ihr Doppelgänger: Von ,Metropolis' zu ,King Kong' (1976), dem manche Stellen wörtlich entnommen sind. Vgl. Literaturauswahl
14. Hans Scheugl: Sexualität und Neurose im Film − Die Kinomythen von Griffith bis Warhol, München 1974
15. Im übrigen handelt es sich bei KING KONG (1932) im weitesten Sinne auch um einen „ethnologisch" inspirierten Film, denn der Mensch erscheint in diesem Film als Natur- und Völkerforscher in einem dunklen Kontinent, um dessen Sitten und Gebräuche zu studieren.
16. Lewis Jacobs: The Rise of the American Film, a.a.O.; p. 456
17. vgl. die wegweisende Dokumentation des Phänomens „Manhattanism" von Rem Koolhaas: Delirious New York. A Retrospective Manifesto for Manhattan, New York 1978
18. Reinhard Kloos/Thomas Reuter: Körperbilder. a.a.O.; p. 95
19. Georg Seeßlen: Der Asphalt-Dschungel. Geschichte und Mythologie des Gangster-Films (Grundlagen des populären Films, Nr. 3), Schondorf/Ammensee 1977 (Taschenbuchausgabe: Reinbek/Hamburg 1980); p. 182
20. Ulrich Gregor/Enno Patalas: Geschichte des Films (Bd. 2); a.a.O.; p. 444
21. Diese Hinweise und Angaben entnehme ich dem Buch von Frieda Grafe: Fritz Lang, a.a.O., da ich selbst die beiden Filme THE BIG HEAT und WHILE THE CITY SLEEPS bis jetzt nicht sehen konnte.
22. vgl. *Illustrierter Film-Kurier* (März-Folge/1950); *Mein Film* (Programmheft) 17. März 1950 und *Filmkunst*, Zeitschrift für Filmkultur und Filmwissenschaft 2/1950
23. zit. in: Hans Scheugl/Ernst Schmidt Jr.: Eine Subgeschichte des Films (Bd. 2), a.a.O.; p. 1037
24. Roger Caillos: Le mythe et l'homme, Paris 1972; pp. 150ff; zit nach: Karl-Heinz Bohrer (Hrsg.): Mythos und Moderne, Frankfurt/Main 1983; p. 586

VIII. Mystische und phantastische Raumerfahrungen

1. Georg Seeßlen: Kino des Utopischen. , a.a.O.; p. 85
2. Ulrich Gregor/Enno Patalas: Geschichte des Films (Bd. 1), a.a.O.; p. 14
3. Peter Weiss: Avantgarde Film (1955), in: *Rapporte*, Frankfurt/Main 1968, zit. in: Hans Scheugl/Ernst Schmidt Jr.: Eine Subgeschichte des Films (Bd. 2), a.a.O.; p. 716
4. Lotte H. Eisner: Heinz Friedrich, in: *Film Rundfunk Fernsehen*, München 1958
5. Georg Seeßlen: Kino des Utopischen., a.a.O.; p. 87
6. zit. nach Adolf Loos: L'Inhumaine, eine Filmbesprechung, in: *Neue Freie Presse* (Wien), 29. Juli 1924; p. 9
7. zit. in: Ulrich Gregor/Enno Patalas: Geschichte des Films (Bd. 1), a.a.O.; p. 70
8. Marcel L'Herbier mobilisierte die repräsentativsten Vertreter der französischen Avantgarde; zu der illustren Reihe seiner Mitarbeiter gehörten: **Jacques Catelain, Georgette Leblanc**, die **Muse Maeterlincks** (Operndiva) spielte; das bekannte Pariser Modell **Kiki** ist in einer kurzen Atelierszene zu sehen; **Darius Milhaud**, Mitglied des *Clubs des Amis du Septiéme Art*, komponierte die Begleitmusik; **Pierre MacOrlan** schrieb das Drehbuch; die modernen Architekten **Robert Mallet-Stevens**, **Alberto Cavalcanti** bzw. der kubistische Maler **Fernand Léger** und der junge Dekorateur **Claude Autant-Lara** statteten die Bühnenrequisiten aus; **Paul Poiret** entwarf die exquisiten Kostüme; **Francis Jourdain** gestaltete mit Lalique, Puiforcat und **Jean Luce** Möbel und Objekte; **Jan Martel** war der Bildhauer und **Prouvé** führte Glasfenster und Türdekorationen aus. Doch der design-ambitionierte „Kunstfilm" wurde ein großer Mißerfolg.
9. vgl. Adolf Loos, a.a.O.; p. 9
10. Marcel L'Herbier, zit in: Jaques Catelain presente Marcel L'Herbier (hrsg. von Jacques Vautrain), Paris 1950/Neuauflage: Paris 1979
11. Film vereinigt nach der Theorie von Ricciotto Canudo als „siebente Kunst" alle anderen Künste in sich. Die Entdeckung der „filmischen Sprache" gelangte durch die Schriften der von Canudo gegründeten Gesellschaft *Club des Amis du Septiéme* Art zur Bedeutung. Die rhythmisch-optische Sprache des Films entsprach der genauen Grammatik einer Partitur. „Man entdeckte den Begriff ,filmisch' für die visuelle Sprache des Films und verglich den Rhythmus der Filmbilder mit jenem der Musik." (Hans Scheugl/Ernst Schmidt Jr., a.a.O.). Marcel L'Herbier, der im Gegensatz zu Canudo auch selbst Filme herstellte, hatte mit dieser Vorgangsweise zwei Ziele im Auge, die er mit der gesamten Avantgarde seiner Zeit teilte: nämlich erstens, aus dem Film eine anerkannte und legitime Kunst zu machen und ihn mit den etablierten Künsten zumindest gleichzustellen; zweitens war ihm daran gelegen, die Begegnung verschiedener Ausdrucksmittel und Metiers in der Filmproduktion anzuregen und sie nach einer in ihrer Substanz „musikalischen" Struktur zu orchestrieren. So ist weder das Dekor

noch die Musik Beiwerk, sondern beide sind integrale Bestandteile des Films und spielen in der architektonischen Anlage der Handlung eine wesentlich größere Rolle als das Skript selbst. Das Drehbuch wurde von Kritikern und Publikum gleichermaßen bemängelt, aber seine Tendenz lag woanders: „Ich habe darauf plastische Akkorde aufgebaut. (. . .) Nicht der Ablauf der Ereignisse, sondern die Vertikale, die plastische Harmonie war für mich wesentlich." (M. L'Herbier, a.a.O.)

12. Henri Langlois, in: B. Amengual: Rapports entre le cinéma la litterature et les arts en France dan les années vingt, *Les Cahiers de la Cinémathèque*, nn. 33-34, 1981 (Paris); pp. 161-168
13. Ulrich Gregor/Enno Patalas: Geschichte des Films (Bd. 1), a.a.O.; pp. 69ff
14. Georg Seeßlen: Kino des Utopischen, a.a.O.; p. 98
15. Siegfried Kracauer: Rezension in der *Frankfurter Zeitung* vom 9. September 1929; zit. in: Von Caligari…, a.a.O.; p.414
16. Paul Rotha: *Celluloid*, pp. 232; zit. nach: Siegfried Kracauer, a.a.O.; p. 160
17. Siegfried Kracauer: Rezension in der *Frankfurter Zeitung* vom 28. Dezember 1932, a.a.O.; p. 556
18. Frieda Grafe: Fritz Lang (Monographie), a.a.O.; p. 51
19. Georg Seeßlen: Kino des Utopischen, a.a.O.; p. 101
20. Dies geschah bei Revuefilmen, wo es von glitzernden Art Déco-Fontänen, Swimming Pools, freischwingenden Treppen und glänzenden Studiofußböden nur so wimmelte.
21. Cervin Robinson: Wie wird man ein erfolgreicher Visionär?, in: *archithese* Nr. 18/1976 (Niederteuffen); p. 11
22. Georg Seeßlen: Kino des Utopischen, a.a.O.; p. 112
23. Einige der neueren Produktionen dieser Art sind MODESTY BLAISE (1966), das weibliche Gegenstück zu JAMES BOND, BARBARELLA (1968), das lustbetonte weibliche Wesen aus dem Jahre 40.000, eine erotische Comic-Figur des Franzosen J. C. Forest, und BATMAN HÄLT DIE WELT ATEM (1966).
24. Wolfram Knorr: Leben in der Nautilus. Architekturmodelle in den SF-Filmen, in: *Cinéma* 4/81 (Zürich); p. 58
25. Scott MacGregor, in: Terence St. John Marner (Hrsg.): Filmdesign (org. New York/London 1974); dt. Ausgabe: Hanau 1980; pp. 123ff
26. Bei SF-Raumgestaltungen der 50er Jahre ist das ausdrücklich bemerkbar. Die „ganz modernen" SF-Filme wie FORBIDDEN PLANET (1956), THE WAR OF THE WORLDS (1953) und „1984" (1956) zeigen – weil sie die futuristische Ästhetik auf die Spitze getrieben haben – Zeitgeschmack und Lebensgefühl umso greifbarer. Die vernünftige Ästhetik der „Neuen Sachlichkeit" der 30er Jahre war nach dem Krieg nicht mehr möglich; genauso wenig seine schwerblütige Alternative, die repräsentative Bürgereinrichtung, deren neoklassizistische Attitüde jahrzehntelang als „Nazi-Geschmack" verpönt war, so blieb nur der *Stile novo* des (italienischen) Design der 50er Jahre als Ausgangspunkt übrig. Sie erschien am „futuristischsten".
27. Herbert Linder, in: *Filmkritik* Nr. 10/1965
28. Georg Seeßlen: Kino des Utopischen, a.a.O.; p. 217
29. Wolfram Knorr: Leben in der Nautilus, a.a.O.; pp. 60ff
30. Georg Seeßlen: Kino des Utopischen, a.a.O.; pp. 225ff
31. Vera Schitowa: Andrej Tarkowskij – Solaris, in: *Kino* Nr. 15, Berlin 1974
32. Andrej Tarkowskij (Retrospektive), in: *Stadtkino* (Hrsg.): Programm Nr. 20 (14. bis 18. November 1982)
33. Wolfram Knorr: Leben in der Nautilus, a.a.O.; pp. 61ff
34. Ebd., p. 50
35. Ebd., pp. 63ff
36. vgl. Susan Sontag: The Imagination of Disaster, in: *Commentary*, Nr. 4 (October) New York 1965

Ausgewählte Bibliographie

Agel, Jerome K.: The Making of Kubrick's 2001, New York 1970 (Ballentine Books)

Albrecht, Donald: Designing Dreams; Modern Architecture in the Movies, New York 1986 (Harper & Row)

Albrecht, Gerd: Film im Dritten Reich, Karlsruhe 1979 (Woku Verlag)

Anon: The Architecture of Motion Picture Settings, in: The American Architect, Nr. 118 (7. July 1920); pp 1-5

Anon: Fassadenkultur und Materialfilm, in: Berliner Reichsfilmblatt, 19. März 1927

Anon: L'arredamento moderno nel cinema, in: La Casa Bella 11 (November 1932); pp. 32-41

Appelbaum, Stanley: The Hollywood Musical. A picture quiz book, New York 1974 (Dover)

Appelbaum, Stanley: Silent Movies. A picture quiz book, New York 1974 (Dover)

Applegate, Judith: Paul Nelson (Interview und Biographie), in: Perspecta, vol. 13/14 (hrsg. Yale University), New Haven 1974; pp. 74-129

Arnheim, Rudolf: Film als Kunst, München 1974

Bablet Denis: The Revolutions of Stage Design in the 20th Century, Paris/New York 1977 (Léon Amiel)

Balász, Béla: Der Geist des Films, Frankfurt/Main 1972 (mit einer Einleitung von Harmut Bitomsky)

Balasz, Béla: Der Film. Werden und Wesen einer neuen Kunst (Gesammelte Schriften aus: *Der sichtbare Mensch oder die Kultur des Films, Der Geist des Films* u.a.); Wien 1972 (Globus Verlag)

Bandini, Baldo: Le Scenografo Lazare Meerson, in: Cinema (November 1941); pp. 316-318

Bardèche, Maurice/Brasillach, Robert (Hrsg.): Historie du cinéma (1935), Paris 1953 (André Martel)

Barlow, John D.: German Expressionist Film, Boston 1982 (Twayne)

Barry, Iris: D. W. Griffith – American Film Master, New York 1965 (Museum of Modern Art)

Barsacq, Léon: Le Décor de Film (org. Paris 1970); Caligari's Cabinet and other Grand Illusions: A History of Film Design (Vorwort von René Clair), Boston 1976 (Little, Brown & Co.)

Bartetzko, Dieter: Illusionen in Stein. Stimmungsarchitektur im dt. Faschismus. Ihre Vorgeschichte in Theater- und Film-Bauten, Reinbek/Hamburg 1985 (Rowohlt Taschenbuch Verlag)

Battersby, Martin: The Decorative Twenties, London 1969 (Studio Vista)

Battersby, Martin: The Decorative Thirties, London 1971 (Studio Vista)

Bergmann, Andrew: We're in the Money. Depression America and its Films, New York 1971 (New York University Press)

A Tribute zu Busby Berkeley (Hrsg. von Gallery of Modern Art), New York 1965

Berkeley Busby, 1895-1976; Eine Dokumentation hrsg. vom Filmpodium der Stadt Zürich, o.J.

Berkeley, Busby/Cantor, Eddie: Vom Revuefilm zum Filmmusical (Retrospektive anläßlich der 21. Internationalen Filmfestspiele) Berlin 1971

Berlin 1900-1933: Architecture and Design, New York/Berlin 1987; bes. Michael Esser: Räume in Bewegung. Einige Hinweise zur Architektur des deutschen Stummfilms, pp. 169-183

Berthold, Margot (Hrsg.): Max Reinhardts Theater im Film, München 1983 (Ulrich Kurowski et. al.)

Bourget, Jean-Loup: Le cinéma américain 1895-1980, Paris 1983 (Presses Universitaires de France)

Brennicke, Ilona/Hembus, Joe: Klassiker des deutschen Stummfilms 1910-1930, München 1983 (Heyne Verlag)

Brosnan, John: Movie Magic. The story of special effects in the cinema, New York 1974/1976 (Mac Donald Publishers)

Brownlow, Kevin/Korbal, John: Hollywood. The Pioneers, New York 1979 (Alfred Knopf); More than meets the eye – salute to the *art director*; pp. 240-247

Bruch, Noël: Marcel L'Herbier, cinéma d'aujourd'hui, Paris 1973 (Éditions Seghers)

Buache, Freddy: Le cinema allemand, Renens (Schweiz) 1984 (Hatier)

Budd, F.: Retrospective Narration in Film; Re-Reading 'The Cabinet of Dr. Caligari', in: Film Criticism IV/1 (Fall 1979); pp. 35-43

Buñuel, Luis: Mein letzter Seufzer, Königstein/Taunus 1983, Frankfurt/Berlin/Wien 1985

Byrne, Richard B.: Films of Tyranny. Short Analyses of Dr. Caligari, Golem, Nosferatu. Madison 1966 (University of Wisconsin Press)

Caligari und Caligarisme (Hrsg. von den Freunden der deutschen Kinematek) Berlin 1970

Canosa, Michele (Hrsg.): Marcel L'Herbier (Publikation anläßlich einer Gesamtretrospektive: XIV Mostra Internazionale del Cinema Libero di Porretta Terme/Cineteca Comunale Bologna), Parma 1985 (Pratiche Editrice)

Carrick, Edward: Moving Picture Sets: A Medium for the Architect, in: Architectural Record 67 (May 1930); pp. 440-444

Carrick, Edward: Art and Design in the British Film. A Pictorial Directory of British Art Directors and Their Work, London 1948 (Dennis Dobson Publishers)

Carrick, Edward: Designing for Films. London/New York 1949 (Studio Publications)

Catelain, Jaques/L'Herbier, Marcel: Les Grands createurs de films, Paris 1950 (Éditions Jacques Vautrain)

Cavalcanti, Alberto: Filmarchitektur – Dekorateur og virkelighed (Det Danske Filmmuseum) Kopenhagen 1950; pp. 15ff

Cheney, Sheldon: The theatre in the „machine' age, in: Theatre Arts, Nr. 10 (August 1926); pp. 504-505 (Rezension über Robert Mallet-Stevens, Ernst de Weerth, H. T. Wijdeveld u.a.)

Cincotti, Guido/Marchi, Virgilio/Montesanti, Fausto: La Scenografia Cinematografica in Italia, Bianco e nero, Rom 1955

Clark, John: Expressionism in Film and Architecture, in: Art Journal 34 (Winter 1974/75); pp. 115-122

Corliss, Mary/Clarens, Carlos: Designed for Film (Ausstellungskatalog Museum of Modern Art) New York 1978

Corliss, Mary/Clarens, Carlos: Designed for Film, The Hollywood Art Director, in: Film Comment 14 (May-June 1978); pp. 25-60

Cossart, Axel von: Kino-Theater des Expressionismus; das literarische Resümee einer Besonderheit (Bd. 1), Essen 1985 (Theater, Film und Fersehen-Schriften in der Reihe „Blaue Eule")

Courtade, Francis: Cinema expressioniste, Paris 1984 (Henry Veyrier)

Dalton, Susan/Fleckner, Maxine: Film follows form, hrsg. vom Wisconsin Center for Film & Theater Research, Madison, University of Wisconsin, o.J.

De Groot, Michael: Dem Alltag entwischen; Filme zum Thema Stadt und Utopie, in: Stadt und Utopie – Modelle idealer Gemeinschaften (Ausstellungskatalog des Neuen Berliner Kunstvereins) vom 22. Oktober bis 28. November 1982, Berlin 1982 (Fröhlich & Kaufmann); pp. 161-175

Der dramatische Raum – Hans Poelzig, Malerei und Film (hrsg. vom Museum Haus Lange/Haus Esters) Krefeld (5. Oktober – 7. Dezember 1986); pp. 110-124

Disegni Antichi, Architettura, Scenografia Ornamenti (Ausstellungskatalog der Galleria Arco Farnese, Roma), Milano 1978 (Electa)

Dreier, Hans: Designing Film-Sets, in: Nancy Naumberg (Hrsg.): We Make the Movies, New York 1937 (W. W. Norton); pp.80ff

Dürrenmatt, Dieter: Fritz Lang, Leben und Werk, Basel 1982

Eisner, Lotte H.: L'Écran Démoniaque (org. Paris 1952); Die dämonische Leinwand, dt. Wiesbaden-Biebrich 1955; Neuauflage: Frankfurt/Main 1975 (Deutsches Filmmuseum)

Eisenstein, S. M.: Risunki-Dessins-Drawings, Moskau 1961 (Verlag Iskusstwo)

Eisler, Max: Oskar Strnad, Wien 1936 (Verlag Gerlach & Wiedling)

Encyclopedia Britannica, 14th ed. Vol. 15 (1929-1973) s.v. „Motion Picture" Sets, Decoration (Cederic Gibbons); p. 910

Exposition commémorative du centenaire de Georges Méliès (Ausstellungskatalog anläßlich einer Retrospektive in: Cinéma-thèque Française), hrsg. vom Musée des Arts Décoratifs, Paris 1961

Färber, Helmut: Baukunst und Film, aus der Geschichte des Sehens, München 1977 (Selbstverlag)

Fell, John: A History of Films, New York/Chicago 1979 (Holt, Rinehart & Winston)

Fellini, Federico: Zeichnungen (Hrsg. Deutsches Filmmuseum) Frankfurt/Main 1984

Filmlexicon degli autori e delle opere, Bianco e nero, Rome 1958

Film-Stadt-Kino-Berlin (hrsg. von Uta Berg-Ganschow und Wolfgang Jacobsen), Ausstellungskatalog Berlin (23. Mai – 30. Juni 1987) (Argon Verlag); bes. darin: Fritz Lang, Der Schlafwandler, pp. 89 ff

Film und Filmkunst in der UdSSR 1917-1928 (Typoskript eines 1928 erschienen, bisher noch nicht identifizierten Artikels, im Besitz des Österreichischen Filmmuseums; Sig. Nr. 4639 LU1/59 in der Bibliothek ebd.)

Fleischmann, Benno: Max Reinhardt, Wien 1948 (Paul Neff Verlag)

Fries, Heinrich de: Raumgestaltung im Film, in: Wasmuths Monatshefte für Baukunst, V. Jg., Heft 3/4, 1920/21; pp. 69ff

Gain, André: Le Cinéma et les arts décoratifs, in: Amour de l'Art (September 1928); pp. 321-330

Gebhard, David/Breton, Harriette von: Kem Weber – The Moderne in Southern California 1920 Through 1941 (Katalog, hrsg. von The Art Galleries, UC-Santa Barbara), Santa Barbara 1969; pp. 31f

Gianetti, Louis: Understanding Movies (1972), Englewood Cliffs (NJ) 1982 (Prentice-Hall)

Gibbons, Cedric: The Art Director, in: Stephen Watts (Hrsg.): Behind the Screens, How Films are Made, London 1938 (Arthur Barker)

Giovanetti, Eugenio: Architettura cinematographica di Giuseppe Capponi, in: Architettura (Juli 1933); pp. 424-428

Grafe, Frieda (et. al.): Fritz Lang (Monographie), München 1976 (Hanser)

Gregor, Ulrich/Patalas, Enno: Geschichte des Films (4 Bde.), org. Gütersloh 1962 (Neue Taschenbuchausgabe: Reinbeck/Hamburg 1976)

Greissenegger, Walter: Überlegungen zur Geschichte der Filmarchitektur, in: Filmkunst, Nr. 96/1982

Gunn, James: Alternate Worlds. The illustrated history of Science Fiction, Englewood Cliffs (New Jersey) 1975 (Prentice-Hall)

Hahn, Hans-Joachim: Die Arbeit des Architekten (Typoskript im Besitz der Stiftung Deutsche Kinematek, Berlin) o.J.

Hambley, John/Downing, Patrick: The Art of Hollywood. Fifty Years of Art Direction, London 1979 (Katalog des Victoria & Albert Museum), Thames TV-Publishers

Hammond, Paul: Marvellous Méliès, New York 1975 (St. Martin's Press)

Harryhausen, Ray: Film Fantasy Scrapbook, South Brunswick/New York/London 1973

Herkt, Günther: Das Tonfilmtheater. Das Handbuch für Architekten, Deutsche Bauzeitung, Berlin 1931

Herlth, Robert: Filmarchitektur (Ausstellungskatalog hrsg. vom Deutschen Institut für Film und Fernsehen), München 1965

Herlth, Robert: Vortrag vor dem Club deutscher Filmjournalisten am 22. Februar 1951, in: Wolfgang Längsfeld (Hrsg.): Fest-schrift zum Tode von Robert Herlth: Filmarchitektur, a.a.O.

Hommage à Marcel L'Herbier (Katalog zur Retrospektive), Paris 1975 (Centré National de la Cinématographie)

Hull, David Steward: Film in the Third Reich. Art and Propaganda in Nazi-Germany, New York 1973 (Simon & Schuster)

Huss, Roy/Ross, T. J.: Focus On The Horror Film, Englewood Cliffs (NJ) 1972 (Prentice-Hall, Spectrum Book)

International Directory of Cinematographers: Set and Costume Designers in Film (Hrsg.: K. G. Saur/Eberhard Spiess), London /New York 1982 ff (FIFA-Publications)

Ivanov, Vjacelav Vsevolodivic: S. Eisenstein's Montage of Hieroglyphic Signs, in: Marshall Blonsky (Hrsg.): On Signs, a semio-tics reader, Oxford 1985 (Basil Blackwell Publishing); pp. 221-235

Jacobs, Lewis: The Rise of the American Film: A Critical History, Neuauflage: New York 1968 (Teachers College Press)

Jäger, Klaus (Hrsg.): Cinema Muet (hrsg. vom Filminstitut Darmstadt) Die Pioniere – die erste Avantgarde (Teil 1); p. 89ff; Schriften des Filmforums der Volkshochschule Düsseldorf, o.J.

Jehle, Werner: Architektur im Film, in: Cinéma 4/1981, Zürich

Johnson, William (Hrsg.): Focus on the Science Fiction Film, Englewood Cliffs (NJ) 1972 (Prentice-Hall, Spectrum Book)

Jourdan, Robert: Le Style Clair-Meerson, in: La Revue du cinéma, Paris 1931, pp. 32-33

Kaul, Walter: Schöpferische Filmarchitektur, Die Epoche der expressionistischen Lichtspielkunst, in: Deutsche Kinemathek. Berlin 1971, pp. 49-54

Kettelhut, Erich: Unveröffentlichtes Typoskript im Archiv der Stiftung Deutsche Kinemathek, Berlin

Kloos, Reinhard/Reuter, Thomas: Körperbilder – Menschenornamente in Revuetheater und Revuefilm, Frankfurt/Main 1980 (Syndikat Autoren-Verlag)

Kobal, John (Hrsg.): Great Film Stills of the German Silent Era (mit einem Essay von Lotte H. Eisner), New York 1987 (Dover Publications)

Korda, Vincent: The Artist and the Film (Interview), in: Sight & Sound (Spring 1934); pp. 13-15

Kracauer, Siegfried: Das Ornament der Masse, Frankfurt/Main 1963/1977 (edition suhrkamp)

Kracauer, Siegfried: Von Caligari zu Hitler (org. 1947) (Princeton University Press); dt. Frankfurt/Main 1984 (Neuauflage und Nachwort von Karsten Witte) (edition suhrkamp)

Krautz, Alfred (Hrsg.): Szenen- und Kostümbildner 1946-1976 der DEFA, in: Theorie und Praxis des Films, Sonderheft 11/76 der Betriebsakademie der DDR, Ostberlin 1976

Künstler, Gustav: Der Film als Erlebnis, Über das bewegte Bild und über seinen Sinn, Wien 1960 (Bergland Verlag), bes. darin pp. 63-70; 114ff

Kurtz, Rudolf: Expressionismus und Film (org. 1926), Neudruck: Zürich 1965 (Verlag Hans Rohr)

Kuter, Leo: Art Direction, in: Films in Review (June/July 1957); p. 248ff

Laing, A. B.: Designing Motion Picture, in: Architectural Record 74 (July 1933); pp. 59-64

Laurent, Hugues: Memento d'Architecture appliquée à la décoration de film (2 Bde.), Paris 1966 IDHEC (Institut des hautes études cinématographiques, Paris)

Lawder, Standish D.: The Cubist Cinema, New York 1975 (New York University Press)

L'Herbier, Marcel: Esprit du cinématographie, in: Cinéma les cahiers du mois (Nr. 16/17), Paris 1925; pp. 29-35

L'Herbier, Marcel: Intelligence du cinématographie, Paris 1946 (Éditions Corrêa); Nachdruck: Paris 1977 (Éditions d'aujourd'hui)

L'Herbier, Marcel: Interview mit Jean-André Fieschi/Jacques Siclier, in: Cahiers du cinéma, Nr. 202 (June/Juillet 1968); dt. in: Klaus Jäger, a.a.o.

Leni, Paul: Baukunst im Film, in: Der Kinematograph, Nr. 909 (Jg. 1924)

Leni, Paul: Grafik — Theater — Film (hrsg. von Hans Michael Bock), Ausstellungskatalog im Deutschen Filmmuseum, Frankfurt/Main 10. August — 26. Oktober 1986

Licata, Antonella/Travi, Elisa Mariani: La citta el il cinema, Bari 1985 (Universale di architettura Nr. 70), Edizioni Dedalo

L'Inhumaine (Rezension) in: Les Cahiers du Mois-Cinéma 16/17, Paris 1925

Loos, Adolf: Rezension von ,,L'Inhumaine" (von Marcel L'Herbier), in: Neue Freie Presse (Wien) 29. Juli 1924, p. 9

Louis, Michel: Mallet-Stevens et le cinema 1919-29, in: Rob Mallet-Stevens: Architecte (Monographie, hrsg. von Hubert Jeanneau/Dominique Deshoulières) Brüssel 1980 (Éditions des Archives d'Architecture Moderne); pp. 123-142

Lourié, Eugène: My Works in Films, San Diego/San Antonio/New York/London 1985 (Harcourt, Brace & Jovanovich Pub.)

Lubschez, Ben: The Cabinet of Dr. Caligari, in: Journal of the American Institute of Architects Nr. 9 (January 1921), pp.213-216

Lutze, Eberhard: Darstellung von Architektur im Film, in: Gedanken zum Film, Wiesbaden 1962; pp. 71-80

MacGowan, Kenneth: Behind the Screen: The History and Techniques of the Motion Picture, New York 1965 (Delta Books)

MacFarland, James Hood: Architectural Problems in Motion Picture Production, in: The American Architect Nr. 118 (July 1920); pp. 65-70

Mallet-Stevens, Robert et.al.: L'architecture moderne, in: Gazette des sept-arts (hrsg. von Ricciotto Canudo), led./Nr. 1 (15. Decembre) Paris 1922

Mallet-Stevens, Robert: Le cinéma et les arts l'architecture, in: Les Cahiers du Mois Cinéma 16/17, Paris 1925, pp. 95-98

Mallet-Stevens, Robert: Le décor moderne au cinéma, Paris 1928 (Charles Massin); im Vorwort

Mallet-Stevens, Robert (et. al.): L'art cinematographique (tome VI), Paris 1929 (Félix-PUF)

Maltin, Leonard: The Art of the Cinematographer, New York 1978 (Dover Publications)

Mandelbaum, Howard/Myers, Eric: Screen Déco: A Celebration of High Style in Hollywood, New York 1985 (St. Martin's Press)

Marchi, Virglio: Problemi tecnici, storici ed estetici della scenografia in Italia, in: La Scenografia Cinematografia in Italia (Hrsg. Guido Cincotti), a.a.O., Rom 1955; p. 13

Marchi, Virgilio: Architetto Scenografo Futurista (Ausstellungskatalog vom Palazzo Ancaiani, Spoleto vom 22. Juni bis 10. Juli 1977), hrsg. von A. Amico/S. Danesi, Milano 1977 (Electa)

Marner, Terence St. John: Filmdesign, London 1974 (Tantivy Press), New York (A.S.Barnes), dt. Hanau 1980 (Verlag Günther Gottlieb)

McCarthy, Todd/Flynn, Charles (Hrsg.): Kings of the B-s, Working Within the Hollywood System, New York 1975 (Dutton)

Meikle, Jeffrey: Twentieth Century Limited: Industrial Design in America, 1925-1939, Philadelphia 1979 (Temple Univerity)

Melies, Georges: Les Vues Cinématographique, in: La Revue du Cinéma (Ottober 15, 1929)

Metropolis — un Film de Fritz Lang. Images d'un Torunage (Ausstellungskatalog mit Fotografien von Horst von Harbou), Paris 1985 (Centré National de la Photographie/Cinématèque française)

Mitry, Jean: Historie du cinema. Art et Industrie, vol. 1 (1895-1914), Paris 1967 (Editions Universitaires)

Möller, Kai (Hrsg.): Paul Wegener, Hamburg 1954 (Rowohlt Verlag)

Monaco, James: American Film Now: The people, the power, the money, the movies, New York 1979 (Oxford University Press)

Monaco, James: How to read a film, New York 1977 (Oxford University Press); dt. Reinbek/Hamburg 1980

Moulett, Luc: Fritz Lang, ,Cinéma d'aujourd'hui', Paris 1963 (Editions Seghers)

Moussinac, Léon: Le décor moderne au cinéma, in: Art et Décoration (Juillet-Decembre), Paris 1926

Nash, Jay Robert/Ross, Stanley Ralph (Hrsg.): The Motion Picture Guide (10 Bde.) mit Index (2 Bde.), Chicago 1987 (Cinebooks)

Nelson, George: Mr. Roark (Architekt in: THE FOUNTAINHEAD) goes to Hollywood, in: Interiors 108 (April 1939), pp. 106ff

Nichols, Bill (Hrsg.): Movies and Methods, An Anthology, Berkeley/Los Angeles/London 1976 (University of California Press)

Oenslager, D(onald): Stage Design. Four Centuries of Scenic Invention, New York 1975 (Viking Press)

Pastrone, Giovanni: Cabiria visione storica dell III. sècolo a.C. (hrsg. vom Museo Nazionale del Cinema), Torino 1977 (Vorwort von Maria Adriana Piolo, Roberto Radicati, Ruggero Rossi und Szenario von Gabriele d'Annunzio)

Piacentini, Marcello: Giuseppe Capponi. Architetto, in: Architettura 18 (1939); pp. 267-282

Pinthus, Karl: Das Kinobuch (org. 1914) Zürich 1963 (Die Arche, Peter Schifferli Verlag); Neuauflage: Frankfurt/Main 1983 mit Nachbemerkungen von Walter Schobert (Fischer Taschenbuchverlag)

Pirelli, Jean (Hrsg.): Festival des französischen Stummfilms, o.J.

Ponti, Gio: Architettura ,nel' cinema, in: Lo Stile (Feb. 1942)

Prédal, René/Laurent, Hugues: Un demi-siècle d'évolution du décor de cinéma, in: L'avant-scene Cinéma, Nr. 192, 15. Septembre 1977 (Pans)

Prokop, Dieter: Soziologie des Films, Neuwied/Berlin 1970 (Luchterhand)

Pulleine, Tim: Raskolnikov (Review), in: Monthly Film Bulletin, Vol. 46/Nr. 545 (June 1976); pp. 135ff

Quaresima, Leonardo: Leni Riefenstahl, Florenz 1985 (La nouva Italia)

Quaresima, Leonardo: Lo Spazio expressionista, in: Cinema & cinema, Anno 14 (Nr. 50), Dicembre 1987 (Edizioni Caposile)

Rapisardi, Giusi: Die Stadt und ihr Doppelgänger. Von ,Metropolis' zu ,King Kong', in: archithese 17 (Niederteufen 1976); pp. 29-36 (Übersetzung von Stanislaus von Moos)

Rava, Carlo Enrico: Stile negli Interni di Film, in: Lo Stile (April 1941); pp. 54, 55, 79

Richards, Jeffrey: Visions of Yesterday, London 1973 (Routledge & Kegan Paul)

237

Richter, Hans: Filmgegner von heute – Filmfreunde von morgen, Zürich 1968 (Verlag Hans Rohr); Neuauflage: Frankfurt/
Main 1981, mit einem Nachwort von Walter Schobert (Fischer Taschenbuchverlag)

Rohmer, Eric: L'organsation de l'espace dans le „Faust" de Murnau, Paris 1977

Romains, Jules: Métropolis, in: Avant-Scéne, Nr. 197 (1. Decembre 1977); pp. 29f (org. Nachdruck einer Rezension „Le cinema romanesque", Paris 1928)

Roth, Lane: Metropolis, The lights fantastic – semiotic analysis of lighting codes in relation to character and theme, in: Litera-
ture & Film Quarterly, Vol. VI (Nr. 4), Fall 1978; hrsg. v. Maryland State College, Salisbury 1978; pp. 342ff

Rotha, Paul: The Film Till Now. A Survey of World Cinema (org. 1930), London 1949 (Vision Press); Neudruck: Feltham
1967 (Spring Books); neu bearbeitet von Richard Griffith

Sadoul, Georges: Geschichte der Filmkunst (org. Paris 1947ff), Wien 1957

Sadoul, Georges: Le Cinéma Française 1890-1962, Paris 1962 (Flammarion)

Sadoul, Georges: Historie de l'art du Cinéma des origines à nous jours, 4. Aufl., Paris 1955; dt. Übersetzung von Klaus Winge,
Frankfurt/Main 1982

Seeßlen, Georg: Der Asphalt-Dschungel. Geschichte und Mythologie des Gangster-Films (mit einer Bibliographie von Jürgen
Berger), Schondorf/Ammersee 1977; Taschenbuchausgabe: Reinbek/Hamburg1980 (Rowohlt)

Seeßlen, Georg/Weil, Claudius: Kino des Phantastischen. Geschichte und Mythologe des Horror-Films (mit einer Bibliographie
von Jürgen Berger), Schondorf/Ammersee 1979; Taschenbuchausgabe: Reinbek/Hamburg 1980 (Rowohlt)

Seeßlen, Georg: Kino des Utopischen. Geschichte und Mythologie des Science-fiction-Films (mit einer Bibliographie von Jürgen
Berger), Schondorf/Ammersee 1980; Taschenbuchausgabe: Reinbek/Hamburg 1980 (Rowohlt)

Seeßlen, Georg: Kino der Angst. Geschichte und Mythologie des Film-Thrillers (mit einer Bibliographie von Jürgen Berger),
Schondorf/Ammersee 1980; Taschenbuchausgabe: Reinbek/Hamburg 1980

Seeßlen, Georg: Mord im Kino. Geschichte und Mythologie des Detektiv-Films (mit einer Bibliographie von Jürgen Berger),
Schondorf/Ammersee 1981; Taschenbuchausgabe: Reinbek/Hamburg 1981 (Rowohlt)

Seeßlen, Georg/Fritze, Christoph/Weil, Claudius: Der Abenteurer. Geschichte und Mythologie des Abenteuer-Films (mit einer
Bibliographie von Jürgen Berger), Schondorf/Ammersee 1983; Taschenbuchausgabe: Reinbek/Hamburg 1983 (Rowohlt)

Seldes, Gilbert: Filmdesign, in: New Republic (6. März 1929)

Solomon, Stanley J. (Hrsg.): The Classic Cinema. Essays in Criticism, New York/Chicago/San Francisco 1973 (Harcourt, Brace
& Jovanovich)

Sontag, Susan: Fascinating Fascism (1974), in: Under the Sign of Saturn (Gesammelte Essays), New York 1980 (Farrar,
Strauss, Giroux); pp. 73-105; dt, in: dies., Im Zeichen des Saturn, München 1981

Springer, John: All Talking! All Singing! All Dancing! A pictorial history of the movie musical, Secaucus (New Jersey) 1966

Stern, Lee Edward: The Movie Musical, New York 1974

Stoddard, Richard: Theatre and Cinema. A Guide to Information Source Architecture (Vol. 5), Detroit (Michigan) 1978 (Gale
Research Company)

Stresam, Norbert: Der Fantasy-Film, München 1984 (Heyne Taschenbuchverlag)

Szankowska, Stephanie von (Text)/Brackrock, Wulf (Photos): Szenen für den „Zauberberg". Zwei Filmarchitekten (Toni und
Heide Lüdi) gestalten ein Stück Literaturgeschichte, in: architektur & wohnen, Heft 4 (Dezember) 1981; pp. 176-186

Tedesco, Jean: Cinéma expression, in: Cinéma les Cahiers du mois. (Nr. 16/17), Paris 1925; pp. 22-28

Thevenet, Jean-Marc: Images pour un film: les décors d'Enki Bilal pour „La vie est un roman" d'Alain Resnais, Paris 1983
(Dargaud Éditeur)

Thomas, Tony/Terry, Jim/Berkeley, Busby: The Busby Berkeley Book, Salzfass/New York 1973

Toeplitz, Jerzy: Geschichte des Films, Bd. 1 (1895-1928); Bd. 2 (1928-1933); org. München 1975 (Roger & Bernhard), Frank-
furt/Main 1987 (Neuauflage)

Die Ufa (hrsg. vom Bezirksamt Tempelhof, Abt. Volksbildung) Ausstellungskatalog (24. Mai – 6. Juni 1987), Berlin 1987 (Elefanten Press)

Usai, Paolo Cherci (Hrsg.): Giovanni Pastrone. Gli anni d'oro del cinema a Torino, Turin 1985 (Strenna UTET)

V. A. (u.a. Victor de Bourgeois, Willem Dudok, Konstantin Melnikow, E. J. Margold, Alberto Sartoris): Robert Mallet-Stevens
– Dix années de realisations en architecture et décoration (Festschrift), Paris 1930

Vago, Pierre: Robert Mallet-Stevens. L'architetto cubista (Übersetzung aus dem Französischen: Marisa Bruno), Bari 1979 (Dedalo libri)

Verdone, Mario: Del film tedesco oil gusto del turbamento, in: Bianco e nero (Febbario 1948)

Verdone, Mario (Hrsg.): La Scenografia nel Film, Rom 1956 (Ateneo)

Vienna – Berlino – Hollywood. Il cinema della grande migrazione, (Ausstellungskatalog der Biennale) Venedig 1981

Warm, Hermann: Dekorationen für den Film „Das Kabinett des Dr. Caligari" (unveröffentlichtes Manuskript, im Besitz der
Stiftung Deutsche Kinemathek, Berlin)

Warm, Hermann: Gespräch mit dem Filmarchitekten der Caligari baute, in: Film (3. Jg.), Heft 7, Juli 1965

Wassermann, Louis: Film Architecture. How architecture can use film to tell its story (Research paper) School of Architecture and Urban Planning, University of Wisconsin, Milwaukee 1988 (unveröffentlicht)

Weihsmann, Helmut: Utopische Architektur. Von Morus bis Hausrucker & Co (Ausstellungskatalog zur gleichnamigen Ausstel-
lung im Kulturservice-Studio) 1. Oktober – 30. Oktober 1982, Wien 1982 (Ars Nova Media-Historia Nr. 4); bes. darin: Kap.
„Urban Fiction" – Technokratismus und Science Fiction in Massenmedien; pp. 47-50

Weihsmann, Helmut: Filmliste zum Thema „Stadt und Utopie" (zu beziehen bei: Ars Nova Media, Schlagergasse 5, 1090 Wien
gegen Schutzgebühr) Wien 1988

Weinberg, Herman G.: The Lubitsch-Touch. A Critical Study, New York 1977 (Dover Publications)

Weiss, Marion: Geographical Iconography and Signification. How space creates meaning in the ‚New York City Film', in: Journal of Visual Verbal Languaging, Fall 1983, hrsg. School of Communications, American University, Washington D.C.

Weiss, Marion: Linguistic Coding in the Films of Martin Scorsese, in: Semiotica 55, Nr. 3/4, Amsterdam 1985 (Mouton Publishers); pp. 185-194

Witte, Karsten: Deutsche Revuefilme 1933-1945, München 1979 (Hanser)

Wollen, Peter: Signs and Meanings in the Cinema, London 1969 (Secker & Warburg)

Zglinicki, Friedrich von: Der Weg des Films. Die Geschichte der Kinematographie und ihrer Vorläufer, Berlin 1965; Neudruck:
Hildesheim 1979

Biographien der zitierten Filmausstatter/Architekten

Erik Aaes (1899 Nordby-1966 Charlottenlund) begann beim *Nordisk-Film;* arbeitete 1920-22 in Berlin mit Sven Gade: HAMLET (1920); danach in Frankreich mit Vertretern der Avantgarde (Renoir, Cavalcanti, Dreyer, de Toth): YVETTE (1927), LITTLE MATCH GIRL (1928) TIRE-AU-FLANC (1928), LE CAPITAINE FRACAS-SE(1929), LA P'TITE LILI (1929), COCKTAIL (1937), DAY OF WRATH (1943), MET (1955), JAG-EN KVINNA (1955), HERR PUNTILA UND SEIN KNECHT MATTI (1956), AMOR I TELEFONEN (1957), HIDDEN FEAR (1957), SVÄLT/HUNGER (1966), EN SÖNDAG I SEPTEMBER (1963). Seine Dekorationen sind durch lebhafte, an Poesie gebundene Atmosphäre gekennzeichnet. Arbeitete auch in Deutschland, Frankreich, Österreich und Schweden.

Ken Adam (1921 Berlin), lebt seit 1934 in England; studierte an der Bartlett School of Architecture; Kriegsdienst in der RAF. Nach einer kurzen Laufbahn als Szenarist 1947 beim Film THE QUEEN OF SPADES (1948) wurde er in den Pinewood Studios *artist director:* HELEN OF TROY (1955), AROUND THE WORLD IN 80 DAYS (1956), OSCAR WILDE (1960), SODOM AND GO-MORRHA (1961), DR. STRANGELOVE - OR HOW I LEARNED TO STOP WORRYING AND LOVE THE BOMB (1964), JAMES BOND-Serien: DR. NO (1964), GOLDFINGER (1964), THUNDERBALL (1965), THE CIPRESS FILE (1965), YOU ONLY LIVE TWICE (1967), CHITTY CHITTY BANG BANG (1968), GOODBYE, MR. CHIPS (1969), DIAMONDS ARE FOREVER (1971), SLEUTH (1972), THE LAST OF SHEILA (1973), BARRY LYNDON (1975), THE SPY WHO LOVED ME (1977). In seinen sehr unterschiedlichen Filmthemen (von James Bond-Extravaganz bis zum Realismus des *Film Noir)* zeigt K.A. stets einen unsentimentalen Kontextualismus, wobei allerdings seine Auffassung ungemein modern bleibt. Wenn viele seiner historisierenden Kollegen zumindest in der Art und Weise, mit der sie ihre Amalgame herstellen, eine erkennbare Handschrift an den Tag legen, so bemüht sich K.A. in einer Vielzahl von unterschiedlichen Handschriften zu brillieren. In BARRY LYNDON entsprach er Stanley Kubricks vielbeschworener Perfektionssucht soweit, daß er ein 18. Jahrhundert der Malerei getreu im Film übersetzte.

Preston Ames begann nach seinem Studium an der École Speciale d'Architecture in Paris als Asslstent bei Cedric Gibbons im Studio von *MGM,* für die er ein lebenlang arbeitete. Seine besten Arbeiten waren unter Vincente Minnelli*: CRISIS (1950), *AN AMERICAN IN PARIS (1955), THE WILD NORTH (1952), BANDWAGON (mit →Oliver Smith) *BRIGADOON (1954), *KISMET (1955), *THE COBWEB (1955), *LUST FOR LIFE (1956), *DESIGNING WOMAN (1957), *GIGI (1958), GREEN MANSIONS (1959), *THE BELLS ARE RINGING (1960), *HOME FROM THE HILL (1960), BILLY ROSE'S JUMBO (1962), PENELOPE (1966), MADE IN PARIS (1966), AIRPORT (1970), BREWSTER McCLOUD (1970), LOST HORIZON (1973), THE DON IS DEAD (1974), EARTHQUAKE (1974), ROOSTER COGBURN (1975), PRISONER OF 2nd AVENUE (1975), DAMNATION ALLEY (1977)

Roland Anderson arbeitete in den Studios von *Paramount,* des öfteren in Zusammenarbeit mit →Hans Dreier unter unter der Regie von DeMille: CLEOPATRA (1934).

Jean Andre wurde bekannt für seine delikat-eleganten, aber geschmäcklerischen Ausstattungen für die Filme von Roger Vadim*: BLACK JACK (1949), ELENA ET LES HOMMES (1955), PARIS DOES STRANGE THINGS (1955), *ET DIEU CRÉA LA FEMMA/UND GOTT SCHUF DAS WEIB (1956), *SAIT - ON JAMAIS?/NO SUN IN VENICE (1957), *ET MOURIR DE PLAISIR (1960), LA VÉRITÉ (1960), LES FÉLINS (1964), *LA CURÉE/DAS SPIEL (1966), DON JUAN ETAIT UNE FEMME (1973), UNE FEMME FIDELE (1976), VIO-LETTE ET FRANCOIS (1977).

Andrej Andrejew (1886 Charili/UdSSR-1966 Frankreich) studierte an der Akademie der hohen Künste in Moskau, begann zunächst als Maler beim Stanislavski Theater in Moskau bevor er zu Max Reinhardts Berliner Theater als sein vorzüglicher Bühnenbildner ging. Als einer der beachtetsten Filmarchitekten seiner Generation arbeitete er mit Robert Wiene* und G.W.Pabst**: *RASKOLNIKOW (1923), DIE WEBER (1927), **DIE BÜCHSE DER PANDORA (1928), THERESE RAQUIN (1928), **DIE DREIGROSCHENOPER (1931); 1933 wanderte er nach Frankreich aus, wo er erneut mit G.W.Pabst **DON QUICHOTTE (1933) drehte und unter Anatole Litvak MAYERLING (1936), DER GOLEM (1936), DARK JOURNEY (1937), STURM IM WASSERGLAS (1937), TARAKANOVA (1938), JEUNES FILLES EN DE-TRESSE (1939), L'ASSASIN HABITE AU (1942), A SYMPHONIE FANTASTIQUE (1942), LE CORBEAU (1943, mit→ Hermann Warm), ANNA KARENINA (1948), THE MAN BETWEEN (1953), MELBA (1953), MAMBO (1955), ANASTASIA (1956), ALEXANDER THE GREAT (1956). Alle seine Dekors, die er in Deutland, Frankreich und in der CSSR machte, sind in eine bizarre, phantastische Atmosphäre getaucht. 1940-44 war seine Arbeit wegen der deutschen Besetzung Frankreichs im Film/Theater unterbrochen.

Lucien Aguettand (1901 Paris) studierte an der Pariser Akademie Bühnenbild und arbeitete 1921-28 beim Theater bevor er 1927 bei *Pathé-Nathan* als Szeniker die Regisseure Julien Duvivier*, Rene Clair**, Maurice Tournier*** und Anatole Litvak begann; arbeitete ab 1960 auch in den USA, am bekanntesten ist er für die Ausstattungen von Marcel L'Herbiers Filme: LE DIABLE AU COEUR (1926, mit →Robert-Jules Garnier, →Claude Autant-Lara), LE VERTIGE (1926, mit →Rob Mallet-Stevens et.al.), L'ENFANT DE L'AMOUR (1929), L'AVENTURIER (1934), L'EQUIPAGE (1935) usw. Ausstattungen u.a. für: LA JALOUSIE DE BARBOUIL-LE (1928), PARCE QUE JE T'AIME (1929), LA BO-DEGA (1930), ***LES DEUX ORPHELINES (1932), *POIL DE CAROTTE (1932), LA CHATELAINE DU LIBAN (1933), *LE PETIT ROI (1933), *LE DERNIER MILLIARDAIRE (1934), L'EQUIPAGE (1935), TOVA-RITCH (1935), LE CHEMIN DE RIO (1936), CLUB DE FEMMES (1936), ***KOENIGSMARK (1936), TROI-KA SUR LA PISTE BLANCHE (1937), LE JOUEUR D'ECHECHS (1938), ***VOL-PONE (1939), NICK CAR TER VA TOUT CASSER (1964); Lehrer von →Jacques Krauss, Ferdinand Bellin u.a.

Claude Autant-Lara (1903 Luzarches/Seine) debütierte im Film als Dekorateur bei Marcel L'Herbier* und als Assistent von Rene Clair: *DON JUAN ET FAUST (1922), *L'INHUMAINE (1923), *LE DIABLE AU COEUR (1926) und Renoirs NANA (1926), bevor er selbst ein etwas umstrittener Regisseur in den späten 30er Jahren wurde. Bereits in den 20er Jahren drehte er zwei Avantgardefilme, die heute vergessen sind: FAIT DIVERS (1923), CONSTRUIRE UN FEU (1927) Nach Genrestoffen, die er selbst inszenierte - LE MARIAGE DE CHIFFON (1941), LETTRES D'AMOUR (1942), DOUCE (1943) schuf er im realistischen Stil SYLVIE ET LE FANTOME (1945) und sein Meisterwerk LE DIABLE AU CORPS (1947). Nachhaltig in Erinnerung bleiben wird er als experimenteller Szenarist mit seinen stilisierten und abstrakten Dekors für L'Herbiers futuristisches Spektakel L'INHUMAINE.

Jonathan (John) Barry (1935 London) machte seinen Abschluß als Architekt 1959 an der Kingston School of Art. Kam 1961 als Zeichner zur Filmindustrie in Pinewood (CLEOPATRA). Arbeitete danach an verschiedenen Filmen/Fernsehserien als Zeichner, Ausstatter usw. Wurde 1964 Assistent von Elliot Scott, der leitende *art director* der britischen *MGM*-Studios war. Erster Film als Designer DECLINE AND FALL OF A BIRDWATCHER. Seine Arbeiten seit damals umfassen KELLY'S HEROES, A CLOCKWORK ORANGE, PHASE FOUR, LITTLE PRINCE. Er nennt sich Jonsthan, um Verwechslungen mit dem Komponisten auszuschließen.

Hugo Ballin (1880 New York - 1956 Santa Monica), Studium der Kunstgeschichte in Rom, als Szeniker Autodidakt, begann in Hollywood um 1915 bei *Mack Senett Productions* u.a. Filme mit Gloria Swanson: PULLMAN BRIDE (1917), BABY MINE (1917), MALE AND FEMALE (1919), JANE EYRE (1920), VANITY FAIR (1923), THE LOVE OF SONJA (1927). Außerdem führte er recht interessante Wandbilder im Stil des Art Déco (*WPA-Murals*) - Title Guarantee Bldg. (1929), Southern California Edison Bldg. (1930), L.A. Times Bldg. (1931-35) und vor allem im Griffith Park Observatory & Planctarium (1935) - aus.

Leon Barsaq (eig. Theodosia) (1906 Krim/UdSSR-1969 Paris), Kunstgewerbler und Architekt, studierte in Paris an der École des arts décoratifs, bevor er zum Film als Assistent von Andrej Andrejew kam. Mit Jean Renoir*: LA MARSEILLAISE (1938); LUMIÉRE D'ÉTÉ (1943), LES ENFANTS DU PARADIS (1945, mit →Alexandre Trauner), BOULE DE SUIF (1945), L'IDIOT (1946), LES DERNIERES VACANCES (1947), *LE SILENCE EST D'OR (1947), PATTES BLANCHES (1948), LA BEAUTÉ DU DIABLE (1949), LE CHATEAU DE VERRE (1950), BELLES DE NUIT (1952), ROMA ORE 11 (1952), BEL AMI (1954), LES GRANDES MANOEUVRES (1955), THE LONGEST DAY (1962, mit →Vincent Korda), TROIS CHAMBRES A MANHATTAN (1965), MICHAEL STROGOFF (1966). L.B. war einer der bedeutendsten Filmarchitekten der französischen Filmindustrie, aber merkwürdigerweise ging seine Reputation parallel mit dem Ruhm seiner Regisseure Marcel Carné, René Clair und Jean Renoir verloren; seine späteren Arbeiten waren allesamt eine Entäuschung

James Basevi (1890 Plymouth/England) studierte Architektur in London, Kriegsdienst in Flandern; emigrierte 1919 nach Kanada, um 1924 bei *MGM* in Hollywood bei →Cedric Gibbons zu arbeiten. Dessen Assistent bis 1943;

danach bei *20th Century Fox*. Zu seinen besten Filmen mit den Regisseuren John Ford*, Alfred Hitchcock** und King Vidor gehören: CONFESSIONS OF A QUEEN (1925), THE TEMPTRESS (1926), WUTHERING HEIGHTS (1939), *TOBACCO ROAD (1941), THE GANG'S ALL HERE (1943), THE SONG OF BERNADETTE (1943), **THE LODGER (1944), **SPELLBOUND (1945), *MY DARLING CLEMENTINE (1946, mit →Lyle Wheeler), *FORT APACHE (1948), THREE GODFATHERS (1949), *SHE WORE A BLUE RIBBON (1949), *WAGONMASTER (1950), EAST OF EDEN (mit Malcolm Bert), *THE SEARCHERS (1956).

Christian Berard (1902 Paris-1949 Ebd.) war Maler und arbeitete vor allem bei Jean Cocteaus* Filmen mit: *LA BELLE ET LA BETE (1946), *L'AIGLE A DEUX TETES (1948), LES PARENTS TERRIBLES (1948), aber auch VOIX HUMAINE (1949) von Rosselini und Vorarbeiten zu ORPHÉE (1950) sind meisterhafte Entwürfe.

Artur Berger (1892 Wien-1981 Moskau) besuchte die graphische Lehr- und Versuchsanstalt; ab 1911 an der Kunstgewerbeschule bei Josef Hoffmann; gemeinsam mit seinem Bruder Josef wirkte er am Gemeindeprogramm der Stadt Wien mit, von 1920 bis 1936 stattete er mehr als 30 Filme aus, u.a. PRINZ UND BETTELKNABE (1920), DER JUNGE MEDARDUS (1923), SODOM UND GOMORRHA (1922), DIE SKLAVENKÖNIGIN (1924), CAFE ELEKTRIC (1927); ab 1936 in Moskau. A.B. entwarf Arbeiten für die Firmen Wiener Werkstätte und für Bimini.

Ralph Berger (1904 Los Angeles) studierte Architektur; begann 1924 als Zeichner bei *Universal*. Arbeitete danach freiberuflich, war *artist director* ab 1942 bei *RKO*, ab 1953 bei *Desilu Productions*: WHITE ZOMBIE (1932), FLASH GORDON-Senen (1936ff), THE BRIGHTON STRANGLER (1945), BACK TO BATAAN (1945), PARTNERS IN TIME (1946), TRAIL STREET (1947), THE MIRACLE OF THE BELLS (1948), THE BOY WITH GREEN HAIR (1948), THE BIG STEAL (1949), WHERE DANGER LIVES (1950), MACAO (1950/52).

Paul Bertrand (1915 Chalon-sur-Saone) war Assistent von →Alexandre Trauner: FÉLICIE NANTEUIL (1942), LES MAUDITS (1947), JEUX INTERDITS (1952), GERVAISE (1956), UNE VIE (1958), PLEIN SOLEIL (1959). Sein Stil ist geprägt vom Streben nach einer möglichst realistisch-objektivierten Sprache, in welcher poetische Kargheit und Lyrismus das Dekor bestimmen.

John Box (1920 London) aufgewachsen in Ceylon, studierte Architektur in England; Militärdienst, praktizierte in den *Delham Studios* 1947-1953. Selbständige Arbeiten: FIRE DOWN BELOW (1957), THE INN OF THE SIXTH HAPPPINESS (1958), OUR MAN IN HAVANA (1960), LAWRENCE OF ARABIA (1962), DR. SCHIWAGO (1965), A MAN FOR ALL SEASONS (1966), OLIVER! (1968), NICHOLAS AND ALEXANDRA (1971), TRAVELS WITH MY AUNT (1971), THE GREAT GATSBY (1973), ROLLERBALL (1977), SORCERER (1977). Gestützt auf seine hervorragende Organisationsfähigkeit, gelang es J.B. sich auf den mit Abstand ersten Platz unter den Filmarchitekten Großbritanniens und der Welt hinaufzuarbeiten. Mit Großfilmen, die ihm insgesamt vier *AA-Oscars* einbrachten, gelang ihm der internationale Durchbruch und zu industrieller Anerkennung als Filmarchitekt.

Robert Boyle (1910 Los Angeles) erwarb sein Magister

(BA.Arch) an der Universität von Südkalifornien 1933. Er stieg zunächst bei *Paramount* unter →Hans Dreier, →Wiard Ihnen, danach bei *Columbia, Warners,* unter Vertrag. Entdeckt hat ihn aber Alfred Hitchcock*: *SABOTEUR (1942), FLESH AND FANTASY (1943), *SHADOW OF A DOUBT (1943), RIDE THE PINK HORSE (1947), ANOTHER PART OF THE FOREST (1948), MYSTERY SUBMARINE (1950) BRONCO BUSTER (1952), THE BEAST FROM 20.000 FATHOMS (1953), IT CAME FROM OUTER SPACE (1953), LADY GODIVA (1955), THE BROTHERS RICO (1957), BUCHANAN RIDES ALONE (1958), THE CRIMSON KIMONO (1959), *NORTH BY NORTHWEST (1959), *THE BIRDS (1963), *MARNIE (1964), THE RUSSIANS ARE COMING (1966), HOW TO SUCCEED IN BUSINESS WITHOUT REALLY TRYING (1967), IN COLD BLOOD (1967), THE THOMAS CROWN AFFAIR (1968), GAILY, GAILY (1969), THE LANDLORD (1970), FIDDLER ON THE ROOF (1971), MAME (1974), BITE THE BULLET (1975), LEADBELLY (1976), W. C. FIELDS AND ME (1976), THE SHOOTIST (1976). Die Filmbauten von R.B. waren von stilisierter Einfachheit und durch große formale und abstrakte Freiheiten bestimmt, die teils surrealistisch, teils kitschig waren, aber nie die Grenzlinie zum L'art-pour-l'art überschritten.

Hilyard Brown (1910 Nebraska) studierte Architektur an der Universität von Südkalifornien; fing bei *Warner* bzw. *RKO* an: Assistent bei CITIZEN KANE (1941, mit →Van Nest Polglase, →Perry Ferguson), A GUY, A GAL, A PAL (1945), VALLEY OF THE ZOMBIES (1946), THE EXILE (1947), ALL MY SONS (1948), THE CREATURE OF THE BLACK LAGOON (1954), THE NIGHT OF THE HUNTER (1955), wo er die Elemente des Caligari-Stils modifizierte; AL CAPONE (1959), CLEOPATRA (1963, mit →John DeCuir), SCHOCK TREATMENT (1964), VAN RYAN'S EXPRESS (1965), SKULLDUGGERY (1970), FUZZ (1973) u.a.

Ralph Brinton (1895 London), nach einer Architekturpraxis zwischen 1928-33 wechselte er zum Film: WINGS OF THE MORNING (1937) - der erste englische Technicolorfilm -, ODD MAN OUT (1947), UNCLE SILAS (1947), EYE WITNESS (1950), THE KNAVE OF HEARTS (1954), HAPPY LOVERS (1954), MOBY DICK (1956), THE GIPSY AND THE GENTLEMAN (1958), A TASTE OF HONEY (1961), THE LONELINESS OF THE LONG DISTANCE RUNNER (1962), TOM JONES (1963), ISADORA (1968).

Julius von Borsody (1892 Wien-1960 Ebd.), Bruder vom Kameramann Eduard, studierte in Wien, Berlin und Paris Malerei; arbeitete ab 1918 bei *Sascha-Film*, ab 1924 in Berlin, 1938 wieder in Wien bei *Sascha-Tobis* und Willi Forst. Carmine Gallone holte ihn 1939 nach Rom. Filmausstattungen u.a. für: SODOM UND GOMORRHA (1922), DIE SKLAVENKÖNIGIN (1924), GRÄFIN MARIZA (1925), DER MANN OHNE SCHLAF (1926), HERKULES MAIER (1927), DER MEISTER DER WELT (1927), HEIMKEHR (1928), DAS LETZTE FORT (1928), DAS LETZTE SOUPER (1928), IM PRATER BLÜHN WIEDER DIE BÄUME (1929), NARKOSE (1929), DIE JUGENDGELIEBTE (1930), DER TANZ INS GLÜCK (1930), DANTON (1931), DER WEISSE DÄMON (1932), WENN DIE LIEBE MODE MACHT (1932), GRENZFEUER (1934), ERNTE/DIE JULIKA (1934), DREIZEHN STÜHLE

(1938), SPIEGEL DES LEBENS (1938), DAS ABENTEUER GEHT WEITER (1939), MARGUERITE : 3 (1939), UNSTERBLICHER WALZER (1939), VERDACHT AUF URSULA (1939), FEINDE (1940), IM SCHATTEN DES BERGES (1940), KOMÖDIANTEN (1941), BRÜDERLEIN FEIN (1942), FRAUEN SIND KEINE ENGEL (1943), REISEBEKANNTSCHAFT (1943), DIR ZULIEBE (1944), ES LEBE DIE LIEBE (1944), GLÜCK BEI FRAUEN (1944) etc.

John Bryan (1911 London - 1969 Ebd.) begann als Bühnenbildner beim Theater, bis er 1941 zum Film kam. Assistenz von →Vincent Korda. Bekannt vor allem wegen seiner historischen Dekors für Dickens Verfilmungen für David Lean*, Richard Lewin, die ein Panorama des 19. Jahrhunderts wiedergeben: *GREAT EXPECTATIONS (1946), *OLIVER TWIST (1948), *BLANCHE FURY (1948), PANDORA AND THE FLYING DUTCHMAN, BECKET (1964) u.a.

Wilfred Buckland (1866 New York - 1946 Hollywood) war ein Pionier Hollywoods. Nach zwölf Jahren beim *David Belasco-Studio* ging er 1913 nach Hollywood. Begann bereits 1914 *(Cecil DeMille, Famous-Players-Lasky-Studios)* schon mit Kunstlicht zu arbeiten, als alle anderen noch bei Tageslicht drehten. Nach zwölf Jahren beim David Belasco-Studio ging er 1913 nach Hollywood. Filmauswahl: THE GHOSTBREAKER (1914), THE VIRGINIAN (1914), CARMEN (1915), THE CHEAT (1915), JOAN THE WOMAN (1916), ROMANCE OF THE RED WOODS (1917), STELLA MARIS (1918), MALE AND FEMALE (1919), THE GRIM GAME (1919), THE DEUCE OF SPADES (1922), THE MASQUERADER (1922), ROBIN HOOD (1922), OMAR THE TENTMAKER (1922), ADAM'S RIB (1923), THE FORBIDDEN WOMAN (1929), ALMOST HUMAN (1927). Vorläufer des *production designer* bei *DeMille-Studios.*

Henry Bumstead (1902) wurde zu einem der führenden Exponenten des elegant-gefälligen Studioperfektionismus, wie man ihn in Hollywood huldigte: COME BACK LITTLE SHEBA (1952), *THE MAN WHO KNEW TOO MUCH (1956), I MARRIED A MONSTER FROM OUTER SPACE (1958), *VERTIGO (1958), CINDERELLA (1960), THE WAR LORD (1965), *TOPAZ (1969), TELL THEM WILLIE BOY IS HERE (1969), HIGH PLAINS DRIFTER (1973), THE STING (1973), THE FRONT PAGE (1974), THE GREAT WALDO PEPPER (1975), *FAMILY PLOT (1976), SLAP SHOT (1977), ROLLERCOASTER (1977). Obwohl bekannt für stimmungsvolle Stilrekonstruktionen der 20er und 30er Jahre - für THE STING ist er mit einem *A A-Oscar* ausgezeichnet worden - gelten seine besten Ausstattungen für Alfred Hitchcock*.

Syd Cain wurde 1956 *art director*-Assistent in den *Delham Studios*-London.(THE INN OF THE SIXTH HAPPINESS, THE WORLD OF SUZIE WONG, OUR MAN IN HAVANA). Seit 1962 *art director* bzw. *production designer* folgender Filme: LOLITA (1963), SUMMER HOLIDAY, DR. NO, THE ROAD TO HONG KONG, HOT ENOUGH FOR JUNE, CALL ME BWANA, FROM RUSSIA WITH LOVE, THE HIGH BRIGHT SUN, MISTER MOSES, THE AMOROUS ADVENTURES OF MOLL FLANDERS (1965), A FUNNY THING HAPPENED ON THE WAY TO THE FORUM (1965), BILLION DOLLAR BRAIN (1965), FAHRENHEIT 451 (1966), ON HER MAJESTY'S SECRET SERVICE, MURPHY'S WAR, FRENZY (1972), LIVE AND LET

DIE, SHOUT AT THE DEVIL (1976).

Sosthéne "Ben" Carre (1883 Paris - 1978 Santa Monica) bildete sich als Maler im Atelier Amable (Paris) aus; wurde Bühnenbildner an der Pariser Opéra, Comédie Francaise, um schließlich von 1906 bis 1912 für *Pathé* und *Gaumont* zu arbeiten. Ging 1912 in die USA als Chefdesigner für *Studio Eclair* in Fort Lee (New Jersey). 1919 wurde er amerikanischer Staatsbürger, arbeitete zunächst für Maurice Tourneur*, später für Rupert Julien, Charlie Chaplin**, Tod Browning etc. Filmauswahl: LA COURSE AUX POTIRONS (1907), THE DOLLAR MARK (1912), *MOTHER (1914), *THE MAN OF THE HOUR (1914), *THE WISHING RING (1914) *THE PIT (1914), CAMILLE (1915), LA VIE DE BOHÉME (1915), *ALIAS JIMMY VALENTINE (1915), *THE CUB (1915), *TRILBY (1915), *THE IVORY SNUFF BOX (1915), *A BUTTERFLY ON THE WHEEL (1915), *THE PAWN OF FATE (1915), *THE HAND OF PERIL (1916), *THE CLOSED ROAD (1916), *THE RAIL RIDER (1916), *THE VELVET PAW (1916), *A GIRL'S FOLLY (1916), *THE WHIP (1917), *THE PRICE OF THE CLAN (1917), *THE POOR LITTLE RICH GIRL (1917), *THE UNDYING FLAME (1917), *THE LAW OF THE LAND (1917), *EXILE (1917), *BARBARY SHEEP (1917), *THE RISE OF JENNY CUSHING (1917), *ROSE OF THE WORLD (1918), *A DOLL'S HOUSE (1918), *THE BLUE BIRD (1918), *PRUNELLA (1918), *SPORTING LIFE (1918), *WOMAN (1918), *THE WHITE HEATER (1919), *THE LIFE LINE (1919), *THE BROKEN BUTTER-FLY (1919), *VICTORY (1919, mit Floyd Mueller), *MY LADY'S GARTER (1920), BOB HAMPTON OF PLACER (1921), THE LIGHT IN THE DARK (1922), WIFE IN NAME ONLY (1923), THE RED LILY (1924), TARNISH (1924), THE PHANTOM OF THE OPERA (1925),THE MASKED BRIDE (1925), DON JUAN (1926), MARE NOSTRUM (1926), OLD SAN FRANCISCO (1927), THE RED DANCE (1928), FOR PARIS (1929), THE JAZZ SINGER (1929), THE COCK-EYED WORLD (1929), THE IRON MASK (1929), CITY GIRL (1930), **THE BLACK CAMEL (1931), RIDERS OF THE PURPLE SAGE (1931), WOMEN OF ALL NATIONS (1931), LET'S SING LUCK (1933), DANTE'S INFERNO (1935, lediglich die Inferno-Szenen), A NIGHT AT THE OPERA (1935), LET'S SING AGAIN (1936), THE MINE WITH THE IRON DOOR (1936), GREAT GUY (1936), 23 1/2 HOURS LEAVE (1937). 1937 zog sich B.C. vom Filmmetier zurück und malte wieder; er führte einige kolossale Wandbilder für den General Motors-Pavillon bei der New Yorker Weltausstellung 1964 aus. Seine frühere Tätigkeit als Kulissenmaler kam ihn bei der Ausführung der Leinwandkulissen *WIZARD OF OZ (1939), *MEET ME IN ST. LOUIS (1944), *AN AMERICAN IN PARIS (1951) und andere Vincente Minnelli*-Musicals bei *MGM* zugute. Die ausgefeilte bildliche Gestaltung war in all seinen Filmen von überdurchschnittlicher Qualität.

Edward Carrere, *artist director* bei *Warner,* ist wegen seiner kompositions- und genresicherenen Gestaltung aufgefallen: THE FOUNTAINHEAD (1949) - Hollywoods einziger Tribut an Frank Lloyd Wright-, THE ADVENTURES OF DON JUAN (1949), WHITE HEAT (1949), THE BREAKING POINT (1950), YOUNG MAN WITH A HORN (1950), FLAME AND THE ARROW (1950), SOUTH SEA WOMAN (1953), DEAL 'M' FOR MURDER (1954), HELEN OF TROY (1955, mit →Ken Adam), SEPARATE TABLES (1958), CAMELOT (1967), THE WILD BUNCH (1969).

Edward Carrick (eig. Edward Anthony Craig) (1905 London), Sohn von Edward Gordon Craig, war sowohl Szeniker bei *Crown Film,* Abt. Dokumentations-, Aufklärungs- und Propagandafilm, als auch Theoretiker und Buchautor: *Art and Design in the British Film* (1948) und *Designing for Moving Pictures* (1941), reprint 1949 (vgl. Literaturauswahl). Filme: AUTUMN CROCUS (1934), JUMP FOR GLORY (1936), CAPTAIN BOYCOTT (1947), THE DIVIDED HEART (1954), TIGER BAY (1959), WHAT A CRAZY WORLD (1963), THE NANNY (1965) etc.

Alberto Cavalcanti (1897 Rio de Janeiro - 1982 Paris) entstammt einer alten florentinischen Adelsfamilie, die sich in Paris niederließ und bereits seit mehreren Generationen in Brasilien lebte. Nach Beendigung des Gymnasiums in Rio studierte er von 1913 bis 1917 Architektur an der Hochschule für Kunst in Genf, die er mit einem Diplom verließ. Er begann seine Filmarbeit in Frankreich bei Marcel L'Herbier*: RÉSURRECTION (1923), L'INHUMAINE (1923, zusammen mit →Rob Mallet-Stevens,→Claude Autant-Lara), FEU MATHIAS PASCAL (1924, mit →Lazare Meerson). Diese frühe Tätigkeit als Filmarchitekt und Graphiker zeigt sich in seinen eigenen Filmen ab 1925-26 in der stilisierten Komposition seiner zur "Neuen Sachlichkeit" neigenden Filmästhetik. A.C. drehte u.a. folgende Filme: LE TRAIN SANS YEUX (1925/26), RIEN QUE LES HEURES (1926), EN RADE, YVETTE, LA P'TITE LILIE, LA JALOUSIE DU BARBOUILLE (alle 1927), LE CAPITAINE FRANCAISE (1928), LE PETIT CHAPERON ROUGE, VOUS VERREZ LA SEMAINE PROCHAINE (alle 1929), TOUTE SA VIE, A CANCAO DO BERCO, A MI-CHEMIN DU CIEL, LES VACANCES DU DIABLE (alle 1930), DANS UNE ILE PERDUE (1931), EN LISANT LE JOURNAL, LE JOUR DU FROTTEUR REVUE MONTNOUS NE FERONS JEMAIS DE CINEMA, LE TRUC DU BRESILIEN, LE MARI GARCON (1931), GORALIE ET CIÉ, PLAISIRS DEFENDUS, TOUR DE CHANT (alle 1933). 1934 holte John Grierson ihn nach England, wo er Dokumentarfilme herstellte. 1939 beauftragte ihn die britische Regierung mit der Leitung des Film-Propagandadienstes. In England arbeitete er bis 1949 ferner als Regisseur und Produzent; anschließend ging er nach Brasilien und gründete die Filmgesellschaft *Vera Cruz* in Sao Paulo; gleichfalls betreute er die Schaffung eines brasilianischen Filminstitutes. Ende 1954 kehrte er nach Europa zurück und arbeitete von da an in Österreich, Rumänien, Italien, Spanien, England und DDR. Er wandte sich in späteren Jahren dann dem kommerziellen Spielfilm zu.

Pierre Charbonnier (1897 Vienne/Isére) studierte Kunst an der École Nationale des Beaux Arts und Academié Ranson, kam 1950 als Zeichner zum Film. P.C. ist Robert Bressons exklusiver Ausstatter: LE JOURNAL D'UN CURÉ DE CAMPAGNE (1950), UN CONDAMMÉ A MORT S'EST ÉCHAPPÉ (1956), PICKPOCKET(1959), LE PROCES DE JEANNE D'ARC (1962), AU HASARD BALTHAZAR (1965), MOUCHETTE (1966), UNE FEMME DOUCE (1968/69), QUATRE NUITS D'UN REVEUR (1970), LANCELOT DU LAC (1973), LE DIABLE PROBABLEMENT (1976).

Mario Chiari (1909 Florenz) studierte Architektur und Bühnenbild, arbeitete für Alessandro Blasetti, Alberto Lattuada, Luchino Visconti in Italien bevor er in Hollywood für Dino de Laurentis Produktionen Erfolg mit Großfilmen wie THE BIBLE (1966), DOCTOR DOLITTLE (1967), THE TOWERING INFERNO (1974), KING KONG II. (1976, mit →Dale Hennessy) hatte. CLAIR DE FEMME (1978), LE GRAND EMBOUTEILLAGE (1978), I VI-TELLONI (1954) zählen zu seinen besten Arbeiten.

Carroll Clark (1894-1968) arbeitete bei *Pathé*, ab 1932 bei *RKO* als Assistent von →Van Nest Polglase; seine letzten Lebensjahre verbrachte er als Trickspezialist im *Walt Disney-Studio*. Filmauswahl: THE MAGIC GARDEN (1927), HELL'S ANGELS (1928-30), A BILL OF DI-VORCEMENT (1932), WHAT PRICE HOLLYWOOD? (1932), HELLS HIGHWAY (1932), MOST DANGE-ROUS GAME (1932), KING KONG (1933, mit Alfred Herman), FLYING DOWN TO RIO (1933), TOP HAT (1935), MARY OF SCOTLAND (1936), SWING TIME (1936), SHALL WE DANCE (1937), CAREFREE (1938), SUSPICION (1941), JOAN OF PARIS (1942), YOUTH RUNS WILD (1944), THE SPANISH MAIN (1945), NOTORIOUS (1946), I REMEMBER MAMA (1948), A WOMAN'S SECRET (1949), WHILE THE CITY SLEEPS (1956), BEYOND A REASONABLE DOUBT (1956), LITTLE PEOPLE (1959), MARY POPPINS (1964).

James Clavell (1924 Sydney) arbeitete als Szenist für Kurt Neumann und John Sturges u.a. in Canada und Australien: THE FLY (1958), GRAND EVASION (1963), TO SIR WITH LOVE (1968), THE LAST VALLEY (1970).

Robert Clavel (1912 Paris) arbeitete als Assistent bei →Leon Barsacq,→Alexandre Trauner von 1942-47; seine Sets zeichnen sich durch elegante Kunsthandwerklichkeit aus: LA VALSE DE PARIS (1949), L'HOMME A L'IM-PERMÉABLE (1957), LE PASSAGE DU RHIN (1960), LA RAISON D'ETAT (1965), *BELLE DE JOUR (1967), *LE CHARME DISCRET DE LA BOURGEO-SIE (1972) und *LE FANTOME DE LA LIBERTÉ (1974). Besonders bei den letzteren Titeln von Luis Bu-nuel* ist R.C.s Dekor/Farbgebung der surrealistischen Optik des Regisseurs entsprechend gut angepaßt.

Ceniero Colasanti (1910 Rom) studierte Architektur in Rom und war als Bühnenbildner bei La Scala (Mailand) und an der römischen Oper tätig bis er 1958 von John Moore zum Film geholt wurde: A FAREWELL TO ARMS (1958), EL CID (1961), 55 DAYS AT PEKING (1963), *THE FALL OF THE ROMAN EMPIRE (1964), A MATTER OF TIME (1976) etc. Anthony Manns* Filme wurden in Studios der Samuel-Bronston-Produc-tions in Madrid gedreht.

Andrea Crisanti (1926) arbeitete vor allem mit Francesco Rosi*: UOMINI CONTRO (1970), *IL CASO MATTEI (1972), *A PROPOSITO DI LUCKY LUCIANO (1973), *CADAVERI ECCELLENTI (1976) und ist einer der wichtigsten "realistischen" Szenaristen im italienischen Kino.

Alberto D'Agostino (1893 New York - 1970 Hollywood) fing seine Karriere als Serienszenarist bei MGM an, war 1930 bei Universal: BLOOD MONEY (1933), I COVER THE WATERFRONT (1933), A WEREWOLF OF LONDON (1935), THE RAVEN (1935), DRACULA'S DAUGHTER (1936), THE INVISIBLE RAY (1936). Der entscheidende Schritt in Dags' - so sein Spitzname - Karriere war der Wechsel zu RKO im Jahre 1936, als er billige B-Pictures und Krimi-/Horrorfilme unter Val Newtons* Diktat ausssstattete: *THE CAT PEOPLE (1942), *I WALKED WITH A ZOMBIE (1943), *THE LEOPARD MAN (1943), THE 7th VICTIM (1943), *GHOST SHIP (1943), THIS LAND IS MINE (1943), *THE CURSE OF THE CAT PEOPLE (1944), *MADEMOISELLE FIFI (1944), *ISLE OF THE DEAD (1945),*THE BODY SNATCHER (1945), *BEDLAM (1946), THE SPIRAL STAIRCASE (1946), NOTORIUS (1946, mit →Carroll Clark), JET PILOT (1950), THE THING (1951), CLASH BY NIGHT (1952), MACAO (1952, mit →Ralph Berger), ANGEL FACE (1952), RUN OF THE ARROW (1957) etc. Verließ *RKO* 1958. Ungeachtet der Qualität der Regisseure dieser Hor-rorserien von *RKO,* ist Dags' Dekor individuell gestaltet, ohne jedoch das Leitbild des Genres zu verlassen. Es ist das Design des Alltags, in geheimnisvolles Licht getaucht, wo das Übernatürliche und Schreckliche hervorkommt.

William Darling (1892 Sandorhaz/Ungarn - 1963 Los Angeles) studierte an der Kunsthochschule in Budapest; emigrierte bereits 1905 nach New York und eröffnete ein Porträtstudio. Begann im Film erst 1923 bei *Fox*. Filmaus-wahl: HER MAD BARGAIN (1921), WHAT PRICE GLORY (1926), PAID TO LOVE (1927), FAZIL (1928), A GIRL IN EVERY PORT (1928), FOUR DEVILS (1928) - nach Motiven von →Robert Herlth und →Walter Röhrig -, *THE BLACK WATCH (1929), CITY GIRL (1930), BAD GIRL (1931), THE YELLOW TICKET (1932), WHILE PARIS SLEEPS (1932), HOOP-LA (1933), CAVALCADE (1933), *PILGRIMAGE (1933), ZOO IN BUDAPEST (1933), *THE WORLD MOVES ON (1934), *STEAMBOAT ROUND THE BEND (1935), *PRISONER OF SHARK ISLAND (1936), LLOYDS OF LONDON (1936), SEVENTH HEAVEN (1937), *WEE WILLIE WINKIE (1937), WAKE UP AND LIVE (1937), IN OLD CHICAGO (1938, mit →Ru-dolph Sternad), JESSE JAMES (1939), STANLEY AND LIVINGSTONE (1939), HANGMEN ALSO DIE (1943), THE SONG OF BERNADETTE (1943), ANNA AND THE KING OF SIAM (1946). W.D. etablierte sich profes-sionell mit einen vom Studio geforderten Eklektizismus - insbesondere in seinem mit einem *AA-Oscar* ausgezeich-neten Dekor zu THE SONG OF BERNADETTE -, doch zeigte sich sein wirkliches Talent in den kleineren Produk-tionen (WHILE PARIS SLEEPS) und in den Filmen von John Ford*.

George Davis (1914 Kokomo/Indiana) studierte Architek-tur an der Universität von Kalifornien; arbeitete bereits ab den 50er Jahren in den Studios von *20th Century-Fox*. Übernahm nach Pensionierung von →Cedric Gibbons die künstlerische Leitung des Studios von *MGM* bis 1959. Zu seinen bekanntesten Arbeiten zählen THE GHOST & MRS. MUIR (1947), ALL ABOUT EVE (1950), THE ROBE (1953), THE EGYPTIAN (1954), FUNNY FACE (1957), THE DAIRY OF ANNIE FRANK (1959), THE TIME MACHINE (1960), HOW THE WEST WAS WON (1962), MUTINY ON THE BOUNTY (1962), POINT BLANK (1967) etc.

Richard Day (1896 Victoria/Canada - 1972 Hollywood) ging 1920 nach Hollywood; war zunächst Assistent bei Erich von Stroheim*, für den er alle Filme ausstattete: *BLIND HUSBANDS (1919), *FOOLISH WIVES (1921), *MERRY-GO-ROUND (1923), *GREED (1924), *THE MERRY WIDOW (1925), *THE WEDDING MARCH (1926), BARDLEYS THE MAGNIFICANT (1926), BEVERLY OF GRAUSTARK (1926), ADAM AND EVIL (1927), THE ENEMY (1927), THE

UNKNOWN (1927), THE STUDENT PRINCE (1927), MR. WU (1927), *THE HONEYMOON (1927), ROSE-MARIE (1928), WICKEDNESS KEDNESSPREFERED (1928), *QUEEN KELLY (1928), THE HOLLYWOD REVUE OF '29 (1929, mit →Cedric Gibbons), THE KISS (1929), ARROWSMITH (1931), STREET SCENE (1931), FRONT PAGE (1931), RAIN (1932), THE KID FROM SPAIN (1932), HALLELUJAH I'M A BUM (1933), ROMAN SCANDALS (1933), THE BOWERY (1933), THE HOUSE OF ROTHSCHILD (1934), THE LAST GENTLEMAN (1934), THE WEDDING NIGHT (1935), BARRY COAST (1935), DARK ANGEL (1935), DODSWORTH (1936), COME AND GET IT! (1936), DEAD END (1937), THE HURRICANE (1937), STELLA DALLAS (1937), THE GOLDWYN FOLLIES (1938), ADVENTURES OF MARCO POLO (1938), DRUMS ALONG THE MOHAWK (1939), HOUND OF THE BASKERVILLES (1939), YOUNG MR. LINCOLN (1939), THE MARK OF ZORRO (1940), THE GRAPES OF WRATH (1940), HOW GREEN WAS MY VALLEY (1941, mit →Nathan Juran), BLOOD AND SAND (1941), WEEKEND IN HAVANA (1941), TOBACCO ROAD (1941), THE BLACK SWAN (1941), THE RAZOR'S EDGE (1946), CAPTAIN FROM CASTILE (1947), FORCE OF EVIL (1949), EDGE OF DOOM (1950), A STREETCAR NAMED DESIRE (1951), ON THE WATERFRONT (1954), SOLOMON AND SHEBA (1959, mit Alfred Sweeney), EXODUS (1960), SOMETHING WILD (1961), GOODBYE CHARLIE (1964), CHEYENNE AUTUMN (1964), GREATEST STORY EVER TOLD (1965, mit William Creber), THE CHASE (1966), VALLEY OF THE DOLLS (1967), BOSTON STRANGLER (1968), TORA! TORA! TORA! (1970) etc. In der über fünfzigjährigen Periode seines Schaffens entwickelte kelte R.D. eine bislang unerreichte Vielfalt architektonischer Ideen und Formen für jedes einzelne Genre im Film. Seine erstaunliche Fähigkeit und Flexibilität zur Selbsterneuerung hat jedoch nichts mit wechselhaften Moden gemein. R.D. war in seinen Ausdrucksmitteln immer Pionier und zusehr von der eigenen, besonderen Individualität geprägt, um jenseits der Heranzüchtung von unmittelbaren Epigonentum schulebildend wirken zu können. Man auch R.D.s Karriere einmal unter diesem Aspekt sehen: seine Ausstattungen waren gleichermaßen synonym mit Gloria Swanson, Lon Chaney, Rudolfo Valentino, Eddie Cantor, Shirley Temple, Henry Fonda, Marlon Brando, Sharon Tate etc.

Jean D'Eaubonne (1903 Talence/Gironde - 1971 Boulogne-Billancourt) studierte beim Bildhauer Bourdelle, wurde aber von →Lazare Meerson bei Pathé geschult; war einer der vielseitigsten Filmrequisiteure; er konnte sich so dem jeweiligen Regiestil unterordnen, daß man annehmen könnte, die Dekorationen von Jean Cocteaus LE SANG D'UN POÉTE (1932) und ORPHÉE (1949) stammen tatsächlich vom Filmregisseur Cocteau selbst! Auch seine puristisch-realen Dekors für Marcel Carné* bzw. die barockschwulstigen Arrangements für Max Ophüls** zeugen von J.D.s Wandelfähigkeit. Filmauswahl: *QUAI DES BRUMES (1938), *JENNY (1936), FAHRENDES VOLK /LES GENS DU VOYAGE (1938), **LA CHARTREUSE DE PARME (1947), LA RONDE (1950), LE PLAISIR (1951), CASQUE D'OR (1952), MADAME D (1953), **LOLA MONTES (1955, mit →Willi Schatz), CRACK IN THE MIRROR (1960), THE BIG GAMBLE (1961).

John DeCuir (1918 San Francisco) studierte an der Chouinard Art School (Los Angeles); war von 1938-49 bei *Universal,* danach *20th Century-Fox.* Gehört zu den routiniertesten Ausstattern für Großfilmprojekte: WHITE TIE AND TAILS (1946), BRUTE FORCE (1947), TIME OUT OF MIND (1947), THE NAKED CITY (1948), CURTAIN CALL (1950), MY COUSIN RACHEL (1952), THE MODEL AND THE MARRIAGE BROKER (1951), THE SNOWS OF KILIMANJARO (1953), CALL ME MADAM (1953), THREE COINS IN THE FOUNTAIN (1954), THERE'S NO BUSINESS LIKE SHOWBUSINESS (1954), DADDY LONG LEGS (1955), THE KING AND I (1956), SOUTH PACIFIC (1958), A CERTAIN SMILE (1958), CLEOPATRA (1963, mit →Hilyard Brown etc.), CIRCUS WORLD (1964), THE AGONY AND THE ECSTASY (1965), THE TAMING OF THE SHREW (1967), THE HONEY POT (1967), HELLO DOLLY (1969), ON A CLEAR DAY YOU CAN SEE FOREVER (1970), THE GREAT WHITE HOPE (1970), MELINDA (1970), ONCE IS NOT ENOUGH (1975), WITH COMPLIMENTS FROM CHARLIE (1979).

Carmen Dillon (1908 London) ist eine der wenigen Frauen in dem Beruf. Nach dem Studium am Londoner Architectural Association arbeitete sie zunächst in verschiedenen Büros, bis sie 1934 als Assistent von →Ralph Brinton bei *Wembley Studios* begann. Set-Dresser oder Ko-Szenarist von →Roger Furse oder →Paul Sheriff bei *Twin Cities* und *Rank Studios* für Laurence Oliviers* Shakespeare-Dramen: *HENRY V. (1944), *HAMLET (1948), *RICHARD III. (1955) bzw. Oscar Wilde-Stücke: THE IMPORTANCE OF BEING EARNEST (1952), IRON PETTYCOAT (1956), oder Harold Pinters THE ACCIDENT (1967). Die Ausstattungsentwürfe von C.D. bedeuteten für sie keine von der Theaterarbeit wesentlich verschiedene Tätigkeit, sondern nur deren Fortsetzung mit anderen Mitteln. Ihre Dekors sind eine Auseinandersetzung mit der Guckkastenbühne, ähnlich wie andere Filmtheaterversuche zu Beginn des Spielfilms (vgl. *Film d'Art*).

Danilo Donati (1926 Suzzara) zählt zu den bedeutendsten und interessantesten Szenikern Italiens. Als Autodidakt kam er als Kostümzeichner von der Oper zum Film, zunächst zu Luchino Visconti, Pier Paolo Pasolini*, Franco Zeffirelli, Federico Fellini**, Gore Vidal und Bernardo Bertolucci. 1968 ist er mit einem *AA-Oscar* für ROMEO UND JULIA (1968) ausgezeichnet worden. Filme: *EPIDO RE (1967, mit →Luigi Scaccianoce), *PORCILE (1969), **SATYRICON (1969, mit →Luigi Scaccianoce, et. al), **FELLINI'S ROMA (1972), **AMARCORD (1974), CALIGULA (1976), **CASANOVA (1976), CALIGULA II. (1980), FLASH GORDON (1980).

Max Douy (1914 Issy-les-Moulineaux/Seine) Bruder von Jacques Douy, war Mitarbeiter von →Claude Autant-Lara, →Jean Perry, →Lazare Meerson, →Alexandre Trauner und Eugene Lourié bevor er freiberuflich arbeitete: LUMIERE D'ÉTÉ (1943), ADIEU LEONARD (1943), *LES DAMES DU BOIS DE BOULOGNE (1945), FALBALAS (1945), LE DIABLE AU CORPS (1947), QUAI DES ORFEVRES (1947), MANON (1948), OCCUPE-TOI D'AMÉLIE (1949), LE ROUGE ET LE NOIR (1954) FRENCH CANCAN (1954), TOPKAPI (1964), LE FRANCISCAN DE BOURGES (1967), CASTLE KEEP (1969), LE MOINE (1972), SECTION SPECIALE (1975) etc. Obwohl er mit Großproduktionen Erfolg hatte, ist seine beste Arbeit immer noch mit Robert

Bresson*. MALEVIL (1980), LES 40es RUGISSANTS (1981) sind neuere Arbeiten.

Hans Dreier (1885 Bremen - 1966 Bernardsville/NJ) studierte Achitektur in München bei Friedrich von Thiersch und Theodor Fischer. War im I. Weltkrieg Hochkommissionar der dt. Kolonien Kamerun & Süd West-Afrika. Stieß 1919 zur Ufa, wo er bis 1923 blieb; folgte schließlich einem Angebot Paramounts nach Hollywood, wo er bis zu seiner Pensionierung 1950 im gleichen Studio blieb. Dekors für Lubitsch* und Sternberg**: DER REIGEN (1920), KURFÜRSTENDAMM (1920), DANTON (1920), PETER DER GROSSE (1923), FRIDERICUS REX-Serien (ab 1922), *FORBIDDEN PARADISE (1924), EAST OF SUEZ (1925), **UNDER-WORLD/UNTERWELT (1927), THE LAST COMMAND (1928), THE DRAG-NET (1928), *THE PATRIOT (1928), **THE DOCKS OF NEW YORK (1928), THE CASE OF LENA SMITH (1929), **THUNDERBOLT (1929), *THE LOVE PA-RADE (1929), **MAROCCO (1930), DISHONORED (1931), AN AMERICAN TRAGEDY (1931), *THE SMILING LIEUTENANT (1931), DR. JEKYLL AND MR. HYDE (1931), LOVE ME TONIGHT (1932), *THE MAN I KILLED (1932), *ONE HOUR WITH YOU (1932), *TROUBLE IN PARADISE (1932), SHANGHAI EXPRESS (1932), *DESIGN FOR LIVING (1933, mit →Ernst Fetgé), SONG OF SONGS (1933), CLEOPATRA (1934), THE SCARLET EMPRESS (1934), CRUSADES (1935), THE DEVIL IS A WOMAN (1935), DESIRE (1936), EASY LIVING (1937, mit →Ernst Fetgé), BLUEBEARD'S 8th WIFE (1944), UNION PACIFIC (1939), MIDNIGHT (1939), BAHAMA PASSAGE (1941), THE GLASS KEY (1942), LADY IN THE DARK (1944), THE EMPEROR WALTZ (1948), SAMSON AND DELILAH (1949), SUNSET BOULEVARD (1950), A PLACE IN THE SUN (1951). H.D. ist mit →Cederic Gibbons von MGM der zweite Doyen der Filmarchitekten in Hollywood der 30er bis 50er Jahre gewesen; sein europäischer "Lubitsch-Touch" oder sein "Sternberg-Glanz" wurden stilbildend für eine Reihe von seinen Schülern, u.a.: →Robert Usher, Michael Haller, Ralph Jester, Ralph Anderson. Vor allem EASY LIVING besticht durch Eleganz im stilreichen Art Déco.

Carlo Egidi (1918 Rom) studierte an der Polytecnico in Rom Architektur. Ausstatter für *Giuseppe DeSantis, Pietro Germi, **Vittorio De Sica und andere italienische Neo-Realisten. **SCIUSIA (1946), *CACCIA TRAGICA (1947), *NON C'E PACE TRA GLI ULIVI (1949), *IL FERROVIERE (1956), *BITTERER REIS (1948), CHASSE TRAGIQUE (1948), **DIVORCE ITALIAN STYLE (1961), *SEDUCED AND ABANDONED (1963) LA NOIA/EMPTY CANVAS (1967), INVESTIGATION OF A CITIZEN ABOVE SUSPICION (1970).

Yevgeni Enei (1890 Österreich-Ungarn - 1971 Leningrad) studierte an der Kunsthochschule in Budapest Malerei und Graphik. Trat 1923 der Sowkino (UdSSR) bei und hatte mit FEKS, geleitet von Grigori Kozintsew und Ilja Trauberg* die Gelegenheit, sechs Filme zu realisieren: *POCHOSHDENIJA OKTJABRINY/DIE ABENTEUER EINES OKTOBERKINDES (1925), *MISCHKI PROTIW JUDENITSCHKA/MISCHKA GEN JUDENITISCH (1925), *TSCHE TOWOKOLELO/DAS TEUFELSRAD (1926), *SCHINJEL/DER MANTEL (1926), SOUIZ VELIKOGO DELA, *BRATISKA/BRÜDERCHEN (1927), S.V.D./DER BUND DER GERECHTEN

SACHE (1927) bevor das Meisterwerk *NOWYJ WAWILON/DAS NEUE BABYLON (1929) entstand. In diesem Film verband sich das biomechanische, exzentrische Schauspiel mit malerischer Ausleuchtung und expressionistisch überhöhten Dekors. Obwohl die Filme realistisch waren, spielte in ihnen das - suggeriert - Dekor eine psychologisch-expressive Rolle. Die starke Symbolik leitet sich über zu dem magischen Realismus ihrer Maxim-Trilogie: *DIE JUGEND MAXIMS (1935), *DIE RÜCKKEHR MAXIMS (1937). Die letzten Filme dieses langjährigen Filmteams waren klassische Bühnenbearbeitungen *DON QUICHOTE (1957), *HAMLET (1964), KATERINA IZMAILOVA (1967), *KÖNIG LEAR (1970), die wiederum "formalistisch" waren.

Léon Ericksen (eig. Joseph Ericson) (1927 Düsseldorf) emigrierte 1933 nach Amerika, arbeitete am Barter Theater (Abingdon, Virginia), danach beim Film; ist bekannt geworden vorallem durch Dekors für Robert Altman*-Filme: WILD ANGELS (1966), PSYCH-OUT (1968), THE SAVAGE 7 (1968), *THAT COLD DAY IN THE PARK (1969), FUTZ (1969), MEDIUM COOL (1969), THE RAIN PEOPLE (1969), *McCABE AND MRS. MILLER (1971), *IMAGES (1972), CINDERELLA PARTY (1973), *CALIFORNIA SPLIT (1974), MAHAGONY (1975), *NASHVILLE (1975), *BUFFALO BILL AND THE INDIANS (1976), *THREE WOMEN (1977) etc. Wenn man alle die Filmausstattungen für Altman, Coppola, Haskell Wexler und drittklassigen Regisseuren wie Richard Rush und Richard Corman auflistet und nach einem gemeinsamen Nenner sucht, so kann man ihn in den schon spezifisch amerikanischen Motiven der 60er Jahre erkennen: Einzelgängertum, Nonkonformismus, Drogenszene, American Dream etc. L.E. ist der vielversprechendste aller derzeit in den Studios arbeitenden Filmarchitekten.

Bernard Evein (1929 Saint-Nazaire/Bordeaux) studierte Malerei an der Akademie in Nantes und kam über Jacques Demy* zum Film, für den er später exklusiv arbeitete. Ausbildung an der IDHEC. Filmauswahl: LES AMANTS (1958, mit →Jacques Saulnier), A DOUBLE TOUR (1959), LES 400 COUPS (1959), ZAZIE DANS LE METRO (1960), CLEO DE 5 A 7 (1961), UNE FEMME EST UNE FEMME (1961), *LA BAIE DES ANGES (1962), LE RENDEZVOUS DE MINUIT (1962), VIE PRIVEE (1962), LE FEU FOLLET (1963), *LES PARAPLUIES DE CHERBOURG (1963), VIVA MARIA (1965), *LES DEMOISELLES DE ROCHEFORT (1966), *LE JOUR DE FLUTE DE HAMELIN (1970), L'AVEU (1970), *LEVENEMENT LE PLUS IMPORTANT DEPUIS QUE L'HOMME A MARCHE SUR LA LUNE (1973), *LADY OSCAR (1978), *LA NAISSANCE DU JOUR (1980), *UNE CHAMBRE EN VILLE (1982), NOTRE HISTORIE (1982). B. E. kam am konsequentesten und am unverfälschesten der Nouvelle Vague nach.

Ernst Fetgé (1900 Hamburg - 1976 Hollywood) mußte Deutschland 1933 verlassen; arbeitete zunächst für Paramount Studios in New York (Astoria), danach in Hollywood; Assistent von →Hans Dreier: DESIGN FOR LIVING (1933), DEATH TAKES A HOLIDAY (1934), MURDER AT THE VANITIES (1934), THE GENERAL DIED AT DAWN (1936), SWING HIGH - SWING LOW (1937), EASY LIVING (1937), COLLEGE SWING (1938), YOU AND ME (1938), *THE LADY EVE (1941), I MARRIED A WITCH (1942), *PALM

BEACH STORY (1942), 5 GRAVES TO CAIRO (1943), *THE GREAT MONUMENT (1944), *THE MIRACLE OF MORGAN'S CREEK (1944), THE UNINVITED (1944), FRENCHMAN'S CREEK (1944), 10 LITTLE NIGGERS (1945), WONDER MAN (1945), I'VE ALWAYS LOVED YOU (1946), SPECTER OF THE ROSE (1946), OUR MERRY WAY (1948), DESTINATION MOON (1950), SUPERMAN AND THE MOLE MAN (1951), THE AMAZING TRANSPARENT MAN (1960), BEYOND THE TIME BARRIER (1960), P.S. I LOVE YOU (1970). E.F. war ein führender Vertreter eines Hollywood-Realismus, der teilweise eklektisch und exzentrische Bühnenarchitekturen schuf, nicht aber um den Preis außerordentlicher funktioneller Nachteile, u.a. für: Preston Sturges*, Ernst Lubitsch, René Clair, Mitchell Leisen, Billy Wilder etc.

Perry Ferguson (1901-1979) verfügte über keinerlei praktische Filmerfahrung, als →Van Nest Polglase ihn als Assistenten zu Orson Welles* CITIZEN KANE (1941) nahm; Filme für RKO: BALL OF FIRE (1942), THE NORTH STAR (1943), BEST YEARS OF YOUR LIVES (1946), KID FROM BROOKLYN (1946), *THE STRANGER (1946), DESERT FURY (1947), A SONG IS BORN (1948) von Howard Hawks und ROPE (1948) von Alfred Hitchcock zählen zu seinen bekanntesten Arbeiten bei MGM.

Edward Fitzgerald (1902-1966) war zeitweilig Luis Bunuels* wichtigster Szenarist, besonders für die sozialkritische Phase in Mexiko: *LOS OLVIDADOS (1950), *LA HIJA DEL ENGANO (1951), *SUBIDA AL CIELO (1952), EL (1953), WICKED WOMAN (1953), *BAIT (1954), THE OTHER WOMAN (1954), *LA ILUSION VIAJA EN TRANVIA (1954), *ABISMOS DE PASION (1954), *ROBINSON CRUSOE (1952-54), *EL RIO Y LA MUERTE (1955), NEW YORK CONFIDENTIAL (1955), EDGE OF HELL (1956), *LA MUERTE EN ESTE JARDIN (1956), THE GREEN-EYED BLONDE (1957), NAZARIN (1959). Ab 1959 war er vorwiegend Regisseur: GO JOHNNY GO (1959), BUSHFIRE (1962), STAGECOACH TO DANCER'S ROCK (1962), LASSIES GREAT ADVENTURE (1963).

Charlotte Fleming studierte an der Kunsthochschule in Weimar Modezeichnen/Bühnenbild; kam übers Theater zum Bavari-Film. TROTTA (1970), CABARET (1972), SCHLANGENEI (1977), FEDORA (1978) als Assistentin von →Rolf Zehetbauer.

Robert Fuest (1927) besuchte die Art School, London Fernsehstudioarbeit; danach freiberuflich für: THE ABMINABLE DR. PHIBES (1971), WUTHERING HEIGHTS (1974), FINAL PROGRAMME: THE LAST DAYS OF MAN ON EARTH (1974), TIME BANDITS DEVIL'S RAIN (1976).

Leland Fuller (1899 Riverside/Kalifornien - 1957 Hollywood) war als freiberuflicher Architekt tätig bevor er 1942 auf Drängen von Otto Preminger* zu 20th Century-Fox kam: *LAURA (1943/44), *FALLEN ANGEL (1946), *CENTENNIAL SUMMER (1946), THE DARK CORNER (1946), *THE FAN (1949), *WHIRLPOOL (1950), HELL AND HIGH WATER (1954), DESIREE (1954), WILL SUCCESS SPOIL ROCK HUNTER? (1957). Partner von →Lyle Wheeler.

Roger Furse (1903-1972 Korfu) erhielt seine Ausbildung in Eton; Slade School of Art, London; lebte fünf Jahre in New York als Porträtmaler; Bühnenentwürfe für "Old Vic" in London, bevor er für Laurence Oliviér* arbeitete:

*OLD MAN OUT (1947), *HAMLET (1948), *IVANHOE (1952), *RICHARD III. (1955), PRINCE AND THE SHOWGIRL (1957), *ST. JOAN (1957), BONJOUR TRISTESSE (1958), THE ROAD TO HONG KONG (1962). Bildete auch →Carmen Dillon fürs Filmtheater aus.

Fred Gabourie begann schon sehr früh bei Biograph unter Buster Keaton* zu arbeiten: TOUR HOSPITALITY (1923), THREE AGES (1923), *SHERLOCK JUNIOR (1924), *THE NAVIGATOR (1924), SEA HAWK (1924), *SEVEN CHANCES (1925), *THE GENERAL (1926), STEAMBOAT BILL, JR. (1928), *THE CAMERAMAN (1928), sowie sämtliche Kurzfilme: *ONE WEEK (1920), *PALEFACE (1921), COPS (1922), *THE ELECTRIC HOUSE (1922), *DAY DREAM (1922) etc. Wie Keatons Niedergang sich mit dem Tonfilm vollzog sich auch F.G.s Schicksal. Es scheint, daß es keine zuverlässigen Unterlagen über F.G. mehr gibt.

Hans Gailling (1928 München) studierte Malerei an der Münchner Akademie bei Carl Caspar und Bühnenbild bei Prof. Praetorius; Lehr- und Wanderjahre in London, Paris. Erste Theatererfahrung ebd. H. G. erregte Aufmerksamkeit zuerst mit Hans W. Geißendörfer*-Verfilmungen: *JONATHAN (1970), LENZ (1971), STERNSTEINHOF (1976), *DIE WILDENTE (1976) u.a. Profil zeigen seine heimatlich-bäuerlichen Dekors, und bei Syberbergs HITLER - EIN FILM AUS DEUTSCHLAND (1977) die z.T. surrealistischen Nachbauten.

Mario Garbuglia (1927 Fontespina/Macerata) genoß nur eine kurze und unsystematische Ausbildung als Bühnenbildner bevor er zu Cinecitta kam; Assistent von →Mario Chiari. Sein Ruhm begründete sich vor allem seit Luchino Viscontis* Filmen: A FAREWELL TO ARMS (1957), LA GRANDE GUERRA (1959), *ROCCO E I SUOI FRATELLI (1960), eine Episode aus *IL LAVORO (1961), *IL GATTOPARDO (1962), *VAGHE STELLA DELL'ORSA (1964), *LO STRANIERO (1967), BARBARELLA (1967, mit Jean-Claude Forest), WATERLOO (1970), VALDEZ (1973), *GRUPPO DI FAMIGLIA IN UN INTERNO (1974), POLVERE DI STELLE (1975), *L'INNOCENTE (1976), ORCA (1977) etc. M.G.s Arbeiten sind entsprechend dem Verismus der Film-Inhalte dezent in Farbe und Formgebung, größtmögliche Wirkung mit minimalistischen Mitteln.

Robert-Jules Garnier (1883 Sevres/Seine et Oise 1952?), Altmeister der französischen Filmausstatter, wirkte als Schüler von Amable als Dekorist beim Theater seit 1905; Chefausstatter bei Gaumont 1906-38; ab 1939 selbständig und ab 1951 in Ruhestand. Arbeitete von 1912-14 ausschließlich für Jean Durand, Louis Feuillade*, Marcel L'Herbier. Filmauswahl: *FANTOMAS (1913), *FILMS HISTORIQUES-SÉRIE (1913), *DRAMES DIVERS-SERIE (1914), *LES VAMPIRES (1915), *DRAMES DIVERS-SERIE (1916), *JUDEX (1916), *LA NOUVELLE MISSION DE JUDEX (1917), *BARRABAS (1919), *BELLE HUMEUR-SÉRIE (1919),L'ENGRENAGE (1919), *L'ENIGME (1919), *L'HOMME SANS VISAGE (1919), *LE NOCTURNE (1919), HUMEUR-SÉRIE (1920), *LES DEUX GAMINES (1920),*L'ORPHELINE (1920), *PARISETTE (1920), ELDORADO (1921), LA FEMME DE NULLE PART (1921), FIEVRE (1921), L'HOMME DU LARGE (1921), VILLA DESTIN (1921), *LE FILS DU FLIBUSTIER (1922), LA HIRE, VALT DE COEUR (1922), *LA REVENANTE (1922), *LA GAMIN DE PARIS (1923), *LA GOSSELI-

NE (1923), *L'ORPHELIN DE PARIS (1923), *VIN-DICTA (1923), *RUNE FILLE BIEN GARDEE (1924), *LUCETTE (1924), *PIERROT-PIERRETTE (1924), *LE STIGMA (1924), DON JUAN ET FAUST (1925), NANA (1925), MARQUITTA (1927), GANGSTER MALGRÉ LUI (1935), MARIA DE LA NUIT (1936), LE CAFÉ DU PORT (1939), L'EMIGRANTE (1939), LE FEU DE PAILLE (1939), LA GRANDE MEUTE (1944), LE PeRE SERGE (1945), ANTOINE ET AN-TOINETTE (1946), LE CHANTEUR INCONNU (1946), L'IDOLE (1947), L'IMPECCABLE HENRI (1948), RENDEZ-VOUS DE JUILLET (1949)

Norman Bel Geddes (1893 Adrian/Michigan - 1958 New York) bildete sich selbst zum Bühnenbildner aus. Er leiste-te als *industrial designer* Pionierarbeit und war maßgeblich an der Entwicklung des "Streamline" beteiligt. Bis 1928 war er vorwiegend Bühnenarchitekt, u.a. für Max Reinhardt und das Barnsdal Theater bevor er sein eigenes Büro leitete (1928-58). Beschäftigt bei Laemmles *Universal*-Studios: FEET OF CLAY (1924), JEANNE D'ARC (1925), SORROWS OF SATAN (1926) und einige unrea-lisierte Filmprojekte für *Paramount*. Der Nachlaß bezeugt Arbeiten für das Roxy-Movie Theater in New York und 8mm Privatfilme seiner Architekturprojekte und Bauten der New Yorker Weltausstellung (1939).

Piero Gherardi (1909 Poppi/Arezzo - 1971 Rom), Autodi-dakt, begann bei *Cinecitta* im Jahre 1946. Mitarbeiter von Pontecorvo, Mario Monicelli, Sidney Lumet; besonders berühmt sind seine Dekorationen für den frühen Federico Fellini*: EUGENIA GRANDET (1946), SENZA PIETA (1948), ANNI FACILI (1953), Episode aus *L'AMORE IN CITTA (1953), *I VITTELONI (1954), *LE NOTTI DI CABIRIA (1956), IL SOLITI IGNOTI (1958) KAPO (1959), *LA DOLCE VITA (1959, mit Giorgio Giovanni-ni) *BOCCACIO '70 (1961),*OTTE E MEZZO/8 1/2 (1962), LA RAGAZZA DI BUBE (1963), 'GIULETTA DEGLI SPIRITI (1965), L'ARMATA BRANCALEONE (1965), THE APPOINTMENT (1969), INFANZIA, VO-CAZIONE E PRIME ESPERIENZE DI CASANOVE VENEZIANO (1969), QUEIMADA! (1970), *FELLI-NI'S ROMA (1972, mit →Danilo Donati).

Cedric Gibbons (1893 Brooklyn - 1960 Hollywood) als Ar-chitekt Autodidakt, bereiste Europa (England), danach Studium am Art Students League in New York, trat im Ar-chitekturbüro seines Vaters ein, bevor er als Assistent zu →Hugo Ballin im *Edison Studio,* New York ging. Er arbei-tete für *Goldwyn* seit 1915 und baute fast eigenhändig das *MGM*-Studio in Hollywood ab 1924 auf. War als Chefdesi-gner für alle Filme von *MGM* verantwortlich, wenn nicht immer beteiligt, so drückte er doch den Produktion seines riesigen Stabes, bestehend aus →William Cameron Menzies, →Arnold A. Gillespie und William Horning, ein-deutig seinen Stempel auf. Selten gab er sich her, die Ent-würfe seiner Mitarbeiter zu nur signieren, sondern verfaß-te alle wesentlichen Teile selbst. Filmauswahl: TARZAN OF THE APES (1918), RETURN OF TARZAN (1920), BEN HUR (1925), THE STUDENT PRINCE (1927), THE BIG CITY (1928), THE HOLLYWOOD REVUE OF '29 (1929), HALLELUJAH, THE BRIDGE OF SAN LUIS REY (1929), OUR MODERN MAIDENS (1929), GRAND HOTEL (1932, mit →Alexander Toluboff), KONGO (1932), THE MERRY WIDOW (1934, mit → Gabriel Scognamillo et.al.), DAVID COPPERFIELD (1935, mit Merril Pye), BORN TO DANCE (1936), ROMEO AND JULIET (1936, mit Oliver Messel), FURY

(1936, mit William Horning), THE GREAT ZIEGFELD (1936), CAMILLE (1937), CONQUEST (1937), CAP-TAINS COURAGEOUS (1937, mit →Arnold A. Gille-spie), MARIE ANTOINETTE (1938), GIRL OF GOLDEN WEST (1938), GIRL CRAZY (1943), LITTLE WOMEN (1949), JULIUS CAESAR (1953, mit Edward Carfagno), THE BLACKBOARD JUNGLE (1955, mit Randall Duell). Mit seinen 8 *AA.-Oscars* und insgesamt 37 Nominierungen ist C.G. der "Star" unter den amerikani-schen Filmarchitekten. Angeblich soll auch der Entwurf der Oscar-Statue von C.G. stammen. Mitglied der Holly-wood Hall of Fame, sein Name steht als einziger von den Bühnenbildnern am Gehsteig des Graumann Chinese Theater am Sunset Strip verewigt.

Arnold A. Gillespie (1899 El Paso) studierte an der New Yorker Art Students League und an der Columbia Univer-sität. Ging anschließend zu Paramount bzw. zu Cecil DeMille: MANSLAUGHTER (1922). Wechselte 1924 zu MGM, wo er bis zum Ruhestand blieb. Zunächst Assistent von →Cedric Gibbons, ab 1936 als Trickspezialist bei MGM: BEN HUR (1925), LA BOHEME (1926), LONDON AFTER DARK (1927), THE CROWD (1928), ESKIMO (1933), TARZAN-Serien (1932ff), MUTNITY ON THE BOUNTY (1935), CAPTAINS COURAGEO-US (1936), danach nur mehr Spezialeffekte u.a. für THE WIZARD OF OZ (1939), SECONDS OVER TOKYO (1944), FORBIDDEN PLANET (1956), BEN HUR (1956), ATLANTIS, THE LOST CONTINENT (1960), MUTNITY ON THE BOUNTY (1962).

William Glasgow (1906-1972) machte sich in den 50er Jahren einen Namen als Ausstatter für Robert Aldrichs* routinemäßig inszenierten B-Thriller und Westernfilme: *WORLD FOR RANSOM (1954), *KISS ME DEADLY (1955), *ATTACK! (1956), TIMBUKTU (1958), THE FOUR SKULLS OF JONATHAN DRAKE (1956), *WHATEVER HAPPENED TO BABY JANE? (1962), *FOUR FOR TEXAS (1963), *HUSH HUSH, SWEET CHARLOTTE (1964), *THE FLIGHT OF THE PHOENIX (1966), THE LEGEND OF LYLAH CLARE (1968), *THE KILLING OF SISTER GEORGE (1968), *ULZANA'S RAID (1972). Das nervenzerrende Melo-dram um BABY JANE und der Psychothriller SWEET CHARLOTTE dienten hauptsächlich als Vehikel der Aldrich-Heroinen Betty Davis, Joan Crawford, Olivia de Havilland, trotzdem zeigt das Dekor eine Reihe von goti-schen Verschlüsselungen, die den Geschichten neben ihrer schauspielerischen Glanzleistung eine erschreckende ken-deDimension geben,

Rochus Gliese (1891 Berlin - 1978 Ebd.) studierte Malerei am Kunstgewerbemuseum Berlin, war Mitglied des Rein-hardt-Ensembles mit Paul Wegener*. Ernst Lubitsch und F.W.Murnau**; nach Theaterinszenierungen für Paul Wegener kam er durch ihn zum Film. Der sowohl als Film-architekt als auch als expressionistischer Regisseur arbei-tende R.G. schuf Dekorationen für: *DER GOLEM (1914), RÜBEZAHLS HOCHZEIT (1916), *DER RAT-TENFÄNGER VON HAMELN (1916),*DER YOGI (1916), *DER GOLEM UND DIE TÄNZERIN (1917), DIE FUSSPUR (1917), MALARIA (1919), DER VELO-RENE SCHATTEN (1921), **DER BRENNENDE ACKER (1922), **DIE AUSTREIBUNG (1923), **DIE FINANZEN DES GROSSHERZOGS (1923), **DER LETZTE MANN (1924), **SUNRISE (1927).R.G.s Ge-staltungen verliehen den Märchen- und Sagenfilmen Paul Wegeners und den Melodramen F.W.Murnaus einen Zug ins Phantastische. Nach 1945 bei *DEFA* in Babelsberg: HANNAAMON (1951), DER POLTERABEND (1955), FIDELIO (1956).

Alexander Golitzen (1907 Moskau) emigrierte 1923 nach Amerika; studierte Architektur an der University of Wisconsin, begann als Zeichner bei *MGM*, ab 1954 bei *Universal*: THE CALL OF THE WILD (1935), THE HURRICANE (1937), FOREIGN CORRESPONDENT (1940, mit →William Cameron Menzies, Richard Irvine), SUNDOWN (1941), THAT UNCERTAIN FEELING (1941), THE PHANTOM OF THE OPERA (1943), SCARLET STREET (1945), THE MAGNIFICENT DOLL (1946), LETTER FROM AN UNKNOWN WOMAN (1948), BAGDAD (1949), ALL I DESIRE (1953), THIS ISLAND EARTH (1955, mit →Richard Riedel), WRITTEN ON THE WIND (1956), TARNISHED ANGELS (1957), IMITATION OF LIFE (1959), SPARTACUS (1960), TAMMY TELL ME TRUE (1961), FLOWER DRUM SONG (1961), BACK STREET (1961), TO KILL A MOCKINGBIRD KINGBIRD(1963), THROUGHLY MODERN MILLIE (1967), COOGAN'S BLUFF (1968), THE FORBIN PROJECT (1970), SLAUGHTERHOUSE FIVE (1972), EARTHQUAKE (1974, mit →Preston Ames, SPFX). A.G.s Modelle der Zukunftsstadt Metaluna in THIS ISLAND EARTH bestechen vor allem durch ihren visuellen Reichtum. Es war einer der wenigen Versuche, die obsessive Welt der Monster-Filme zu verlassen, um einen kreativeren und prospektiven Blick auf die Zukunft zu schaffen.

John Goodman (1901 Denver) studierte Architektur, ging dann von 1920-43 zu *Paramount*; anschließend zu *Universal* als Assistent von →Alexander Golitzen; ab 1949 wieder zu *Paramount*: IT'S A GIFT (1934), WELLS FARGO (1937), IF I WERE A KING (1938), FRANKENSTEIN MEETS WEREWOLF (1943), FLESH AND FANTASY (1943), SHADOW OF A DOUBT (1943), THE PHANTOM OF THE OPERA (1943, mit →Alexander Golitzen), THE CLIMAX (1944), COBRA-WOMAN (1944), THE FROZEN GHOST (1945), GOOD SAM (1948), THE GREAT MISSOURI RAID (1950), TROUBLE WITH HARRY (1955), THE MOUNTAIN (1956), HOUSE-BOAT (1958).

Stephan Goosson (1893 Grand Rapids/Michigan - 1973) eröffnete nach seinem Architekturstudium an der Syracuse Universität (New York) sein eigenes Büro in Detroit von 1915-19. Nach Mitarbeit in verschiedenen Studios von *Mary Pickford, Cecil DeMille, Jesse Lasky, Frank Lloyd* und schließlich *Fox*, ließ er sich endgültig bei *Columbia* nieder. Filmauswahl: LITTLE LORD FAUNTLEROY (1921), OLIVER TWIST (1922), THE HUNCHBACK OF NOTRE DAME (1923, mit E.E.Sheeley), THE SEA HAWK (1924), THE PATENT LEATHER KID (1927), THE WRECK OF THE HESPERUS (1927), SKYSCRAPER (1928), WILD COMPANY (1930), JUST IMAGINE (1930), MOVIETONE FOLLIES OF '30 (1930), AMERICAN MADNESS (1932), CRIME AND PUNISHMENT (1935), THE BLACK BOOM (1935), PENNIES FROM HEAVEN (1936), THE LOST HORIZON (1937), THE AWFUL TRUTH (1937), THE LITTLE FOXES (1941), TONIGHT AND EVERYNIGHT (1945), GILDA (1946, mit →Van Nest Polglase), THE LADY FROM SHANGHAI (1946/48), DEAD RECKONING KONING(1947). Berühmt wurde S.G. durch seine phantastischen Art Déco-Sets für das New York der Zukunft im Science Fiction-Musical JUST IMAGINE von David Butler, seinen "Shangri-La-Palast" in LOST HORIZON von Frank Capra, für das Spiegelkabinett in der berühmten Schlusequenz in THE LADY FROM SHANGHAI von Orson Welles, die sich alle durch ihr idesynkratisches Panorama der modernen Gesellschaft auszeichnen.

Albin Grau war Maler und Spiritist; arbeitete als Maler in seiner Heimatstadt Prag bevor er nach Berlin ging. Kam durch F.W.Murnau* zum Film: *NOSFERATU (1922), SCHATTEN (1923), PIETRO, DER KORSAR (1925), HAUS DER LÜGE (1926). A.G.s Kunstnatur in NOSFERATU war einmalig.

Paul Groesse (1906 Österreich-Ungarn) studierte von 1928 bis 1930 Architektur an der Yale University, New Haven. 1930 gründete er sein eigenes Büro in Chicago; als Ausstatter bei *MGM* für Historienfilme des 19. Jahrhunderts pflegte er einen reinen, orthodoxen neo-klassizistischen Stil. Als Assistent von →Cedric Gibbons zeigen seine Ausstattungen einen eleganten Historismus mit märchenhaft romantischer Wirkung: THE FIREFLY (1937), CONQUEST (1937), THE GREAT WALTZ (1938), MADAME CURIE (1943), LASSIE COME HOME (1943), VALLEY OF DECISION (1945), THE YEARLING (1946), LITTLE WOMEN (1949), ANNIE GET YOUR GUN (1950), KING SOLOMON'S MINES (1950), THE MERRY WIDOW (1952), THE CATERED AFFFAIR (1956), BYE BYE BIRDIE (1963).

Anton Grot (eig. Antocz Franziszek Groszewski) (1884 Krakau - 1974 Hollywood) absolvierte die Kunsthochschule Krakau und Königsberg, emigrierte 1909 in die Vereinigten Staaten und arbeitete bei Sigmund Lubin von 1913-17. Arbeit bei Louis Gasnier, George Fitzmaurice bei *Eclair-Pathé*. Auf Einladung Douglas Fairbanks' ging A.G. 1922 nach Hollywood zu *Universal*, dann *DeMille-Studios*, ab 1927 bis zur Pensionierung bei *Warner Brothers*. Arbeitete für die bedeutendsten Regisseure ihre Zeit: Max Reinhardt, Wilhelm (William) Dieterle, William Wyler, Michael Curtiz*, Archie Mayo, William Wellmann, Vincente Minnelli u.a. Filmauswahl: THE MOUSE AND THE LION (1913), ARMS AND THE WOMAN (1917), THE SEVEN PEARLS (1918), THE NAULAHKA (1918), BOUND AND GAGGED (1919), VELVET FINGERS (1920), TESS OF THE STORM COUNTRY (1922), THE THIEF OF BAGDAD (1924, mit →William Cameron Menzies), DON Q, SON OF ZORRO (1925), THE ROAD TO YESTERDAY (1925), THE VOLGA BOATMAN (1926, mit →Mitchell Leisen), THE KING OF KINGS (1927, mit →Mitchell Leisen), WHITE GOLD (1927), THE BARKER (1928), SHOW GIRL (1928), THE SMILING IRISH EYES (1929), *NOAH'S ARK (1929), LILIES OF THE FIELDS (1930), SONG OF THE FLAME (1930), NO, NO, NANETTE (1930), SURRENDER (1931), BODY AND SOUL (1931), SVENGALI (1931), LITTLE CAESAR (1931), *THE MAD GENIUS (1931), *ALIAS THE DOCTOR (1932), *DR. X (1932), SCARLET DAWN (1932), TWO SECONDS (1932), BIG CITY BLUES (1932), HATCHET MAN (1932), FOOTLIGHT PARADE (1933), *THE MYSTERY OF THE WAX MUSEUM (1933), *MANDALAY (1934), *BRITISH AGENT (1934), THE FIREBIRD (1934), *CAPTAIN BLOOD (1935), BRIGHT LIGHTS (1935), DR. SOCRATES (1935), GOLDDIGGERS OF '35 (1935), A MIDSUMMER NIGHT'S DREAM (1935), WHITE ANGEL (1936), ANTHONY ADVERSE (1936), *STOLEN HOLIDAY (1937), CON-

FESSION (1937), THE LIFE OF EMILE ZOLA (1937), TOVARICH (1937), THE GREAT GARRICK (1937), *THE PRIVATE LIVES OF ELIZABETH AND ESSEX (1939), JUAREZ (1939), A DISPATCH FROM REUTER'S (1940), *THE SEA HAWK (1940), *THE SEA WOLF (1941), *CASABLANCA (1942), THANK YOUR LUCKY STARS (1943), RHAPSODY IN BLUE (1945), *MILDRED PIERCE (1945), DECEPTION (1946), *THE UNSUSPECTED (1947), POSSESSED (1947), THE SECOND MRS. CARROLLS (1947), NORA PRENTISS (1947), JUNE BRIDE (1948), *ROMANCE ON THE HIGH SEAS (1948), ONE SUNDAY AFTERNOON (1948), BACKFIRE (1950). A.G. begann seine Karriere in Hollywood, noch ehe die Filmindustrie auch die künstlerische Arbeit nach dem Prinzip der Arbeitsteilung zu organisieren begann, weshalb er sich viele Freiheiten erlaubte. Wenn auch vieles an seinem Werk außerordentlich solid in Form und Struktur ist, so ist es doch häufig unbefangen, reizlos und gelegentlich oberflächlich in der Ausführung. Nachdem er anfangs unter dem Einfluß des deutschen Expressionismus gestanden hatte, endete A.G.s Schaffen in modischer, leicht exotischer, "show"-artiger Dekorvorrichtungen ohne Tiefe oder expressionistische Qualitäten. A.G. wurde zum Exponent eins elegant-sicheren Monumentalismus, den Hollywood später sich zu eigen gemacht hatte und zu jener erschreckenden kendenSterilität des etwas antiquierten Studiosystems führte.

Artur Günther (1893 Potsdam) studierte Malerei an der Berliner Kunsthochschule; ab 1916 bei *Bioscop* und ab 1918 bei *Ufa* als Kulissenmaler und Bühnenbildner. A.G. arbeitete auch in Wien, Budapest und Prag bei *Tobis, Ufa* und *Terra*. 1948-62 in den *DEFA* Studios/Ostberlin. Filmauswahl: DER HERR DER WELT (1917), WENN TOTE SPRECHEN (1917), ALRAUNE, DIE HENKERSTOCHTER (1918), IKARUS (1918), DIE ERBIN DES GRAFEN MONTE CHRISTO (1919), ICH KLAGE AN (1919), MANON LESCAUT (1919), DES TEUFELS ADVOCAT (1920), HEXENGOLD (1920), SPIRITISMUS (1920), DIE BEUTE DES ERINNYEN (1921), DIE HEXE (1921), DAS MEDIUM (1921), OPFER DER LIEBE (1921) etc.

Robert Gys (eig. Gigault) (1901 Asni Éres/Seine) arbeitete als Assistent von →Rob Mallet-Stevens bevor er für Rene Clairs* frühe, heute vergessenen Filme ausführte: *LE FANTOME DU MOULIN ROUGE (1924), *LE VOYAGE IMAGINAIRE (1925). Zählt mit seinen Dekors in PRIX DE BEAUTE (1930), L'AGONIE DES AIGLES (1933), MADAME DUBARRY (1934), PASTEUR (1935), BONNE CHANCE (1935), LE MOT DE CAMBRONNE (1936), CARMEN (1942), FANFAN DE LA TULIPE (1952), LUCRECE BORGIA (1952) etc. zum etwas verstaubten Requisit des ehrenwerten französischen "Kino der Tradition". Nach dem II. Weltkrieg arbeitete er in den *Billancourt-Studios*. Ausstattungen für Marcel L'Herbiers Filme: LA ROUTE IMPERIALE (1930), VEILLE D'ARMES (1935), LES HOMMES NOUVEAUX (1936), FORFAITURE (1937), HISTORIE DE RIRE (1941), LA RÉVOLTÉE (1947) brachten ihm den Ruf eines "Avantgardisten" ein.

Robert Haas (1887 Newark/New Jersey - 1962 Hollywood) absolvierte sein Architekturstudium an der University of Pennsylvania in Philadelphia; praktizierender Architekt von 1912-20; *art manager* für *Players Lasky* 1920-22; *Inspiration Pictures* (New York) 1922-24; übersiedelte 1927 nach Hollywood um für *Fox* und anschließend bei *Warner* zu arbeiten (1929-50). Ausstatter für viele Henry King*-Filme: THE COPPERHEAD (1919), DR. JECKYL AND MR. HYDE (1920), *FURY (1922), WHITE SISTER (1923), *ROMOLA (1924), SACKCLOTH AND SCARLET (1925), *SHE GOES TO WAR (1929), *HELL HARBOR (1930), *MERELY MARY ANN (1931), THREE ON A MATCH (1932), BUREAU OF MISSING PERSONS (1933), LADY KILLER (1933), THE KEY (1933), A MODERN HERO (1934),PAGE MISS GLORY (1935), THE STORY OF LOUIS PASTEUR (1936), BLACK LEGION (1937), THE PRINCE AND THE PAUPER (1937), JEZEBEL (1938), ANGELS WITH DIRTY FACES (1938), DARK VICTORY (1939), THE OLD MAID (1939), CITY OF CONQUEST (1940), THE MALTESE FALCON (1941), STRAWBERRY BLONDE (1941), IN THIS OUR LIFE (1942), NOW, VOYAGER (1942), EDGE OF DARKNESS (1943), UNCERTAIN GLORY (1944), A STOLEN LIFE (1946), LIFE WITH FATHER (1947), JOHNNY BELINDA (1948), BEYOND THE FOREST (1949), THE GLASS MENAGERIE (1950), THE DAMNED DON'T CRY (1950).

Karl Hacker (1890 Berlin - 1945 Ebd.), Maler und Theaterkulissenbildner bei *Wien-Film, Tobis*, und *DEFA*-Studios.

Charles D. Hall (1888 Norwich - 1959 Hollywood) verließ 1908 England und ging nach Kanada, später nach Hollywood; begann als Theaterausstatter, wechselte aber bald zu *Universal* wo er für Charlie Chaplin**, Hal Roach (Stan & Olli) und vor allem für James Whale* (Horrorfilm-Klassiker) und Paul Leni arbeitete: THE LYING TRUTH 1922, **GOLD RUSH (1925), **THE COHENS AND THE KEYS (1926), THE CAT AND THE CANARY (1927), THE MAN WHO LAUGHS (1928, mit →Joseph Wright), BROADWAY (1929), THE CIRCUS (1929), ALL QUIET ON THE WESTERN FRONT (1930), **CITY LIGHTS (1930), *FRANKENSTEIN (1931, mit Herman Rosse), DRACULA (1931), *THE OLD DARK HOUSE (1932), *BY CANDLE LIGHT (1933), *THE INVISIBLE MAN (1933), LITTLE MAN, WHAT NOW? (1935), *THE BRIDE OF FRANKENSTEIN (1935), *SHOWBOAT (1936), **MODERN TIMES (1936), *THE ROAD BACK (1937), CAPTAIN FURY (1939), ONE MILLION B.C. (1940), NOT WANTED (1949), THE VICIOUS YEARS (1950), RED PLANET MARS (1952) etc. 1958 ging er in Pension. C.H.s Name ist stellvertretend für das Horrorfilm-Genre. Er gab den zumeist B-Filmen mit seinen expressionistischen Dekor- und Bauelementen ihren - heute eher unfreiwillig komischen - unverwechselbaren Stil. Die verwinkelte Architektur des Spukhauses mit verfallenen großen Stiegen, verborgenen "lieu de repos" gehört heute jedoch zum selbstverständlichen Requisit des Genres.

Walter L. Hall ist berühmt allein wegen seiner phantastisch-stilisierten Dekors für D.W.Griffiths INTOLERANCE (1915, mit →Frank Wortman), nämlich für die aufwendige und phantasievolle Rekonstruktion Babylons. Arbeitete fortan für D.W.Griffiths Firma *Triangle*.

Daniel Haller (1929 Los Angeles) ist Ausstatter der Billigfilme von Roger Corman*, die mit den gleichen Dekorationen und nach immer gleichbleibenden stilistischen Prinzipien gedreht wurden: *WAR OF THE SATELLITES (1958), *MACHINE GUN KELLY (1958), *A BUCKET OF BLOOD (1959), *THE HOUSE OF USHER (1960),

*LITTLE SHOP OF HORRORS (1960) *THE PIT AND THE PENDULUM (1961), *THE PRENATURE BURIAL (1962), *THE RAVEN (1963), *THE TERROR (1963), *X - THE MAN WITH THE X-RAY EYES (1963), *THE MASQUE OF THE RED DEATH (1965). Wie sich Regisseur Roger Corman parodistisch zu seinen Quellen (E.A.Poe) verhält, so entsprechend humorvoll sind die exzentrischen Ideen von D.H. in *DIE MONSTER DIE (1967), *THE DEVIL'S ANGELS (1968),*THE WILD RACERS (1968), PADDY (1970), DUNWICH HORROR (1970), PIECES OF DREAMS (1970).

Emil Hasler (1901 Berlin) studierte Bühnenbild an der königlichen Kunsthochschule in Berlin, seit 1919 arbeitete er im Film; nach dem II. Weltkrieg bei der *DEFA* in Babelsberg, seit 1962 in Westberlin und ab 1966 im Ruhestand. Filme: DIE BERÜHMTE FRAU (1927), DIE FRAU IM MOND (1929), TAGEBUCH EINER VERLORENEN (1929), DER BLAUE ENGEL (1930), M - MÖRDER UNTER UNS (1931), SCHATTEN DER UNTERWELT (1931), DAS MILLIONENTESTAMENT (1932), DAS LIED VOM GLÜCK (1932), DAS TESTAMENT DES DR. MARBUSE (1933), ABSCHIEDSWALZER (1934), DER LETZTE WALZER (1934), PECHMARIE (1934), PYGMALION (1935), STRADIVARI (1935), AVE MARIA (1936), DER FAVORIT DER KAISERIN (1936), FIAKERLIED (1936), DAS SCHLOSS IN FLANDERN (1936), LUMPAZIVAGABUNDUS (1937), MANEGE (1937), DIE FRAU AM SCHEIDEWEG (1938), TRAUMMUSIK (1940), DIE 3 CODONAS (1941), JUNGENS (1941), MÜNCHHAUSEN (1943), NORA (1944), TRÄUMEREI (1944), DER STUMME GAST (1945), 4 TREPPEN RECHTS (1945) etc. Nach 1945: DIE HEXE (1954), EIN MÄDCHEN AUS FLANDERN (1956), DAS TOTENSCHIFF (1959), DIE GROSSE REISE (1961), DIE SCHNEEKÖNIGIN (1964).

Ted Haworth begann bei *United Artists*: STRANGERS ON A TRAIN (1951), INVASION OF THE BODY SNATCHERS (1956), THE FRIENDLY PERSUASION (1956), SAYONARA (1957), THE GODDESS (1958), I WANT TO LIVE (1958), SOME LIKE IT HOT (1959), PÉPÉ (1960), THE LONGEST DAY (1962, zusammen mit → Vincent Korda, → Léon Barsacq), WHAT A WAY TO GO (1964), SECONDS (1966), THE PROFESSIONALS (1966), THE GETAWAY (1972), JEREMIAH JOHNSON (1972), PAT GARRETT AND BILLY THE KID (1973), HARRY AND TONTO (1974), CLAUDINE (1974) etc.

Dale Hennessy (1926 Washington DC) ging an die School of Allied Arts (Abt. Film/TV) in Glendale; danach zu *20th Century-Fox* als Zeichner für Filmmusicals u.a.: THE KING AND I, SOUTH PACIFIC, bevor er selbst Bühnenausstattungen für UNDER THE YUMYUM TREE (1963), GOOD NEIGHBOUR SAM (1964), FANTASTIC VOYAGE (1966), IN LIKE FLINT (1967), ADAM AT 6. AM (1970), DIRTY HARRY (1970), EVERYTHING YOU ALWAYS WANTED TO KNOW ABOUT SEX (1972), A TIME TO RUN (1972), BATTLE OF THE PLANET OF APES (1973), YOUNG FRANKENSTEIN (1974), LOGAN'S RUN (1976), KING KONG (1976, mit → Mario Chiari).

Al Herman (eig. Adam H. Foelker) (1894 Troy/NY - 1967) begann seine Karriere 1913 bei Cecil DeMille und wechselte ca. 1930 zu *RKO*: KING KONG (1930, mit → Carroll Clark), SONG OF KONG (1933), ANNE OF GREEN GABLES (1934), ROOM SERVICE (1938), LOVEAFFAIR (1939), ONCE UPON A HONEYMOON (1942), FROM THIS DAY FORWARD (1946), CROSSFIRE (1948), BERLIN EXPRESS (1948), THEY LIVE BY NIGHT (1948), EASY LIVING (1949), THE COMPANY SHE KEEPS (1950), THE LUSTY MEN (1952, mit → Albert D'Agostino) etc. A.H.s Ausstattung für KING KONG besticht durch ihre superbe Tricktechnik eines Willis O'Brien, aber ebenso sind die hervorragenden Glasmalereien im *trompe-l'oeil*-Verfahren der *art technicans* Mario Larrinaga und Byron Crabbe bemerkenswert. Die "Einrichtungsgegenstände" der Stadt wurden sehr realistisch im Studio nachgebaut.

Bernard Herzbrun (1891 New York), AIA-Mitglied, begann bei *Paramount* (1926-1939), danach bis 1947 bei *Fox,* anschließend bis 1954 bei *Universal:* SKIPPY (1931), THE DEVIL AND THE DEEP BLUE SEA (1932), BELLE OF THE NINETIES (1934), POPPY (1934), THE TEXAS RANGERS (1936), MAKE WAY FOR TOMORROW (1937), KIDNAPPED (1938), ALEXANDER'S RAGTIME BAND (1938), TEMPTATION (1946), THE EGG AND I (1947), WINCHESTER '73 (1950), ABBOTT AND COSTELLO MEET FRANKENSTEIN (1947), ABBOTT AND COSTELLO MEET DR. JEKYLL AND MR. HYDE (1953), THE FAR COUNTRY (1955).

Hein Heckroth (1901 Gießen - 1970 Alkmaar/Holland) besuchte nur kurz die Städelschule in Frankfurt und studierte bei Ludwig Gies und Reinhold Ewald in Hanau; bildete sich selbst als Filmarchitekt aus beim Kurt Joost-Ballett; 1933 emigrierte er nach England, wo er, als Kollaborateur verdächtigt, 1941 inhaftiert und nach Australien deportiert wurde. Erst durch → Alfred Junges Intervention gelang er zu *Archer-Studios* nach London zurück und entwarf Dekors für Michael Powell/Emeric Pressburger*: *THE RED SHOES (1948), *THE ELUSIVE PIMPERNEL (1948/50), *GONE TO THE EARTH/THE WILD HEART (1951), *TALES OF HOFFMAN (1951), *OH ROSALINDA (1955), *THE SORCERER'S APPRENTICE (1955), BATTLE OF RIVER PLATE (1956), *BLUEBEARD'S CASTLE (1964), TORN CURTAIN (1966). Erfolgreiche Einzelausstellungen als Maler.

Ray Harryhausen (1920 Los Angeles) besuchte das L.A. City College und die University of California; arbeitete nach StudienAbschluß mit George Pal an Puppetoons. Nach dem Kriegsdienst von Willis O'Brien (KING KONG) als Assistent bei *Universal* aufgenommen. 1949 Spielfilmdebüt mit MIGHTY JOE YOUNG. Erfinder der *Super Dynamation, Dynamation 90* bei THE BEAST FROM 20.000 FATHOMS (1953). Das Dynamation-Verfahren wurde durch seine Partnerschaft mit → Charles Schnee wesentlich weiterentwickelt.kelt Weitere Filme: IT CAME FROM BENEATH THE SEA (1955), THE EARTH AS FLYING SAUCERS (1956), THE ANIMAL WORLD (mit Willis O'Brien), TWENTY MILLION MILES TO EARTH, THE 7th VOYAGE OF SINBAD, THE THREE WORLDS OF GULLIVER, MYSTERIOUS ISLAND (1960), JASON AND THE ARGONAUTS, THE FIRST MEN IN THE MOON (1964), ONE MILLION YEARS B.C. (1966), THE VALLEY OF GWANGI (1969), SINBAD'S GOLDEN VOYAGE (1973).

Robert Herlth (1893 Wriezen/Oder - 1962 München) gehört neben → Otto Hunte, → Hermann Warm, → Hans Poelzig und → Paul Leni zu den ganz großen Filmarchitekten des Expressionismus. Er studierte an der Hochschule für bildende Kunst in Berlin; Soldat im I. Weltkrieg an der Ostfront. Durch Bekanntschaft mit →Hermann Warm kam er 1920 zum Film. Als Kunstmaler und Architekt bei →Walter Röhrig in Babelsberg. Sein Bruder Kurt (geb. 1896) wird später auch Filmarchitekt. Zu den ersten Aufgaben R.H.s gehört, zusammen mit →Hermann Warm, die Ausstattung von Fritz Langs DER MÜDE TOD. R.H. entwirft die deutschen Teile der chinesischen Episode. Seit 1920 bei der *Ufa*, stehen Herlth und Röhrig an der Spitze des Ausstattungswesens. Nach dem II. Weltkrieg zunächst Bühnenbildner. Erstmals 1947 wieder Filmentwürfe für die *NDF* in München. 1948 holt ihn Carmine Gallone nach Rom, um einen Faust-Film zu gestalten. 1959 erhält R.H. für die aufwendige Verfilmung BUDDENBROOKS den Bundesfilmpreis. Filmausstattungen: TOTENINSEL (1920), DER MÜDE TOD (1921), DER SCHATZ (1923), DER LETZTE MANN (1924), TARTUFFE (1925), DIE CHRONIK VON GRIESHUUS (1925), FAUST (1926), LUTHER (1927), DAS FLÖTENKONZERT VON SANSSOUCI (1930), HOKUSPOKUS (1930), DER UNSTERBLICHE LUMP (1930), DER FALSCHE EHEMANN (1931), IM GEHEIMDIENST (1931), DER KONGRESS TANZT (1931), YORCK (1931), DIE GRÄFIN VON MONTE CHRISTO (1932), MENSCH OHNE NAMEN (1932), DER SCHWARZE HUSAR (1932), WALZERKRIEG (1932), DIE CSARDASFÜRSTIN (1934), PRINZESSIN TURANDOT (1934), BARCAROLE (1935), KÖNIGSWALZER (1935), HANS IM GLÜCK (1936), SAVOY-HOTEL 217 (1936), DER HERRSCHER (1937), DER ZERBROCHENE KRUG (1937), DER MAULKORB (1938), DER SPIELER (1938), OPERNBALL (1939), KLEIDER MACHEN LEUTE (1940), DER FALL MOLANDER (1945), DIE FLEDERMAUS (1945); DAS DOPPELTE LOTTCHEN (1950), DER LETZTE MANN (1955), MAGIC FIRE (1956), BUDDENBROOKS (1954), GUSTAV ADOLFS PAGE (1960).

Harry Horner (1910 Holic/CSSR) studierte in Wien Kunstgeschichte und Malerei, begann am Josefstädter Theater bei Max Reinhardt und wurde von Otto Preminger für *Tobis-Sascha-Film* entdeckt; arbeitete als Schauspieler bei Reinhardt in Berlin und emigrierte mit ihm 1935 nach New York. Arbeitete zunächst bis 1940 als Szeniker an der Met; folgte danach einer Einladung von →William Cameron Menzies nach Hollywood: OUR TOWN (1940), STAGE DOOR CANTEEN (1943), WINGED VICTORY (1944), A DOUBLE LIFE (1948), THE HEIRESS (1949), BORN YESTERDAY (1950), OUTRAGE (1950), HE RAN ALL THE WAY (1951), RED PLANET MARS (1952), SEPARATE TABLES (1958), THE WONDERFUL COUNTRY (1959), THE HUSTLER (1961), THE BLACK BIRD (1975), AUDREY ROSE (1977), THE DRIVER (1978) etc. H.H.* führte in B-Filmen selbst Regie: *BEWARE MY LOVELY 1952), *NEW FACES (1954), *WILD PARTY (1956), *OMNIBUS/CAVALCADE-Fernsehserien, *THE ROYAL CANADIAN MOUNTAIN POLICE (1959).

Frank Hotaling (1900-1977) war zunächst Stummfilmschauspieler bei *Republic* (1921-44); wurde danach freiberuflicher Szeniker bei John Ford*: I SHOT JESSE JAMES (1949), *RIO GRANDE (1950), *THE QUIET MAN (1952), *THE SUN SHINES BRIGHT (1954), THE SEARCHERS (1956, mit →James Basevi) THE HORSE SOLDIERS (1959) etc.

Otto Hunte (1881 Hamburg - 1960 Potsdam) ist neben →Robert Herlth der interessanteste deutsche Filmarchitekt im Fahrwasser des Expressionismus. Seinen Ruhm begründete er vor allem mit Fritz Langs* frühen Filmen: *DIE SPINNEN/DER GOLDENE SEE (1919), *DIE SPINNEN/DAS BRILLANTENSCHIFF (1920), *DAS INDISCHE GRABMAL (1921), *DAS WANDERNDE BILD (1920), *DR. MARBUSE, DER SPIELER (1922), *DIE NIBELUNGEN: SIEGFRIEDS TOD (1922), *DIE NIBELUNGEN: KRIEMHILDS RACHE (1924) METROPOLIS (1925/26) DIE LIEBE DER JEANNE NEY (1927), *SPIONE (1927), *DIE FRAU IM MOND (1928/29), DER BLAUE ENGEL (1930), GOLD (1934), DER MANN, DER SHERLOCK HOLMES WAR (1937), SONATENKREUZER (1937), JUD SÜSS (1940, mit →Erich Kettelhut), DIE MÖRDER SIND UNTER UNS (1946), RAZZIA (1947). Als Langs rechte Hand bei sämtlichen *Ufa*-Produktionen trug er wesentlich zum Gelingen seiner Filme bei. Als unpolitischer Künstler stellte er bereitwillig seine Fähigkeiten für antisemitisch-propagandistische Filme des Dritten Reichs zur Verfügung. Hatten die Lang-Filme bereits wesentliche Bestandteile der NS-Ideologie enthalten und eine Parallelität zwischen Sequenzen aus NIBELUNGEN und den Manifestationen der NSDAP bestand, umso schlimmer war die Intention von JUD SÜSS, der unmittelbar den Zielen des Regimes eines Holocaust dienen sollte. Dafür muß auch O.H. verantwortlich gemacht werden. Nach 1945 machte O.H. objektiv einen Gesinnungswandel durch, als er Wolfgang Staudtes antifaschistischen Film DIE MÖRDER SIND UNTER UNS ausstattete.

Wiard Ihnen (1897) studierte an der Columbia University und an der Pariser École des Beaux Arts; arbeitet in Partnerschaft mit seinem Vater Henry S. Ihnen in New York. Studium der Malerei an der Arts Student League. Begann im Studio von George Zukor in Astorias *Famous Players-Lasky* (1919-20) u.a. für George Fitzmaurices Harry Houdini-Filme; danach bei Irene Castles *Tilford-Studios*; bis er ein Angebot von →Van Nest Polglase bei *Paramount* annahm (1928-34) und nach Hollywood übersiedelte. Von ca. 1935 bis 1944 bei *RKO;* später bei *20th Century-Fox* bis zur Pensionierung. Im II. Weltkrieg war W.I. *trompe l'oeil*-Maler für die amerikanische Luftwaffe bei der Zivilverteidigung. Nach dem Krieg arbeitete er für *William Cagney*-Productions* als Bühnenbildner bis 1953: IDOLS OF CLAY (1920), ON WITH THE DANCE (1920), DR.JECKYL AND MR. HYDE (1920), SCHOOL DAYS (1921), PEACOCK ALLEY (1922), SLIM SHOULDERS (1922), THE FIGHTING BLADE (1923), THE BRIGHT SHAWL (1923), POTASH AND PERLMUTTER (1923), MONTE CARLO (1930), CITY STREETS (1931), IF I HAD A MILLION (1932), BLOND VENUS (1932), CRADLE SONG (1933), DUCK SOUP (1933), BECKY SHARP (1935), DANCING PIRATE (1936), GO WEST YOUNG MAN (1936), ON SUCH A NIGHT (1937), EVERY DAY'S A HOLIDAY (1938), DR. RHYTHM (1938), STAGECOACH (1939), RETURN OF CISCO KID, (1939), HOLLYWOOD CAVALCADE (1939), MARYLAND (1940), THE RETURN OF FRANK JAMES (1940), THE BLUE BIRD (1940), TALL, DARK AND HANDSOME (1941), REMEMBER THE DAY (1941), HUDSON'S BAY (1941), CONFIRM OR DENY (1941), MAN HUNT (1941, mit →Richard Day), MOON OVER MIAMI (1941), WESTERN UNION (1941, mit →Richard Day), ICELAND (1942), SECRET AGENT

OF JAPAN (1942), ROXIE HART (1942), CHINA GIRL (1942), THE MAGNIFICENT DOPE (1942), CRASH DRIVE (1943), WILSON (1944), JANE EYRE (1944), ALONG CAME JONES (1945), IT'S A PLEASURE (1945), BLOOD ON THE SUN (1945), TOMORROW IS FOREVER (1946), *THE TIME OF YOUR LIFE (1948), *KISS TOMORROW GOODBYE (1950), ONLY THE VALIANT (1951), RANCHO NOTORIOUS (1952, mit Robert Priestly), *A LION IN THE STREETS (1953), WAR PAINT (1953), I, THE JURY (1953), THIS IS MY LOVE (1954), THE INDIAN FIGHTER (1955), THE KING AND FOUR QUEENS (1956), THE GALLANT HOURS (1960) etc.

Paul Iribe (1883 Angeouleme-1935 Roquebrune-Cap Martin), befreundet mit Raoul Dufy und Jean Cocteau, arbeitete in Paris als Buchillustrator, Art Déco-Innenarchitekt bevor ihn Jesse Lasky nach Amerika holte, um für Cecil DeMilles* Historien- und Kostümfilme zu arbeiten: *THE AFFAIRS OF ANATOL (1921), *MANSLAUGHTER (1922), *THE TEN COMMANDMENTS (1923), *THE GOLDEN BED (1925), *THE ROAD TO YESTERDAY (1925), *THE KING OF KINGS (1927); für D.W.Griffith: CHANGING HUSBANDS (1924), FORTY WINKS (1925), THE NIGHT CLUB (1925). P.I. sah in den gewaltigen Themen der DeMille'schen Ausstattungsfilme die Gelegenheit zur monumentalen Stilisierung von Dekor und Kostümen. Lediglich bei ANATOL griff er zu dem ohnehin frivolen Salonstück von Oscar Wilde zu einem an Breadsley entlehnten Dekorstil zurück.

Kisahu Itoh (Kisaku Ito) (1899) erhielt den MainichiPreis für das beste Bühnenbild in Kenji Mizoguchis* Film *UGETSU MONOGATARI/UGETSU - ERZÄHLUNGEN UNTER DEM REGENMOND (1953); ferner: *SANSHO DAYU/EIN LEBEN OHNE FREIHEIT (1954), *AKASEN CHITAI (1956), NARAYAMA BUSHI-KO/BALLADE VON NARAYAMA (1958) etc.

Enrico Job (1934) studierte an der Polytecnico Milano und arbeitete als Bühnenbildner für das Piccolo Theatro di Milano unter Giorgio Strehler. Heiratete die Regisseurin Lina Wertmüller*, für die er exklusiv arbeitet: NEL NOME DEL PADRE (1971), *FILM D'AMORE D'ANARCHIA (1973), *TUTIO A POSTO E NIENTE IN ORDINE (1974), BLOOD FOR DRACULA (1974), *TRAVOLTI DA UN INSOLTO DESTINO NELL 'AZZURO MARE D'AGOSTO (1974), ANDY WARHOL'S FRANKENSTEIN (1974), *PASQUALINO SETTEBELLEZZE (1976).

Alfred Junge (1886 Görlitz - 1964 London) arbeitete als Assistent von →Paul Leni bei der *Ufa* (1923-28); nach einem Aufenthalt in England bei *British International Pictures* übersiedelte er endgültig nach London. Begann dort als Ausstatter bei seinem Landsmann Ewald Andre Dupont**, Michael Powell/Emeric Pressburger*. 1949-57 bei *MGM* in den *Pinewood Studios*. Filmauswahl: **DAS ALTE GESETZ (1923), **DIE GRÜNE MANUELA (1923), MENSCH GEGEN MENSCH (1924), DAS WACHSFIGURENKABINETT (1924, mit →Paul Leni, →Fritz Maurischat, →Ernst Stern), ATHLETEN - WEGE ZU KRAFT UND FREUDE (1925), SPITZEN (1926), BRENNENDE GRENZE (1926), MATA HARI (1927), **MOULIN ROUGE (1928), **PICADILLY (1928), **ATLANTIC (1929), AFTER THE BALL (1932), MID SHIP MAID (1932), THE GOOD COMPANIONS (1933), THE GHOUL (1933), WALTZES FROM VIENNA (1933), *THE FIRE RAISERS (1933), I WAS

A SPY (1933), JUST SMITH (1933), BRITANNIA OF BILLINGSGATE (1933), CHANNEL CROSSING (1933), THE CONSTANT NYMPH (1933), SLEEPING CAR (1933), WALTZ TIME (1933), *THE NIGHT OF THE PARTY (1934), *LAZYBONES (1934), JEW SUESS (1934), THE CLAIRVOYANT (1934), THE MAN WHO KNEW TOO MUCH (1934), *RED ENSIGN (1934), LADY IN DANGER (1934), ROAD HOUSE (1934), DIRTY WORK (1934), JACK AHOY (1934), CHU CHINCHOW (1934), LITTLE FRIEND (1934), THE IRON DUKE (1934), THE GUV'NOR (1935), BULLDOG JACK (1935), ME AND MARLBOROUGH (1935), CAR OF DREAMS (1935), EVERYTHING IS THUNDER (1936), IT'S LOVE AGAIN (1936), HEAD OVER HEALS (1936), YOUNG AND INNOCENT (1937), KING SOLOMON'S MINES (1937), GANGWAY (1937), THE GREAT BARRIER (1937), THE CITADEL (1938, mit →Lazare Meerson), SAILING ALONG (1938), GOODBYE MR. CHIPS (1939), *CONTRABAND (1940), BUSHMAN'S HOLIDAY (1940), HE FOUND A STAR (1941), *LIFE AND DEATH OF COLONEL BLIMP (1943), *THE VOLUNTEER (1943), *A CANTERBURY TALE (1944), *I KNOW WHERE I'M GOING (1945), *A MATTER OF LIFE AND DEATH (1946), *BLACK NARCISSUS (1947), EDWARD MY SON (1949), CONSPIRATOR (1950), THE MINIVER STORY (1950) KNIGHTS OF THE ROUND TABLE (1954), CREST OF THE MAVE (1954), THE FLAME AND THE FLESH (1954), QUENTIN DURWARD (1955), THAT LADY (1955), THE BARRETS OF WIMPOLE STREET (1957), INVITATION TO DANCE (1952/56), A FAREWELL TO ARMS (1957). Neben →Vincent Korda zählt A. J. zu einem der größten Meiter und Lehrer der Filmarchitektur in Großbritannien.

Nathan Juran (eig. Nathan Hertz) (1907 Graz) studierte an der M.I.T., Cambridge (Massachusetts); trat in das Büro von Cass Gilbert; gründete sein eigenes Büro; übersiedelte nach Hollywood zu *20th Century-Fox* (1937-52). Assistent von →Richard Day. Kriegsdienst in der Abteilung OSS; danach auch als Regisseur* tätig. Filmauswahl: HOW GREEN WAS MY VALLEY (1941, mit →Richard Day), BELLE STAR (1941), CHARLEY'S AUNT (1941), I WAKE UP SCREAMING (1941), THE LOVES OF EDGAR ALLEN POE (1942), DR. RENAULT'S SECRET (1942), BODY AND SOUL (1947), THE OTHER LOVE (1947), TULSA (1949), DEPORTED (1950), WINCHESTER '73 (1950), THUNDER ON THE HILL (1951), BEND OF THE RIVER (1952), *20 MILLION MILES TO EARTH (1957), *THE SEVEN VOYAGE OF SINBAD (1958), *ATTACK OF THE 50 FOOT WOMAN (1957), *FIRST MEN IN THE MOON (1964), *EAST OF SUDAN (1965), *THE LAND RAIDERS (1970), *THE BOY WHO CRIED WEREWOLF (1973) etc.

Wladimir Kaplunovski (1906-1969) erhielt seine Ausbildung bei Tatlin an der Kunstakademie Kiew (Abt. Film und Theater); begann beim *Meschrabpom-Film* für Erwin Piscators WOSSTANNIJE RYBAKOW/DIE REVOLTE DER FISCHER (1934), bei dem revolutionärer Pathos geschickt mit beträchtlich formaler Virtuosität dialektisch gekoppelt wird. Die späteren Werke im sozialistischen Realismus wirken schematisch, wodurch sie weder politisch noch ästhetisch waren: GLINKA (1946), PADJRNIJR BERLINA (1949, mit →Michail Tschiaureli),

REVIZOR/INSPECTOR GENERAL (1952), NEZABY VAEMYI 1919 GOD (1952), ISPITANIE VERNOSTI (1955).

Walter E. Keller, Assistent bei →Alberto D'Agostino während Val Newtons* Horrorfilm-Phase bei *RKO*, produzierte B-Film-Ausstattungen für: *THE CAT PEOPLE (1942), *I WALKED WITH A ZOMBIE (1943), *THE LEOPARD MAN (1943), *THE SEVENTH VICTIM (1943), *THE GHOST SHIP (1943), *THE CURSE OF THE CAT-PEOPLE (1944), *MADEMOISELLE FIFI (1944), *ISLE OF THE DEAD (1945), *THE BODY SNATCHER (1945), *BEDLAM (1946) etc. Später beschäftigt bei *PRC* an der Herstellung von drittklassigen Horrorfilmen mit metaphysischen Abgründen: THE WOMAN ON THE BEACH (1947), BORN TO KILL (1948), BLOOD ON THE MOON (1948), THE WINDOW (1949), I MARRIED A COMMUNIST (1950), BUNCO SQUAD (1950), PRIVTE HELL 36 (1954), SON OF SINBAD (1955), INVASION OF THE BODY SNATCHERS (1956). Letzterer wurde zum Prototyp des Invasionsfilms der frühen 50er Jahre mit typischer "Camp"-Einrichtung.

Erich Kettelhut (1893 Berlin - 1979 Hamburg), zunächst Theatermaler an der Städtischen Oper, Berlin; ab 1919 Filmarchitekt u.a. für Fritz Langs* Filme: *DAS INDISCHE GRABMAL (1921),* DIE NIBELUNGEN (1924), *METROPOLIS (1926), alle zusammen mit →Otto Hunte und →Karl Vollbrecht. Außerdem beteiligt an: BERLIN, SYMPHONIE EINER GROSSTADT (1927), UNGARISCHE RHAPSODIE (1928), ASPHALT (1929), FRÄULEIN ELSE (1929), VORUNTERSUCHUNG (1931), F.P.1 ANTWORTET NICHT (1932), SCHLUSSAKKORD (1936). Kettelhut & Hunte gehörten übrigens zu den aktivsten Filmarchitekten des Dritten Reiches. Er diente freiwillig der faschistischen Propaganda, so gab er sich für den üblen antisemitischen Hetzfilm JUD SÜSS (1940) her, an dem auch Vollbrecht mitarbeitete. Nach dem Krieg war er in der deutschen Filmindustrie wieder tätig: EINE LIEBESGESCHICHTE (1958), *DIE 1000 AUGEN DES DR. MARBUSE (1960) - Fritz Langs Abschied vom Kino.

Charles M. Kirk (1948 gest.) war D.W.Griffiths* Kulissenbauer von 1921 bis 1926; anschließend in *Paramounts* New Yorker (Astoria) Studio; ab Mitte der 30er Jahre bei *RKO* in Hollywood: *DREAM STREET (1921),*ORPHANS OF THE STORM (1921),*ONE EXCITING NIGHT (1922), *THE WHITE ROSE (1923), *AMERICA (1924), *SALLY OF THE STARDUST (1924), THAT ROYLE GIRL (1925), THE SORROWS OF SATAN (1926), ALOMA OF THE SOUTH SEAS (1926), JEA LOUSY (1929), CHRISTOPHER STRONG (1938), ANN VICKERS (1933), THE INFORMER (1935, mit →Van Nest Polglase). Bekannt ist C.K. vor allem mit dem Historienepos von der französischen Revolution ORPHANS OF THE STORM, das wegen der realistischen Qualität der Außenbauten legendär geworden ist.

Leo Kerz (1912 Berlin - 1976 Los Angeles) begann bei Erwin Piscator im Theater; danach als Assistent von →Fritz Maurischat bei der *Ufa;* emigrierte 1933 nach Prag; lebte 1937 bis 1941 in Johannesburg (Südafrika) und kam 1941 nach Amerika. Arbeitete bei *CBS*-New York und bei *United Artists*: EKSTASE (1933), GUILTY BYSTANDER (1950), TERESA (1951), ODDS AGAINST TOMORROW (1959), etc.

Mark-Lee Kirk (gest. 1959) begann seine Filmkarriere bei *Fox* (1936-40), später bei *RKO* (1940-44) und bis zu seinem Tod wieder bei *Fox* (1945-59) mit →Richard Day, →Lyle Wheeler. Zu seinen bekanntesten Ausstattungen zählen die Arbeiten für John Ford*: *YOUNG MR. LINCOLN (1939), *DRUMS ALONG THE MOHAWK (1939),THE GRAPES OF WRATH (1940), MY FAVORITE WIFE (1940), THEY KNEW WHAT THEY WANTED (1940), THE MAGNIFICENT AMBERSONS (1942), wo er sich als einfühlsamer Meister historischer Stimmungsarchitektur erwies. Danach viele mittelmäßige Ausstattungen für JOURNEY INTO FEAR (1943), I'LL BE SEEING YOU (1944), A BELL FOR ADANO (1945), A ROYAL SCANDAL (1945), MOSS ROSE (1947), THE IRON CURTAIN (1948), PRINCE OF FOXES (1949), WAY OF A GAUCHO (1952), WHITE WITCH DOCTOR (1953), PRINCE VALIANT (1954), THE TALL MEN (1955), PRINCE OF PLAYERS (1955), THE REVOLT OF MAMIE STOVER (1956), BUS STOP (1956), THE SUN ALSO RISES (1957), THE BRAVADOS (1958), THE BEST OF EVERYTHING (1959), COMPLUSION (1959).

Vincent Korda (1896 Turkeye/Ungarn - 1979 London) studierte Malerei in Paris, wo er sich niederließ. Übersiedelte 1932 nach London mit seinem Bruder Alexander Korda. Arbeitete in den Denham Studios der *London Films,* hat sofort durchschlagenden internationalen Erfolg mit: MARIUS (1931), THE GIRL FROM MAXIM'S (1933), THE PRIVATE LIFE OF HENRY VIII. (1933), CATHERINE THE GREAT (1934), THE PRIVATE LIFE OF DON JUAN (1934), THE SCARLET PIMPERNEL (1934), SANDERS OF THE RIVER (1935), THE GHOST GOES WEST (1935), REMBRANDT (1936), MEN ARE NOT GODS (1936), I, CLAUDIUS (1937, unvollendet), THE SQUEAKER (1937), OVER THE MOON (1937), THE MAN WHO COULD MAKE MIRACLES (1937), THE ELEPHANT BOY (1937), DRUMS (1938), PRISON WITHOUT BARS (1938), Q PLANES (1939), THE FOUR FEATHERS (1939), THE LION HAS WINGS (1939), THE SPY IN BLACK (1939), 21 DAYS TOGETHER (1940), MAJOR BARBARA (1941), LADY HAMILTON (1941), TO BE OR NOT TO BE (1942), THE JUNGLE BOOK (1942), PERFECT STRANGER (1945), AN IDEAL HUSBAND (1948, mit Joseph Bato), THE FALLEN IDOL (1948), BONNIE PRINCE CHARLIE (1948), THE THIRD MAN (1949), THE SOUND BARRIER (1952), OUTCAST OF THE ISLANDS (1952), FIRE OVER AFRICA (1954), THE DEEP BLUE SEA (1955), SUMMER MADNESS (1955), SCENT OF MYSTERY (1960), THE LONGEST DAY (1962). Der Doyen der englischen Filmarchitekten begründete aber seinen Ruhm besonders mit der Zusammenarbeit mit →William Cameron Menzies, der Regie bei THINGS TO COME (1936) und THIEF OF BAGDAD (1940) führte, wo V.K.s phantastische Modellandschaften exakte Vorwegnahmen der "sophisticated" Trickaufnahmen des Science Fiction-Genres sind. Neben detailgetreuen und stimmungsvollen Ausstattungen für Historienkostümfilme, Antik- und Abenteuerfilme, brillierte er auch mit Kriegsfilmen und Klassiker-Inszenierungen ("Old Vic"-Produktionen).

Sergej Kozlovsky (1885 UdSSR - 1962 Moskau) studierte Malerei in Odessa; fing 1913 beim Film an: HUNTING DRAMA (1913), POLIKUSHKA (1919/21), AELITA 1924, mit seinen AssistentenI saac Rabinovich und Viktor Simow, *MATJ/DIE MUTTER (1926), *KONJETZ ST.

PETERSBURGA/DAS ENDE VON ST. PETERS-BURG (1927), *POTOMOK DJINGIS KHANA/STURM ÜBER ASIEN (1928) und andere Filme von W. Pudowkin*, u.a.: *EIN GEWÖHNLICHER FALL (1930/32), *DER DESERTEUR (1933), *PATRIOTEN (1933), SCHWEIJKS NEUE ABENTEUER (1943), die wegen ihres Formalismus aber nicht besonders gut gefallen. In den beiden letzten Jahrzehnten seines Lebens -nach der Liberalisierungswelle mit Stalins Tod - konnte er auch eine Reihe von anderen Großfilmen realisieren, die allerdings in der Qualität hinter seinen frühen Meisterwerken zurückblieben.

Jacques Krauss (1900 Paris - 1957 Ebd.) studierte Malerei an der Akademie Beaux Arts in Paris, begann beim Film als Assistent von →Lucien Aguettand. Hauptsächlich erinnert wird J.K. wegen seinen gefühlsbetonten Ausstattungen für Julien Duviviers* Filme des poetischen Realismus, die von Düsterkeit und Großstadtzauber umgeben sind. Unvergeßlich ist auch seine Mitarbeit bei →Claude Autant-Laras DOUCE (1943) im sorgfältigen Stildekor des Deuxieme Empire, wo in einer Szene der halbfertige *Eiffelturm* zu sehen ist. Filme: *LE PAQUEBOT TENA-CITY (1934), *MARIE CHAPDELAINE (1934), *BANDERA (1935), *LE BELLE EQUIPE (1936), *PÉPÉ LE MOKO (1936), ENTRÉE DES ARTISTES (1938), *LA FIN DU JOUR (1939), *LA CHARETTE FANTOME (1942), LE MARIAGE DE CHIFFON (1942), LETTRES D'AMOUR (1942), SYLVIE ET LE FANTOME (1945), DU GUESLIN (1948), CAROLINE CHERIE (1950), GIBIER DE POTENCE (1951), LA FILLE ELISA (1956).

Leo Kuter (1897-1970) arbeitete anfangs bei *Universal,* danach bis Ende der 40er Jahre bei *Warner Brothers;* er war ein gewissenhafter Organisator für naturalistische Dekors, die zumeist an exotischen Schauplätzen spielten: TRIFLING WOMEN (1922), SMOULDERING FIRES (1925), SPORTING LIFE (1925), CAPTAIN SALVATION (1927), DESTINATION TOKYO (1943), NORTHERN PURSUIT (1943), HOLLYWOOD CANTEEN (1944), CONFIDENTIAL AGENT (1945), PRIDE OF THE MARINES (1945), THE UNFAITHFUL (1947), TO THE VICTOR (1948), KEY LARGO (1948), TASK FORCE (1949), FLAMINGO ROAD (1949), CHAIN LIGHTING (1950), I WAS A COMMUNIST FOR THE F.B.I. (1951), THIS WOMAN IS DANGEROUS (1952), TROUBLE ALONG THE WAY (1953), BOY FROM OKLAHOMA (1954), TOWARD THE UNKNOWN PATH (1956), THE DEEP SIX (1958), A SUMMER PLACE (1959), RIO BRAVO (1959), PARRISH (1961), ROME ADVENTURE (1962), HOUSE OF WOMEN (1962), P.T. 109 (1963), YOUNGBLOOD HAWKE (1963), ENSIGN PULVER (1964). L.K. widmete sich dem Metier des Kriegs- und Actionfilms, bei der er lediglich technische Perfektion und Routine bewies. Er wurde Präsident der Hollywood Art Directors Local 876 (IATSE) und verschwand damit zur Bedeutungslosigkeit.

Tambi Larsen arbeitete mit →Hal Pereira bei *Paramount:* SECRET OF THE INCAS (1954), ARTISTS AND MODELS (1955), THE ROSE TATTOO (1955), THE SCARLET HOUR (1956), THE SPANISH AFFAIR (1957), THE RAT RACE (1960), IT'S ONLY MONEY (1962), TOO LATE BLUES (1962), HUD (1963), NEVADA SMITH (1966), THE MOLLY MAGUIRES (1970), LIFE AND TIMES OF JUDGE ROY BEAN (1972), THUNDERBOLT AND LIGHTFOOT (1974),

MOHAMMED, THE MESSENGER OF GOD (1977), THE WHITE BUFFALO (1977) etc.

Hugues Laurent (1885 Alfortville/Seine) studierte an der École des Beaux Arts in Paris; kam 1904 zum Film; Chefausstatter bei *Pathé-Gaumont* seit 1941; Professor an der IDHEC; ferner auch Regie bei Kurzfilmen. L'AFFAIRE BLAIREU (1931), LA CHANCE (1931), LE COEUR DE PARIS (1931), TOUT S'ARRANGE (1931), LE BÉGUIN DE LA GARNISON (1932), LA BONNE AVENTURE (1932), BOUDU SAUVE DES EAUX (1932), LE CRIME DU BOUIF (1932), L'ENFANT DU MIRACLE (1932), LA POULE (1932), PÉCHEUR D'ISLANDE (1933), LE SEXE FAIBLE (1933), TROIS SAILES DANS LA PEAU (1933), L'ANGE QU'ON M'A (1945), LE BATEAU A SOUPE (1946), LES NOUVEAUX MAITRES (1949), L'ENFANT DES NEIGES (1950), TOPAZE (1950), PARIS EST TOUJOURS PARIS (1952), INTERPOL CONTRE X (1959), LA MORT N'EST PAS A VENDRE (1960).

Arthur Lawson (1908 Sunderland/GB) studierte Elektrotechnik, begann seine Karriere 1932 in den Studios *Lime Grove* und gestaltete mit →Alfred Junge und →Hein Heckroth einige Filme von Michael Powell/Emeric Pressburger*; A MATTER OF LIFE AND DEAD/A STAIRWAY TO HEAVEN (1946), *OH, ROSALINDA (1955), *THE BATTLE OF THE RIVER PLATE (1956), HARRY BLACK AND THE TIGER 1958), *PEEPING TOM (1959), H.M.S. DEFIANT (1962), THE DOUBLE MAN (1967), THE LOST CONTINENT (1968). Zu den eindringlichsten Filmbauten A.L.s gehören die Dekors zu den psychologisch-intellektuellen Thriller PEEPING TOM, der die ständige Vergegenwärtigung der Orte des Kinos vor Augen führt: das Filmstudio, der Vorführraum, die Kameras, die Dunkelkammer, die Apparaturen; durch ein ungewöhnliches *mise-en-scene* - Verzicht auf die genreüblichen Konventionen - erzielt der Film durch realistische Ausstattung seine Authentizität.

Mitchell Leisen (1898 Menominee/Michigan - 1972 Hollywood) studierte Architektur an der Washington Universität (St. Louis); Zeichner in mehreren Baubüros bevor er von Cecil DeMille als Kostümbildner engagiert wurde: MALE AND FEMALE (1919) etc. bzw. Douglas Fairbanks ROBIN HOOD (1922), THIEF OF BAGDAD (1924), u.a. Wurde 1932 bei *Paramount* auch als Hausregisseur* benötigt und eingesetzt: *MURDER AT THE VANITIES (1934), *HANDS ACROSS THE TABLE (1935), *EASY LIVING (1937), *MIDNIGHT (1939), *SWING HIGH - SWING LOW (1945). Auszeichnungen für das *Paramount*-Team unter M.L. für BLOOD ON THE SUN (1945), FRENCHMAN'S CREEK (1945), SAMSON AND DELILAH (1949), SUNSET BOULEVARD (1950). Weitere Filme: THE BIG BROADCAST OF '38 (1937), ARTISTS AND MODELS ABROAD (1938), REMEMBER THE NIGHT (1940), ARISE MY LOVE (1940), I WANTED WINGS (1941), *HOLD BACK THE DAWN (1941), THE LADY IS WILLING (1942), LADY IN THE DARK (1944), PRACTICALLY YOURS (1944), KITTY (1945), MASQUERADE IN MEXICO (1945), TO EACH HIS OWN (1945), SUDDENLY IT'S SPRING (1946), GOLDEN EARINGS (1947), DREAM GIRL (1948), BRIDE OF VENGEANCE (1949), SONG OF SURRENDER (1949), CAPTAIN CAREY USA (1950), NO MAN OF HER OWN (1950), THE MATING SEASON (1951), DARLING HOW COULD YOU? (1951), YOUNG MAN WITH IDEAS

(1952), TONIGHT WE SING (1953), BEDEVILLED (1955), **THE GIRL MOST LIKELY (1957).

Paul Leni (1885 Stuttgart - 1929 Hollywood) studierte an der Berliner Kunsthochschule und Kunstgewerbeschule (Metallgestaltung), bevor er ein ausgezeichneter Bühnenbildner für Max Reinhardts Berliner Theater und Staatliches Schauspielhaus, Berlin, wurde. Er wechselte bereits 1913 zum Film und übertrug den bei Reinhardt erlernten Inszenierungstil bzw. "symbolistische" Ausstattungskunst auf die Kinoleinwand: DIE INSEL DER SELIGEN (1913), DAS PANZERGEWÖLBE (1914), DAS ACHTE GEBOT (1915). Ab 1917 führte er selbst Regie* und übertrug den von Carl Mayer/Leopold Jessner angeregten realistisch-psychologischen "Kammerspielfilm" vom Theater zum Film: *DAS TAGEBUCH DES DR. HART (1917), *DORNRÖSCHEN (1917), *DER RING DER GIUDITTA FOSCARI (1917), *DIE PLATONISCHE EHE (1918) VERITAS VINCIT (1918), *PRINZ KUCKUCK (1919), *DER WEISSE PFAU (1920), *DIE VERSCHWÖRUNG ZU GENUA (1920/21), *DIE HINTERTREPPE (1921, Co-Regie: Leopold Jessner), FRAUENOPFER (1922), LADY HAMILTON (1922, mit →Hans Dreier), *TRAGÖDIE DER LIEBE (1923), *DAS WACHSFIGURENKABINETT (1924), *DER FARMER AUS TEXAS (1925), *MANON LESCAUT (1926), FIAKER NO. 3 (1926, Regie: Michael Kertész), DER GOLDENE SCHMETTERLING (1926, Regie: Michael Kertész); 1921-23 leitete er mit Kurt Tucholsky und Hans May ein expressionistisches Kabarett "Die Gondel" in Berlin. In den Jahren 1923-24 Inszenierungen pantomimischer Prologe fürs Theater und Filmpremieren; Carl Laemmle lud P.L. nach Hollywood ein, wo er ab 1926 folgende Filme herstellte; *THE CAT AND THE CANARY (1927),*THE CHINESE PARROT (1927), *THE MAN WHO LAUGHS (1928), *THE LAST WARNING (1929). →Charles D. Hall war P.Ls Ausstatter in Hollywood. P.L. wurde zu einem Mitbegründer des Horrorfilmgenres; sein dekorativer, ornamental-üppiger Stil prägte seine Filme in Hollywood, obwohl sie inhaltlich eine Antithese zum deutschen Schauerfilm darstellten.

Boris Leven (1900 Moskau) studierte an der Universität von Südkalifornien Architektur und erhielt einige Auszeichnungen. Übersiedelte zum Film während der Wirtschaftskrise nur als vorübergehende Zwischenstation, blieb aber von 1933-1938 bei *Paramount*, danach bis 1947 bei *20th Century-Fox* und von 1947-48 bei *Universal*; ab 1948 wieder freiberuflich. Filmauswahl: ALEXANDER'S RAGTIME BAND (1938), JUST AROUND THE CORNER (1938), SECOND CHORUS (1940), THE SHANGHAI GESTURE (1941), TALES OF MANHATTAN (1942), LIFE BEGINS AT 8:30 AM (1942), HELLO FRISCO HELLO (1943), SCHOCK (1946), HOME SWEET HOMICIDE (1946), THE SCHOCKING KINGKINGMISS PILGRIM (1947), I WONDER WHO'S KISSING HER NOW (1947), THE SENATOR WAS INDISCREET (1948), MR. PEABODY AND THE MERMAID (1948), CRISS CROSS (1949), DAKOTA LIL (1951), HOUSE BY THE RIVER (1950), THE PROWLER (1951), A MILLIONAIRE FOR CHRISTY (1951), SUDDEN FEAR (1952), THE STAR (1952), INVADERS FROM MARS (1953), DONOVAN'S BRAIN (1953), THE LONG WAIT (1954), THE SILVER CHALICE (1954), GAINT (1956), ANATOMY OF A MURDER (1959), WEST SIDE STORY (1961), TWO FOR THE SEASAW (1962), THE SOUND OF MUSIC

(1965), THE SAND PEBBLES (1966), STAR! (1968), THE ANDROMEDA STRAIN (1971), HAPPY BIRTHDAY, WANDA JUNE (1971), MANDINGO (1975), NEW YORK, NEW YORK (1977) etc. B.L. erwies sich als sehr wandlungsfähiger Filmarchitekt, der sämtliche Metiers gleich qualitatsvoll beherrschte. Renommiert hat er einige Klassiker der "Schwarzen Serie" (CRISS CROSS, SUDDEN FEAR), wie auch einige Musicals (ALEXANDER'S RAGTIME BAND, WESTSIDE STORY, SOUND OF MUSIC) und Science Fiction-Meisterwerke realisiert, die nebenbei einige Klischees der Genres ironisieren. Insgesamt gilt er als profunder Spezialist für nostalgische und romantische Stilinszenierungen ("Themizing").

Arthur Lonergan (1906 New York), Absolvent der Columbia University (New York), begann 1938 als Illustrator bei *MGM* unter →Cedric Gibbons: INTRIGUE (1948), MANEATERS OF KUMAON (1948), A LIFE OF HER OWN (1950), RIDE, VAQUERO! (1953), IT'S ALWAYS FAIR WEATHER (1955), FORBIDDEN PLANET (1956), ON THE DOUBLE (1961), ROBINSON CRUSOE ON MARS (1964), RED LINE 7000 (1965), HOW SWEET IT IS (1968), CHE! (1969), M*A*S*H (1970). A.L.s Aushängeschild ist zweifellos seine epochale Space Opera THE FORBIDDEN PLANET (mit den Trickspezialisten →Arnold Gillespie, Warren Newcombe, Irving G. Ries): die Spezialeffekte, Bauten, Modelle und auch der Einsatz von elektronischer Musik sind eine exakte Vorwegnahme nachkommender Zukunftsepen.

Eugene Lourie (1905 UdSSR), emigrierte 1921 nach Paris, schuf Ausstattungen für das Ballet Svedois, kam über Jean Renoir* und Abel Gance** zum Film; erste Filmausstattungen für *Pathé-Studios* in Vincennes: NAPOLEON (1927, mit →Pierre Schildknecht, Alexandre Benois), LE BOSSU (1934), CRIME ET CHATIMENT (1935), SOUS LE YEUX D'OCCIDENT (1936), *LES BAS FONDS (1936), *LA GRANDE ILLUSION (1937), ALIBI (1937), LA TRAGÉDIE IMPERIALE (1937), WERTHER (1938), *LA BETE HUMAINE (1938), *LA REGLE DU JEU (1939), SANS LENDEMAN (1939); 1943 muß E.L. nach USA flüchten. Es entstehen im neuen Exil THIS LAND IS MINE (1943), THREE RUSSIAN GIRLS (1945), THE IMPOSTER (1944), ABBOTT AND COSTELLO IN SOCIETY (1944), *THE SOUTHERNER (1945), THE HOUSE OF FEAR (1945), THE STRANGE ADVENTURE OF UNCLE HARRY (1945), THE DIARY OF A CHAMBERMAID (1946), THE LONG NIGHT (1947), SONG OF SCHEHEREZADE (1947), A WOMAN'S VENGEANCE (1948), *THE RIVER (1951), LIMELIGHT (1952), THE BEAST FROM 20.000 FATHOMS (1953, r), SO THIS IS PARIS (1954). 1954 Rückkehr nach Frankreich. COLOSSUS OF NEW YORK (1958, r), GORGO (1959, r), SCHOCK CORRIDOR (1963), THE NAKED KISS (1964), THE BATTLE OF THE BULGE (1965), A CRACK IN THE WORLD (1965), BIKINI PARADISE (1967), CUSTER OF THE WEST (1968), THE ROYAL HUNT OF THE SUN (1969), WHAT'S THE MATTER WITH HELEN (1971) etc. Außerhalb des Genres Science Fiction - bei der er auch gelegentlich Regie führte - gelangen E.L. mit wenigen Ausnahmen nur mittelmäßige Werke.

Toni Lüdi (1945) studierte Malerei in London und München; Partnerschaft mit Anthony Powell; seit 1970 selbständig als Filmarchitekt bei TV und Film. Arbeitete am häufigsten für Hans Geißendörfer*, aber auch für Wim Wenders, Margarete von Trotta, Hans Noever, Anthony

Page: DER AMERIKANISCHE FREUND (1976), DAS ZWEITE ERWACHEN DER CHRISTA KLAGES (1977), DEUTSCHLAND IM HERBST (1978), *THEODOR SCHINDLER (1978), PANISCHE ZEITEN (1979), *DER ZAUBERBERG (1980), EDITHS TAGEBUCH (1983), VERSTECKT/FORBIDDEN (1984), *LINDENSTRASSE (1985). 1982 erhielt T.L. den Bundesfilmpreis Filmband in Gold für die geschmackvollen und genauen historischen Interieurs in der Roman-Verfilmung DER ZAUBERBERG (Thomas Mann).

Heide Lüdi (1949 Basel) besuchte die Gewerbeschule/Schreinerei in Basel; Malereistudium bei K.F.Dahmen und Bühenbild bei R. Heinrich. Seit 1969 als Assistentin von →Hans Gailling beim Film. *EINE FALSCHE BEWEGUNG (1974), *IM LAUF DER ZEIT (1975), *DER AMERIKANISCHE FREUND (1976, mit Ehemann →Toni Lüdi), DAS MESSER IM KOPF (1978), DIE GLÄSERNE ZELLE (1978), THEODOR SCHINDLER (1978), ENDSTATION FREIHEIT (1979), DER ZAUBERBERG (1980, mit →Toni Lüdi), VERSTECKT/FORBIDDEN (1984), *DER HIMMEL ÜBER BERLIN (1986), L'OURS/GRIZZLY (1987). Bundesfilmpreis 1982 Filmband in Gold für die Ausstattung DER ZAUBERBERG. Arbeitet mit Vorliebe für *Wim Wenders und Hans Geißendörfer.

Per Lundgren (1911) fing als Werbegraphiker an, kam über Ingmar Bergman* zum Film: IT RAINS ON OUR LOVE (1946), *A SHIP TO INDIA (1947), LIGHT IS MY FUTURE (1947), *PRISON/THE DEVIL'S WANTON (1949), *MONIKA (1953), *A LESSON IN LOVE (1954), *SMILE OF A SUMMERNIGHT (1955), VILDFAGLAR (1955), *DAS SIEBTE SIEGEL (1957), *THE MAGICAN (1958), *JUNGFRUKÄLLAN (1960), *THE DEVILS EYE (1960), *THOUGH A GLASS DARKLY (1961), PLEASURE GARDEN (1961), *WINTER LIGHT (1963), *THE SILENCE (1963), *NOW ABOUT THESE WOMEN (1964), 491 (1964), ÖN (1964/66), PEOPLE MEET AND SWEET MUSIC FILLS THE HEART (1967), *SHAME (1968), *PASSION OF ANNA (1969), UTVANDRARNA (1971), THE NIGHT VISITOR (1971), *TOUCH (1971, mit Ann-Christin Lobraten).

Urie McCleary arbeitete seit Ende der 30er Jahre bei *MGM*, wechselte erst mit PATTON (1970) zu *20th Century-Fox*. Bekam für Franklin Schaffners semidokumentarischen Film PATTON einen *AA-Oscar* (mit Gil Parrondo).

Richard MacDonald, Schotte, studierte an der Royal College of Art, London, begann seine Karriere beim Film mit →Edward Carrick, Joseph Losey*: THE DIVIDED HEART (1954), *THE SLEEPING TIGER (1954), *THE GIPSY AND THE GENTLEMAN (1958, mit →Ralph Brinton), *BLIND DATE (1959), *THE CRIMINAL (1960), *THE DAMNED (1961, mit Bernard Robinson), *EVA (1962), *THE SERVANT (1963), *KING AND COUNTRY (1964), *MODESTY BLAISE (1966), FAR FROM THE MADDENING CROWD (1967), *BOOM (1968), *SECRET CEREMONY (1968), BLOOMFIELD (1970), A SEVERED HEAD (1971), *THE ASSASSINATION OF LÉON TROTSKY (1972), JESUS CHRIST SUPERSTAR (1973), *GALILEO (1975), THE DAY OF HOLOCAUST (1975), *THE ROMANTIC ENGLISHWOMAN (1975), MARATHON MAN (1976), EXORCIST II: THE HERETIC (1977), *DON GIOVANNI (1979) etc.

Scott Mac Gregor (1914 Roslin/Edinburgh) begann als Bühnenbildner und Maler bei →Edward Carrick: TARGET FOR TONIGHT, WESTERN APPROACHES; arbeitete für *Crown Film Unit* bis 1950 als *art director;* seit dieser Zeit freiberuflich tätig bei zweitklassigen Horror- und Vampirfilmen der *Hammer Productions* (Peter Cushing, Vincent Price). Szeniker für Robert Youngs pop-surreale Dracula-Serien: TASTE THE BLOOD OF DRACULA (1965), SCARS OF DRACULA (1970), VAMPIRE CIRCUS (1971), BLOOD DRUM MUMMY'S TOMB (1971). Beste Arbeit: MOON ZERO TWO (1969).

Karl Machus (1884 Berlin), historische Interieurs für *CARMEN (1918), *MADAME DUBARRY (1919), *ANNA BOLEYN (1920) etc. für Ernst Lubitsch* und →Paul Leni.

Robert (Rob) Mallet-Stevens (1886 Paris - 1945 Ebd.) belgischer Abstammung der Familie Stoclet, studierte an der École Spéciale d'Architecture in Paris, an der er ab 1924 selbst unterrichtete. Anfangs noch stark unter dem Einfluß Josef Hoffmanns und des Wiener Sezessionismus, aber auch der Glasgower Schule, verarbeitete er später in fast synkretistischer Weise die Ideen der "Neuen Sachlichkeit" und des Kubismus. 1929 gründete er zusammen mit Pierre Chareau u.a. die Union des Artistes Modernes; viele wichtige Villen in Paris, Ausstellungspavillons, Wohnkomplexe. 1936-40 Lehrer an der École d'Architecture in Lille. Während des II. Weltkriegs war seine Tätigkeit als freier Architekt unterbrochen, flüchtete nach Südfrankreich, kurz nach der Befreiung von Paris starb er. Durchaus eigenständig und originell sind sowohl sein Architekturbeitrag als auch seine filmische Dekorleistung - sie betonen das kubische Formbild. R.M.-S. wurde zu ehrgeizigen Projekten der französischen Cinéphilen, vor allem von Marcel L'Herbier*, herangezogen: LE SECRET DE ROSETTE LAMBERT (1920), LE JOCKEY DISPARU (1921), JETTATURA (1921/22), LA SINGULIERE AVENTURE DE NEEL HOGAN (1923/24), *L'INHUMAINE (1923). Spätere Werke in derselben Zeitgeist-Formel waren weniger kraftvoll: LE MIRACLE DES LOUPS (1924), *VERTIGE (1929), LE TOURNOI (1929), LES MYSTERES DU CHATEAU AU DÉ (1929). Als R.M.-S.' Filmarbeit weder zu anhaltendem Ansehen gelangte, noch irgendein kommerzieller Gewinn herausschaute, verließ er das Metier genauso schnell wie er dazugestoßen war.

Roman Mann (1911 Lwów - 1960 Warschau) studierte Architektur an der Polytechnischen Universität in Lwów bis 1937; R.M. war der polnische Dekorateurpionier und arbeitete u.a. für Andrej Wajda*, Jerzy Kawalerowitz, Wojciech Has etc.: OSTATNI ETAP (1948), MLODOSC SZOPIN/DER JUNGE CHOPIN (1952), CELULOZA (1954), POD GWIAZDA FRYGIJSKA (1954), KARIERA (1955), CZWOWIEK NA TORZE (1956), WRAKI (1956), *KANAL (1956), *POPIOL I DIAMENT/ASCHE UND DIAMANT (1958), DESZCZOWY LIPIEC (1958), AWANTURA O BASIE (1959), SYGNALY (1959), KRZYZ WALECZNYCH (1959), KRZYACY (1960), DO WIDZENIA, DO JUTRA! (1960), POWROT (1960), MATKA JOANNA OD ANIOLOW (1960).

Virgilio Marchi (1895 Livorno - 1960 Rom) studierte 1905-14 am L'Instituto Tecnico in Livorno bevor er mit F.T.Marinettis Ideen des Futurismus in Berühung kam. 1915-18 diente er an der Front und schloß sich nach dem I. Weltkrieg den Avantgardisten Carli, Settimelli, Marinetti und Chiti mit dem *Roma futurista*-Manifest an. 1920 erhielt er sein Diplom von der Scuola Superiore di Architectura in Siena; übersiedelte nach Rom, wo er A.G. Bragaglia traf und das *Casa d'Arte* in den Termen von Settimio Severo baute; begann sich für Kinematographie zu interessieren. Ausstellungen 1922 in der *Casa d'Arte*. 1924 veröffentlicht er das Buch *Architettura Futurista;* Theaterinszenierungen; 1924 Beteiligung an der Internationalen Theatertechnik-Ausstellung im Wiener Konzerthaus. Mussolini ernennt V.M. zum Direktor des Instituto d'Art in Siena (1931) und 1935 zum Professor an der Centro Sperimentale di Cinematographia in Rom. Werkauswahl: PAMELA DIVORZIAT (1928), LA SONAMBULA (1935), MILIZIA TERRITORIALE (1935), I DUE SERGENTI (1935), *UN AVVENTURA DI SALVATOR ROSA (1939), *LA CORONA DI FERRO (1940), LA CONQUISTA DELL'ARIA (1940), **UN PILOTA RITORNA (1942), *LA CENA DELIE BEFFE (1942), MARIA MALIBRAN (1942), *QUATTRO PASSI FRA LE NUVOLE (1942), OLIVIA (1950), **FRANCESCO, GIULLARE DI DIO (1950), ***UMBERTO D (1952), **EUROPA 51 (1952), DON CAMILLO (1952), IL RITORNO DI DON CAMILLO (1953), ***STAZIONE TERMINI (1954), LA TUA DONNA (1956) etc. V.M. arbeitete als Dekorateur sowohl für Futuristen (Antonio Giulio Bragaglia) als auch für die faschistische Propaganda und die Neorealisten Alessandro Blasetti*, Roberto Rosselini**, Vittorio DeSica***. V.M. erwies sich als wandlungsfähiger und anpassungsfähiger Künstler, weil er in allen politischen Perioden und im jeweiligen Stil ungehindert arbeiten konnte.

Anthony (Tony) Masters (1919 GB) ist wohl am besten bekannt für seine schöne Arbeit bei Stanley Kubricks 2001 - A SPACE ODYSSEY (1968), die höchste Elogen der Kritik einbrachte. Ferner: THE DEEP (1977), DUNE (1983).

So Matsuyama wird am besten in Erinnerung bleiben für seine Arbeiten in Akira Kurosawas* unvergleichbaren Werken: YOIDORE TENSHI (1948), *NORAINU (1949), *RASHOMON (1950), *THE IDIOT (1951), *IKIRU (1952), *SHICHIN NO/SIEBEN SAMURAIS (1954).

Fritz Maurischat (1893 Berlin - 1986 Wiesbaden) begann bereits 1922 bei der Ufa als Dekorateur; zunächst assistierte er →Paul Leni beim *WACHSFIGURENKABINETT (1924); später alleinige Durchführung bei: *DER FARMER AUS TEXAS (1925), GESCHLECHT IN FESSELN (1928), DURCHS BRANDENBURGER TOR (1929), MÄDCHEN IN UNIFORM (1931), IM BANNE DES EULENSPIEGELS (1932), ANNA UND ELISABETH (1933), S.O.S EISBERG (1933), DER ALTE UND DER JUNGE KÖNIG (1934), DER VERLORENE SOHN (1934), DAS HOFKONZERT (1936, Regie: Detlef Sierck = Douglas Sirk), ZU NEUEN UFERN (1937, Regie: Detlef Sierck), FAHRENDES VOLK (1938), ICH KLAGE AN (1941), TITANIC (1943), SOLISTIN ANNA ALT (1944), DAS MÄDCHEN JUANITA (1945), DER RUF (1949), DIE TREPPE/VERFÜHRTE JUGEND (1950), DIE FRAUEN DES HERRN S. (1951), THE DEVIL MAKES THREE (1952), DAS LETZTE REZEPT (1952), LIEBESERWACHEN (1953), MARTIN LUTHER (1953), RITTMEISTER WRONSKI (1954), DUNJA (1955), ANASTASIA, DIE LETZTE ZARENTOCHTER (1956), WIE EIN STURMWINDER

(1957), STEFANIE (1958). Nach dem II. Weltkrieg bei *DEFA* in Babelsberg und *Taunus-Film, ZDF* in Wiesbaden. Darüberhinaus war er als technischer Gutachter im künstlerischen Beirat bei der Kaufhausfirma Hermann Tietz (heute:" Hertie") sowie als Bühnenbildner für Theater und Fernsehen tätig. 1970 erhielt er das Filmband in Gold für langjähriges und hervorragendes Wirken im deutschen Film.

Gastone Medin (1905 Split/Jugoslawien - 1975 Rom) kam durch Begegnungen mit Alessandro Blasetti, Mario Camerini* zum Film. 1929-33 war er Dekorateur bei *Cines;* danach in der *Cinecitta*. Zu seinen wichtigsten Ausstattungen gehören: SOLE (1929), *FIGARO E LA SUA GRAN GIORNATA (1931), LA TAVOLA DEI POVERI (1932), *GLI UOMINI, CHE MASCALZONI! (1932), ACCIAIO (1933), *MA NON É UNA COSA SERIA (1936), *IL SIGNOR MAX (1937), *UNA ROMANTICA AVVENTURA (1940), L'ASSEDIO DELL'ALCAZAR (1940), PICCOLO MONDO ANTICO (1941), *I PROMESSI SPOSI (1941), UN COLPO DI PISTILA (1941, mit Nicola Benois), MALOMBRA (1942), ZAZA (1943), *DUE LETTERE ANONIME (1945), DAVANT A LUI TREMAVA TUTTA ROMA (1946), MESSALINA (1951), PUCCINI (1953), L'ORO DI NAPOLI (1954), IL TETTO (1956), FAREWELL TO ARMS (1957), ANNA DI BROOKLYN (1958), THE ENEMY GENERAL (1960). G.M. war ein Mitbegründer des "kalligraphischen" Stils, der sich auf die Position eines strengen Formalismus als subjektive Opposition zum Faschismus zurückzog. Die "Kalligraphien" seiner Dekors waren eine Anregungsquelle für den nachfolgenden Neorealismus.

John Meehan (1902 Lindsay/Ontario) studierte Architektur an der Universität von Südkalifornien; ging 1935 zu *Paramount*, wo er →Hans Dreier bis 1950 assistierte; danach *Columbia, Universal* und *Disney Studios* (Spezialeffekte). WAKE UP AND DREAM (1934), LETS TALK IT OVER (1935), I'VE BEEN AROUND (1935), NAZI AGENT (1942), DESTINATION UNKNOWN (1942), VIRGINIAN (1946), SALOME (1953), 20.000 LEAGUES UNDER THE SEA (1954) etc.

Lazare Meerson (1900 UdSSR - 1938 London) verließ seine Heimat während der Revolution und ging vorübergehend nach Berlin; übersiedelte 1924 nach Paris und kollaborierte mit den damaligen führenden avantgardistischen Cinéphilen und Wegbereiter eines poetischen Realismus, unter ihnen Marcel L'Herbier, Jacques Feyder*, René Clair, Louis Delluc. Seine anfänglichen Arbeiten waren jedoch weniger charakteristisch und vollkommen unsicher. *GRIBICHE (1924), *CARMEN (1925) waren durchschnittliche Kostümfilme ohne Originalität. Eine Meisterleistung hingegen wurde sein dritter Film, L'Herbiers FEU MATHIAS PASCAL (1925, mit →Alberto Cavalcanti), In der neben realistischen Szenen auch trauminspirierte Dekors vorkommen. Doch der eigentliche charakteristisch veristische Stil kristallierte sich erst bei René Clairs** Filmen heraus: **LA PROIE DU VENT (1926), **UN CHAPEAU DE PAILLE D'ITALIE (1927), **LES DEUX TIMIDES (1928), L'ARGENT (1928, mit →André Barsacq), CAGLIOSTRO (1928), *LES NOUVEAU MESSIEURS (1929), **SOUS LE TOITS DE PARIS (1930), DAVID GOLDER (1930), LE MYSTÉRE DE LA CHAMBRE JAUNE (1930, mit →André Barsacq), LE PARFUM DE LA DAME EN NOIR (1931), **LE MILLION (1931), **A NOUS LA LIBERTÉ (1931), LE BAL (1931), JEAN DE LA LUNE

(1931), **QUATORZE JUILLET (1932), CIBOULET-TE (1933), *LE GRAND JEU (1934), AMOK (1934), LAC AUX DAMES (1934), PENSION MIMOSAS (1935), *LA KERMESSE HEROIQUE (1935), LES BEAUX JOURS (1935). 1936 ging er auf Einladung Alexander Kordas nach England zu *London Films:* AS YOU LIKE IT (1936), FIRE OVER ENGLAND (1937), *KNIGHT WITHOUT ARMOUR (1937), **BREAK THE NEWS (1937), THE RETURN OF THE SCARLET PIMPERNEL (1937, mit →Alfred Junge), SOUTH RIDING (1938), THE CITADEL (1938, mit →Alfred Junge), THE DIVORCE OF LADY X (1938, mit →Paul Sheriff). Sein überraschender Tod in London 1938 beraubte die Filmwelt einer ihrer hoffnungsvollsten Begabungen. L.M.s stimmungsvolle Dekors brillieren in der realistischen und pointierten Schilderung der Pariser Vorstadtarchitektur. Seine Vorliebe für die Düsterkeit der Innenräume einerseits und für sterilen Realismus der Außenräume andererseits kündigen sowohl den impressionistischen Realismus eines Renoir, Carné, Duvivier als auch die "Neue Sachlichkeit" der Dokumentaristen an. War die schwarze Poesie, in den Filmen des Vorstadtmilieus ausgezeichnet für damals, so war A NOUS LA LIBERTÉ gewiß sein bleibendes Meisterwerk. Wie er die neue Architektur zum Parabelcharakter der Geschichte ausgewählt hat, war treffend beklemmend: die Dekors der modernen Strafanstalten, Fabriken, der stromlinigen Autos ließen eine abstrakte, unmenschliche und anonyme Umwelt entstehen, die mehr Gegenwart war als Zukunftsvision. Feyders LA KERMESSE HEROIQUE gefiel vornehmlich in der Ausbreitung verschwenderischer Kostüme und in der Entfaltung des Dekors, das L.M. sorgfältig im Stil der holländischen Renaissance-Maler erbaute.

Henri Ménessier (1874 Lyon) begann als Kulissenmaler bei *Pathé;* wurde 1905 von *Gaumont* engagiert und wurde deren künstlerischer Direktor. 1910 ging er auf Einladung Lewis Selznicks nach New York, um bei einigen Maurice Tournier-Filmen als Dekorateur zu arbeiten; 1915 wurde er Direktor von *Metró Films;* arbeitete für Pearl White-Serials in Paris bzw. Serials für Rex Ingram* in den Nizza-Studios: LA PASSION - LA VIE DU CHRIST (1906), LEST WE FORGET (1917), KOENIGSMARK (1923), *THE MAGICAN (1926), *THE GARDEN OF ALLAH (1927), L'AIGLON (1931), LE PURITAN (1937). H.M. wurde dafür gelobt, daß er die plebejischen Inhalte der Anfangszeit durch künstlerische und kunstgerechte (akademische) Dekors überwunden hatte. Ornamentik und Dekor seiner Ausstattungen erinnern an den Pariser *Art Nouveau,* Ornamente und Lichtgestaltung der Leinwandkulissen stehen in der künstlerischen *fin de siécle*-Tradition der Symbolisten und Impressionisten.

William Cameron Menzies (1896 New Haven - 1957 Hollywood) studierte an der Yale Universität Architektur und Kunstgeschichte, Kriegsdienst im I. Weltkrieg; begann als Bühnenbildner bei *Famous Players-Lasky,* New York; dann *National* (Mary Pickford), *Goldwyn,* Lewis Selznick, schließlich *MGM* in Hollywood: THE NAULAHKA (1918, Assistent von →Anton Grot), SERENADE (1921), KINDRED OF THE DUST (1922), ROSITA (1923), THE THIEF OF BAGDAD (1924, mit →Anton Grot, Irvin J. Martin, Park French), COBRA (1925), THE EAGLE (1925), HER SISTER FROM PARIS (1925), THE BAT (1926), THE SON OF THE SHEIK (1926), FIG LEAVES (1926), THE BELOVED ROUGE (1927), THE DOVE (1927), TWO ARABIAN KNIGHTS (1927),

SORRELL AND SON (1927), THE AWAKENING (1928), DRUMS OF LOVE (1928), THE GARDEN OF EDEN (1928), SADIE THOMPSON (1928), THE LOVES OF ZERO (1928), TEMPEST (1928), THE WOMAN DISPUTED (1928), THE IRON MASK (1929), ALIBI (1929), BULLDOG DRUMMOND (1929), CONDEMNED (1929), LADY OF THE PAVEMENTS (1929), THE RESCUE (1929), THE TAMING OF THE SHREW (1929), ABRAHAM LINCOLN (1930), BE YOURSELF (1930), MADAME DUBARRY, WOMAN OF PASSION (1930), THE LOTTERY BRIDE (1930), LUMMOX (1930), ROMANTIC NIGHT (1930), ON THE RITZ (1930), RAFFLES (1930), REACHING FOR THE MOON (1930), ALICE IN WONDERLAND (1933), THINGS TO COME (1936, Regie; Modelle mit →Vincent Korda), THE YOUNG IN HEART (1938), THE ADVENTURES OF TOM SAWYER (1938), MADE FOR EACH OTHER (1939), GONE WITH THE WIND (1939, mit →Lyle Wheeler), FOREIGN CORRESPONDENT (1940, mit →Alexander Golitzen), THIEF OF BAGDAD (1940, Regie-Assistent, Coszenarist →Vincent Korda), OUR TOWN (1940), SO ENDS OUR NIGHT (1941), THE DEVIL AND MISS JONES (1941), KINGS ROW (1942), THE PRICE OF THE YANKEES (1942), FOR WHOM THE BELL TOLLS (1943) ADDRESS UNKNOWN (1944), IVY (1947), ARCH OF TRIUMPH (1948), REIGN OF TERROR (1949), DRUMS IN THE DEEP SOUTH (1951, Regie), WHIP HAND (1951, Regie), THE MAZE (1953, Regie), INVADERS FROM MARS (1953, Regie). Bekam eine Reihe von Auszeichnungen der Filmindustrie, darunter die *AA-Oscars* für THE DOVE, THE TEMPEST, GONE WITH THE WIND (Technicolor), THE THIEF OF BAGDAD (mit →Vincent Korda). W.C.M.s üppig wuchernde Phantasie lebte sich am idealsten im Science Fiction-Genre aus, wo seine visuelle Gestaltung für THINGS TO COME, THE THIEF OF BAGDAD, INVADERS FROM MARS seine mangelhafte Regie überdeckte. Wäre W.C.M. ein ebenso versierter Regisseur gewesen wie er ein Filmarchitekt war, er hätte wahrscheinlich ein großer Meister des Films werden können.

Ernö Metzner (1892 Szabadka/Ungarn - 1954) studierte an der Kunsthochschule in Budapest, ab 1920 in Berlin bei der *Ufa.* Stattete vor allem G.W.Pabsts* frühe Filme aus: SUMURUN (1920, mit →Kurt Richter) SALOME (1922), I.N.R.I (1923), FRIDERICUS REX (1923), ARABELLA (1924), EIN SOMMERNACHTSTRAUM (1925), *GEHEIMNISSE EINER SEELE (1926), MAN STEIGT NACH (1927, Co-Regie), ÜBERFALL (1928, Regie), HOTELGEHEIMNISSE (1928), *TAGEBUCH EINER VERLORENEN (1929), *DIE WEISSE HÖLLE VON PIZ PALÜ (1929), *WESTFRONT 1918 (1930), RIVALEN IM WELTREKORD (1930, Regie), *KAMERADSCHAFT (1931), *DIE HERRIN VON ATLANTIS (1932), *DU HAUT EN BAS (1933), CHU CHIN CHOW (1933), SYMPHONIE DES BRIGANDS (1936), IT HAPPENED TOMORROW (1944), THE MACOMBER AFFAIR (1947). 1933 mußte er Deutschland verlassen, arbeitete auf Berufung von →Vincent Korda einige Jahre bei *London Films,* um schließlich nach Amerika zu gehen, wo er verarmt und vergessen starb. Mit E.M.s *GEHEIMNISSE EINER SEELE begann die Abkehr von den herrschenden (expressionistischen) Stiltendenzen des deutschen Films hin zur "Neuen Sachlichkeit" und zum Realismus, allerdings sind die Traumsequenzen, Hauptmotiv der

Handlung, verbrämte Phantasieverzerrungen, durch Mehrfachbelichtung aufgenommen, äußerst expressiv-surreal. Die zeitgenössische Symbolik des romantischen Expressionismus hielt sich freilich noch lange in seinen Dekors: das Halbdunkel der Gassen und Gänge in ÜBER-FALL, die vorgespannten weißen Schleier in *DAS TAGEBUCH EINER VERLORENEN. Aber schon hier zeigt sich an manchen (übrigens authentischen) Details die physische Präsenz und Nüchternheit der Dekorationen. Die Objekte werfen keine langen, verzerrten Schatten mehr; die ausgefallenen, fast dokumentarisch wirkenden Aufnahmen der Berg- und Kriegsfilme (*DIE WEISSE HÖLLE, *WESTFRONT 1918), die bereits das Studio verlassen und "Naturgewalten" einfangen, sind in einen strengen Realismus eingebettet.

Hiroshi Mizutani war Maler und Entwerfer für Kimonos bevor er in den späteren 30er Jahren von Kenji Mizoguchi* für den Film engagiert wurde: *ZANGIKU MONO-GATARI (1939), *GENROKU CHUSHINGURA (1941/42), *SAIKAKU ICHIDAI ONNA (1952), *CHI-KAMATSU MONOGATARI (1954), UWASA NO ONNA (1954), *YOKIHI (1955), *AKASEN CHITAI (1956), YORU NO TSUZUMI (1958). H.M.s malerische Wirkung der Dekors in den vielen historischen Filmen der Ritterzeit und Belle Epoque Japans entrücken kenkenden Zuschauer in eine andere Realität, ohne nostalgisch oder kitschig zu sein.

Flavio Mogherini (1922 Arezzo) studierte Bühnenbild an der Filmhochschule Rom bevor er zur *Cinecitta* kam; sowohl als Dekorateur als auch als Regisseur tätig: PAOLO BARCA (1975). Zu seinen bekanntesten Aus-stattungswerken zählen die Abenteuerfilme, Antikmelo-dramen und Kolportagethemen: ELEONORA DUSE (1948), LUCIA DI LAMERMOOR (1948), FEMMINA INCATENATA (1949), CAVALCATA D'EROI (1949), ANTONIO DI PADOVA (1949), E ARRIVATO IL CA-VALIERE (1950), GUARDIE E LADRI (1951), TOR-MENTO DEL PASSATO (1951), LA PAURA FA 90 (1951), LE INFEDELI (1951), LA PROVINCIALE (1951), I TRE CORSARI (1951), DOV'E LA LIBERTA (1953), VIALE DELLA SPERANZA (1953), ATTILA (1953), I PAPPAGALLI (1953), OPERAZIONE NOTTE (1954), LA DONNA DEL FIUME (1955), EUROPA DI NOTTE (1959), FERDINANDO I RE DI NAPOLI (1959), APPUNTAMENTO AISCHIA (1959), ERA NOTTE A ROMA (1960), A BREATH OF SCANDAL / OLYMPIA (1960), IL LADRO DI BAGDAD (1961), LA RAGAZZA CON IA VALGIA (1961), A CAVALLO DELLA TIGRE (1961), ACCATIONE (1961), L'ORO ROMA (1961), LE MERAVIGLIE DI ALADINO (1961), MAMMA ROMA (1962), CRONACA FAMI-LIARE (1962), LA RICOTTA (1963), ILLIBATEZZA (1963), IL POLLO RUSPANTE (1963), DIABOLIK (1967), NIENTE ROSE PER OSS 117 (1968), LA MONACA DI MONZA (1969), SATYRICON (1969), AMORE MIO AIUTAMI (1969), ROMA BENE/JET SET (1971), HOMO EROTICUS (1971), ANCHE SE VOLESSI LAVORARE, CHE FACCIO? (1972).

Jim Morahan (1902 London) studierte am City & Guilds of London School of Art; arbeitete für Alexander Macken-drick*kendrickkendrick: FRIEDA (1947), SARABAND FOR DEAD LOVERS (1949), *WHISKY GALORE (1949), THE BLUE LAMP (1950), *THE MAN IN THE WHITE SUIT (1951), *MANDY (1952), HIS EXCEL-LENCY (1952), THE CRUEL SEA (1953), *THE

MAGGIE (1954), *THE LADYKILLERS (1955), OUT OF THE CLOUDS (1955), WHO DONE IT (1955), THE MAN IN THE SKY (1956), THE SHIRALEE (1957), SATAN NEVER SLEEPS (1962), THE MIND BENDERS (1963), WITCHFINDER GENERAL (1968). Dekorateur der *Ealing-Studios* (London) bis zur Auflö-sung der Gesellschaft 1955, danach bei *EMI*.

Tom Morahan (1906 London) begann nach seinem Archi-tekturstudium für Alfred Hitchcock* zu arbeiten: JAMAICA INN (1939), NEXT OF KING (1942), *THE PARADINE CASE (1947), *UNDER THE CAPRI-CORN (1949), TREASURE ISLAND (1950), THOSE MAGNIFICENT MEN IN THEIR FLYING MACHI-NES (1965).

Yoshiro Muraki versuchte bei Akira Kurosawas* Filmen mit modernen Stilmitteln Werke der europäischen Litera-tur ins Mittelalter Japans zu übertragen: *KUMONOSU-JO/MACBETH (1957), *DONZOKO/GORKIS NACHT-ASYL (1957); Filme mit zauberhaften Schlössern, epi-schen Schlachtengemälden und ritterlichen Tugenden.

Ted Marshall (1917 Wiltshire) besuchte das Malvern College. Danach Ausbildung als Architekt, bis in die 40er Jahre in diesem Beruf tätig. Ging als Zeichner in den *Delham*-Studios (London); nach der Arbeit im Art De-partment erhielt er seine erste Chance als Assistent des *art directors* →Ralph Brinton bei: THE CHILTERN HUN-DREDS. Zusammenarbeit mit Regisseuren von *Free Cine-ma*; seit 1958 verschiedene Filme mit Karel Reisz; von da an entstanden: ROOM AT THE TOP, THE ENTERTAI-NER, SATURDAY AND SUNDAY MORNING, TASTE OF HONEY, THE SQUARE FELLOW, THE LONELINESS OF THE LONG DISTANCE RUNNER, TOM JONES, THE GIRL WITH GREEN EYES, THE PUMPKIN EATER, THE UNCLE, LIFE AT THE TOP, THE SPY WHO CAME IN FROM THE COLD, MARAT-SADE, CHARLIE BUBBLES, THE CHARGE OF THE LIGHT BRIGADE, THE BIRTH-DAY PARTY, SOME GIRLS DO, THE EXECUTIO-NER, MACHO CALLAHAN, THE TRIPLE ECHO.

Peter Mullins (1931 London), kam 1947 als Filmbildner in die Filmindustrie, arbeitete viel an Fernsehserien wie ROBIN HOOD, WILHELM TELL und INVISIBLE MAN. Seine wichtigsten Filme seit 1964: KING AND COUNTRY, ALFIE, THE SPY WITH A COLD NOSE, THE MAN OUTSIDE, A HOME OF YOUR OWN, PRETTY POLLY, WHERE EAGLES DARE, THE MOST DANGEROUS MAN IN THE WORLD, THE LAST VALLEY, PUPPET ON A CHAIN, ZEE & CO., STEPTOE AND SON.

Otto Moldenbauer (1889) arbeitete bevorzugt mit seinem Lieblingsregisseur Gerhard Lamprecht*, nach dem I. Weltkrieg Mitarbeiter von →Paul Leni bei *Gloria-Film* (Berlin): PRINZ KUCKUCK (1919), DER WEISSE PFAU (1920), AUS DEN ERINNERUNGEN EINES FRAUENARZTES (1921), *DIE ERLEBNISSE EINER KAMMERZOFE (1921), *FRAUENBERICHTE (1921), *DER FRIEDHOF DER LEBENDEN (1921) etc., aber auch mit Paul Wegener, Carl Bosse, Friedrich Feher und Ewald André Dupont. Später bei der *DEFA* in Babels-berg.

Paul Nelson (1895 Chicago - 1983 Marseille) studierte in Princeton und war Fliegerleutnant, bevor er 1920 nach Paris auswanderte. Architekturstudium an der Pariser École des Beaux Arts bis 1927; danach Mitarbeiter von Auguste Perret. Ab 1928 selbständig; unter dem Einfluß von LeCorbusier entstanden Entwürfe für Stadthäuser, Villen und Spitalsbauten. Beteiligung an der *Golden Gate Exposition* in San Francisco (1939), verließ Frankreich während des Krieges mit Francis Jourdain und kehrte 1945 nach Paris zurück. Seine einzige Filmausstattung war für WHAT A WIDOW! (1930) mit Gloria Swanson, die für ihre Modernität bestechend war und größere Beachtung im amerikanischen Film verdient hätte.

Robert Neppach (1890 Esslingen - 1933 Berlin) studierte in München; arbeitete auch für viele Theaterinszenierungen wie 1918 für das Märchenspiel *Die blaue Narre* am Neuen Theater in Frankfurt. Als 1933 die Nationalsozialisten an die Macht kamen, beging er Selbstmord. Filme: DIE AUGEN IM WALDE (1919), EWIGER STROM (1919), DIE FRAU IM KÄFIG (1919), KAMERADEN (1919), DIE NACHT AUF DEM GOLDENHALL (1919), ABEND - NACHT - MORGEN (1920), DER BUCKLIGE UND DIE TÄNZERIN (1920), DIE FRAU OHNE SEELE (1920), DAS HAUS ZUM MOND (1920), VA BANQUE (1920), VON MORGENS BIS MITTERNACHT (1920), ACHT UHR DREIZEHN (1921), DIE AMAZONE (1921), EHRENSCHULD (1921), DIE GELIEBTE ROSWOLSKYS (1921), DIE RATTEN (1921), DER GRAF VON CHAROLAIS (1922), LUCREZIA BORGIA (1922), ERDGEIST (1923), PAGANINI (1923), BISMARCK (1925), DER MALER UND SEIN MODELL (1925), DER SOHN DES HANNIBAL (1926), AM RANDE DER WELT (1927), FRAU SORGE (1928), KATHARINA KNIE (1929), MÄNNER OHNE BERUF (1929), SEIN BESTER FREUND (1929), ACHTUNG! AUTO-DIEBE! (1930), ER ODER ICH (1930), GASSENHAUER (1931), GROCK (1931), PANIK IN CHIKAGO (1931).

Martin Obzina spezialisierte sich bei *Universal* auf Horrorfilme; verließ *Universal* 1947, um für *RKO* zu arbeiten; danach Fernsehserien (Alfred Hitchcock Presents). FIRST LOVE (1939), THE INVISIBLE MAN RETURNS (1940), THE FLAME OF NEW ORLEANS (1941), SON OF DRACULA (1943), DEAD MAN'S EYES (1944), SHERLOCK HOLMES AND THE SPIDER WOMAN (1944), HOUSE OF FRANKENSTEIN (1944), THE SUSPECT (1945), HOUSE OF DRACULA (1945), THE KILLERS (1946), BLACK ANGEL (1946), HEAVEN ONLY KNOWS (1947) etc.

Robert A. Odell (1896 Los Angeles) studierte an der Universität von Südkalifornien Architektur; begann bei *Lew Cody Productions, Jack Pickford, Astra-Studios* in Los Angeles, später *Paramount:* TOM SAWYER (1930), KING OF THE JUNGLE (1933), THE EAGLE AND THE HAWK (1933), ALICE IN WONDERLAND (1933), BEAU GESTE (1939) etc.

Cary Odell, Sohn von →Robert A. Odell, begann seine Karriere als Szeniker bei *Columbia Pictures*: MY SISTER EILEEN (1942), COVER GIRL (1944), JOHNNY O'CLOCK (1947), TO THE ENDS OF THE EARTH (1948), THE DARK PAST (1948), THE LOVES OF CARMEN (1948), FROM HERE TO ETERNITY (1953), 20 MILLION MILES TO EARTH (1957).

Harry Oliver (1888 Minnesota - 1973 Coachella) erwarb sich sein künstlerisches und praktisches Wissen in den Studios von *Universal* (1910-14), Hal Roach (1914-16), Mary and Jack Pickford und *Irvin Willst Production*s, in den späten 20er Jahre bei *Fox* und *MGM*. Ausstatter für Frank Borzage*: *SEVENTH HEAVEN (1927), *STREET ANGEL (1928), *THE RIVER (1928), *LUCKY STAR (1929), *THEY HAD TO SEE PARIS (1929), *LILIOM (1930), *SONG O' MY HEART (1930) und für F. W. Murnaus** unvollendeten Film **CITY GIRL (1930), dessen formale Gestaltungsideen fürs Malerisch-Phantastische er übernahm. Weitere Filmdekorationen für: SCARFACE (1932), TILLIE AND GUS (1933), WHITE WOMAN (1933), THE CAT'S PAW (1934), VIVA VILLA! (1934), MARK OF THE VAMPIRE (1935), VANESSA, HER LOVE STORY (1935), THE GOOD BARTH (1937), OF HUMAN HEARTS (1938). Der etwas exzentrische H.O. entschloß sich 1940 aus seinem Beruf auszusteigen und lebte fortan als Eremit in der Wüste von Südkalifornien in einem skurrilen, naiven Bretterhaus. Seine Filmbauten lebten weitgehend von einem dem deutschen Expressionismus entlehnten stilistischen Kode, der dem von →Paul Leni oder →Hans Poelzig nicht unähnlich war. Mit deutschen Mitarbeitern von W.M.Murnau realisierte H.O. William Beaudines' Meisterwerk SPARROWS (1926). Ein Filmrequisit dieses Films ist heute noch erhalten und befindet sich in Beverly Hills (das sogenannte *Spadena House* Straßenkreuzung Carmelita/Walden). Das Hexenhaus im passenden Hänsel-und-Gretel-Look ließ man einfach stehen und es wurde zu einem richtigen Haus eines Universitätsprofessors.

Jack Otterson (1881 Allegeheny/Pennsylvania) studierte an der Yale Universität, arbeitete 1929-30 als Innengestalter am *Empire State Building;* begann erst 1932 beim Film als *rendering artist* bei *Fox;* 1936-46 bei *Universal;* nach Abgang von →Charles D. Hall stellvertretender *artist director* bei *Universal* (1936-46). Nach seiner Pensionierung 1946 widmete er sich ausschließlich der Malerei. Filmauswahl: CAROLINA (1934), ONE MORE SPRING (1935), THE MAGNIFICENT BRUTE (1936), THREE SMART GIRLS (1937), YOU'RE A SWEETHEART (1937), THE RAGE OF PARIS (1938), SINNERS IN PARADISE (1938), SON OF FRANKENSTEIN (1939), TOWER OF LONDON (1939), SEVEN SINNERS (1940), THE BANK DICK (1940), MY LITTLE CHICKADEE (1940), THE WOLF MAN (1941), IT STARTED WITH EVE (1941), HELLZAPOPPIN (1942), THE SPOILER (1942), ARABIAN NIGHTS (1942), THE MAD DOCTOR OF MARKET STREET (1942), THE KILLERS (1946, mit →Martin Obzina), SONG OF SCHEHEREZADE (1947) etc.

Chiyo Ozaki war Dekorateur des wohl berühmtesten japanischen Stummfilms *KURUTTA IPPEIJI/EIN WAHNSINNIGER PAGE (1926), der an den "Caligarismus" des deutschen Stummfilms erinnert, obwohl C.O. das Original erwiesenermaßen nie zu Gesicht bekam. Expressionistische Züge finden sich in Teinosuke Kinugasas* anderem Film *JUJIRO/SCHATTEN (1928), der erstmals das Interesse der europäischen Intellektuellen für den japanischen Film weckte und in Frankreich als Sensation galt.

Enrico Prampolini (1894 Modena - 1956 Ebd.) stieß als Maler um 1912 zu den Futuristen um F.T.Martinetti Verfasser mehrerer Manifeste: *La cinematografia futurista* (1916), *No!* (1917), *Cinema e architettura* (1920) und *Cinema futurista* (1932) mit Arnaldo Ginna. Ausstattung für Antonio Giuglio Bragaglias PERFIDO INCANTO und THAIS (beide 1916). Vorwiegend Maler und Grafiker, wegweisender Theaterbühnenbildner (*Spazioscenio polidimensionale* 1917) und Ausstellungsarchitekt der Futuristen: Pavillon *Futurismo* in Turin (1927/28) und visionärer Zeichner von Zukunftsstädten. 1932 realisierte E.P. mit MANI/HÄNDE nochmals ein Thema der Futuristen aus dem Jahr 1915, wo in mehreren kontrastreichen und zum Teil abstrakten Einstellungen (Szenen) Bewegungen, Gesten und Körpersprachen männlicher und weiblicher Hände in teilweise abgedeckten Dekors aus geometrischen Objekten gezeigt werden.

Hal Pereira (1905 Chicago - 1983 Los Angeles) arbeitete nach seinem Architekturstudium an der Universität von Illinois zunächst am Theatersektor, bis er sich 1940 selbständig machte und von 1942 bis 1946 bei *Paramount* (mit →Hans Dreier) arbeitete. Nachfolger von Dreier ebendort und Chefdesigner ab 1958 mit seinen Assistenten →Roland Anderson, →Henry Bumstead, →Tambi Larsen et. al. Filmauswahl: DOUBLE INDEMNITY (1944), MINISTRY OF FEAR (1944), AND NOW TOMORROW (1944), THE GOLDBERGS/MOLLY (1950), WHEN WORLDS COLLIDE (1951), CARRIE (1952), THE GREATEST SHOW ON EARTH (1952), SHANE (1953), THE NAKED JUNGLE (1954), REAR WINDOW (1954), THE ROSE TATTOO (1955), TO CHATCH A THIEF (1955), THE TEN COMMANDMENTS (1956, u.a. mit Walter Tyler, Albert Nozaki), VERTIGO (1958, mit →Henry Bumstead), LADIES MAN (1961), THE COUNTERFAIT TRAITOR (1962), THE NUTTY PROFESSOR (1963), HUD (1963), THE ODD COUPLE (1968) etc.

Jean Pérrier (1884 Paris - 1942 Joinville) kam vom Theater zum Film; erste Arbeiten für *Gaumont* um 1905; 1923-28 Mitarbeiter bei Raymond Bernard*: *LE MIRACLE DESS LOUPS (1923), *LE JOUEUR D'ECHELS (1926), LA FIN DU MONDE (1931), LES FRERES KARAMAZOFF (1931), *LES MISEÉRABLES (1932), LA MARSIELLAISE (1938, mit →Léon Barsacq, →Georges Wakhévitch).

Robert Peterson, Spezialist für Western und *Film Noir*, arbeitete für *Columbia*. Zu seinen besten Werken zählt die Ausstattung für Fritz Langs Film THE BIG HEAT (1953), der dank der unheimlich präzisen Dekorarbeit von R.P. stilistisch und dramaturgisch an die "Schwarze Serie" der 40er Jahre anknüpfte.

Hans Poelzig (1869 Berlin - 1936 Berlin) studierte an der Technischen Hochschule in Berlin/Charlottenburg (1889-94); 1900-16 lehrte er als Dozent an der dortigen Kunst- und Kunstgewerbeschule, die er ab 1903 auch leitete; selbständiger Industriearchitekt in Berlin (1899-1916); 1916-20 war er Stadtbaurat in Dresden und Posen, Professor an der dortigen Technischen Hochschule. 1920 wurde er Leiter der Technischen Hochschule in Berlin-Charlottenburg. Zu seinen Schülern gehören Egon Eiermann, Julius Posener, Rudolf Schwarz, Konrad Wachsmann. 1919 Vorsitzender des Deutschen Werkbundes, Mitglied der Novembergruppe; 1926 Mitglied der Architektenvereinigung *Der Ring*; Vorstandsmitglied im Bund Deutscher Architekten. Entlassen aus allen öffentlichen Ämtern und Verlust der Professur durch die Nazis 1935. Obwohl er nur drei Filme gestaltete, hatte er einen enormen Einfluß auf die deutsche Filmarchitektur. Durch Max Reinhardt traf er dessen Schauspieler Paul Wegener, der ihn zum Film brachte. Es entstanden unter Paul Wegeners* Regie und Produktion *GOLEM, WIE ER IN DIE WELT KAM (1920), *LEBENDE BUDDHAS (1924) und Arthur von Gerlachs DIE CHRONIK VON GRIESHUUS (1925).

William Andrew (Willi András) Pogany (1882 Budapest- 1955 Hollywood) studierte Malerei an der Kunsthochschule in Budapest; wanderte vor dem I. Weltkrieg aus: über München und Paris kam er nach New York. Erste Bühnenausstattungen, Kostümentwürfe für Theater und Oper; Wandbilder im *Stanley Theater* Lobby, Jersey City (New Jersey) und *St. George Hotel* in Brooklyn (New York); Buchillustrator und Porträtmaler; Mitarbeiter von Karl Freund* bei *Warner Brothers:* TONIGHT OR NEVER (1931), UNHOLY GREEN (1931), *THE MUMMY (1932), DAMES (1934), *WONDER BAR (1934), FASHIONS OF '34 (1934), DANTE'S INFERNO (1935) etc.

Piero Poletto (1925 Sacile d'Porddenone - 1978 Rom) erhielt sein Architekturdiplom am Centro Sperimentale Cinema in Rom; begann 1957 bei *Cinecitta* mit LA DONNA CHE VENNE DAL MARE (1953); arbeitete hauptsächlich für Michelangelo Antonioni in: *L'AVVENTURA (1960), TESEO CONTRO IL MINOTAURO (1961), *L'ECLISSE (1962), *IL DESERTO ROSSO (1964), LA DECIMA VITTIMA (1965), LE STREGHE (1966, mit →Mario Garbuglia), QUESTI FANTASMI (1967), C'ERA UNA VOLTA (1967), GLI AMANTI (1968), THE TECHNIQUE AND THE RITE (1971), THE BLACK BELLY OF THE TARANTULLA (1971), *IL PASSAGERIO (1975), *PROFESSIONE REPORTER (1975) etc.

Van Nest Polglase (1899 Brooklyn - 1968 Hollywood) studierte an der Kunstgewerbeschule in New York Architektur und Design; arbeitete in Gemeinschaft mit Berg & Orchard in New York; erste Bauten in Kuba, u.a. Präsidentenpalast in Havanna; Entwürfe für Möbel, Tapeten, Glas und Porzellan. Seit 1919 beim Film, vorwiegend freiberuflich in den Studios *Famous PlayersLasky, Paramount* (1927-32), *MGM* (1932-42), mit Unterbrechungen wegen Alkoholentziehungskuren bei *RKO* (mit →Carroll Clark). Selznick* lud ihn 1927 nach Hollywood für die extravaganten Filmrevues ein, für die er wesentlich das Vokabular der Dekors erfand. Das Dekor bestand in der Regel aus einem schwarzspiegelnden Studiofuboden, weiße Hallen, breite Treppen, flutende Beleuchtung, glitzernden Kostümen, Big-Band-Sound und Menschenarchitekturen der *Chorus*-Mädchen mit schwingenden Tanzbeinen. V.N.P. überließ es zumeist seinen zahlreichen Mitarbeitern dieses Kochkonzept auszuführen, nachdem alle Zutaten einmal feststanden. 1943 ging er zu *Columbia Pictures*. Filme: THE LOST PATROL (1934), OF HUMAN BONDAGE (1935), THE INFORMER (1935), ALICE ADAMS (1935), THE LAST DAYS OF POMPEII (1935), SYLVIA SCARLETT (1935), FOLLOW THE FLEET (1936), MARY OF SCOTLAND (1936), MUSS' EMPP UP (1936), THE PLOUGH AND THE STAR (1936), THE EX MRS. BRADFORD (1936), THE LADY CONTENTS (1936), STAGE DOOR (1936), SHALL WE DANCE (1936), VIVACIOUS LADY (1936), CAREFREE (1936), CONDEMNED WOMEN (1936), HAVING WONDERFUL TIME (1938), PANAMA LADY (1939), RENO (1939), CURTAIN CALL (1940), CITIZEN KANE (1941), THE BANDIT TRAIL (1941), TOGETHER AGAIN (1944), A SONG TO REMEBER (1945), GILDA (1946) THE THRILL OF BRAZIL (1946), THE CROOKED WAY (1949), THE FIREBALL (1950), THE MAN WHO CHEATED HIMSELF (1950), CATTLE QUEEN OF MONTANA (1954), PASSION (1954), ESCAPE TO BURMA (1955), PEARL OF THE SOUTH PACIFIC (1955), SLIGHTLY SCARLET (1956). V.N.P. wurde hauptsächlich wegen des Niveaus geschmackvoller Konfektion erinnert: seine raumausfernde

Art Déco-Bühne für TOP HAT (1935) (Fred Astaire und Ginger Rogers) hatte den Glanz eines noblen Nachtklubs mit dezenter Beleuchtung, tropischen Einrichtungsgegenständen, phantastischen Treppen in strahlendweißem Glamour. Neben seinen monochrom glatten Déco-Ausstattungen im Stil der Streamline-Moderne waren die pompösen Ausstattungsfilme seine andere Stärke, obwohl sie heute wie unfreiwillige Parodien wirken: z.B. HUNCHBACK OF NOTRE DAME (1934).

Vasili Rakhals (1890 UdSSR - 1942 Ebd.) meldete sich als Sohn armer Bauern 1918 freiwillig zur Roten Armee, wo er eine vielseitige Karriere als Maler, Karikaturist, Kameramant, Propagandist und Erziehungskommissar vollendete, ehe er sich plötzlich dem Film zuwandte. Zeitweilig mit S. M. Eisenstein* und Wsewolod Pudowkin** assoziiert, bereicherte er deren Filme mit realistischen Dekors: LUCH MERTI (1925, Co-Regie: Wsewolod Pudowkin), *STACHKA/STRIKE (1925), *BRONENOSETCS POTYOMKIN/PANZERKREUZER POTEMKIN (1925), **SCHACHMATNAJA GORJATSCHKA/SCHACHFIEBER (1925, Co Regie: Nikolai Schpikowski), PREDATEL/VERRÄTER (1926), TRETYA MESHCHANSHAJA/DAS BETT UND DIE COUCH (1927, Co-Regie: Sergej Jutkewitsch), *STAROJE I NOWOJE/DAS ALTE UND DAS NEUE (1929).

Natacha Rambova (eig. Winifred Shaunessy) (1897 Salt Lake City - 1966 Hollywood) kam als Tänzerin ausgebildet zum Film, wo sie als Kostümbildnerin in CAMILLE (1921) arbeitete. Der Film fiel durch seine stilistische Extravaganz des Dekors auf. Alla Nazimova, eine der damals vergötterten Filmdivas mit lasziv-erotischer Vamp-Ausstrahlung, war der Star des Streifens. N.R. produzierte mit ihr gleich darauf den ausgesprochenen Kultfilm SALOME (1922) mit Kostümen und Dekors nach Aubrey Beardsley. Ihre Ausstattung erfreute sich wegen ihrer eleganten Extravaganz und ästhetischen Reizes kurzweilig großer Beliebtheit, gerieten aber bald wieder in Vergessenheit. Außer daß die Filmindustrie durch finanzielle Mißerfolge rasch von solchen Experimenten abkam, waren die Dekorationen von N.R. in ihrer Ästhetisierung zu sehr dem Theater verwandt und von der Malerei/Graphik beeinflußt, als daß sie dauerhaft Wirkung auf den Film auszuüben vermochten.

Max Ree (1899 Kopenhagen - 1953 Los Angeles) studierte Architektur an der königlichen Akademie in Kopenhagen, wechselte vom Theater zum Nordisk-Film gerade als der dänische Film seine Blüte erlebte. Übersiedelte 1925 nach Hollywood; arbeitete für Erich von Stroheim*, Viktor Sjöström und Max Reinhardt: THE SCARLET LETTER (1926), *THE WEDDING MARCH (1926), *QUEEN KELLY (1928) und MIDSUMMER NIGHT'S DREAM (1935) als Kostümbildner; danach bei RKO auch als Szeniker: RIO RITA (1929), SEVEN KEYS TO BALDPATE (1929), TANNED LEGS (1929), THE CASE OF SERGEANT GRISCHA (1930), DIXIANA (1930), HIT THE DECK (1930), LEATHERNECKING KING(1930), BEAU IDEAL (1931), CIMMARON (1931), GIRL CRAZY (1932), CARNEGIE HALL (1947). Ab 1926 bei MGM; 1927-28 bei First National Pictures als Kostümzeichner; 1929-31 Chefdesigner bei RKO; ab ca. 1947 vorwiegend nur mehr Fernseharbeit und ab 1952 im Ruhestand.

Walter Reimann (1887 Berlin - 1955 Bad Godesberg) studierte in Berlin, Düsseldorf un Hamburg; Maler der expressionistischen Gruppe der sturm. Vor dem I. Weltkrieg als Illustrator bei einer Tageszeitung tätig, lernt →Hermann Warm am Fronttheater in Wilna/Litauen kennen; arbeitete vor allem mit ihm und →Robert Herlth als eine Arbeitsgemeinschaft. 1919 holte er Warm und Herlth zum Film, wo sie anfangs Gobelins und Tapeten malten. Wichtigste Ausstattungen bis 1933: vgl. →Hermann Warm; danach: ELISABETH UND DER NARR (1933), BALLMUTTER (1936), HEIRATSBÜRO FORTUNA (1936), IN 40 MINUTEN (1936), DAS MÄDCHEN IRENE (1936), etc.

Michael Relph (1915 Broadstone/Dorset), Sohn des Schauspielers George Relph, war artist director in den Ealing-Studios bis zu deren Auflösung: THEY DRIVE BY NIGHT (1938), THEY CAME TO A CITY (1944), CHAMPAGNE CHARLIE (1944), DEAD OF NIGHT (1945), THE CAPTIVE HEART (1946), NICHOLAS NICHLEBY (1947), THE BLUE LAMP (1950), I BELIVE IN YOU (1952, Regie), THE RAINBOW-JACKET KET (1954), DAVY (1957, Regie) ROCKETS GALORE (1957, Regie), VIOLENT PLAYGROUND (1958), THE LEAGUE OF GENTLEMEN (1959), VICTIM (1961).

Nicholai Remisoff (1887 Leningrad) studierte Malerei an der Kunsthochschule Leningrad (St. Petersburg). Max Reinhardt engagierte ihn für sein Theater in Berlin bzw. für die Salzburger Festspiele; emigrierte 1938 nach Hollywood. Dekors für Lewis Milestone*: OF MICE AND MEN (1939), TURNABOUT (1940), *MY LIFE WITH CAROLINE (1941), THE CORSICAN BROTHERS (1941), *GUEST IN THE HOUSE (1944), YOUNG WIDOW (1946), THE STRANGE WOMAN (1946), LURED (1947), *NO MINOR VICES (1948), *THE RED PONY (1949), THE BIG NIGHT (1951), THE MOON IS BLUE (1953), APACHE (1954), PLEASE MURDER ME (1956), *PORK CHOP HILL (1959), *OCEAN'S 11 (1960) etc. Nach Arbeiten für Universal und Columbia Pictures ging er 1960 in Ruhestand.

Thomas Riccabona (1951 Wien) studierte an der Hochschule für angewandte Kunst bei Otto Niedermoser und Franz Szivatz Bühnenbild und Filmgestaltung; freiberuflicher Film- und TV-Ausstatter seit 1976; Arbeiten für Unitel bei Opernproduktionen, auch Filme: A LITTLE NIGHT MUSIC (1976), THE BOYS FROM BRAZIL (1977) STEINER II (1978), Assistent bei internationalen Großproduktionen: FIRE FOX (1981), WILD GEESE (1984), 007 - THE LIVING DAYLIGHTS (1986).

Kurt Richter, vom Beruf Maler, kam schon frühzeitig durch Max Reinhardt und Ernst Lubitsch* zum Film, Ausstattungen für: DER STUDENT VON PRAG (1913), SCHUHPALAST PINKUS (1916), ICH MÖCHTE KEIN MANN SEIN (1918), *DIE AUGEN DER MUMIE MA (1918), *CARMEN (1918), *MEINE FRAU, DIE SCHAUSPIELERIN (1919), *DIE AUSTERNPRINZESSIN (1919), *MADAME DUBARRY (1919), DIE PUPPE (1919), *SUMURUN (1920), *ANNA BOLEYN (1020), *DAS WEIB DES PHARAO (1921, mit →Ernst Stern, →Ernö Metzner), DER VERLORENE SCHATTEN (1921), MONNA VANNA (1922), DIE FLAMME (1923), DAS HAUS AM MEER (1923).

Richard Riedel (1907-1960), Assistent von →Alexander Golitzen bei Universal, starb bei einem Autounfall am Drehort nahe Rom. R.R. war spezialisiert auf Fantasy- und Science Fiction-Filme, u.a.: SON OF FRANKENSTEIN (1939), THE HOUSE OF SEVEN GABLES (1940), FLESH AND FANTASY(1943), ALI BABA AND THE

40 THIEVES (1944),DESTINY (1944), THE GHOST STEPS OUT (1946), ABBOT AND COSTELLO MEET THE KILLER, BORIS KARLOFF (1949), THIS ISLAND EARTH (mit → Alexander Golitzen), IMITATION OF LIFE (1959), PORTRAIT IN BLACK (1960), HELL BENT FOR LEATHER (1960).

Walter Röhrig (1892 Berlin - 1945 Caputh/Berlin-Potsdam) lernte als Soldat während des I. Weltkrieges →Hermann Warm in Wilnau/Litauen kennen; 1920 wird W.R. mit →Robert Herlth zusammen von der *Ufa* als hauseigene Filmausstatter engagiert. Sie bilden das Rückgrat aller *Ufa*-Dekorationen ab 1920 bis zu ihrer beruflichen Trennung 1936. W.R. arbeitete für die Nazi-Propagandamaschinerie (Wochenschauberichte) und deren Unterhaltungsindustrie. Filmausstattungen bis 1933: vgl. →Hermann Warm, danach: KRIEGSWALZER (1933), CAPRICCIO (1938), REMBRANDT (1942).

Hermann Rosse (1887 Holland - 1965 Nyack, New York) studierte an der Kensington School of Art in London; übersiedelte 1908 nach Amerika; studierte an der Stanford Universität Architektur und Bühnenbild. Lehrbeauftragter an der Universität California, Los Angeles und am Art Institute, Chicago. Herausgeber und Mitbegründer der Bühnentechniker-Gewerkschaft und deren Zeitung *Chapter one* (ANT,AA). Arbeitete im Film bei: KING OF JAZZ (1930), FRANKENSTEIN (1931), MURDERS IN THE RUE MORGUE (1932), THE EMPEROR JONES (1933); Retrospektive 1976 in Rockland Center for the Arts, West Nyack, Long Island. Arbeit am Broadway.

Walt(h)er Ruttmann (1887 Frankfurt/Main - 1941 Berlin) begann 1907 an der Züricher ETH ein Studium der Architektur, wechselte dann aber 1909 zum Studium der Malerei nach München über. Seine weitere Ausbildung als Maler erhält er bei Ubbelohde in Marburg. Seit 1912 befaßte er sich mit Graphik und erhält bei Plakatwettbewerben mehrere Preise. Nach dem I. Weltkrieg befaßte er sich mit dem Film, zuerst mit dem abstrakten Film, danach mit Dokumentarismus. Sein erster Film OPUS I - sein Entstehungsdatum liegt zwischen 1918 und Anfang 1921 - beschäftigt sich mit der Beziehung von Musik und Farbkontrasten. Weitere abstrakte Filme von W.R., der 1923 nach Berlin zog, werden unter den Titeln OPUS II - IV (1923-25) uraufgeführt. Von 1923 bis 1926 arbeitete er bei Lotte Reinigers Scherenschnittfilm PRINZ ACHMED (1926) mit. Für Fritz Langs NIBELUNGEN/1. Teil (1924) schuf W.R. die sog. Falkentraum-Sequenz als Animationsfilm. Für Julius Pinschewer, den Begründer des deutschen Werbefilms, fertigte er farbige semi-abstrakte Werbefilme. Seine Mitarbeiterin von 1925-26 war die Bauhausschülerin Lore Leudesdorff, die die technischen und wirtschaftlichen Aufgaben überwachte und die Filmplakate und Logotypen der Werbefilme schuf. In dieser Zeit lernte W.R. den *Ufa*-Kameramann Karl Freund kennen, der sich mit Carl Mayers Drehbuch-Idee eines Berlin-Films befaßte. Auch Karl Freund wollte einen Querschnittfilm über Berlin machen. Es kam einer der einflußreichsten Filme der "Neuen Sachlichkeit" zustande: BERLIN - SYMPHONIE EINER GROSS-STADT (1927), mit sehr realistischen Einstellungen von Berlin und seiner Architektur. In der NS-Zeit war er Mitarbeiter bei Leni Riefenstahls TRIUMPH DES WILLENS (1935), *ACCIAIO (1933) und vor allem Dokumentarfilme für *Ufa* und Carmine Gallone*.

Jacques Saulnier (1928 Paris) studierte Architektur am Pariser École des Beaux Arts, ging 1948 zur staatlichen IDHEC als Assistent von →Alexandre Trauner und →Max Douy. In den späten 50er Jahren assoziiert mit der *Nouvelle vague*: arbeitete mit Alain Resnais*, Louis Malle, Claude Chabrol: LES AMANTS (1958, mit →Bernard Evein), A DOUBLE TOUR (1959), *L'ANNÉE DERNIERE A MARIENBAD (1961), LANDRU/BLAUBART (1962), *MURIEL (1963), MARCO POLO (1964), MADEMOISELLE (1965), WHAT'S NEW PUSSYCAT (1965), *LA GUERRE EST FINIE (1966), LA PRISONIERE (1968), *STAVISKY (1974), FRENCH CONNECTION II. (1975), PROVIDENCE (1977), I... COME ICARE (1979), *MON ONCLE D'AMERIQUE (1980), DIE LIEBE VON SWANN (1984).

Luigi Scaccianoce (1914 Venedig) studierte Architektur an der staatlichen Filmhochschule in Rom; Mitarbeit mit →Alexandre Trauner bei Orson Welles' OTHELLO (1952). Weitere Filme: SENILITA (1962), MARE MATTO (1963), *IL VANGELO SECONDO MATTEO (1964), LA DONNA EL LAGO (1965), *UCCELLACCI E UCCELLINI (1966), OPERATION SAN GENNAROC (1966), STEEGA IN AMORE (1966), *EDIPO RE (1967)*MEDEA (1968), FELLINI'S SATYRICON (1969, mit →Danilo Donati), UNA BREVA VACANZA (1971). Am gelungensten sind seine Arbeiten für Pier Paolo Pasolini* und Federico Fellini.

Willi Schatz arbeitete bei *DEFA* in Babelsberg: LOLA MONTES (1955, mit →Jean D'Eaubonne), DER TIGER VON ESCHNAPUR/DAS INDISCHE GRABMAL (1958) - Fritz Langs trauriger Schlußstrich unter seine einzigartige Kinokarriere.

Pierre Schildknecht (eig. Schilzneck) begegnete in Paris die gesamte Ciné-Avantgarde der 20er Jahre; arbeitete für Marcel L'Herbier*, Claude Autant-Lara und Abel Gance: *NUITS DE PRINCES (1928), NAPOLEON (1927/28, mit Alexandre Benois), UN CHIEN ANDALOU (1928), *LA FEMME D'UNE NUIT (1930), *LE PARFUM DE LA DAME EN NOIR (1930), L'AGE D'OR (1930), *LE SCANDALE (1934), LES DISPARUS DE ST. AGIL (1938). Flüchtete nach der Okkupation Frankreichs durch die deutsche Wehrmacht nach Spanien, anschließend nach Portugal; Rückkehr 1946 mit: CAMOENS (1946); LA REGINA DELLA SIERRA MORENE (1949).

Jan Schlubach (1920 Berlin) Autodidakt und seit 1946 als Bühnenbilder, seit 1960 als Filmarchitekt in Berlin tätig, stattete u.a. für Peter Beauvais, Rudolf Noelte, Otto Schenk, Stanley Kubrick und Michael Hampe aus: BARRY LYNDON (dt. Teil) etc. Leiter der Meisterklasse für Bühnenbild an der Hochschule der Künste in Berlin; zahlreiche Auszeichnungen.

Charles Schnee (1920-1963), Kompagnon von →Ray Harryhausen, Produzent und Erfinder der *Superdynamation*-Trickmethode: 7th VOYAGE OF SINDBAD (1958), THE 3 WORLDS OF GULLIVER (1959), JASON & THE ARGONAUTS (1963).

Eugen Schüfftan (1893 Breslau - 1977 New York) studierte in Breslau Malerei, Architektur; arbeitete seit 1919 bei *Ufa*, emigrierte 1933. Filme: DAGFIN (1926), ABSCHIED (1930), MENSCHEN AM SONNTAG (1930), GASSENHAUER (1930), HERRIN VON ATLANTIS (1932), LÄUFER VON MARATHON (1933), LA TENDRE ENNEMIE (1936), MADEMOISELLE DOCTEUR (1937), DROLE DE DRAME (1937), ROMAN DE WERTHER (1938), LE DRAME DE SHANGHAI (1938), SANS LENDEMAIN (1940), LE RIDEAU DRAMOIS (1952), MARIANNE DE MA

JEUNESSE (1955), LA TÉTÉ CONTRE LES MURS (1959), AU BOUT DE LA NUIT (1961), L'ARNAQUEUR, QUI LUI VAUT (1961), LILITH (1964), LA GRANDE FROUSSE (1964), TROIS CHAMBRES A MANHATTAN (1965).

Jack Schulze (1867-1943) war zunächst bei *First National*, ab 1929 bei *Fox*, danach für den Kleinproduzenten Edward Small* (eig. Edwin Carewe): *THE INVISIBLE FEAR (1921), *MIGHTY LAK'A ROSE (1923), *MADONNA OF THE STREETS (1924), *SON OF SAHARA (1924), *JOANNA (1925), *THE LADY WHO LIED (1925), LITTLE ANNIE RONNEY (1925, mit →Harry Oliver), *MY SON (1925), IRENE (1926), MY BEST GIRL (1927), HAPPY DAYS (1929), BORN RECKLESS (1930), ON YOUR BACK (1930), SO THIS IS LONDON (1930), THE BRATS (1931), THE COUNT OF MONTE CRISTO (1934), THE LAST OF THE MOHICANS (1936), THE MAN IN THE IRON MASK (1939), MY SON, MY SON (1940), THE SON OF MONTE CRISTO (1941), CHEERS FOR MISS BISHOP (1941) etc.

Gabriel Scognamillo (1906 New York City - 1974 Ebd.) schloß sein Architekturstudium in Italien ab; ging 1928 nach Amerika zurück, um in *Paramounts* New Yorker Studio in Astoria (Long Island) zu arbeiten. Auf Einladung von Jean Renoir* nach Frankreich, 1934 nach Hollywood, wo er für *MGM* arbeitete: *ON PURGE BÉBÉ (1931), MAM'ZELLE NITOUCHE (1931), *LA CHIENNE (1932), FANNY (1932), FANTOMAS (1932, von Paul Fejos), LA PETITE CHOCOLATIERE (1932), THE MERRY WIDOW (1934, mit →Cedric Gibbons, Frederic Hope), ANDY HARDY MEETS DEBUTANTE (1940), FOR ME AND MY GAL (1942); ab 1950 TV-Arbeit.

Ottavio Scotti (1904 Umago d'Istria) studierte Architektur und am Centro Sperimentale di Cinematografia in Rom. Beschäftigt bei *Cinecitta* in Rom; zu seinen besten Arbeiten zählen Alessandro Blasettis ETTORE FIERAMOSCA (1938) und LA CORONNA (1941) bzw. Luchino Viscontis SENSO (1954), wo die raffinierten Dekors des *Ottocento* überraschend gut in die Handlung verschmolzen sind. Ferner: FRA DIAVOLO (1950), LEGIONE STRANIERA (1953), LA SCHIAVA DEL PECCATO (1954), IL PADRONE SONO-ME (1956), HOMMES ET LOUPS (1957), LES TITANS (1962), IL MONACO DI MONZA (1963), LES SEPT ÉCOSSAIS EXPLOSENT (1966) etc.

Jack Shampan (1909 London) arbeitete vor dem II. Weltkrieg für eine Raumausstattungsfirma, baute später einen eigenen Betrieb auf. Die Umstände zwangen ihn, sich nach anderer Arbeit umzusehen, so wurde er Senior-Zeichner bei den *Ealing-Studios*. Arbeitete an SARABAND FOR DEAD LOVERS, KIND HEARTS AND CORENETS, THE LAVENDER HILL MOB und anderen. Wurde *art director* und gestaltete drei Filme des Regisseurs Sidney Hayer: CIRCUS OF HORRORS (1960), PAYROLL, NIGHT OF THE EAGLE. Danach bei British *MGM*: PRIVATE POTTER, MODESTY BLAISE, FINDERS KEEPERS; Fernsehserien (ab 1975): DANGER MAN, THE PRISONER, THE GHOUL.

Paul Sheriff (eig. Pavlov Shouvalow) (1903 Moskau - 1962 London) nach der Emigration seiner Eltern studierte er Architektur in Oxford. Begann 1935 in den Studios von *London Film* bei →Vincent Korda, →Lazare Meerson und →Andrej Andrejew. Ab 1939 bei *Two Cities Film*: THE FIRST OF THE FEW (1942), THE DEMI-PARADISE (1943), HENRY V. (1944, mit →Carmen Dillon), THE BLACK ROSE (1950), THE CRIMSON PIRATE (1952), MOULIN ROUGE (1953, mit Marcel Vertes), PICKUP ALLEY (1957), THE DOCTOR'S DILEMMA (1959), BLUEBEARD'S HONEYMOON (1960). Besonders die für MOULIN ROUGE und HENRY V. ausgesuchten Dekors, die er mit viel Pomp in Szene setzte, sind weltberühmt geworden.

Wilfried Shingleton (1914 London) besuchte die Cardinal Vaughan-School in Kensington. Kam 1931 zur Filmindustrie (*RKO* in Ealing). Wichtigste Filme seit 1951: THE AFRICAN QUEEN, HOBSON'S CHOICE, A KID FOR TWO FARTHINGS, THE KEY, TROUBLE IN THE SKY, FOR THE LOVE OF MIKE, TUNES OF GLORY, WALTZ OF THE TOREADORS, THE INNOCENTS, STOLEN HOURS, JUDITH, PROMISE HER ANYTHING, THE BLUE MAX, SEBASTIAN, *DANCE OF THE VAMPIRES, PRUDENCE AND THE PILL, *MACBETH, auch für Roman Polanski*.

Isaac Shpinel (auch Iosif Aronovich Shpinel) (1892 UdSSR) studierte an der Universität Kiew; arbeitete vor allem im Sujet des sozialistischen Realismus: ARSENAL (1929), *PUSCHKA (1934), **ALEXANDER NEVSKY (1938), Michail Romans* *LENIN-Serien (1937-39), MASHENKA (1942), **IVAN GROZNYI/IWAN DER SCHRECKLICHE (1944/1948), *SEMJA OPPENGEJM/FAMILIE OPPENHEIM (1938) bzw. jene "biographischen" Filme über (AKADEMIK) IWAN PAWLOW (1949), MUSSORGSKI (1951) von Grigori Roschal. Am bekanntesten dürfte I.S. für seine Ausstattungen für S.M.Eisenstein** sein. Interessant sind dabei die expressiven und labyrinthischen Intericurs von IWAN, dessen bizarr und kontrastreiche Dekors manchmal die mythische Kraft von Ikonenbildern besitzen und vom japanischen Schattentheater beeiflußt sind.

Oliver Smith (1918 Wisconsin) studierte bei Louis Kahn an der Pennsylvania State University in Philadelphia Architektur bevor er zu Broadway und Theater ging; Chefdesigner für Ballets Russes de Monte Carlo, American Ballett Theater unter Georges Balanchine. Viele Musical-Ausstattungen am Broadway; für *Warner* arbeitete er an den Verfilmungen THE BAND WAGON (1953), OKLAHOMA! (1955), GUYS AND DOLLS (1955), PORGY AND BESS (1959) z.T. mit Assistenten →Joseph Wright.

Ted Smith unterbrach sein Architekturstudium, um zum Film zu gehen, *Warner* engagierte ihn zur Ausstattung vieler Western von Raoul Walsh*: GOLD IS WHERE YOU FIND IT (1938), DODGE CITY (1939), TORRID ZONE (1940), *HIGH SIERRA (1941) *GENTLEMAN JIM (1942), CAPTAINS OF THE CLOUDS (1942), ACTION IN NORTH ATLANTIC (1943), THE MASK OF DIMITRIOS (1944), *SAN ANTONIO (1945), *OBJECTIVE BURMA (1945), THREE STRANGERS (1946), THE VERDICT (1946), HER KIND OF MAN (1946), *PERSUED (1947), *CHEYENNE (1947), *SILVER RIVER (1948), *FIGHTER SQUADRON (1948), *COLORADO TERRITORY (1949).

Hans Söhnle (1895 Beeskow/Mark - 1976) studierte an der Kunstgewerbeschule in Berlin; 1918 holte ihn Carl Froelich zum Film: ARME THEA (1919), DER KLAPPERSTORCHVERBAND (1919), DAS SCHICKSAL DER CAROLA VAN GELDERN (1919), DIE VERFÜHRTEN (1919), DIE BRÜDER KARAMASOFF (1920), DER FLUCH DES SCHWEIGENS (1921), DIE

RACHE EINER FRAU (1921), SCHULD UND SÜHNE (1922), *DIE FREUDLOSE GASSE (1925), *ABWEGE (1928) von G.W.Pabst*.

Albert Speer (1905 Mannheim - 1981 London) studierte an der Technischen Hochschule in München und Berlin und blieb bis 1931 Assistent bei seinem ehemaligen Berliner Lehrer Heinrich Tessenow. Mit der Neugestaltung des Parteiquartiers (1932) erregte er Hitlers Aufmerksamkeit, der ihn 1933 in die Dienste der NSDAP nahm und nach Vollendung der kolossalen Anlagen des Aufmarschgeländes Zeppelinfeld in Nürnberg (1934-37) zum Generalbauinspektor für die Reichshauptstadt avancieren lie; es folgten der Bau der Reichskanzlei (1938/39) und mehrere megalomane Projekte, die zum Glück nicht zur Ausführung gelang Leni Riefenstahl* schuf mit ihrem *TRIUMPH DES WILLENS (1935) - eine Dokumentation über den Parteitag von 1933 auf dem Reichsparteitagsgelände in Nürnberg - ein filmisches Denkmal für A.S. Auch in den beiden Teilen des darauffolgenden Propagandafilms *OLYMPIADE - FEST DER VÖLKER UND FEST DER SCHÖNHEIT (1938) verewigte Leni Riefenstahl Architektur als willentliche Folie für ewige Herrschaft, im Kino desto mehr als in Wirklichkeit.

Iwan Stepanow (1887 Moskau - 1953 Ebd.), Buchillustrator und Kostümbildner, stattete die Gorky-Trilogie von Mark Donskoi aus: DETSTWO GORKOWO (1938), W LJUDJACH (1939) und MOI UNIVERSITÄTI (1940). Sie waren wegen ihren detailgetreuen und supernaturalistischen Dekors für den (sowjetischen) sozialistischen Realismus schulbildend. Später wich I.S. in historische Sujets aus oder bezog sich auf historische Ereignisse der Revolution mit stark formalistischem Charakter: DER GARDESOLDAT (1949).

Ernst Stern (1876 Bukarest - 1954 London) studierte an der Kunsthochschule in München. Begann als Maler und Theaterszeniker in München und Berlin bei Max Reinhardt; arbeitete auch in England ab 1933. Flüchtete 1933 nach England. Erste Filmausstattungen ab 1913; Partner von →Kurt Richter. Filmauswahl: DAS SCHWARZE LOS/PIERROTS LETZTES ABENTEUER (1913), COLOMBA (1918), MADAME D'ORA (1918), ZWISCHEN TOD UND LEBEN (1918), DIE 999. NACHT (1919), SATANAS (1919), TROPENBLUT (1919), FIGAROS HOCHZEIT (1920), GRÄFIN WALEWSKA (1920), DIE TÄNZERIN BARBERINA (1920), *DIE BERGKATZE (1921), DER STREIK DER DIEBE (1921), *DAS WEIB DES PHARAO (1922), *DIE FLAMME (1922), DIE FLEDERMAUS (1923), WILHELM TELL (1923), DAS WACHSFIGURENKABINETT (1924), TRAGÖDIE EINER EHE (1926), DIE WELT WILL BELOGEN WERDEN (1926), ZOPF UND SCHWERT (1926), DIE DAME MIT DEM TIGERFELL (1927), DAS GEHEIMNIS DES ABBÉ X (1927), LÜTZOWS WILDE VERWEGENE JAGD (1927), MORAL (1928), UNMORAL (1928), FRÜHLINGSRAUSCHEN (1929), LUDWIG DER ZWEITE, KÖNIG VON BAYERN (1929). Interessante Filmbauten für Ernst Lubitsch*.

Rudolf Sternad (1905 New York) studierte an der Cooper Union; begann bei *20th Century-Fox* und wechselte zu Columbia. 1948-62 war er *production designer* für Stanley Kramer*: OLD CHICAGO (1938, mit →William Darling), YOUNG PEOPLE (1940), YOU'LL NEVER GET RICH (1941), TALK OF THE TOWN (1942), YOU WERE NEVER LOVELIER (1942), THE MORE THE MERRIER (1943), UP IN MABEL'S ROOM (1944), 1001 NIGHTS (1945), THE BANDIT OF SHERWOOD FOREST (1946), DOWN TO EARTH (1947), DEAD RECKONING KONING(1947), *CHAMPION (1949), *THE MEN (1950), *HIGH NOON (1952), THE 5000 FINGERS OF DR. T. (1953), *NOT AS A STRANGER (1955), *THE DEFIANT ONES (1958), *ON THE BEACH (1959), *INHERIT THE WIND (1960), *JUDGEMENT AT NURNBERG (1961), *PRESSURE POINT (1962), *IT'S A MAD, MAD, MAD WORLD (1963), LADY IN A CAGE (1964), *FUNNY THING HAPPENED ON THE WAY TO THE FORUM (1965).

John Stoll (1913 London) kam 1946 zur Filmindustrie. Wichtigste Filme: THE CAMP ON BLOOD ISLAND, THE GREEGAGE SUMMER, LAWRENCE OF ARABIA, THE RUNNING MAN, THE 7th DAWN, THE COLLECTOR, HOW I WON THE WAR, A TWIST OF SAND, HANNIBAL BROOKS, CROMWELL, LIVING FREE, THE DARWIN ADVENTURE.

Michael Stringer (1925 Singapur) schloß sich 1946 nach seiner Entlassung aus der Royal Air Force der Gruppe um Norman Arnold als junger Konstruktionszeichner an und wurde nach einigen Jahren sein Assistent bei THE GALOPPING MAJOR (1951), später Assistent *art director* bei CHANCE OF A LIFETIME. Sein erster Film als *art director* der staatlich geförderten *Gruppe 3* war TIME GENTLEMEN PLEASE! von Lewis Gilbert. Nach weiteren Filmen mit der *Gruppe 3* arbeitete er an GENEVIÈVE, wurde später Rank Group *art director* bei THE CAPTAINS TABLE, SEA FURY etc. Hauptwerke dieser Zeit: THE SUNDOWNERS, IN SEARCH OF THE CASTWAYS, 633 SQUADRON, A SHOT IN THE DARK, RETURN FROM THE ASHES, CAST A GIANT SHADOW, INSPECTOR CLOUSEAU, YOUNG CASSIDY, CASINO ROYALE, ALFRED THE GREAT, FIDDLER ON THE ROOF, ALICE'S ADVENTURES IN WONDERLAND. Ferner auch Arbeit am Theater.

Oskar Strnad (1879 Wien - 1935 Bad Aussee) promovierte als Dr. techn. an der Technischen Hochschule in Wien; Assistent von Friedrich Ohmann ebd.; 1909 Berufung zur Wiener Kunstgewerbeschule; ab 1919 Meisterklasse. Erste Bauten in Arbeitsgemeinschaft mit Josef Frank und Oskar Wlach. Bühnenarbeiten für das Volkstheater, Theater in der Josefstadt und Burgtheater in Wien; Szeniker für die Salzburger Festspiele unter Max Reinhardts Regie; Filmdekorationen für *Tobis-Sascha*-Filme: MASKERADE (1933) und EPISODE (1935). Seine Dekors zeichnen sich durch jene szenische Atmosphäre der kultivierten Wiener Moderne aus.

Nikolai Georgievich Suvorov (1889 UdSSR) studierte Malerei an der Saratower Kunstschule. Zu seinen interessantesten Arbeiten zählen die Ausstattungen für Friedrich Ermlers* Filme: *KRESTJANJA/BAUERN (1935), *WELIKIJ GRASHDANIN/DER GROSSE BÜRGER (1938/39), *ONA ZASCISCAET RODINU (1943), *WELIKIJ PERELOM/DER WENDEPUNKT (1946), die mit viel Pathos und Aufbietung monumentaler Architekturen in Szene gesetzt sind. Seine Hinwendung zu historisch-patriotischen Themen wie Wladimir Petrows zweiteiliges Epos PJOTR PJERWYI/PETER DER GROSSE (1937/39) entsprach den durchaus eklektischen Tendenzen innerhalb des Sowjetkinos unter Stalin. Nachkriegsarbeiten: STORM/TEMPEST (1957), SOLDATY/SOLDATEN (1958).

Yevgeny Vasilievich Svidetelyew (1921 UdSSR - 1971

Ebd.) absolvierte sein Studium an der Staatsakademie für Kinematographie in Moskau; seine subtile Ausstattung für *LETJAT SHURAWLI/WENN DIE KRANICHE ZIEHEN (1957) sind von hoher Intensität und Lyrismus, die die Ästhetik von Andrej Tarkowskij vorwegnehmen. Waren die Dekorationen für Michail Kalatosows* Film *LETJAT SHURAWLI von "neorealistisch"-abstrahierter Natur, so entgegengesetzt sind die Kulissen des Science Fiction-Films ILYA MUROMETZ/DAS SCHWERT UND DER DRACHEN (1956) märchenhaft-surreal.

Paul Frank Sylos (1900 Brooklyn - 1976 Hollywood) besuchte die Yale-Universität in New Haven; Gebrauchsgraphiker in New York u.a. bei Liberty Magazine; begann 1935 als Filmdekorateur in verschiedenen Studios: *PRC, Screen Build, Monogram, Republic, Allied,* etc. Vielleicht wird P.F.S. am besten erinnert für THE MOON AND SIX PENCE (1949), THE PRIVATE AFFAIR OF BELAMI (1948), LITTLE BIG HORN (1951) und NIGHTMARE (1956). Besonders der letzte Film weist Spuren von "Caligarismus" auf.

Dean Tavoularis (1932 Lowell/Massachusetts) studierte am Otis Art Institute in Los Angeles; begann als Zeichner bei *Walt Disney;* zeitweilig bei *Columbia* und schließlich bei *Warner* bis er selbständig wurde und besonders durch Francis F. Coppolas* *Zoetrop-Studios* weltberühmt wurde, ohne daß man seinen Namen kennt: SHIP OF FOOLS (1964), BONNIE AND CLYDE (1967), CANDY (1968), ZABRISKIE POINT (1970), LITTLE BIG MAN (1970), THE GREAT GATSBY (1972), *THE GODFATHER PART 1/2 (1974), *THE CONVERSATION (1974), FAREWELL MY LOVELY (1975), *APOCALYPSE NOW (1978); alle Filme mit seinem Assistenten Angelo Graham.

Jusho Toda war Mitarbeiter von Koji Uno und Yasutaro Kon bei Nagisa Oshima*, bevor er selbst zum *art director* avancierte: *YUNBOGI NO NIKKI/JUNBOGIS TAGEBUCH (1968), *KOSHIKEI/TOD DURCH ERHÄNGEN (1968), *KAETTEKITA YOPPARAI/DIE RÜCKKEHR DER DREI TRUNKENBOLDE (1968), *SHINJUKU DOROBO NIKKI/TAGEBUCH EINES SHINJUKU-DIEBES (1968), *SHONEN/BOY (1969), *AI NO CORRIDA/IM REICH DER SINNE (1976). Charakteristisch für die Dekorationen J.T.s ist die oft theatralische Bildkomposition mit unterkühlten Akzenten des Lichts.

Alexander Toluboff (1882 UdSSR - 1940 Hollywood) studierte Architektur in Leningrad (St. Petersburg); kam 1926 nach Hollywood; bis 1934 bei *MGM* →Cedric Gibbons; ab 1935 bei *Walter Wanger Productions.* A.T. war bekannt als Entwurfspraktiker vieler Stile, u.a.GRAND HOTEL (1932, mit →Cedric Gibbons), RASPUTIN AND THE EMPRESS (1932), QUEEN CHRISTINA (1933), THE PAINTED VEIL (1934), SHANGHAI (1935), TRAIN OF THE LONESOME PINE (1936), YOU ONLY LIVE ONCE (1938), BLOCKADE KADE(1938), ALGIERS (1938), TRADE WINDS (1938), STAGECOACH (1939, mit →Wiard Ihnen), WINTER CARNIVAL (1939), NADIA (1940).

Alexandre Trauner (1906 Budapest) war als Maler in verschiedenen Ländern tätig bevor er nach Frankreich ging, um für *Pathé* als Assistent von →Lazare Meerson zu arbeiten. Hauptsächlich bei den Cinéphilen René Clair, Louis Delluc, Jacques Feyder und Marcel Carné tätig. Mitbegründer eines "poetischen Realismus" im Kino. Während der deutschen Okkupation lebte A.T. im Untergrund und arbeitete heimlich für Theater und Film. Vorwiegend in Frankreich tätig, arbeitete er bei intenationalen Produktionen u.a. für Billy Wilder und Robert Wise. Die Sets von A.T. haben ästhetische Wirklichkeitserfahrungen verdichtet, die ebenbürtig den Werken der bildenden Kunst sind. Seine "utrillo"-haften Stadtansichten von der Banlieu (*LE JOUR SE LEVE), die Hochbauten der Pariser Metro (*LES PORTES DE LA NUIT) und Canal St. Martin (HOTEL DU NORD) haben in der Seele der Filmgeher in der ganzen Welt ein geschärft-melancholisches Bild von Paris entstehen lassen. Zu seinen klassischen Ausstattungen gehören: *DROLE LE DRAME (1937), *QUAI DES BRUMES (1938), HOTEL DU NORD (1938), *LE JOUR SE LEVE (1939), MOLLENARD (1939), *LES VISITEURS DU SOIR (1942, mit →Georges Wahkévitch), LES ENFANTS DU PARADIS (1945, mit →Leon Barsacq, Raymond Gabutti), *LES PORTES DE LA NUIT (1946), *LA MARIE DU FORT (1949), JULIETTE OU LA CLEF DES SONGES (1950), OTHELLO (1952, mit →Luigi Scaccianoce), DU RIFIFI CHEZ LES HOMMES (1954), LAND OF THE PHANTOMS (1955), LOVE IN THE AFTERNOON (1957), WITNESS FOR THE PROSECUTION (1958), THE NUN'S STORY (1959), THE APARTMENT (1960), AIMEZ-VOUS BRAHMS? (1961), ONE, TWO, THREE (1961), PARIS BLUES (1961), IRMA LA DOUCE (1963), NIGHT OF THE GENERALS (1967), UPTIGHT (1968), LA PUCE A L'OREILLE (1968), THE PRIVATE LIFE OF SHERLOCK HOLMES (1970), PROMESSE A L'AUBE (1971), MR. KLEIN (1976), FEDORA (1978), DON GIOVANNI (1979), COUP DE TORCHON (1981), LA TRUITE (1982), SUBWAY (1985), AUTOUR DE MINUIT (1986).

Michail Tschiaureli (1894) ein ehemaliger Bildhauer, war zu Beginn der Tonfilmzeit mit formal eigenwilligen Filmen hervorgetreten, für die er die Szenographie auch entwarf, die eine Neigung zum bizarren Detail erkennen lassen: POSLEDNI MASKARAD/DIE LETZTE MASKERADE (1934), ARSEN (1937), WELIKO-JE SAREWO / DIE GROSSE MORGENRÖTE (1938), KLJATWA /DER SCHWUR (1946) und PADJENIJE BERLINA /DER FALL VON BERLIN (1949ff), die zur filmischen Hagiographie der Stalin-Ära werden.

Edgar G. Ulmer (1904 Wien - 1972) begann bei Max Reinhardt; danach Bühnenbildner für F.W.Murnau* in Hollywood: *SUNRISE (1927), FLUCHT IN DIE FREMDENLEGION (1929), SPIEL UM DEN MANN(1929); später nur mehr Regisseur.

Joseph Urban (1872 Wien - 1933 New York) besuchte die Meisterklasse von Karl von Hasenauer an der Wiener Akademie der bildenden Künste; erste Bauten für die bosnische Landesregierung; Inneneinrichtungen; Gestaltung der Winterausstellung 1902ff des Hagenbundes; 1904 Ausstellungspreis bei der Weltausstellung St. Louis; 1911 übersiedelte er in die Vereinigten Staaten; Dekorateur bei der *Boston Opera* und *Metropolitan Opera* sowie *Ziegfeld Revuetheater* (1915-31). Kam 1920 auf Drängen des Zeitungsmagnaten William Randolph Hearst zur Produktionsfirma *Cosmopolitan,* die zweitklassige Schnulzen mit der Geliebten von Randolph Hearst, Marion Davies, herausbrachte. Als Couturiér der Ausstattungsrevue entwarf J.U. mit seiner Tochter Gretl Urban (Kostüme) die Mehrzahl der Ziegfeld Follies-Kostümfilme für *Cosmopolitan:* THE WORLD AND HIS WIFE (1920), THE RESTLESS SEX (1920), THE BRIDE'S PARTY (1921), BURIED TREASURE (1921), ENCHANTMENT (1921), GET-RICH-QUICK WALLINGFORD (1921), THE WILDE

GOOSE (1921), BACK PAY (1922), BEAUTY'S WORTH (1922), WHEN KNIGHTHOOD WAS IN FLOWER (1922), THE YOUNG DIANA (1922), LITTLE OLD NEW YORK (1923), ADAM AND EVE (1923), THE ENEMIES OF WOMEN (1923), UNDER THE RED ROBE (1923), THE GREAT WHITE WAY (1924), JANICE MEREDITH (1924), YOLANDA (1924), NEVER THE TWAIN SHALL MEET (1925), ZANDER THE GREAT (1925), THE MAN WHO CAME BACK (1931), DOCTOR'S WIVES (1931) EAST LYNNE (1931), A CONNETICUT YANKEE (1931). Bis zu seinem überraschenden Tod arbeitete J.U. außerdem als *artistic director* der Met, New York. 1912-14 folgte er einem Ruf des Londoner Opernhauses und war kurz an der Pariser Oper tätig. Zwischendurch machte er die erfolgreichen. "Ziegfeld Follies"-Produktionen GARDEN OF PARADISE, SALLY, RIO RITA, SHOW BOAT und war bei *MGM* unter Vertrag für WHOOPIE (1930, mit →Cedric Gibbons et. al.).

Robert Usher, Entwerfer für *Paramount* von ca. 1933 bis 1945 als Kompagnon von →Hans Dreier; danach war er Chefausstatter für →Mitchell Leisen*: SHE DONE HIM WRONG (1933), NOW AND FOREVER (1934), PETER IBBETSON (1935), RUMBA (1935), GOIN' TOWN (1935), DESIRE (1936), THE BIG BROADCAST OF '37 (1936), ANGEL (1937), ARTISTS AND MODELS (1937), ZAZA (1938), BLUEBEARD'S EIGHTH WIFE (1938), *MIDNIGHT (1939), THE GHOST BREAKERS (1940), *ARISE MY LOVE (1940), *HOLD BACK THE DAWN (1941), *I WANTED WINGS (1941), CHINA (1943), *NO TIME FOR LOVE (1943), *PRACTICALLY YOURS (1944), THE CHASE (1946), VENDETTA (1950) etc. R.U. erwies sich als Meister musikalischer Ausstattungsrevuen bzw. atmosphärischer Stimmungsbilder von Hinterhof-Paris. R.U. war Ausstatter so bedeutender Regisseure wie Lubitsch, Cukor, Struges, Hathaway.

Alex Vetchinsky (1905 London), Sohn polnischer Emigranten, studierte an der Architectural Association in London; begann 1928 beim Film als Praktikant bei Victor Saville; danach bei *Gainsborough Films:* JACK AND JILL (1929), SUNSHINE SUSIE (1932), THE FAITHFUL HEART (1932), THE PHANTOM LIGHT (1935), TUDOR ROSE (1936), THE MAN WHO LIVED AGAIN (1936), OH, MR. PORTER! (1937), ALF'S BUTTON AFLOAT (1938), *BANK HOLIDAY (1938), THE LADY VANISHES (1938), *NIGHT TRAIN TO MUNICH (1940), *THE GIRL IN THE NEWS (1940), *KIPPS (1941), *YOUNG MR. PITT (1942), WATERLOO ROAD (1941), TAWNY PIPIT (1944) für Carol Reed*. Nach dem Krieg gelegentlich für *EMI-Studios.*

Karl Vollbrecht (1886 - 1973) wurde vom Kollegen →Otto Hunte zur *May-Filmgesellschaft* geholt. Hier kam er ebenso wie →Kettelhut zum ersten Mal mit der Filmarchitektur in Berührung. Die drei - Vollbrecht, Hunte und Kettelhut - arbeiteten entweder mit Joe May oder Fritz Lang* zusammen. Nach *METROPOLIS (1926) trennte sich Kettelhut von den beiden. Vollbrecht blieb mit Hunte zusammen, auch während der NS-Zeit, unter anderem statteten sie den Film JUD SÜSS (1940) aus. Nach dem Krieg wurde es still um Vollbrecht. In den 50er Jahren lieferte er Entwürfe für einige Kinderfilme von Fritz Genschow etc. Seine Arbeiten umfassen u.a. folgende Filme: DIE HERRIN DER WELT (1919), *DAS INDISCHE GRABMAL/DER TIGER VON ESCHNAPUR (1921),

*DR. MABUSE, DER SPIELER (1922), DER STEINERNE REITER (1923), *DIE NIBELUNGEN (1924), *METROPOLIS (1926), SOHN DES HAGAR (1927), *SPIONE (1928), *DIE FRAU IM MOND (1929), KAMERADSCHAFT (1931), *M - MÖRDER UNTER UNS (1931), DER TUNNEL (1933), PEER GYNT (1934), DER HUND VON BASKERVILLE (1936), 90 MINUTEN AUFENTHALT (1936), HEIRATSSCHWINDLER (1937), KARUSSELL (1937), MANN FÜR MANN (1939), JUD SÜSS (1940), REITET FÜR DEUTSCHLAND (1940), ANSCHLAG AUF BAKU (1942), EIN GLÜCKLICHER MENSCH (1943), HERR SANDERS LEBT GEFÄHRLICH (1943), EINE ALLTÄGLICHE GESCHICHTE (1945) etc.

Georges Wakhévitch (1907 Odessa/UdSSR - 1984 Paris) emigrierte schon als Kind nach Frankreich, studierte Malerei in Paris bei Edwin Scott; entwarf Dekorationen zu über fünfzig Opernproduktionen der Pariser Champs Elysées-Oper und der Comédie Francaise. Stieß zum Film über →Lazare Meerson: BAROUD (1932), LA TÉTÉ D'UN HOMME (1932), MADAME BOVARY (1934), PRISON SANS BARREAUX (1938), LOUISE (1939), PIEGES (1939), LES VISITEURS DU SOIR (1942, mit →Alexandre Trauner), L'ENTERNEL RETOUR (1943), L'HOMME AU CHAPEAU ROND (1946), LA DANSE DE MORT (1946), MARTIN ROUMAGNAC (1946), RUY BLAS (1947), L'AIGLE A DEUY TÉTÉS (1948, mit →Christian Bérard), DÉDÉE D'ANVERS (1948), MIQUETTE, ET SA MERE (1950), THE MEDIUM (1951), BEGGAR'S OPERA (1953), ME AND THE COLONEL (1958), KING OF KINGS (1961), LE JOURNAL D'UNE FEMME DE CHAMBRE (1964), LES FETES GALANTES (1965), MAYERLING (1968), PETER BROOK'S KING LEAR (1971). Verfasser einer Autobiographie *L'Envers des décors* (Paris 1977).

Tony Walton arbeitete am Broadway seit den 60er Jahren: CHICAGO, MARY POPPINS; Design-Konsulent beim Film A FUNNY THING HAPPENED ON THE WAY TO THE FORUM (1966), FAHRENHEIT 451 (1966), PETULIA (1968), THE SEA GULL (1968), THE BOY FRIEND (1971), MURDER ON THE ORIENT EXPRESS (1974), EQUUS (1977), THE WIZ (1978). Exzentrische Ausstattungen für Ken Russells THE BOY FRIEND, schone gotische Rekonstruktion für dessen Film THE DEVILS.

Hermann Warm (1889 Berlin - 1976 Ebd.) begann als technischer Zeichner und Maler bei Baruch in Berlin; Kunstgewerbeschule in Berlin; arbeitete auch in Paris und London als Dekorateur für Theater und Revue, 1913-15 als Filmbildner bei *Vitascope-Film* in Berlin tätig; 1915-18 Kriegsdienst an der Ostfront und kommt zum Heerestheater Wilna, wo er →Robert Herlth und →Walter Reimann kennenlernt. 1918 wird H.W. von Erich Pommer bei der *Decla* engagiert; er holt sich auch Reimann, Herlth und →Röhrig zum Film. 1920 wird er Chefarchitekt bei *Decla-Bioscop*. H.W. hat auch in Frankreich, Ungarn, England und in der CSSR gearbeitet. 1941 emigriert er in die Schweiz; 1947 Rückkehr nach Berlin zur *DEFA* und 1960 Ruhestand. Das italienische Filmlexikon betrachtet ihn und →Lazare Meerson als die zwei größten europäischen Filmdesigner. Auswahl der Ausstattungen (bis 1933 alle mit →Walter Reimann): MENSCHEN UND MASKEN (1913), DER SHYLOCK VON KRAKAU (1913), DER HUND VON BASKERVILLE (1914), DER TUNNEL (1915), DAS KABINET DES DR. CALIGARI (1919),

DER GOLDENE SEE (1919), DIE INSEL DER GLÜCKLICHEN (1919), DIE PEST IN FLORENZ (1919), DIE SPINNEN (1919), TOTENTANZ (1919), TOTENINSEL (1920), DER EWIGE FLUCH (1921), DER MÜDE TOD (1921), SCHLOSS VOGELÖD (1921), PHANTOM (1922), EIN GLAS WASSER (1923), DER KAUFMANN VON VENEDIG (1923), DER STUDENT VON PRAG (1926), DIE FRAU OHNE NAMEN (1927), EINE NACHT IN LONDON (1928), MASKEN (1929), DREYFUS (1930), FUNDVOGEL (1930), DER MANN, DER DEN MORD BEGING (1931), HOCHZEIT AM WOLFGANGSEE (1933), WENN AM SONNTAGABEND DIE DORFMUSIK SPIELT (1933), PEER GYNT (1934), ICH LIEBE ALLE FRAUEN (1935), KRACH IM HINTERHAUS (1935), MAZURKA (1935), DER STUDENT VON PRAG (1935), GEFÄHRLICHES SPIEL (1937), EIN VOLKS-FEIND (1937), JUGEND (1938), VERWEHTE SPUREN (1938), DAS UNSTERBLICHE HERZ (1939).

Frank Wells (1903 GB), Sohn des Autors H.G.Wells, studierte in Cambridge Architektur; 1927 Entwürfe für Wohnungsausstattungen; seine wesentlichsten Arbeiten entstanden in den Studios von *Gainsborough* und *London Films* unter →Vincent Korda. Nach dem II. Weltkrieg Produktionschef von Schul- und Lehrfilmen der BBC und *Rank Screen Services*; erste Filmdekors für Michael Powell*: *THE RASP (1931), *C.O.D. (1932), *STAR REPORTER (1932), *HIS LORDSHIP (1932), THINGS TO COME (mit →Vincent Korda), UNDER THE RED ROBE (1937), FIRE OVER ENGLAND (1937, mit →Lazare Meerson). Gründungsmitglied von *Ealing-Studios*.

Oscar Friedrich (Otto) Werndorff (1887 Wien) unterbrach sein Studium 1913, um fürs Theater in der Josefstadt zu arbeiten, danach beim Film in Berlin; emigrierte 1933 nach London, um anfangs mit *Alfred Hitchcock zu arbeiten. Arbeitete auch in Hollywood. DIE DREI MARIEN UND DER HERR VON MARANA (1922), DER PAN-TOFFELHELD (1922), CARLOS UND ELISABETH (1924), DIE LIEBE IST DER FRAUEN MACHT (1924), DAS SCHÖNE ABENTEUER (1924), VARIETÉ (1925), EINE DUBARRY VON HEUTE (1926), JUNGES BLUT (1926), MAN SPIELT NICHT MIT DER LIEBE! (1926), NANETTE MACHT ALLES (1926), DER GEISTERZUG (1927), DIE LETZTE NACHT (1927), VENUS IM FRACK (1927), DIE GROSSE ABENTEUERIN (1928), HAUS NUMMER 17 (1928), DIE RÄUBERBANDE (1928), DER WÜRGER (1929), THE KING OF THE DAMNED (1935), *THE THIRTY-NINE STEPS (1935), RHODES OF AFRICA (1936), *THE SECRET AGENT (1936), *SA-BOTAGE (1936), PAGLIACCI (1936), A WOMAN ALONE (1936), MADEMOISELLE DOCTOR (1937), KEEP SMILING (1938), THE WARE CASE (1938), THE GAUNT STRANGER (1938), THE LILAC DOMINGO (1938), WE'RE GOING TO BE RICH (1938).

Carl Jules Weyle (1890 Stuttgart - 1948 Santa Monica) reiste nach Abschluß seines Architekturstudiums an der Dresdner Staatsschule nach Amerika, bereiste Belgien, Italien, Spanien und die Türkei; 1917-20 Mitarbeiter von Adler in Chicago; kam auf Wunsch von →Anton Grot und William Keighley nach Los Angeles; in den 20er Jahren hatte C.J.W. sein eigenes Büro; erste Bauten: *Hightower Apartments* (1928) in Hollywood; ging 1935 zu *Warner*

Brothers: THE FLORENTINE DAGGER (1935), THE CASE OF THE CURIOUS BRIDE (1935), PERSONAL MAID'S SECRET (1935), THE PAYOFF (1935), WE'RE IN THE MONEY (1935), THE SINGING KID (1936), BULLETS OR BALLOTS (1936), KID GALAHAD (1937), THE ADVENTURES OF ROBIN HOOD (1938), THE AMAZING DR. CLITTERHOUSE (1938), CON-FESSIONS OF A NAZI SPY (1939), DR. EHRLICH'S MAGIC BULLET (1940), ALL THIS AND HEAVEN TOO (1940), BROTHER ORCHID (1940), THE LETTER (1940), OUT OF THE FOG (1941), DESPE-RATE JOURNEY (1942), YANKEE DOODLE DANDY (1942), KING'S ROW (1942), MISSION TO MOSCOW (1943), THE CONSTANT NYMPH (1943), PASSAGE TO MARSEILLE (1944), THE CORN IS GREEN (1945), SARATOGA TRUNK (1945) THE BIG SLEEP (1946), ESCAPE ME NEVER (1947), CRY WOLF (1947).

Lyle Wheeler (1905 Woburn/Massachusetts) studierte an der Universität von Südkalifornien; Illustrationen für Bücher und Zeitschriften, Industriedesigner bevor er 1925 als Dekorateur für *Selznick* in Hollywood arbeitete; Nachfolger von →Richard Day bei *20th Century-Fox* (1947-62); später auch bei *Columbia Pictures* und anderen Studios tätig. Produktionschef für Otto Preminger*: THE GARDEN OF ALLAH (1936), A STAR IS BORN (1937), NOTHING SACRED (1937), PRISONER OF ZENDA (1937), THE ADVENTURES OF TOM SAWYER (1938), GONE WITH THE WIND (1939, mit →William Cameron Menzies), INTERMEZZO (1939), REBECCA (1940), THAT HAMILTON WOMAN (1941, mit →Vincent Korda), KEEPER OF THE FLAME (1942), CAIRO (1942), DRAGON SEED (1944), ANNA AND THE KING OF SIAM (194), MY DARLING CLE-MENTINE (1946), *FOREVER AMBER (1947), THE ART DIRECTOR (1948, Academy-Projekt), *WHIRL-POOL (1949), THE ROBE (1953), *RIVER OF NO RETURN (1954, mit Addison Hehr), THE KING AND I (1956, mit →John DeCuir), THE DAIRY OF ANNE FRANK (1959, mit →George Davis), *ADVISE AND CONSENT (1962), *THE CARDINAL (1963), *IN HARM'S WAY (1965), THE BEST MAN (1964), WHERE ANGELS GO, TROUBLE FOLLOWS (1968), MAROONED (1969), *TELL ME THAT YOU LOVE ME JUNIE MOON (1970), THE LOVE MACHINE (1971) etc. Seines großen Renommes erfreute sich L.W. aufgrund seiner Zusammenarbeit mit Victor Fleming, Otto Preminger*, George Stevens, Joseph L. Mankiewicz, die ambitionierte, aber rührselige Konfektionsware mit viel Hollywood-Klischees boten.

Alan Withy (1923 London) studierte 1939-42 Kunst am Goldsmiths College, sammelte anschließend Erfahrungen in Technik und Zeichnen, kam 1947 zum Art Department für den Film THE RED SHOES. Nach einigen Filmserien in *Pinewood* zog er sich 1952 zurück, um freiberuflich zu arbeiten. Arbeitete bis 1956 entweder als Zeichner oder *art director* an: DAVY, BARNACLE HILL, NOWHERE TO GO, THE SCRAPEGOAT, THE SIEGE OF PINCH-GUT, THE NIGHT APART, TOO HOT TO HANDLE, GREEN HELMET, SECRET PARTNER, GO TO BLAZES, THE LION, THIS SPORTING LIFE, GIRL IN THE HEADLINES, THE FAMILY WAY, O LUCKY MAN!, ESCORT SERVICE. Seit 1959 mit Werbespots im Geschäft, von denen er bisher mehr als 250 gestaltete.

Joseph Wright kam als Bühnen- und Requisitenbildner 1933 zu *MGM;* Mitarbeiter von →Richard Day und →Cedric Gibbons bei Musical- und Revuefilmen; ging in den frühen 40er Jahren zu *20th Century-Fox;* seit 1955 freischaffend für verschiedene Studios: THE WOMAN OF BRONZE (1923), DARING YOUTH (1924), THE UNHOLY THREE (1925), THE EXQUISITE SINNER (1926), THE MAN WHO LAUGHS (1928, mit →Charles D. Hall), GOLF WIDOWS (1928), THE SEA WOLF (1930), DELICIOUS (1931), MANHATTAN MELODRAMA (1934), ROSE MARIE (1936), DOWN ARGENTINE WAY (1940), THE MARK OF ZORRO (1940, mit →Richard Day), LILLIAN RUSSELL (1940), BLOOD AND SAND (1941), SWAMP WATERS (1941), ORCHESTRA WIVES (1942), MY GAL SAL (1942), THIS ABOVE ALL (1942), THE GANG'S ALL HERE (1943, mit →James Basevi), CONEY ISLAND (1943), SWEET ROSIE O'GRADY (1943), IRISH EYES ARE SMILING (1944), BILLY ROSE'S DIAMOND HORSESHOE (1945), THREE LITTLE GIRLS IN BLUE (1946), MOTHER WORE TIGHTS (1947), THE SNAKE PIT (1948), UNFAITHFILLY YOURS (1948), COME TO THE STABLE (1949), WABASH AVENUE (1950), ON THE RIVIERA (1951), GOLDEN GIRL (1951), GENTLEMEN PREFER BLONDES (1953), MAN WITH THE GOLDEN ARM (1955), GUYS AND DOLLS (1955, mit →Oliver Smith), OKLAHOMA! (1955, mit →Oliver Smith), THE STRANGE ONE (1957), FLOWER DRUM SONG (1961), DAYS OF WINE AND ROSES (1962), THE WRECKING KINGKINGCREW (1968). J.W., einer der besten Dekorateure von *MGM,* hat es bei Busby Berkeleys THE GANG'S ALL HERE wirklich verstanden, alles aus den raffinierten Dekors herauszuholen. Seine späteren Arbeiten für Betty Grable zeichnen sich weniger aus. 1942 wurden ihm zwei *AA-Oscars* zugewiesen.

Georgi Vyacheslavovich Yakutovich (1930 UdSSR) ist einer der interessanteren jüngeren Dekorateure des neuen russischen Films; Ausstatter bei *Ukrainfilm* in Kiew: TENY SABYTYCH PRJEDKOW / SCHATTEN VERGESSENER AHNEN (1964/65), ZAKAR BERKUT / JAGD DER BOJAREN (1970) etc. Kennzeichen der Bildsprache G.V.Y.s bei Sergej Paradshanows SCHATTEN ist die karge Schönheit der strengen abstrahierten Dekors, ihr "Antinaturalismus" und poetisch-metaphorischer Grundcharakter. Filmzeitschriften haben ihn mit Sergej Eisensteins IWAN DER SCHRECKLICHE verglichen.

Nathan Zarkhi (eig. Natan Abramovic Zarkhi) (1900 Orcha/UdSSR - 1935 Moskau) debütierte im Film 1925 mit OSOBNAJAK GOLUBINYH (1925), arbeitete mit Pudowkin für DIE MUTTER (1926) und KONJEZ ST. PETER / DAS ENDE VON ST. PETERSBURG mit. Starb bei Vorarbeiten zu Eisensteins MOSKVA / MOSKAU (1935) an den Folgen eines Autounfalls.

Jan Zazvorka (1914 Prag) studierte Architektur an der technischen Hochschule in Prag und unterrichtete seit 1946 an der Prager Kunstakademie (Filminstitut). Seine Dekors für Otakar Vàvras akademische Historienfilme und Literaturverfilmungen sind grobschlächtige Versuche, Bezüge zur Malerei herzustellen; gelungener jedoch sind seine phantastischen Kulissen für IKARIA XB-1 (1963), einem Science Fiction-Film von Jindrich Polak.

Rolf Zehetbauer (1929 München) besuchte nach einem Baupraktikum die Schule für angewandte Kunst; seit 1947 als Assistent in den *Bavaria Filmstudios* in München; Paris-Aufenthalt; arbeitete ab 1967 bei allen internationalen Großproduktionen der *Bavaria* mit; ab 1970 Chefarchitekt ebendort. Wichtigste Ausstattungen: CABARET (1972, mit Jürgen Kiebach), TWILIGTS LAST GLEAMING (1976), DAS SCHLANGENEI /1977), FEDORA (1978), LILI MARLEEN (1978), DAS BOOT (1979/80), VERONIKA VOSS (1982), DIE WILDEN 50er JAHRE (1983), DIE UNENDLICHE GESCHICHTE (1983). Mehrere Auszeichnungen, darunter *AA-Oscar* für CABARET und mehrere Bundesfilmpreise in Gold für Ausstattung; Vorstandsehrenmitglied im SFK-Verband Deutschlands.

Die Informationen zu Bio- und Filmographie verdanke ich folgenden Personen und Institutionen: Eberhard Spiess, Elliot Stein, Janus Barfoed, Nigel Algar, Renate Lommel, Det Dankse Filmmuseum (Kopenhagen), Associazione nazionale industrie cinematografice ed affini, s.p.A. (Rom), Centre National de la Cinématographie (Bois d'Arcy), British Film Institute (London), Stadtkino (Wien), Cineteca Italiana (Mailand), Freunde der Deutschen Kinematek (Berlin), Verband der Szenenbildner, Filmarchitekten und Kostümbildner (München), Filmmuseum / Stadtmuseum (München), National Archives (Washington DC), Library of Congress (Washington DC), Humanities Research Center, University of Texas (Austin), UCLA-Film Library (Los Angeles), Public Library of Los Angeles, Yale University Library, Münchner Filmhochschule und vor allem Michelle Lacalamita/Fernando die Giammatteo et. al.: Filmlexicon *degli autori e delle opere,* Rom (1959ff).   H.W.

Personenregister
(die kursiven Seitenangaben verweisen auf Abbildungen)

Abbott, Bernice: 167
Adam, Ken: 25, 99
Adorno, Theodor W.: 224
Adrian, Gilbert: 159
Aguettand, Lucien: 24, 205
Albatros: 85, 85, 122
Albers, Hans: 208
Ames, Preston: 25
Andersen, Hans Christian: 141
Anderson, John Murray: 159
Anderson, Lindsay: 25
Anderson, Roland: 24
Andra, Fern: 68, 132
Andrejew, Andrej: 24, 97, 132, 134, 139, 147
Antonioni, Michelangelo: 12, 15, 16, 25
Apollinaire, Guillaume: 51
Archigram: 222
Arlen, Harold: 157
Asimov, Isaac: 227
Atget, Eugène: 169
Autant-Lara, Claude: 40, 84, 201
Bacon, Lloyd: 24, 183
Balanchine, Georges: 155
Balász, Béla: 56
Baldus, Eduard Denis: 169
Balla, Giacomo: 47, 48
Baker, Josephine: 155
Baker, Roy Ward: 25
Barbier, François: 21
Barlach, Ernst: 126
Barsy, Andreas von: 55
Bartetzko, Dieter: 71, 82, 116, 118
Basse, Wilfried: 57
Bauer, Jewgeni: 54
Baumeister, Willi: 58
Bazin, André: 18
Behne, Adolf: 101
Behrendt, Hans: 75
Behrens, Peter: 126
Beinex, Jean-Jacques: 25
Benjamin, Walter: 14, 195, 219
Bérard, Christian: 40
Berger, Artur: 24, 76, 78, 79
Bergman, Ingmar: 25
Berkeley, Busby: 157, 158, 159, 159, 160, 161, 161, 162, 163, 182, 183
Berlin, Irving: 157, 159
Bertin, Émile: 36, 40
Bertolucci, Bernardo: 15
Bilinsky, Boris: 24, 85, 85, 86
Bismarck, Otto von: 124
Bloch, Ernst: 114
Boccioni, Umberto: 47
Böcklin, Arnold: 72, 109, 125
Böhm, Dominikus: 126
Boilly-Atelier: 40
Borelli, Lyda: 49
Borsody, Eduard von: 24, 76
Borsody, Julius von: 76
Box, John: 25

Boyd-Whyte, Iain: 141
Boyle, Robert: 25
Bradbury, Ray: 197, 220
Bragaglia, Anton(io) Giulio: 23, 46, 49, 56, 56
Brecht, Berthold: 35, 218
Bresson, Robert: 25
Breugel, Pieter: 223
Brown, Hilyard: 25
Browning, Irving: 182
Brückmann, Wilhelm: 141
Bryant, Charles: 24, 83
Buñuel, Luis: 105
Burgess, Anthony: 197
Burljuk, David: 54
Butel & Valton: 38
Butler, David: 24, 159, 211
Caillos, Roger: 195
Cain, Syd: 25, 219, 220
Calkins, Dick: 213
Cantor, Eddie: 158, 159
Canudo, Ricciotto: 45, 45, 46, 47, 51
Čapek, Karél: 227
Capra, Frank: 24, 152
Caravaggio, Michelangelo: 111
Carlucci, Leopoldo: 64
Carné, Marcel: 24, 42, 84, 184
Carpenter, John: 222
Carré, Ben: 24, 38
Carrere, Edward: 24
Cartier-Bresson, Henri: 185
Castle, Irene: 154
Catelain, Jaques: 204
Cavalcanti, Alberto: 40, 55, 58, 97, 201, 202, 204
Chaplin, Charlie: 165
Charbonnier, Pierre: 25
Charmois (Moisson-Atelier): 40
Chenal, Pierre: 52, 55
Chiari, Mario: 25
Chiattone, Mario: 177
Chichi, Antonio: 61
Chiti, Remo: 47, 48
Chlebniskow, Velemir: 54
Chomette, Henri: 55
Clair, René: 24, 40, 199, 200
Clark, Caroll: 24
Clarke, Shirley: 194, 194
Claudel, H.: 32
Cohl, Émile: 40, 41
Colas, Jacques: 32, 38
Colette: 155
Collins, Joan: 97
Comer, Sam: 60
Cooke, Alistar: 94
Cooper, Gary: 192
Cooper, Merian C.: 24, 178, 179, 181
Corbett, H. W.: 167
Corneille, Pierre: 40
Corra, Bruno: 46, 47
Cotton, Joseph: 188
Coucteau, Jean: 24, 25, 42
Coutard, Raoul: 25
Cromwell, John: 157
Cukor, George: 157, 159

Daguérre, Louis J. M.: 32
Dalou, Jules: 38
Dante, Alighieri: 226
Dassin, Jules: 185
Davidson, Paul: 69, 84
Davis, Bette: 158
Davis, Delmar: 97
Day, Richard: 25, 67
DeCasseres, Benjamin: 168
DeChavannes, Puvis: 72
DeCuir, John: 25
D'Eaubonne, Jean: 24, 40
DeFries, Heinrich: 130, 131, 134
DeMille, Cecil B.: 24, 38, 60, 66, 98, 99
De Saint-Point, Valentine: 51
Del Ruth, Roy: 157, 158
Deed, André: 40, 41
Delaunay, Robert: 24, 204f
Delaunay, Sonia: 24, 205, 205
Delluc, Louis: 40, 43, 46
Dempsey, Michael: 99
Diaghilew, Sergej: 85
Dick, Philip K.: 226
Dieterle, William (Wilhelm): 24, 185
Dillon, Carmen: 24, 83
Disney, Walt (Studios): 86, 96, 121
Dmytryk, Edward: 187
Doesburg, Theo van: 55, 201
Donati, Danilo: 25
Doré, Gustave: 35, 139
Dreier, Hans: 22, 24, 60
Dreyer, Carl Theodor: 24, 82, 84, 144
Dreyfus, Alfred: 32
Duchamp, Marcel: 55
Dumesil, Gaston: 38
Durand, Jean: 40
Duvivier, Julien: 24, 40, 42
Dwan, Allan: 24
Dykstra, John: 25, 223
Eason, B. Reeves: 67
Éclair, René: 37, 38
Edward VII.: 32
Eggeling, Viking: 44, 202
Eisenstein, Sergej M.: 13, 14, 24, 55, 88, 89, 89, 90, 91, 92
Eisner, Lotte H.: 109, 111, 125, 128, 173, 199
El Greco: 92, 93
El Lissitzky: 55, 209
Enright, Ray: 24
Epstein, Jean: 46
Esser, Michael: 146
Ewers, Hanns Heinz: 111
Ezaki, Kohei: 25
Fabre, Marcel: 46
Fabrikow, W.: 25
Fairbanks, Douglas, Sr.: 94, 95, 96, 118
Falconetti, Maria: 84
Fanck, Arnold: 130
Feher, Friedrich: 147
Féjos, Paul: 158, 162
Fellini, Federico: 13, 23, 25, 226, 227

Ferretti, Dante: 227
Ferriss, Hugh: 167, 168, 211
Fescourt, Henri: 40
Feuillade, Louis: 23, 40, 41, 42, 43
Feyder, Jacques: 24, 38, 40, 84
Fidus (Hugo Höppner): 125
Finsterlin, Hermann: 86, 122, 126, 139, 141
Fischinger, Oskar: 55, 139
Flaubert, Gustave: 79
Fleming, Victor: 157
Forest, Jean-Claude: 218
Fosse, Bob: 25
Franju, Georges: 41
Freelan, Thornton: 159
French, Park: 94
Freud, Sigmund: 33
Freund, Karl: 58, 148, 149
Friedkin, William: 25, 186
Friedrich, Caspar David: 109
Fussli, J. H.: 111
Fuller, Buckminster: 222
Funès, Louis de: 167
Furse, Robert: 24, 83
Gabo, Naum: 55, 209
Gabourie, Fred: 24
Gad, Urban: 82, 84
Gade, Sven: 84
Gailling, Hans: 25
Galeen, Henryk: 113, 114
Galitzky, Thais: 49, 56, 56
Gallone, Carmine: 64
Gance, Abel: 40, 41, 84, 199
Garbo, Greta: 82
Garbuglia, Mario: 25, 218
Garnier, Robert-Jules: 23, 38, 40, 42, 43
Gasnier, Louis: 38
Gaudi, Antonio: 126
Gaumont, Léon: 37, 39
Gaumont-Studios: 22, 36, 38, 39
Geißendörfer, Hans: 25
Gerlach, Artur von: 24, 73, 74, 113
Gershwin, George: 157
Gershwin, Ira: 157
Gerzabek, Emil: 79
Geyling, Remigius: 76, 79
Gibbons, Cedric: 22, 24, 67, 159
Giger, H. R.: 25, 224, 225
Gillum, Terry: 13, 25, 226, 227
Ginna, Arnaldo: 46, 47, 48
Girault, Jean: 167
Gliese, Rochus: 113, 147
Godard, Jean-Luc: 13, 15, 25, 195, 218
Goebbels, Joseph: 111, 126
Goethe, Johann Wolfgang v.: 145
Goetzke, Bernhard: 114, 116
Goldwyn, Samuel: 159
Golitzen, Alexander: 25, 191
Gontscharowa, Natalia: 54
Goosson, Stephen: 24, 152, 211

Graeff, Werner: 55, 58
Grafe, Frieda: 81, 117, 122, 174, 209
Granowski, Alexander: 54
Grant, Cary: 158, 159
Grau, Albin: 24, 143, 147
Greene, Graham: 190
Gregor, Ulrich: 14, 68, 93, 145
Griffith, David Wark (Wark Triangle): 11, 23, 64, 65, 66, 66, 67, 69, 93
Gropius, Walter: 177, 190
Grot, Anton: 22, 24, 94, 158
Grünewald, Matthias: 143
Guazzoni, Enrico: 61, 62, 64
Guffroy, Pierre: 25
Guillemin, John: 25, 191, 193
Gys, Robert: 40
Hablik, Wenzel: 139, 141, 142
Hall, Charles D.: 24
Hall, Walter L.: 23, 65
Harbou, Thea von: 80, 86, 174, 208
Harryhausen, Ray: 213
Hart, W. S.: 94
Hartl, Karl: 24
Haskin, Byron: 214, 215
Hasler, Emil: 24, 147, 149, 186
Hauptmann, Gerhard: 145
Hawks, Howard: 97
Heckroth, Hein: 24, 96, 97
Heidegger, Martin: 68
Heilbronn, Lorant: 38
Helmer, Richard: 25
Herlth, Robert: 24, 74, 75, 114, 140, 145, 146, 147, 148, 149
Hermann, Alfred: 24
Hilbersheimer, Ludwig: 175
Hirschfeld-Mark, Ludwig: 55, 58
Hitchcock, Alfred: 12, 13, 14, 15, 25
Hitler, Adolf: 109, 111, 126
Höfer, R.: 72, 73
Hoetger, Bernhard: 126
Hoffman, E. T. A.: 109
Hoffmann, Carl: 127, 148
Hoffmann, Josef: 78, 79
Hollein, Hans: 219
Honda, Inoshiro: 142
Hopper, Edward: 167
Horkheimer, Max: 224
Horning, William A.: 25
Huston, John: 24, 185
Huxley, Aldous: 226
Hunte, Otto: 24, 81, 122, 125, 126, 147, 148, 175, 176, 176, 177, 206
Húszàr, Vilmos: 55
Hyam, Peter: 222, 225, 226
Innocenti, Camillo: 23
Iribe, Paul: 38
Ivens, Joris: 55, 57
Jackson, Horace: 67
Jannings, Emil: 119, 148
Jasset, Victorin: 38, 41
Jefferson, Thomas: 178
Jehle, Werner: 11
Jessner, Leopold: 24, 129
Jolson, Al: 154
Jones, Brian: 25

Jung, Carl Gustav: 20, 137
Junge, Alfred: 24, 96, 97, 97
Kafka, Franz: 175
Kamenka, Alexandre (Aubert-Studios): 84
Kassianow, Wladimir: 54
Kazan, Elia: 25, 185
Keaton, Buster: 24, 165
Keeler, Ruby: 158, 159
Keighley, William: 185
Kerensky, Alexander: 89, 91
Kern, Jerome: 157, 159
Kertész, André: 169
Kertész, Mihály (Michael Curtis): 24, 76, 77, 78
Kettelhut, Erich: 19, 24, 122, 125, 126, 128, 147, 148, 149, 150, 172, 173, 175, 176, 176, 177, 208
Khnopff, Ferdinand: 109, 125
King, Moses: 168, 212
Kirby, Michael: 48, 49
Klein, César: 131
Klein-Rogge, Rudolf: 100
Klimt, Gustav: 125
Klinger, Max: 109, 125
Kloos, Reinhard: 154, 155
Knorr, Wolfram: 214, 221, 224, 225
Kolowrat, Alexander „Sascha": 76, 79
Korda, Alexander: 76, 212
Korda, Vincent: 22, 24, 97, 188, 190
Kosintzew, Grigori: 54
Kovrigin, Vasili: 24
Kozlovsky, Sergej: 24, 210
Kracauer, Siegfried: 64, 80, 84, 107, 111, 125, 137, 138, 146, 163, 173, 208
Krauss, Jacques: 24, 40, 184
Krauss, Werner: 102, 103, 130
Krayl, Carl: 139, 141
Kreimeier, Klaus: 116, 122, 123
Kreis, Wilhelm: 126
Kreshner, Irving: 187
Krutschonych, Alexej: 52, 54
Kubin, Alfred: 109
Kubrick, Stanley: 13, 15, 21, 25, 99, 187, 213, 220, 221, 222, 224, 225
Kuleschow, Lew: 54, 55
Kurtz, Rudolf: 74, 101, 102, 105, 106, 107, 108, 132
Kurosawa, Akira: 25
Kyser, Hans: 143
Laffite-Frères (Film d'Art): 36, 40, 61, 64, 65
Lalique: 201
Lang, Fritz: 11, 12, 13, 15, 19, 24, 68, 72, 80, 82, 84, 86, 87, 94, 96, 105, 107, 111, 114, 115, 116, 118, 122, 123, 123, 125, 126, 127, 128, 130, 142, 147, 148, 164, 170, 171, 171, 172, 172, 173, 174, 175, 178, 185, 186, 187, 187, 188, 195, 206, 206, 207, 208, 209
Langlois, Henri: 104, 105, 203

Lapiérres, Marcel: 111
Larionow, Michael: 52, 54
Lasarenko, Witalij: 52
Lasky, Jessy (Famous Players-Lasky): 38, 64
Lattuada, Alberto: 15
Laughton, Charles: 25
Laurent, Hugues: 38
Lawson, Arthur: 24
L'Herbier, Marcel: 6, 20, 24, 40, 46, 51, 84, 85, 200, 201, 203, 204, 205
LeCorbusier: 52, 217
Le Maire, Charles: 159
Le Roy, Mervyn: 24, 97, 157, 159
Le Somptier, René: 24
Leblance, Georgette: 204
Lecointe, Pierre: 32
Ledoux, Jean-Nicolas: 20
Léger, Fernand: 55, 201, 202, 204
Legrand, André: 38
Lehmann, Hans-Theis: 99
Lem, Stanislaw: 223
Leni, Paul: 24, 75, 76, 85, 109, 118, 119, 120, 120, 129, 139, 147
Lenin, Waldimir Iljitsch: 89
Lerski, Helmar: 121
Lescaze, William: 190
Leven, Boris: 25
Ley, Willy: 206
Leyda, Jay: 52
Libera, Adalberto: 15
Linder, Max: 41
Lloyd, Harold: 165, 166, 167, 187
Lochakow, Iwan: 24, 85, 85, 121
Loewy, Raymond: 213
Loos, Adolf: 78, 201, 203, 217
Losey, Joseph: 25, 218
Louríe, Eugène: 84
Lubitsch, Ernst: 24, 68, 69, 70, 70, 71, 73, 75, 82, 118, 134, 147
Lucas, George: 224
Luce, Jean: 201
Lüdi, Heidi: 25
Lüdi, Toni: 25
Lumet, Sidney: 186
Lumière, Auguste Marie: 27, 28, 28, 29, 36, 170
Lumière, Louis Jean: 27, 28, 28, 29, 36, 170
Lurçat, Jean: 205
Lynch, David: 25, 227
Machus, Karl: 69
Mack, Willard: 159
Majakowski, Wladimir: 52, 54
Malewitsch, Kasimir: 49, 52, 201, 204
Mallarmé, Stephane: 51, 206
Mallet-Stevens, Robert: 6, 24, 52, 53, 201, 202, 204, 205, 205
Malvy: 42
Mamoulian, Rouben: 181
Mankiewicz, Joseph: 24, 25, 97
Maradon, Pierre: 79
Marchi, Virgilio: 47, 177
Marinetti, Filippo Tommaso: 46, 47, 48, 49
Marlowe, Christopher: 145

Marsh, Terence: 25
Marshall, Ted: 25
Martin, Karl-Heinz: 23, 107, 131
Masters, Tony: 25
Matjuschin, Michael: 52
Maurischat, Fritz: 119, 121
May, Joe: 67, 68, 80
May, Mia: 68
Mayer, Carl: 58
Mac Donald, Jeannette: 154, 158
Mac Dougall, Ronald: 195
Mac Gregor, Scott: 25, 216
McCary, Leo: 159
McConnico, Hilton: 25
McLuhan, Marshall: 220
Meerson, Lazare: 22, 24, 40, 84
Meinhardt, W.: 85
Méliès, Georges: 23, 28, 29, 30, 31, 32, 30, 31, 32, 33, 34, 35, 36, 37, 38, 39, 47, 61, 112, 160, 197, 198, 198, 199, 208, 216, 227
Mendelsohn, Erich: 125, 139
Ménessier, Henri: 38, 40
Menzies, William Cameron: 22, 24, 94, 95, 96, 196, 212, 213
Metzner, Ernö: 76, 147
Meyerhold, Wsewold: 54, 132
Meyrink, Gustav: 109
Mies van der Rohe, Ludwig: 177, 190
Mistinquette: 155
Mitry, Jean: 201
Modinari, Aldo: 46, 47
Moeschke, Marlene: 135
Moholy-Nagy, László: 55, 56, 58, 59
Moholy-Nagy, Lucio: 58
Monaco, James: 17, 89
Mondrian, Piet: 55, 204
Moreau, Gustave: 72
Mosjukin, Iwan: 132
Moyer, Ray: 60
Mujica, Francisco: 167
Mumford, Lewis: 169
Muraki, Yoshiro: 25
Murnau, Friedrich Wilhelm: 24, 110, 143, 144, 144, 145, 145, 146, 147, 148
Nazimova, Alla: 83
Negri, Pola: 68, 69, 154
Nelson, Paul: 24
Neppach, Robert: 23, 72, 73, 107, 131
Newman, Paul: 193
Nibio, Fréd: 24, 66
Nielsen, Asta: 82, 84
Nietzsche, Friedrich: 86, 109
Noa, Manfred: 67
Nonguet, Lucien: 38, 41
Nowlan, Philip Francis: 213
Oberth, Hermann: 206
Obrist, Hermann: 125
Olbrich, Josef-Maria: 126
Oliviér, Laurence: 24, 83
Okey, Jack: 24, 183
O'Brien, Willis: 213
O'Keefe, Georgia: 167
Orwell, George: 197
Oswald, Richard: 72, 73
Ouralsky, Anatole: 54
Pabst, Georg: 114, 147

271

Pal, George: *214, 215*
Pascal, Gabriel: 97
Pasolini, Pier Paolo: 15, 25, *98*
Pastrone, Giovanni: 23, 62, *62, 63*
Patalas, Enno: 14, 68, 81, 93, 145
Pathé, Charles: 37
Pathé Studios (Pathé Frères, Pathé Nathan, Pathé Marconi): 22, 36, 38, *39,* 40, 41, 65
Pehnt, Wolfgang: 113, 140
Perinal, George: 212
Pereira, Hal: 25
Pernier, Jean: 40
Personne, Guy: 38
Petrow, Wladimir: 92
Pfitzner, Hans: 140
Pick, Lupu: 147
Pinthus, Karl: 70
Piranesi, Giovanni Battista: 175, 213
Plato: 223
Poe, Edgar Allen: 109
Poelzig, Hans: 24, 74, 109, 113, 114, 126, 134, 135, *136,* 137, 138, 139, 142, 147
Pogany, William: 24
Poirer, Léon: 40
Poiret, Paul: 201
Polanski, Roman: 12
Poletto, Piero: 25
Polglase, Van Nest: 22, 24
Portaluppi, P.: 177
Porter, Cole: 157
Powell, Eleanor: 158
Powell, Michael: 15, 24, 96, *97, 97*
Prampolini, Enrico: 23, 47, 49, *56,* 56
Pressburger, Emeric: 24, 96, *97, 97*
Proust, Marcel: 201
Protasanow, Jakob: 24, 54, 209, *210*
Pevsner, Antoine: 55, 209
Pudowkin, Wsewolod: 55, 88, 89, 91, 92
Puiforcat: 201
Rabinovich, Isaac: 210
Racine, Jean-Baptiste: 40
Rambova, Natacha: 24, *83*
Ray, Man: 51, 52, *53,* 55, 205
Reed, Carol: 24, 25, *184,* 188, *189,* 190
Reimann, Walter: 23, 24, 72, 106
Reinhardt, Max: 24, 68, 69, 72, 73, 79, 82, 109, 112, 117, 118, 125, 132, 134, 138
Reininger, Lotte: 139
Reisner, Charles: 159
Rembrandt: 111
Renoir, Jean: 84
Resnais, Alain: 25, 43
Reuter, Thomas: 154, 155
Ribera, Jusepe de: 92
Richards, Dick: 25
Richter, Hans: 55, 202
Richter, Kurt: 24, 69, *70,* 70, 113, 114, 147
Rippert, Otto: 72
Rittau, Günther: 148, 208

Robinson, Arthur: 128, 147
Robinson, Cervin: 212
Robson, Mark: 25, *193,* 193
Rodgers/Hart: 157
Rohmer, Eric: 127, 146
Röhrig, Walter: 23, 24, 72, 74, 114, 139, *145,* 145, 146, 147
Roller, Alfred: 76
Romadin, Mikhail N.: 25
Roman, Eugène: 25
Rosselini, Roberto: 188
Rossi, Aldo: 114
Rotha, Paul: 111
Rothapfel, Samuel: 154, 155
Rouc, Hans: 79
Rousseau, Jean-Jacques: 21, 178, 179
Rubljow, Andrej: 223
Russell, Ken: 25
Ruttmann, Walter: 24, 55, *57,* 58, 139
Rye, Stellan: 111
Saarinen, Eero: 16
Sacher-Masoch, Leopold von: 54
Sadoul, Georges: 29, 34, 111
Safiullin, R.: 25
Samjatin, Jewgenij: 209
Sant' Elia, Antonio: 47, 177
Saulnier, Jacques: 15, 25, 41
Savonarola, Girolamo: 72
Scaccianoce, Luigi: 25
Schawinsky, Xanti: 56
Scheerbart, Paul: 59, 140, 141
Scheugl, Hans: 19, 29, 55, 179
Schitowa, Vera: 223
Schlemmer, Oskar: 56, 210
Schüfftan, Eugen: 177
Schmidt, Ernst Jr.: 19, 29, 55
Schmitt, Henri: 25
Schroedter, Franz: 18
Schwab, Karl: 72
Schwerdtfeger, Kurt: 56, 58
Scorsese, Martin: 25, 186
Scott, Ridley: 25, 226
Seeber, Guido: 113
Seeßlen, Georg: 108, 143, 185, 197, 212, 218
Selznick, Lewis: 38
Servandoni, Giovanni (Jean-Nicolas): 37
Settimelli, Emilio: 47
Shampan, Jack: 25
Shane, Maxwell: 185
Shaw, Wini: 182, 183
Sheeler, Charles: 58, 167, 169
Sheriff, Paul: 24
Shoedsack, Ernest B.: 24, 178, *179,* 180
Shpinel, Isaac: 24
Siemsen, Hans: 68
Simow, Viktor: 210
Siodmak, Robert: 14, 147
Sjöström, Viktor (Victor Seastrom): 82
Sontag, Susan: 163
Speer, Albert: 130
Speeth, Peter: 126
Spielberg, Steven: 96, 224, *225*
Spitzweg, Carl: 111
Stalin: 92, 211
Stanislawski, Konstantin: 132, 134

Steiner, Rudolf: 122, 126
Stendhal: 73
Stern, Ernst: 24, 69, *70,* 70, 73, *120,* 147
Sternberg, Josef von: 147
Stevenson, Robert Louis: 109
Stieglitz, Alfred: 167, 169
Stiller, Mauritz: 82
Strand, Paul: 58, 167, 169
Strauß, Johann: 221
Strnad, Oskar: 76
Stroheim, Erich von: 67
Storm, Theodor: 74
Stuck, Franz von: 125
Sullivan/Harris: 182
Survage, Léopold: 51, 55
Swanson, Gloria: 154
Tairow, Alexander: 54
Tarkowskij, Andrej: 25, 223
Tati, Jacques: 21, 25, *217,* 217
Tatlin, Waldimar: 209
Taut, Bruno (Novembergruppe, Gläserne Kette): 59, 126, 139, 140, 141, 142, 176
Tavoularis, Dean: 25
Tieck, Ludwig: 32
Tiersch, Paul: 139
Toeplitz, Jerzy: 105, 111
Töteberg, Michael: 127
Tolstoj, Alexej: 209, 227
Tourjanskij, Viktor: 85
Tourneur, Maurice: 38
Trauberg, Ilja: 54
Trauner, Alexandre: 22, 24, 40, 84
Truffaut, François: 15, 25, 218, *219,* 220
Trumbull, Douglas: 25, 222
Twain, Mark: 197
Tyler, Walter: *60*
Ucicky, Gustav: 76
Ulmer, Edgar G.: 24, 147
Ungari: 48
Vadim, Roger: 25, 218
Varda, Agnès: 15
Vasseur: 38
Veidt, Conrad: *102,* 103, 120, 130
Verdone, Mario: 48
Verne, Jules: 197, 198, 208, 227
Vertés, Marcel: 24
Vicomte de Noailles: 51, *53,* 205
Vidor, King: 24, 159, 181, 190
Visconti, Luchino: 25
Vitti, Monica: 14
Vogeler, Heinrich: 125
Vollbrecht, Karl: 24, 122, 125, 126, 147, 148, 175, *176,* 176, *177, 206*
Wagner, Otto: 79
Wagner, Richard: 32
Walker, Roy: 25
Walsh, Raoul: 24, *95, 119*
Walton, Tony: 25
Warhol, Andy: 194
Warm, Hermann: 23, 24, 72, *100,* 106, 108, 114, 139, 147
Warren, Harry: 159
Wegener, Paul: 24, 75, 109, 111, 112, 113, 114, 134, 135, *136,* 138, 141, 147
Weill, Kurt: 157

Weininger, Andreas: 55
Weiss, Peter: 199
Welles, Orson: 24, 188
Wells, H. G.: 197, 212, 227
Wendhausen, Fritz: 114
Wertow, Dsiga: 55, 57, 88, 170
West, Mae: 154, 158, 159
Westheim, Paul: 135, 137, 139
Whale, James: 24
White, Pearl: 38, 41, 165
Whitman, Walt: 168, 169
Whity, Alan: 25
Wiene, Robert: 23, 24, *100,* *102, 103,* 117, 129, 131, *132,* 132, *133,* 134, 147
Wilder, Billy: 147
Whiley, Harrison: 167
Wing, Toby: 158
Wise, Robert: 25
Wolkow, Alexander: 24, 85, *85,* 121, 132
Wortman, Frank: 23, 65
Wray, Fay: 181
Wright, Frank Lloyd: 15, 169, 178, 192
Wyler, William: 25
Yermoliews, Josef: 85
Zecca, Fernand: 37, 38
Zehetbauer, Rolf: 25
Ziegfeld, Flo(rence) (Ziegfeld-Follies): 154, 157, 159, 182
Zglinicki, Friedrich von: 145